Pensando as favelas cariocas: história e questões urbanas

(volume 1)

Pensando as favelas cariocas: história e questões urbanas

(volume 1)

Rafael Soares Gonçalves
Mario Brum
Mauro Amoroso
(orgs.)

Editora PUC Rio
PALLAS

© **Editora PUC-Rio**
Rua Marquês de S. Vicente, 225 – Casa da Editora PUC-Rio
Gávea – Rio de Janeiro – RJ – CEP 22451-900
Tel.: (21) 3527-1760/1838
edpucrio@puc-rio.br
www.editora.puc-rio.br

© **Pallas Editora**
Rua Frederico de Albuquerque, 56
Higienópolis – Rio de Janeiro – RJ – CEP 21050-840
Tel.: (21) 2270-0186
www.pallaseditora.com.br
pallas@pallaseditora.com.br

Editores
Cristina Fernandes Warth e Mariana Warth

Revisão de texto: Léia Coelho e Rowena Esteves
Projeto gráfico e diagramação de miolo: SBNigri Artes e Textos Ltda.
Projeto gráfico de capa: Daniel Viana

O presente trabalho foi realizado com apoio da Coordenação de Aperfeiçoamento de Pessoal de Nível Superior – Brasil (CAPES) – Código de Financiamento 001

This study was financed in part by the Coordenação de Aperfeiçoamento de Pessoal de Nível Superior – Brasil (CAPES) – Finance Code 001

Pensando as favelas cariocas : história e questões urbanas / Rafael Soares Gonçalves, Mário Brum, Mauro Amoroso (orgs.). – Rio de Janeiro: Ed. PUC-Rio: Pallas, c2021.

306 p. : il. ; 23 cm. – (Pensando as favelas cariocas ; v. 1)

Inclui bibliografia
ISBN (PUC-Rio): 978-65-88831-06-9
ISBN (Pallas): 978-65-5602-040-2

1. Favelas – Rio de Janeiro (RJ). 2. Favelas – Rio de Janeiro (RJ) – História. 3. Favelas – Aspectos sociais – Rio de Janeiro (RJ). 4. Urbanização – Rio de Janeiro (RJ) – Aspectos sociais. I. Gonçalves, Rafael Soares. II. Brum, Mário. III. Amoroso, Mauro. IV. Série.

CDD: 307.3098153

Elaborado por Sabrina Dias do Couto – CRB-7/6138
Divisão de Bibliotecas e Documentação – PUC-Rio

Sumário

Prefácio

Este livro oferece um panorama inédito da história das favelas cariocas. As favelas estão inscritas há tanto tempo na paisagem natural e social do Rio de Janeiro que parece inacreditável caracterizar a sua abordagem histórica como inovadora. Havia um encontro marcado entre as favelas e a história que finalmente se realizou em torno dos estudos reunidos nesta coletânea, que promove igualmente o encontro de uma geração de pesquisadores brasileiros e estrangeiros que fizeram das favelas cariocas o tema de suas pesquisas. O livro demonstra, ainda, como a história das favelas se afirmou como um terreno da erudição histórica, explorando documentação de época variada, passando pela imprensa, legislação, censos, documentos da administração pública e do urbanismo, arquivos da polícia política e história oral. Pontualmente, o ponto de vista comparativo com outras cidades brasileiras e sul-americanas é trabalhado, ampliando a compreensão do contexto local carioca, salientando que, por mais singular que seja a experiência local, ela se integra a processos de escala mais larga. Além disso, a riqueza da história das favelas como objeto de estudos se apresenta pelas relações estabelecidas com a história urbana, a história do direito, a história política do estado e das políticas públicas, a história da habitação e do urbanismo, a história das relações internacionais, a história do pensamento social, a história das representações e a história das mulheres como lideranças sociais comunitárias. Em resumo, as favelas cariocas ampliam o horizonte da escrita da história.

Importa frisar que a partir da visão histórica, ao longo dos tempos, define-se claramente que as favelas se tornaram a solução possível para a habitação urbana popular diante de uma lógica urbana que estruturou a cidade do Rio de Janeiro a partir da reprodução da desigualdade social e da tendência a naturalizar as injustiças sociais. Os estudos reunidos neste volume demonstram, com base em pesquisa original de fontes de época, que a lógica pela qual se estruturou o desenvolvimento urbano do Rio de Janeiro, e produziu as favelas como espaço social, constituiu-se historicamente a partir do contexto do pós-abolição da escravidão. Ao longo do século XX, os sentidos da favela variaram de acordo com as conjunturas de época. Entre continuidades e descontinuidades de processos históricos, as favelas alcançaram o Rio de Janeiro do século XXI, onde, segundo o censo de 2010, 22% da população urbana vive em favelas. A proporção atual demonstra que a lógica pela qual a cidade se estruturou ganhou força ao longo do tempo, o que coloca o desafio da atualidade.

A perspectiva da história das favelas permite salientar que ao longo do tempo predominou uma abordagem por parte do estado e de governos que definiu as favelas como uma questão social presentista que poderia ser enfrentada com soluções mais ou menos radicais e imediatistas, quase sempre simplistas por atribuir aos moradores a responsabilidade pela constituição do espaço social das favelas. O estudo da história deixa claro que as favelas cariocas são expressão do modelo de cidade excludente que caracteriza a experiência urbana do Rio de Janeiro. A partir desse ponto de vista histórico, compreende-se que as favelas não são uma opção de seus moradores, mas antes a solução possível, e que fazem parte da cidade, assim como qualquer outro espaço urbano mais ou menos formal, mais ou menos estruturado. A análise da história da política de remoção de favelas demonstra que o desafio da habitação popular não fica para trás transferindo populações de lugar. A rigor, nem se pode mais admitir que o lugar é o problema, pois os fatos históricos se encarregam de evidenciar com clareza que o deslocamento forçado de habitantes renova a mesma lógica de estruturação urbana com base na exclusão social.

Além disso, não se pode deixar de considerar que, numa visão abrangente do mundo atual, a cidade do Rio de Janeiro se integra num quadro mundial que caracteriza as favelas como produto do intenso processo de urbanização, acompanhando a construção do mundo contemporâneo e da era da globalização. Isso é uma evidência incontestável ao menos desde o ano de 2003, quando a Organização das Nações Unidas lançou o relatório global sobre assentamentos urbanos, colocando o desafio das favelas como uma questão para os estados nacionais e suas políticas públicas de habitação e urbanização. No marco desse relatório, as favelas podem ser definidas sinteticamente como aglomerados urbanos de habitações de construção precária em contexto que combina falta de infraestrutura urbana e serviços públicos com ausência de regularização da propriedade. Acima de tudo, porém, é preciso destacar que as diferentes formas de favelas são soluções possíveis para habitação de famílias de trabalhadores que vivem em cidades que insistem em não reconhecer direitos sociais para todos. Suas formas são variadas e ganham nomes que singularizam a experiência social local, mas sempre carregam a marca da constituição de territórios urbanos de exclusão social. Assim, as favelas do Rio de Janeiro, sendo cariocas pela sua singularidade, acompanham um processo histórico global dos nossos dias.

O caso do Rio de Janeiro a partir da mirada histórica aponta, no entanto, que as condições que motivaram inicialmente a produção das favelas se alteraram. Se historicamente o crescimento das favelas pode ser compreendido pelo êxodo rural que fez parcela significativa da população se transferir para as cidades, o caso do Rio de Janeiro indica que a estabilização demográfica da cidade nas últimas décadas não encerra o aumento das favelas e suas comunidades urbanas, não permitindo compreender o fenômeno social apenas como efeito do êxodo rural e do processo de urbanização. A demografia traduz, assim, um novo contexto histórico que explicita que a exclusão social sustenta a lógica de estruturação da cidade e de sua sociedade urbana que promove o crescimento das favelas. De resto, é evidente que a ameaça da remoção compulsória de moradores, própria do estado autoritário, não encontra mais terreno fértil no processo de construção da sociedade democrática. Isso, no entanto, não resultou numa urbanização intensiva de favelas e nem garantiu serviços públicos de qualidade para todos na cidade. Os dados disponíveis referentes ao ano de 2010 indicam que apenas um quinto da população das favelas vivia em comunidades consideradas urbanizadas. Neste livro, fica demonstrado como os grandes programas de requalificação das comunidades urbanas das favelas cariocas produziram resultados limitados e frágeis.

Ao leitor desavisado, cabe indicar que este não é um livro de final feliz. Ao contrário, é inevitável a decepção com a análise dos investimentos públicos realizados nas últimas décadas. Por outro lado, o conjunto de textos demonstra a força histórica das lutas sociais que encontraram nas favelas o espaço social de sua realização. Mesmo dizendo-se que o livro trata da história das favelas cariocas, o verdadeiro tema deste livro é o direito à cidade. A história afirma que a defesa por melhores condições de vida se transforma, mas não arrefece. A memória dessas lutas certamente servirá para guiar a esperança em direção a uma cidade mais justa.

Paulo Knauss
Professor do Departamento de História da
Universidade Federal Fluminense

Apresentação

A discussão histórica sobre as favelas vem ganhando consistência nos últimos anos. No levantamento bibliográfico publicado há quase 20 anos sobre as favelas do Rio de Janeiro, realizado por Licia Valladares e Lídia Medeiros (2003), apenas 3% das 668 obras levantadas pelas autoras se anunciavam abertamente no campo histórico. Outras disciplinas, nesse período, já tinham uma reflexão consolidada sobre as favelas. O Serviço Social, por exemplo, possui trabalhos sobre as favelas desde os anos 1940 (SILVA, 1941; BARCELLOS, 1945; ARAGÃO, 1949; PORTUGAL, 1952; TORRES, 1953; COUTINHO, 1958). Trabalhos com vertente mais sociológica já abordavam, direta ou indiretamente, a realidade das favelas desde os anos 1950 (GUIMARÃES, 1953; COSTA PINTO, 1953; PEARSE, 1957; GOULART, 1957) e tiveram um enorme aumento nos anos 1960 (SAGMACS, 1960; BONILLA, 1961; PERRUCI, 1962; RIOS, 1963; MEDINA, 1964; MACHADO DA SILVA, 1967; LEEDS, 1969). É possível encontrar trabalhos pioneiros também em outras disciplinas como a geografia (COELHO, 1949; KAYSER, 1967; PARISSE, 1969), a arquitetura (SZILARD, 1950; CARVALHO, 1951; ROBERTO, 1963; SANTOS, 1969) e mesmo o direito (BARROSO, 1957; LIMA SOBRINHO, 1957; MEUREN, 1959; CONN, 1968; FERREIRA, 1969).

Se o campo da história foi relativamente ausente, isso não quer dizer que distintos autores não tenham realizado um esforço de aproximação interdisciplinar (KNAUSS E BRUM, 2012) e procurado abordar as favelas também em seus aspectos históricos, como Parisse (1969), Vallat (1986), Vaz (1988), Lima (1989), Abreu (1994), Cunha (1995), Valladares (1998) e Burgos (1998),[1] ou em obras coletivas que atentassem para o caráter histórico praticamente centenário desses espaços. É preciso salientar também alguns trabalhos pioneiros propriamente na história (ELIA, 1983; ZYLBERBERG, 1992; AZEVEDO, 1999). A reflexão propriamente histórica foi ganhando mais consistência a partir dos anos 2000 com uma geração de jovens historiadores, como os organizadores e alguns autores do presente livro.

[1] Sobre a abordagem histórica das favelas, ver Knauss e Brum (2012).

Convidamos, para esta obra, distintos pesquisadores, historiadores ou não, para revisitarem períodos ou temáticas que vêm abordando em suas pesquisas. O objetivo principal foi abordar de forma cronológica diferentes contextos históricos, indicando a densidade e a riqueza da reflexão atual sobre as favelas. Algumas contribuições apresentam uma abordagem mais transversal, enquanto outras se atêm a um contexto histórico específico. Trata-se do primeiro livro de uma coleção, "Pensando as favelas cariocas", que pretende aprofundar a reflexão sobre esses espaços.

O primeiro artigo, "O Morro da Favela como o território das 'classes perigosas' na Primeira República", de Romulo Mattos, deriva de seus trabalhos de mestrado e doutorado (MATTOS, 2004, 2008), que permanecem como um dos poucos trabalhos acadêmicos que ressaltam a história das favelas durante a Primeira República, apesar de alguns trabalhos terem abordado parcialmente o período (VAZ, 1988; ABREU, 1994; VALLADARES, 2005; GONÇALVES, 2013).

Este capítulo analisa a construção social do Morro da Favela e dos seus moradores na grande imprensa carioca da Primeira República. Uma série de autores identificava o Rio de Janeiro como uma espécie de laboratório urbano para a construção de uma nova institucionalidade, a República. Essa reflexão se manifestou nos trabalhos sobre as políticas de habitação social e, mais especificamente, sobre as reformas urbanas da capital (ROCHA, 1983; ELIA, 1984; CHALHOUB, 1996). As favelas, como pontua Romulo Mattos, consolidavam-se como a negação do projeto de cidade e sociedade que se desenhava para a então capital do novo regime.

Romulo Mattos retoma os eventos clássicos sobre as favelas, tais como a demolição do cortiço Cabeça de Porco, em 1893, ou o retorno dos soldados da Guerra de Canudos, em 1897, mas sua reflexão abraça toda a Primeira República e busca compreender as favelas em sua heterogeneidade. O artigo se volta mais especificamente para o caso do Morro da Providência, mas lembra que o Morro de Santo Antônio já foi o mais conhecido da cidade, suscitando mais preocupação dos poderes públicos por causa de sua localização no centro de negócios da capital. Esse morro destoava justamente do projeto da nova capital que se desenhava. No entanto, o Morro de Santo Antônio perderia a centralidade no debate público diante do crescimento da abordagem negativa sobre o Morro da Providência, sobretudo nas páginas policiais dos jornais da época.

Como demonstra Romulo Mattos, dois estigmas se impõem sobre esse morro e seus moradores: o das "classes perigosas" urbanas e o dos sertanejos, também considerados como perigosos, sobretudo após o reforço discursivo em torno do fenômeno do cangaço nos anos 1920. A partir do levantamento minucioso da imprensa da época, sobretudo do *Correio da Manhã*, Romulo Mattos identifica que o termo "favela" foi se desgarrando de um morro específico e se transformando em um conceito sobre a forma de habitação popular que se consolidava na cidade. A crônica policial foi o local por excelência da construção social das favelas na grande imprensa.

Observa-se, no entanto, uma inserção ambígua das favelas no espaço urbano carioca. Se, no projeto modernizador da Primeira República, as favelas eram consideradas como o epicentro da marginalidade, elas também foram representadas pelos intelectuais brasileiros desde os anos 1920 como símbolo nacional: Tarsila do Amaral, Oswald de Andrade e Gilberto Freyre abordam as favelas e as integram ao imaginário nacional, apesar de os projetos oficiais não as integrarem como parte da cidade. Nesse sentido, Romulo Mattos descreve que essa integração ambígua das favelas se consolida, quando o Morro da Favela, a partir dos anos 1920, começa a catalisar o estigma dos bairros portuários e se configura, no plano da memória social, como o *locus* da Revolta da Vacina.

Compreender o processo de generalização e substantivação da palavra "favela" na Primeira República, com forte ligação ao estigma da violência, manifesta-se como fundamental para compreender como tais estigmas persistem e impactam, ainda em nossos dias, políticas públicas e o cotidiano dos moradores das favelas cariocas.

Assim como na Primeira República, o curto período da gestão Pedro Ernesto na Prefeitura do então Distrito Federal é assunto em que ainda há muito a ser explorado pela história em relação às favelas. O relacionamento que Pedro Ernesto construiu com os moradores se manifestou nas obras de urbanização e, principalmente, na instalação de escolas públicas, equipamento fundamental no acesso à cidadania e ainda hoje um direito elementar negado aos moradores das favelas do Rio e do Brasil, seja pela falta de investimentos públicos, seja pela violência que tornou cotidiana uma rotina irregular de interrupção de aulas e às vezes até morte nas escolas públicas das favelas cariocas. À lacuna nas pesquisas, acrescem-se os limites epistemológicos, que segmentam as pesquisas.

Rafael Soares Gonçalves, em "E o prefeito sobe o morro: as intervenções da gestão Pedro Ernesto nas favelas cariocas", articula diversas dimensões da pesquisa histórica, tratando desde a mobilização comunitária, vinculando-se à História da Educação no momento em que trata dos planos da Prefeitura Pedro Ernesto para a implantação de equipamentos escolares nas favelas cariocas, tendo à frente Anísio Teixeira, e em que medida foi implementado, utilizando para isso vasta e diversificada documentação como: o noticiário da imprensa, os Boletins da Prefeitura do Distrito Federal e os anais do poder legislativo, sem deixar de contemplar a bibliografia que aborda o período.

Em parte da bibliografia consolidada sobre estudos urbanos, não era raro se tratar os moradores de favelas mais como objetos de pesquisa do que sujeitos, o que possibilitou, por exemplo, que, ao longo do tempo, parte da bibliografia e do senso comum, inclusive, considerasse políticas que beneficiassem diretamente os moradores das favelas cariocas como "populistas", conceito que, conforme apontou Gomes (2001), define políticas e políticos tão distintos que pouco esclarece sobre seu significado. Consonante com essa linha de pensamento, é comum datar as primeiras formas de mobilização comunitária, na década de 1930, atribuindo a comissões de moradores uma espécie de forma embrionária das associações, atribuindo aos moradores um estado pré-organizacional que acabaria por se tornar o associativismo no período nacional-desenvolvimentista e na redemocratização, finalmente, o "novo associativismo".

Gonçalves, no entanto, levando em conta a proposta desta coletânea, ao fazer sua análise na perspectiva das questões urbanas – que envolvem as favelas cariocas –, amplia a abordagem sobre o período Pedro Ernesto, bem como sobre os primeiros anos da Era Vargas, tratando as diversas formas de mobilização comunitária dos moradores, no contato direto com Pedro Ernesto, na procura da imprensa para solicitar obras; na articulação das escolas de samba com as autoridades... enfim, múltiplas formas de se fazer política que os moradores de favelas utilizaram para conquistar a permanência da favela no local e as obras que garantissem melhor qualidade de vida. Em vez de uma massa de apáticos moradores de favelas à espera de uma benesse populista, houve um complexo jogo de negociação política no qual lideranças comunitárias e moradores eram partícipes ativo.

O capítulo de Brodwyn Fischer, "Do *Mocambo* à *Favela*: estatística e políticas sociais na cidade informal brasileira", aborda a história dos levantamentos censitários nos chamados "bairros informais" das cidades do Rio de Janeiro e Recife: as favelas e os mocambos, respectivamente. Tais práticas são abordadas não apenas como ferramentas de controle governamental, mas também como instrumental performativo de uma ideia de modernidade dessas cidades. Como fontes, foram analisados censos municipais e federais realizados entre 1890 e 1950. No processo de obtenção desses dados, é mostrado como a moradia informal popular vai se constituindo como categoria analítica para obtenção de dados estatísticos para subsidiar a elaboração de políticas públicas. Nesse caminho, a autora revela uma tensão existente entre dados empíricos, realidade urbana e desejo de propagandear e se encaixar em padrões estatísticos internacionais não concebidos para o caso brasileiro e suas especificidades.

A autora nota o surgimento de certo "olhar sociológico" sobre a habitação popular informal/ilegal, a partir do qual esse habitante urbano é enxergado como participante de uma esfera econômica e social, cujos determinantes são externos a seu controle e lhe conferem situação de considerável vulnerabilidade. Nesse quadro, são apontadas a atuação de importantes autores, como a Liga Social contra o Mocambo, surgida em 1939, que acabou influenciando o Rio de Janeiro em aspectos como o uso de técnicas censitárias e o "olhar sociológico" sobre as condições desse tipo de moradia, bem como a participação de Agamenon Magalhães e Victor Tavares de Moura. É igualmente analisada a gradativa adoção da "favela", uma denominação regional do Rio de Janeiro, como categoria analítica estatística para esse tipo de moradia popular em todo o Brasil, bem como seus impactos.

Podemos destacar uma série de estudos de referência que tomam como fonte principal a análise de textos literários e da imprensa de diferentes intelectuais a fim de se compreender diferentes projetos de modernidade em um Brasil que se inventava como República (MOTTA, 1992; CARVALHO, 1994; VELLOSO, 1996; PESAVENTO, 1999). Esse debate percorre diferentes caminhos, em algumas das maiores cidades brasileiras, e envolve concepções de cidades que afetam o cotidiano de seus habitantes em termos de circulação e práticas para obtenção de renda, não se excluindo os setores populares. Também devemos apontar estudos mais recentes sobre uma sociologia histórica das estatísticas (SENRA, 2009; CAMARGO, 2016).[2] Esses trabalhos pensam essa prática de levantamento de dados

[2] Observa-se também, mais recentemente, uma reflexão sobre os censos e as favelas cariocas (MOTTA, 2019; GONÇALVES, 2020).

como um instrumento de concepção e controle de população, revelando o que poderia ser problematizado pela racionalidade política e criando bases empíricas para políticas de impacto coletivo.

Fischer abre importante porta de diálogo com esses estudos ao pensar a modernidade para além do universo artístico e literário, e como essa concepção, gerida por órgãos técnicos do Estado, cria um olhar sobre a qual devem ser relegadas as classes populares. Em um desenho específico de cidade, igualmente reflete sobre como essa visão influencia e se perpetua em períodos históricos posteriores. Desse modo, a história das favelas e habitações populares informais se revela como um importante campo para se pensar representações sobre as classes populares, tendo o campo da moradia como gatilho de reflexão e análise, os projetos de um país que se pretendia moderno, e o impacto direto desses fatores no desenho urbano e na forma de controle do cotidiano social. Assim, tomando como ponto de partida os "setores de baixo", é possível pensar o próprio arranjo político ampliado e a atuação estatal do período.

O artigo "As retóricas da 'Marginalidade social': espaço urbano, práticas estatais e políticas nas favelas (1947-1961)", de Samuel Silva Rodrigues de Oliveira, também reforça as múltiplas formas de mobilização política, reforçando que, ao contrário da imagem de ausência do poder público ou de "desordem", a história social das favelas cariocas ressalta a importância da estruturação de políticas públicas e da politização desses espaços.

Oliveira procura descrever como a contraposição entre "cidade" e "favela" foi sendo construída, designando as favelas como um espaço heterotópico, ou seja, um lugar das ausências e da desordem em relação ao que seria a imaginação de um padrão de cidade e urbanidade. Por meio do discurso de marginalidade social, a imagem da favela carioca foi nacionalizada como o "problema urbano" do Brasil.

Sendo um problema, as favelas se tornaram objeto da ação do Estado. Oliveira também volta seus olhares para as estatísticas produzidas pelo Estado, que acompanharam a tentativa de racionalizar as políticas públicas nas favelas. Conforme analisou Luiz Costa Pinto (1953), o censo de 1950 já demonstrava os traços propriamente espaciais da segregação racial. No entanto, em consonância com as teorias da marginalidade, a questão racial foi inserida nas representações da marginalidade sem suscitar um debate mais estrutural sobre o racismo brasileiro. Esse debate é extremamente pertinente para a retomada de trabalhos em termos históricos, que possam recuperar os aspectos raciais na configuração urbana do Rio de Janeiro e das cidades brasileiras.

O artigo faz, ainda, um apanhado de iniciativas da Igreja Católica, assim como dos poderes públicos para resolver o problema das favelas. Um emaranhado de iniciativas se estruturará no pós-guerra e no decorrer dos anos 1950. O artigo retoma as iniciativas da Fundação Leão XIII, estrutura criada pela Igreja Católica em 1947, mas que atuou em nome do Estado em inúmeras favelas e de formas variadas até ser absorvida pelo Estado nos anos 1960. Oliveira aborda também as iniciativas da Cruzada São Sebastião, criada sob a liderança do bispo auxiliar dom Hélder Câmara, e que pretendia erradicar o conjunto das favelas até o quarto centenário da cidade.

Essa batalha iniciada por dom Helder Câmara dialoga com a "batalha do Rio de Janeiro", expressão usada pelo jornalista Carlos Lacerda em uma campanha jornalística de 1948 e, como bem pontuou Oliveira, acabou influenciando grande parte da opinião pública ao longo da década de 1950. Nessa retórica de batalha, grande parte das iniciativas dos poderes públicos reverberavam a noção de marginalidade social e declaravam uma guerra contra as favelas cariocas. Isso pressupunha conhecer esses espaços e seus habitantes e distinguir entre o "trabalhador favelado" e os "elementos indesejáveis."

A reflexão em torno da marginalidade também é retomada no artigo de Alexis Cortés, "Teoria e movimentos sociais: o caso de *pobladores* e favelados", que analisa as teorias sobre os movimentos sociais de favelas, cotejando sua reflexão com o caso dos *pobladores* de Santiago. O autor, que é chileno, mas fez seus estudos doutorais no Instituto de Estudos Sociais e Políticos – Universidade do Estado do Rio de Janeiro (Iesp – Uerj), faz um grande levantamento do debate teórico urbano latino-americano, que utilizou, por várias décadas, a categoria "marginalidade" como variável explicativa fundamental. Para o autor, as distintas matrizes ideológicas de análise apresentavam como traço comum a leitura de disfuncionalidade da população favelada e as associavam às camadas marginais com um potencial disruptivo, tanto positivamente, por sua capacidade revolucionária, como negativamente, pelos ônus que representavam para o resto da sociedade.

Assim, a criação da Fundação Leão XIII e da Cruzada São Sebastião pela Igreja Católica, conforme já apontado pelo artigo de Samuel Oliveira, seria a expressão prática de uma nova concepção das populações faveladas, a partir da qual se desenvolveria uma solução em longo prazo: a Promoção Humana dos favelados. Em sua reflexão, Cortés faz alusão a diferentes autores (PERLMAN, 1977; LEEDS E LEEDS, 1978; VALLADARES, 1978; SANTOS, 1981), que se distanciaram da tradição teórica, representada por Manuel Castells. O aspecto mais utilitário e menos coletivamente articulado da mobilização nas favelas explicaria o fracasso na resistência às remoções dos anos 1960 e 1970.

No entanto, o autor retoma a experiência da Federação de Associações de Moradores de Favelas do Estado da Guanabara (Fafeg), procurando compreender que, mesmo de forma dispersa, a mobilização da Fafeg se manifestava com base na luta pelo direito à cidade e à permanência. Nesse contexto, evoca o trabalho de Lima (1989), que já reivindicava a existência de um Movimento de Favelados, polemizando com a corrente utilitarista ao marcar a continuidade das mobilizações nas favelas cariocas apesar da intensa repressão às atividades políticas.

Lima já demarcava a articulação entre o movimento sindical e a organização dos favelados, marcando assim uma dimensão de identificação dos favelados enquanto trabalhadores, sobretudo no contexto da União dos Trabalhadores Favelados, criada, em 1954, sob a influência do advogado próximo do partido comunista, Antoine de Magarinos Torres. Esse movimento apresentava expressiva presença de lideranças sindicais, assim como a presença de militantes comunistas na organização do movimento. No entanto, como aponta Cortés, a ditadura foi eficaz em truncar o movimento favelado. Isso se relacionou não somente com a repressão do regime militar, mas também com a máquina política do chaguismo, que contribuiu com a fragmentação política do movimento.

O artigo "Habitação e Guerra Fria: a perspectiva transnacional para o estudo da favela carioca", de Leandro Benmergui, amplia as escalas de análise e contextualiza em uma perspectiva transnacional as políticas para as favelas. Ressaltamos dois méritos do trabalho. O primeiro, enunciado no próprio título: em que na abordagem disciplinar da história, tomando a favela como objeto de estudo, o artigo articula as dinâmicas locais à geopolítica internacional, em que o projeto de remoção de favelas, executado por Carlos Lacerda durante seu governo no então criado Estado da Guanabara, era tanto um projeto que contemplava interesses imobiliários locais e realizava um desejo da classe média carioca – em que Lacerda tinha muitos eleitores – de se livrar das favelas, quanto um projeto que alinhava política e ideologicamente Lacerda com os interesses estadunidenses no Brasil.

Se esses fatos em si não constituem grande novidade, Benmergui ora aproxima o foco, mostrando na microescala de que modo os embates entre defensores da remoção e os contrários a ela, dentre esses os moradores, foram permeados pelas disputas políticas locais; ora amplia, mostrando como esse projeto se articulava com a política externa dos Estados Unidos tendo a Revolução Cubana e a Guerra Fria como um componente fundamental nas formulações e disputas locais.

Tudo isso sendo demonstrado com vasta documentação, e esse é o segundo mérito que o artigo carrega, o de apresentar a muitos leitores no Brasil um pesquisador que, assim como seus estudos, trilha as rotas continentais entre América Latina e Estados Unidos. Benmergui é argentino, com profunda pesquisa sobre o Brasil e é radicado nos Estados Unidos, e nesse último obteve acesso a importantes acervos que jogam luz sobre as políticas públicas para as favelas e os respectivos embates e atores nos turbulentos anos pré-Golpe Militar de 1964, demonstrando a questão urbana como uma das chaves para compreensão dos interesses em disputa. Parte do material que ele analisa só se encontra nos arquivos estadunidenses, o que reforça a precária política de arquivos no Brasil, sobretudo em relação às favelas.

O capítulo "As favelas do Rio de Janeiro e a ditadura militar: remoções forçadas, repressão ao associativismo e controle social", de Juliana Oakim, Lucas Pedretti e Marco Pestana, aborda o mesmo período histórico, mas com foco na repressão do Estado contra as favelas tendo como principal recorte os anos de 1964 a 1974, período de amplo recrudescimento estatal denominado por Renato Lemos (2014) de "contrarrevolução terrorista", conforme citado pelos autores. A escolha desse período se dá não apenas pela repressão, mas por nele terem ocorrido políticas de remoção, tanto de âmbito estadual quanto federal, responsáveis pela erradicação de diversas favelas, principalmente na valorizada Zona Sul carioca.

Como os próprios autores deixam claro, as remoções e os diferentes tipos de violência não são uma novidade inaugurada pela ditadura de 1964. Porém, o governo autoritário cria uma engrenagem própria, cujo aparato repressivo desempenha um papel central. As erradicações de favelas sempre foram acompanhadas de diferentes articulações para a resistência local, movimento que não se encerra logo após o golpe militar. Desse modo, o trabalho demonstra de forma consistente como a violência policial, aplicada contra a mobilização para combater as remoções, reveste-se em um método de controle cotidiano, desenho que pode ser observado até os dias de hoje na prática do policiamento ostensivo nas favelas.

Outro ponto de grande enriquecimento do trabalho é a contextualização feita pelos autores. Um dos pontos que mais chamam atenção é o fato de a reflexão aqui apresentada ser fruto do amadurecimento da pesquisa desenvolvida desde a atuação dos três pesquisadores dentro da Comissão Estadual da Verdade do Rio de Janeiro (CEV-Rio), atuante entre os anos de 2013 e 2015. Oakim, Pedretti e Pestana destacam como a repressão da ditadura militar sobre as favelas é uma temática praticamente intocada por diversos estudos, incluindo o próprio relatório da Comissão Nacional da Verdade (CEV), publicado em 2014. Sobre esse documento, ainda conforme relato dos autores, essa ausência mobilizou um amplo debate interno na CEV-Rio, resultando na inclusão de outros grupos além dos moradores de favelas, como a população negra e a LGBTQ, no triste rol dos perseguidos e vítimas da violência do regime.

De fato, a ditadura militar é um dos temas mais aprofundados pela historiografia brasileira. Em um primeiro momento, temos importantes obras da ciência política que buscam entender os diferentes contextos e atores que possibilitaram a ascensão dos militares ao poder por diferentes arranjos. Podemos citar, dentre outros trabalhos, a análise de René Dreifuss (1981) da dimensão classista e empresarial do golpe, trazendo à luz uma "ditadura civil-militar"; a tese da "paralisia decisória", de Wanderley Guilherme dos Santos (1986); a interpretação de Argelina Figueiredo (1993) de uma radicalização de posições em torno das reformas de base e as pressões sobre o legislativo gerando o contexto que possibilitou o golpe. Essas três obras são exemplares, dentre outras que se debruçaram sobre o que viabilizou o golpe militar, de alguns dos principais debates que até hoje permeiam o pensamento historiográfico sobre a ascensão da ditadura militar de 1964.

Também temos notáveis contribuições historiográficas sobre os grupos de esquerda que se opuseram ao regime, principalmente pela via armada, e foram duramente reprimidos, sendo muitos dos seus atores diretamente envolvidos nesses episódios. Essas obras oferecem um vital mapeamento do perfil desses grupos, bem como diferentes chaves de interpretação dos limites de suas ações e a forma violenta com a qual seus integrantes se tornaram "desaparecidos políticos", pavimentando um importante caminho para o entendimento da forma de controle social até hoje presente em nosso aparato policial (GORENDER, 1987; REIS, 1990; PANDOLFI, 1995; FERREIRA E REIS, 2007).

Nota-se, assim, uma tradição historiográfica consolidada de análise entre os diferentes grupos que operacionalizaram a ditadura de 1964, desde o alto escalão administrativo-burocrático aos porões responsáveis pelas torturas e assassinatos, bem como diferentes núcleos de resistência tendo grande notoriedade aqueles que fizeram a escolha pela luta armada. O texto de Oakim, Pedretti e Pestana traz uma ampla contribuição ao debate, uma vez que ilumina caminhos futuros de pesquisa para o entendimento sobre como o aparato repressivo, um dos sustentáculos do governo ditatorial, atuou diretamente perante a mobilização favelada estabelecendo um sólido mecanismo de controle social até hoje perceptível, descortinando os limites da democracia que se pretendeu inaugurar após a Constituição de 1988.

Desse modo, sua contribuição dialoga de forma não apenas complementar, mas indicando novos caminhos interpretativos para os impactos da repressão do governo militar. Outra notória contribuição é o percurso metodológico e conjuntural descrito pelos autores para a escrita do trabalho. Esse trajeto tem sua importância ao demonstrar como a escrita da história das favelas também se embasa em uma arqueologia documental própria com potencial para a organização de novos acervos arquivísticos e a produção de um *corpus* de fontes orais fundamental para dar voz a um grupo social até então pouco contemplado pela historiografia da repressão e dos assassinatos cometidos pelo Estado e até hoje ainda comuns.

Nessa verve, também é de suma importância o diálogo com o capítulo de autoria de Gizele Martins e Mario Brum, "Da redemocratização ao Rio pós-2016: o 'entulho autoritário' da ditadura foi jogado nas favelas?". Um de seus pontos de partida é a frase provocativa fortemente ecoada pelas lideranças comunitárias: a ditadura acabou nas favelas? Tendo tal questionamento como mote, os autores discorrem sobre o grande paradoxo constituído pela ampla mobilização social por direitos que permeia a elaboração da Constituição de 1988 em contraponto às crescentes incursões violentas nas favelas pelo braço policial do Estado. Há um desdobramento de tal contradição, apontado pelos autores, uma vez que essa ação violenta é paralela a certos avanços no reconhecimento da existência da favela como parte da cidade e, portanto, passível de receber equipamentos e urbanização. O texto remonta à fase da abertura política do fim dos anos 1970, contextualizando movimentos como marcos de resistência bem-sucedida à agonizante política remocionista da ditadura militar.

Porém, o estigma negativo que historicamente atinge os indivíduos que habitam esses espaços há mais de um século se torna um dos principais entraves para que consigam fazer o exercício pleno de sua cidadania. Conforme observado por Martins e Brum, o próprio aparato policial não enxerga esses indivíduos como cidadãos, caracterizando-os comumente como "corpos matáveis". Dentro desse quadro se deve acrescentar a conjuntura dos megaeventos internacionais, que tiveram grande amplitude no Rio de Janeiro, a exemplo da Copa do Mundo de Futebol de 2014 e das Olimpíadas de 2016. Esses ingredientes corporificaram um fantasma até então não tão vultuoso: o das remoções.

Com isso, temos a construção da Nova República pautada pelo paradoxo apontado por Angelina Peralva (2000): paralelamente a um esforço ampliado para se construir um universo de direitos que abarque a sociedade como um todo, principalmente os setores sociais historicamente marginalizados, temos uma cultura da violência como forte traço e solidamente perceptível na atuação de diversos aparatos do Estado. Este elemento é visível nas forças policiais responsáveis pela ação ostensiva e fortemente presente no cotidiano das favelas e outros setores populares.

Diante das análises citadas, o diálogo com o trabalho de Martins e Brum é de grande valia ao se pensar a característica historicamente autoritária do Estado brasileiro e seus arranjos visando ao controle social, principalmente perante as classes populares, do seu cotidiano e seus espaços de habitação. Essa forma de atuação é permeada por uma cultura de violência que não apenas fortalece, mas tinge de tons dramáticos, muitas vezes apoiados por parte da sociedade, as abordagens truculentas e letais sob a forma de políticas públicas. Os autores retratam as formas de resistência operada por moradores de favelas em diferentes contextos, colocando um desafio para a visão por vezes otimistas de Renato Boschi (1987) sobre a relação entre movimentos sociais e aparato institucional. Não se trata de negar sua visão, mas justamente de pensar sobre como esse convívio pode de fato resultar em uma atuação inclusiva em prol da materialização de direitos já existentes, cenário ainda longe de ser construído e um dos principais entraves de nossa sociedade.

Do ponto de vista metodológico, é válido destacar o excelente uso dos autores de diversos relatórios produzidos por diferentes movimentos de contestação aos impactos dos megaeventos internacionais. Ao mobilizar esse acervo, são apontadas importantes fontes primárias, muitas acessíveis através do universo digital, para uma história do tempo presente dos movimentos sociais do Rio de Janeiro contemporâneo no contexto da Copa do Mundo e das Olimpíadas. Também é possível descortinar a profícua relação entre história digital, história pública e história do tempo presente desses movimentos sociais.

Por fim, consonante com o movimento de renovação da historiografia, que compreende que a história é a ciência dos homens (e mulheres, enfatizamos) no tempo, o tempo presente é também o recorte dos últimos três artigos deste volume, que tratam do período recente da história das favelas, intimamente ligada às questões nacionais ou internacionais, caso dos já mencionados grandes eventos e do Rio pós-2016. São artigos com autores e autoras (principalmente) diretamente envolvidos tanto na análise dos fatos quanto na vivência desses. Seus autores e autoras fazem seus estudos acadêmicos de modo dinâmico, não apenas como uma *observação participante* ou um trabalho etnográfico, mas como pesquisadores intensamente vinculados ao campo em que realizam seus estudos (alguns deles inclusive são moradores de favelas), e que, por conta disso, enriquecem as análises desses processos sem abrirem mão do rigor teórico.

São artigos que tratam das políticas públicas para as favelas cariocas executadas no período que vai do auge dos governos petistas, sob a presidência de Lula, até o pós-2016, com os impactos da crise que se abateu sobre a cidade e o Estado, na ressaca dos grande eventos e da crise política que resultou no impeachment de Dilma Rousseff e na ascensão de forças fundamentalistas e defensoras de ações militaristas para as favelas.

Urbanização, remoções, ações policiais, guerra às drogas, resistência, favela como parte da cidade. No turbilhão em que os moradores das favelas, e da cidade em geral, foram envolvidos na segunda década do século XXI, o olhar historiográfico aqui, em intenso diálogo com outras disciplinas, abordou diferentes questões e temas, como mobilização, resistência, identidades... dando ênfase principalmente aos moradores de favelas como sujeitos autônomos, que constroem, inclusive, sua própria narrativa. Assim, os moradores coautores destes artigos escreveram suas teses e dissertações sobre questões às quais estão vivamente ligados.

Exemplo disso foram as remoções de favelas, colocadas novamente no centro da agenda pública a partir da preparação da cidade para os grandes eventos da década de 2010, como a Copa do Mundo de 2014 e as Olimpíadas de 2016. Diferente, no entanto, da vaga remocionista da Ditadura militar, os moradores das favelas ameaçadas se mobilizaram e se articularam com diversos atores para resistirem às remoções. De modo que o artigo "Qual o lugar das favelas no Rio dos megaeventos?" foi escrito por Leticia de Luna Freire, que viveu no centro desses acontecimentos a partir de três inserções: a primeira é o LeMetro, Laboratório de Etnografia Metropolitana, da Universidade Federal do Rio de Janeiro (UFRJ), que tem reunido pesquisadores e produzido importantes referências no debate sobre as favelas do Rio; a segunda, o Comitê Popular da Copa e da Olimpíada, as rede de moradores, as lideranças comunitárias, os movimentos sociais, os pesquisadores, os técnicos, entre outros, que acompanharam os processos de remoções do Rio de Janeiro, articulando ações de resistência e produzindo análises sobre o período; e por último, desde 2015, Leticia é professora da Uerj, cujo maior *campus* se localiza ao lado do Estádio do Maracanã, palco da final da Copa do Mundo e das Cerimônias de Abertura e Encerramento das Olimpíadas. Além disso, a universidade em si viveu a ressaca dos grandes eventos, que em vez de legados gerou enormes passivos econômicos e sociais à cidade, atingida em cheio com uma crise financeira que interrompeu por meses seu funcionamento.

E também é ao lado da Uerj, e do Maracanã, que se localiza a favela Metro Mangueira, uma das favelas que viveu um processo de remoção que é um dos dois estudos de caso tratados no artigo. O outro é a Vila Autódromo, localizada ao lado do outro principal polo das Olimpíadas: o Parque Olímpico. Ao acompanhar o processo de remoção dessas duas localidades, Freire demonstrou, referendada por um diversificado uso de fontes, os planos e o esforço do Estado na remoção das duas favelas, os interesses envolvidos e a resistência dos moradores, articulados com diversos outros atores para conseguirem permanecer no local, ou, no mínimo, terem garantidos seus direitos amparados no novo arcabouço institucional surgido com a Constituição de 1988, que prevê a remoção apenas em último caso, e, mesmo assim, com várias salvaguardas, dentre elas a inclusão das favelas como território da cidade e da habitação como direito, que contrastam com o período da ditadura, quando a leitura da favela se baseava na noção de que era algo ilegal e anormal.

No entanto, em que pese a democracia vigente, tema de outros artigos desta coletânea, os injustificáveis planos de remoções dessas favelas, que tanto foram alterados quanto não se realizaram (embora a remoção, particularmente da Vila Autódromo, tenha se efetivado quase por completo), inserem-se num modelo de cidade em que os grandes eventos foram uma forma de adequar o Rio a um novo padrão de negócios, em que *cidade olímpica* significou *cidade empresa*, ou seja, a cidade é uma mercadoria a ser vendida, debate fortemente presente nas análises do período no qual esse artigo se insere. Enfim, é um artigo que contempla o período recente da história das favelas.

Abordando o mesmo período do artigo anterior, o capítulo "Favelas, direitos e experiências coletivas: olhares sobre o PAC Manguinhos (2008-2016)" tem o mérito de trazer um tema que, ofuscado talvez pelos processos que envolveram a *cidade olímpica*, pouco tem sido abordado nas pesquisas das ciências sociais: as obras de urbanização de favelas nesse período, sob o signo do lulo-petismo, que conjugaram grandes obras com foco na mobilidade urbana sob viés de integração da favela à cidade com a implantação de equipamentos públicos. Também se notabilizou por obras, que contaram com amplo investimento estatal em grandes empreiteiras, relação nebulosa que acabou por abalar os fundamentos da própria democracia brasileira, jogando o país numa crise política que culminou com a retirada de Dilma Rousseff da presidência e cujos efeitos ainda se fazem sentir no período de escrita desta coletânea.

Tendo Manguinhos como campo de estudos, foi um artigo escrito a partir de reflexões de processos vividos pelos autores de forma direta. Tania Fernandes e André Lima, vinculados à Fundação Oswaldo Cruz (Fiocruz), cuja sede se localiza em Manguinhos, acompanharam institucionalmente as políticas de implementação do Programa de Aceleração de Crescimento nessa favela. Lima, inclusive, é morador de Manguinhos e participou, nessa dupla condição, de vários fóruns comunitários relacionados (ou não) ao PAC. E é daí que a pesquisa desenvolvida por Fernandes e Lima ganha escopo: pelas narrativas dos moradores de Manguinhos.

Além disso, o leitor e a leitora conseguirão acompanhar as dinâmicas políticas em escala municipal e nacional que envolveram as obras do PAC, no que os autores fazem um belíssima reconstituição baseando-se nas fontes documentais e no noticiário da imprensa, e, no mesmo modo, como essas articulações políticas e as obras impactaram o cotidiano dos moradores e as dinâmicas do movimento comunitário local, análise rica cuja presença no campo em papéis que iam além de pesquisadores (sem descuidarem desse, vale ressaltar) auxilia a jogar luz no período recente e turbulento da história das favelas cariocas e do Brasil.

A análise de Fernandes e Lima demonstra inequivocamente como as dinâmicas nacionais e locais se entrelaçam no estudo das favelas, e como a história como disciplina pode desempenhar importante contribuição na busca de esclarecimentos e reflexões que vão além do *tempo presente*, recorte cronológico desse estudo. Essas reflexões se referem, em última instância, aos dilemas e limites da própria democracia brasileira, como os autores demonstram nesse artigo (quase singular em comparação à produção acadêmica sobre o período, que foca nas remoções e nos modos de agir da polícia sobre os moradores), em que uma política não remocionista sofreu com as mesmas inferências políticas, que acabaram por desencadear o término do ciclo petista na presidência da República, e não conseguiram trazer profundas e duradouras mudanças no *status* do morador da favela, em que pese o grau enorme de investimento e o impacto das obras de urbanização.

Por fim, o artigo "Uma luta de muitas mulheres: a centralidade da resistência feminina às remoções das favelas do Rio de Janeiro", de Anne-Marie Veillette e Márcia Bastos segue a trilha dos artigos anteriores, com destaque para a discussão de gênero como eixo central do artigo, com as autoras propondo uma discussão epistemológica a partir da centralidade das mulheres nas lutas comunitárias, que para as autoras é um processo que vem de décadas e que não teve sua dimensão corretamente abordada nos estudos acadêmicos.

As autoras, vinculando o artigo à vertente de *estudos decoloniais*, trazem o feminismo interseccional como categoria de análise central para compreensão das lutas comunitárias contra as remoções, que permanecem na cena política mesmo com o "fim" dos grandes eventos, adentrando a gestão de Marcelo Crivella e a ascensão da extrema direita no Brasil.

As autoras acompanharam e participaram do Conselho Popular, fórum que reúne lideranças comunitárias, defensores públicos, Pastoral de Favelas, técnicos e acadêmicos para dar suporte a moradores de favelas sob remoção ou que estejam sendo ameaçados por ela; além do fórum Rocinha Sem Fronteiras, articulação local de lutas dos moradores, e principalmente moradoras que, do mesmo modo, organizam-se para enfrentar as questões urbanas de uma das maiores favelas da cidade. É nesse duplo papel, pesquisadoras, mas também integrantes dessas redes (Bastos é ainda moradora de favela), que são levantadas as memórias e as narrativas de resistência de nove mulheres. Veillette e Bastos transitam entre aportes teóricos, a história do Brasil e das favelas cariocas com grande habilidade, costurando empiria e teoria sem que uma esteja subordinada à outra, mas, pelo contrário, em intenso diálogo ao longo de todo o artigo.

Este livro é pautado em uma larga parceria dos seus coordenadores e conta com o compromisso social dos seus autores ao fazerem ciência. Temos certeza de que o direito à cidade aos moradores das favelas passa necessariamente pelo direito à história. Que as próximas páginas possam suscitar ainda muitas histórias sobre as favelas daqui e de tantos lugares.

Rafael Soares Gonçalves
Mario Brum
Mauro Amoroso

Referências

ABREU, Maurício de Almeida. "Reconstruindo uma história esquecida: origem e expansão inicial das favelas do Rio". *Espaço e Debates*, v.14 n. 37, p. 34-49, 1994.

ALVES, Maria Helena Moreira. *Estado e oposição no Brasil:* 1964-1984. Petrópolis: Vozes, 1984.

ARAGÃO, Maria Luiza Moniz de. Favela-vivem ou vegetam as 1111 famílias da Barreira do Vasco? Serviço Social, São Paulo, ano 19, nº 54, 1949.

AZEVEDO, Cecília. Essa pobre moça indefesa. Estátua da Liberdade da Vila Kennedy. In: KNAUSS, Paulo (coord.). *Cidade vaidosa:* imagens urbanas do Rio de Janeiro. Rio de Janeiro: 7 Letras, 1999. p. 93-116.

BARCELLOS, Fernanda Augusta Vieira Ferreira. As populações das "Favelas". Monografia de conclusão do Curso de Serviço Social, Instituto Social. Rio de Janeiro, 1945.

BARROSO, Manuel de Carvalho. "Favelas. Desapropriação impeditiva de despejo. Pagamentos em apólice". *Revista de Direito da Procuradoria Geral*, p. 509-514, 1957.

BONILLA, Frank. "Rio's favelas: the rural slum with the city, Rio de Janeiro". *East coast South America series*, v. 8, nº 3, 1961.

BOSCHI, Renato Raul. *A arte da Associação:* política de base e democracia no Brasil. São Paulo: Vértice, 1987.

BURGOS, Marcelo. Dos parques proletários ao Favela-Bairro: as políticas públicas nas favelas do Rio de Janeiro. In: ZALUAR, Alba; ALVITO, Marcos (org.). *Um século de favela.* Rio de Janeiro: FGV, 1998. p. 25-60.

CAMARGO, Alexandre. A construção da medida comum: estatística e política de população no Império e na Primeira República. Tese de doutorado. Rio de Janeiro: Iesp-Uerj, 2016.

CARVALHO, Benjamin de Araujo. O problema higiênico das favelas. Tese de livre-docência, Faculdade Nacional de Arquitetura, Universidade do Brasil. Rio de Janeiro, 1951.

CARVALHO, Maria Alice Rezende de. *Quatro vezes cidade.* Rio de Janeiro: 7 Letras, 1994.

COELHO, Durval de Magalhães. *Contribuição para a campanha de extinção das favelas.* Departamento de Geografia e Estatística. Rio de Janeiro, 1949.

CONN. The Squatter' Rights of favelados. *Ciências Econômicas e Sociais*, v. 3, nº 2, p. 50-142, 1968.

COSTA PINTO, Luiz de Aguiar. *O negro no Rio de Janeiro:* relações de raças numa sociedade em mudança. São Paulo: Companhia Editora Nacional, 1953.

COUTINHO, Nadir. Um ensaio de aplicação das técnicas de organização social de comunidade num projeto piloto de conjunto residencial para ex-favelados. Monografia de conclusão do curso de Serviço Social, PUC-Rio, 1958.

CHALHOUB, Sidney. *Cidade febril:* cortiços e epidemias na corte imperial. São Paulo: Companhia das Letras, 1996.

CUNHA, Marize Bastos da. Grotão, Parque proletário, Vila Cruzeiro e outras moradas: saber e história nas favelas da Penha. Dissertação de mestrado em Educação, UFF. Niterói, 1995.

DREIFUSS, René. *A conquista do Estado:* ação política e golpe de classe. Petrópolis: Vozes, 1981.

ELIA, Francisco Carlos da Fonseca. A questão habitacional no Rio de Janeiro da Primeira República: 1889-1930. Dissertação de mestrado, UFF. Niterói, 1984.

FERREIRA, Celio Alberto Sholl. Favelas. Construções ilegais e comércio não permitido: providências administrativas. *Revista de Direito da Procuradoria Geral*, v. 21, p. 430-436, 1969.

FERREIRA, Jorge; REIS, Daniel Aarão (orgs.). *Revolução e democracia (1964-...).* Rio de Janeiro: Civilização Brasileira, 2007.

FIGUEIREDO, Argelina. *Democracia ou reformas? Alternativas democráticas à crise política.* São Paulo: Paz e Terra, 1993.

GOMES, Angela de Castro. O populismo e as ciências sociais no Brasil: notas sobre a trajetória de um conceito. In: FERREIRA, J. (org.). *O populismo e sua história – debate e crítica.* Rio de Janeiro: Civilização Brasileira, 2001.

GORENDER, Jacob. *Combate nas trevas:* a esquerda brasileira, das ilusões perdidas à luta armada. 2. ed. São Paulo: Ática, 1987.

GONÇALVES, Rafael Soares. Censos e favelas cariocas: evolução de um conceito censitário, *Anais do Museu Paulista*, v. 28, p. 1-30, 2020.

GONÇALVES, Rafael Soares. *Favelas do Rio de Janeiro. História e Direito.* Rio de Janeiro: Pallas; PUC-Rio, 2013.

GOULART, José Alípio. *As favelas do Distrito Federal.* Rio de Janeiro: Ministério da Agricultura, 1957.

GUIMARÃES, Alberto Passos. As favelas do Distrito Federal e o recenseamento de 1950. *Revista Brasileira de Estatística*, ano 14, nº 55, p. 250-278, 1953.

KAYSER, Bernard. La Seconde révolution démographique dans une favela de Rio de Janeiro, *Population*, nº 2, p. 311-314, 1967.

KNAUSS, Paulo; BRUM, Mario. Encontro marcado: a favela como objeto da pesquisa histórica. In: MELLO, Marco Antônio da Silva; MACHADO DA SILVA, Luiz Antonio; FREIRE, Leticia de Luna; SIMÕES, Soraya Silveira (orgs.) *Favelas cariocas:* ontem e hoje. Rio de Janeiro: Garamond, p.121-140, 2012.

LEMOS, Renato. Contrarrevolução e ditadura: ensaio sobre o processo político brasileiro pós-1964. *Marx e o marxismo*, v. 2, p. 111-138, 2014.

LEEDS, Anthony. The significant variables determining the character of squatter settlements, America Latina v.12, n. 3, p.44-86, 1969.
LEEDS, Anthony; LEEDS, Elisabeth. *A sociologia do Brasil Urbano*. Rio de Janeiro: Zahar, 1978.
LIMA, Nísia Trindade. O movimento de favelados do Rio de Janeiro: políticas do Estado e lutas sociais (1954-1973). Dissertação de mestrado em Ciência Política, Iuperj. Rio de Janeiro, 1989.
LIMA SOBRINHO, Barbosa. Favelas. Situação jurídica e situação de fato. *Revista de Direito da Procuradoria Geral*, p. 515-518, 1957.
MACHADO DA SILVA, Luiz Antonio. A Política na favela. *Cadernos Brasileiros*, v. 9, n. 3, p. 35-47, 1967.
MATTOS, Romulo Costa. A "aldeia do mal". O Morro da Favela e a construção social das favelas durante a Primeira República. Dissertação de mestrado em História Social. Programa de Pós-graduação em história, Universidade Federal Fluminense. Niterói, 2004.
MATTOS, Romulo Costa. Pelos Pobres! As campanhas pela construção de habitações populares e o discurso sobre as favelas na Primeira República. Tese de doutorado em História Social. Programa de Pós-graduação em história da Universidade Federal Fluminense. Niterói, 2008.
MEDINA, Carlos Alberto de. *A favela e o demagogo*. São Paulo: Martins Fontes, 1964.
MEUREN, Waldir. Breves considerações sobre a lei das favelas. *Revista Forense*, v. 186 n. 677-678, p. 462-467 , 1959.
MOTTA, Eugênia. Resistência aos números: a favela como realidade (in)quantificável. *Mana*, v. 25, p.72-94 , 2019.
MOTTA, Marly. *A nação faz 100 anos:* a questão nacional no centenário da Independência. Rio de Janeiro: FGV, 1992.
PANDOLFI, Dulce. *Camaradas e companheiros:* memória e história do PCB. Rio de Janeiro: Relume-Dumará/Fundação Roberto Marinho, 1995.
PEARSE, Andrew. Integração social das famílias de favelados, *Educação e Ciências Sociais*, v. 2, n. 6, p.245-277, 1957.
PARISSE, Lucien, Favelas do Rio de Janeiro. Evolução e sentido. Rio de Janeiro: Cenpha, 1969.
PERALVA, Angelina. *Violência e democracia:* o paradoxo brasileiro. São Paulo: Paz e Terra, 2000.
PERLMAN, Janice. *O mito da marginalidade:* favelas e política no Rio de Janeiro. Rio de Janeiro: Paz e Terra, 1977.
PERUCCI, Gadiel. *Favelas do Rio e mucambos de Recife – um relatório de estágio*. Recife: Fundação de Promoção Social, 1962.
PESAVENTO, Sandra. *O imaginário da cidade:* visões literárias do urbano – Paris, Rio de Janeiro, Porto Alegre. Porto Alegre: UFRGS, 1999.
PORTUGAL, Isaura Lembruger. Favelas: problema administrativo. Monografia de conclusão do Curso de Serviço Social, PUC-Rio. Rio de Janeiro, 1952.
REIS, Daniel Aarão. *A revolução faltou ao encontro:* os comunistas no Brasil. São Paulo: Brasiliense, 1990.
RIOS, Jose Arthur. Favelas. *Arquitetura*, p. 19-24, 1963.
ROCHA, Oswaldo Porto. A era das demolições: a cidade do Rio de Janeiro. Dissertação de mestrado em história, UFF. Niterói, 1983.
ROBERTO, Maurício. As favelas do Rio: encaminhamento para sua solução, *Arquitetura*, n. 10, p. 6-9, 1963.

SANTOS, Carlos Nelson Ferreira dos. Les politiques d'intervention. *Economie et Humanisme*, n. 186, p. 53-60, 1969.

SANTOS, Carlos Nelson Ferreira dos. *Movimentos urbanos no Rio de Janeiro*. Rio de Janeiro: Zahar, 1981.

SANTOS, Wanderley Guilherme dos. *Sessenta e quatro:* anatomia da crise. São Paulo: Vértice, 1986.

SAGMACS. Aspectos humanos das favelas cariocas. *O Estado de S.Paulo* suplementos especiais (13 e 15 de abril), São Paulo, 1960.

SENRA, Nelson. *Uma breve história das estatísticas brasileiras:* 1822-2002. Rio de Janeiro: IBGE, 2009.

SILVA, Maria Hortência do Nascimento e. Impressões de uma assistente social sobre o trabalho na favela. Monografia de conclusão do Curso de Serviço Social, Instituto Social (PUC-Rio), Rio de Janeiro, 1941.

SZILARD, Adalberto. *Urbanismo no Rio de Janeiro.* Rio de Janeiro: O construtor, 1950.

TORRES, Laura Bogado. Parque Proletário nº 1: planejamento de um serviço social. Monografia de conclusão do curso de Serviço Social, PUC-Rio. Rio de Janeiro, 1953.

VALLADARES, LÍCIA DO PRADO. A Invenção da Favela – do Mito de Origem à Favela. *com*. Rio de Janeiro: FGV, 2005.

VALLADARES, Lícia do Prado. *Passa-se uma casa:* análise do programa de remoção de favelas do Rio de Janeiro. Rio de Janeiro: Zahar, 1978.

VALLADARES, LÍCIA DO PRADO. Revisitando a favela carioca: a produção anterior às Ciências Sociais, *XXII Encontro Anual da ANPOCS*, Caxambu, 1998.

VALLADARES, LÍCIA DO PRADO E MEDEIROS, LÍDIA. *Pensando as favelas do Rio de Janeiro, 1906-2000:* uma bibliografia analítica. Rio de Janeiro: Relume Dumará, 2003.

VALLAT, Victor Vincent (org.). *Educação e favela:* políticas para as favelas do Rio de Janeiro: 1940-1985. Petrópolis: Vozes, 1986.

VAZ, Lilian Fessler. Do cortiço à favela – um lado obscuro da modernização do Rio de Janeiro. In: SAMPAIO, Maria Ruth Amaral de (org.). *Habitação e cidade*. São Paulo: Fapesp, 1988. p. 39-52.

VELLOSO, Mônica. *Modernismo no Rio de Janeiro:* turunas e quixotes. Rio de Janeiro: FGV, 1996.

ZALUAR, Alba; ALVITO, Marcos (org.). *Um século de favela*. Rio de Janeiro: FGV, 1998.

ZYLBERBERG, Sonia (coord.). *Morro da Providência/memórias da "Favella"*. Rio de Janeiro: Prefeitura do Rio de Janeiro, 1992.

O Morro da Favela como o território das "classes perigosas" na Primeira República

Romulo Costa Mattos

I

Este trabalho analisa a construção social do Morro da Favela e de seus moradores na grande imprensa carioca da Primeira República, com ênfase na associação desses à criminalidade pública n'*O Correio da Manhã*,[1] embora outros periódicos desse período histórico complementem a abordagem aqui proposta. As fontes consultadas mostram que os jornais e as revistas contribuíram para o estabelecimento da ideia do Morro da Favela como o território das "classes perigosas",[2] num contexto em que os seus agentes sociais estavam empenhados em construir o Rio de Janeiro como a capital de uma nova institucionalidade, a República. Nessa perspectiva, as favelas seriam a negação da ideia dessa cidade como o foco de civilização, que era entendida como o sinônimo de se viver mais de acordo com o modelo e as necessidades dos grandes centros mundiais, principalmente os europeus, como a França, a Inglaterra e Bélgica (NEVES, HEIZER, 1991, p. 14). Dependente da produção de riqueza e da ordem no trabalho, a busca da civilização no Brasil teve como entrave a forte presença da herança africana na aparência da população e em seus costumes, tendo se tornado: "uma poderosa ideologia de dominação de classe e de controle social sobre pessoas e comportamentos distantes dos modelos europeus" (ABREU, 1994, p. 141-143). Por essa razão, os discursos da imprensa sobre as favelas

---

[1] Esse periódico foi fundado em 15 de junho de 1901 por Edmundo Bittencourt, bacharel em Direito e oriundo de uma família gaúcha economicamente bem-sucedida, de origem agrária, mas de médio porte. A tipologia dos leitores desse periódico apontava para um número de consumidores mais expressivo entre os trabalhadores, seguido pelos profissionais liberais e militares, em sua maioria de baixa patente. Tinha a companhia do *Jornal do Brasil* quando se media o potencial de circulação entre os grupos populares, as mulheres e os presidiários. Mas se separava dele por motivar uma maior pulverização do seu público entre operários, profissionais liberais, políticos, militares, homens de negócio e funcionários públicos. O *Correio da Manhã* era o diário mais difundido no interior fluminense e em outros estados, como Minas e São Paulo, embora fosse lido em maior número pelos habitantes dos subúrbios, seguidos pelos do centro e da Tijuca e adjacências (BARBOSA, 2000, p. 66, 216-7).

[2] Sidney Chalhoub (1996, p. 22) decifrou os significados do termo a partir de debates parlamentares realizados no Brasil da segunda metade do século XIX: "os pobres carregavam vícios, os vícios produzem os malfeitores, os malfeitores são perigosos à sociedade; juntando os extremos da cadeia, temos a noção de que os pobres são, por definição, perigosos".

devem ser pensados de acordo com a conjuntura mais ampla da construção de estratégias políticas e sociais de dominação, decorrente da tentativa de imposição de uma ordem social capitalista que acompanhou o processo de consolidação da República.

A lógica do estigma também deve ser levada em consideração porque, como os seus portadores não são vistos como completamente humanos, constrói-se uma teoria, uma ideologia para explicar a sua inferioridade e dar conta do perigo que ela representa; nesse movimento, ocorre a racionalização de uma animosidade baseada em diferenças como as de classe social (GOFFMAN, 1978, p. 14-15). A grande imprensa potencializou no debate público a presença das "classes perigosas" em um espaço transformado em território, uma vez que o ritmo de sua vida social seria ditado pela presença majoritária de criminosos responsáveis pela geração da violência não só em seus limites, como no restante da capital. Conforme será mostrado, essa noção foi fundamental para a generalização e a substantivação da palavra "favela".

Por ora, é necessário investigar a relevância da grande imprensa em uma sociedade em que praticamente metade da população não sabia ler. Em 1906, o Brasil apresentava a média nacional de analfabetismo na ordem dos 74,6%, enquanto o Distrito Federal mantinha o índice de 48,1% (BOMENY, 2003, p. 2). Porém, em 1900, os principais jornais editavam cerca de 150 mil exemplares, em uma cidade com 691.565 habitantes (BARBOSA, 2000). Acrescente-se a esses dados o estudo de Thompson (1987) sobre a circulação de jornais entre a classe trabalhadora inglesa, de acordo com o qual cada exemplar podia circular por inúmeras pessoas e de diferentes formas, pois a sociabilidade da leitura de uma folha era bastante diversificada. Por exemplo, ela podia ser individual, lembrando que o leitor podia ter comprado, pedido emprestado ou encontrado o diário em algum lugar. Ou então coletiva, pois as pessoas podiam se reunir para uma leitura em voz alta, com os iletrados também participando desse tipo de circulação. Essa avaliação coincide com a de Marialva Barbosa (2000), segundo a qual as publicações cariocas seguramente tiveram mais ouvintes do que leitores, ou seja, foram mais ouvidas e vistas do que lidas. Já Roger Chartier (1996, p. 94) pretendeu reconstituir as diferenciações mascaradas pelo emprego da noção simplificadora de alfabetização, que opõe sem nuances leitores alfabetizados e analfabetos iletrados. Além da relação com o escrito marcada pelo auditório, o autor francês apontou para outra característica das habilidades léxicas: nas sociedades antigas, um indivíduo que tivesse interrompido o seu aprendizado, a ponto de não conseguir ler a palavra manuscrita ou escrever, não estava impedido de decifrar certas grafias, como a dos textos impressos. Ele podia ter uma competência léxica que permitia: "a leitura de cartazes, canções, peças de atualidade e livretos de venda ambulante" (CHARTIER, 1996, p. 85).

Tendo em vista a diversidade do público alcançado pela grande imprensa, em um processo favorecido pelas dinâmicas reveladas por tais estudiosos da história da leitura, é possível pensá-la nos termos da *circularidade cultural.*[3] O testemunho histórico de Lima Barreto (1976, p. 141) reforça essa proposição. No livro *Recordações do escrivão Isaías Caminha*, há uma passagem em que a população carioca se espreme diante dos informes relacionados com um crime sensacional, fixados à entrada do prédio do fictício jornal *O Globo*, que parodiava o *Correio da Manhã*, onde o escritor trabalhara:[4] "Havia gente de toda a sorte: velhos, moços, burgueses, operários, senhoras – gente de todas as idades e condições". Essas notícias criminais, abordadas sob a forma de notas sensacionais, muitas vezes tinham os moradores do Morro da Favela como protagonistas, conforme será visto a seguir.

II

Em 1893, ocorreu um marco da perseguição dos poderes públicos às habitações coletivas, comandada pelo prefeito Barata Ribeiro: a demolição do cortiço Cabeça de Porco, na região portuária, motivada por interesses imobiliários e preocupações com a higiene pública e a segurança da cidade. É provável que certos moradores desalojados, autorizados pela municipalidade a levar consigo ripas de madeira, tenham construído casas no Morro da Providência, a poucos metros dali (VAZ, 1986, p. 35). Já em 1897, soldados da União retornados da Guerra de Canudos, em Monte Santo (Bahia), alojaram-se naquela colina carioca, à espera do pagamento dos soldos, e adensaram a sua ocupação. A estada dos militares

[3] Entre a cultura das classes dominantes e a das classes subalternas existiria um relacionamento circular feito de influências recíprocas, que se move de baixo para cima, bem como de cima para baixo, com elementos comuns sendo encontrados nas duas culturas, que se cruzam e convergem (cf. GINZBURG, 1987).

[4] O romancista publicou nesse diário o folhetim *O subterrâneo do Morro do Castelo*, em 1905. Devido às fortes críticas ao *Correio da Manhã* e ao seu diretor em *Recordações do Escrivão Isaías Caminha*, Barreto se tornou um nome interdito nas páginas desse jornal. Seu processo de inserção no meio intelectual e na grande imprensa cariocas foi pesquisado na tese de Denilson Botelho (2001).

republicanos na região do Morro da Favela baiano acumulara baixas e desmoralizara a expedição (CUNHA, 2000, p. 362). Em poucos anos, o Morro da Providência passou a ser popularmente conhecido como Morro da Favela, em referência a esse episódio.

A rigor, a escassez e a carestia das casas populares já constituíam uma crise de moradias no período 1850-1870, quando as habitações coletivas integravam a paisagem do centro da cidade. Mas foi nas últimas décadas do Oitocentos que a questão da habitação atingiu maiores proporções. Nesse contexto, o Rio de Janeiro assumiu novas funções com o fim da monarquia e a proclamação da República, a decadência da cafeicultura no Vale do Paraíba, a abolição da escravatura e o incipiente processo de industrialização.[5] Entre 1872 e 1890, o grande número de migrantes nacionais e estrangeiros que acorreu para a cidade fez com que a sua população passasse de 274.972 a 518.292 habitantes. Ou seja, em 18 anos ela cresceu 90%, a uma taxa anual aritmética de 5,0% e geométrica de 3,6%. No mesmo período, o crescimento do parque domiciliar foi inferior ao populacional, tendo se expandido em 62% e à taxa geométrica de 2,6% por ano. A decorrência desse processo foi a deterioração das condições habitacionais, observada no aumento da densidade domiciliar (7,3) e predial (10,8). Entre 1869 e 1888, o número de cortiços e estalagens passou de 642, com 9.671 quartos e 21.929 pessoas, para 1.331, com 18.866 quartos e 46.680 pessoas (RIBEIRO, 1997, p. 139-140).

A década de 1890 é representativa da nova dimensão que a crise de moradias assumira no Rio de Janeiro. Nela ocorreu ainda o adensamento da ocupação do Morro de Santo Antônio, por soldados que combateram a Revolta da Armada (1993-1994), ocorrida no Sul do país (ABREU, VAZ, 1991, p. 489). Até o início do século XX, essa era a colina mais abordada na grande imprensa, tendo sofrido o seu primeiro processo de remoção no ano de 1901. A preocupação redobrada das autoridades com ela era justificada pela sua localização, no centro de negócios da capital. Mas o Morro de Santo Antônio perderia a centralidade no debate público sobre as favelas diante da crescente fama negativa adquirida pelo Morro da Favela, diariamente mencionado na crônica policial da cidade. Por volta de 1900, a denominação Morro da Providência aparecia na grande imprensa sem

[5] A explicação do surgimento da questão da habitação como uma necessidade de adequação do espaço urbano às transformações socioeconômicas ocorridas entre o fim do século XIX e o começo do século XX foi vista pela primeira vez no trabalho de Lia Carvalho (1995). No entanto, Chalhoub (2001, p. 136) observou que essa autora tendeu a exagerar a importância do "processo industrializante" como um dos desencadeadores das transformações urbanas.

alarde, quase sempre referida a pequenos roubos ou a conflitos violentos. Um exemplo desse último caso é verificado em uma matéria publicada no *Jornal do Brasil*:

> Alexandre da Silva foi ontem preso pelo delegado da 10ª circunscrição, por ter anteontem, às 9 horas da noite, no Morro da Providência, agredido e ferido com uma punhalada no peito a Antonio Joaquim da Silva, que se acha em tratamento no Hospital da Misericórdia.[6]

Diferentemente, num dos primeiros textos em que a designação Morro da Favela apareceu, o *Correio da Manhã* caracterizou explicitamente a localidade como um território das "classes perigosas": "Lugares existem no Rio de Janeiro, onde não aparece sombra de polícia. Um deles é o Morro da Providência, onde os celerados de todas as espécies campeiam à vontade, praticando toda sorte de perversidades".[7] Nesse trecho, publicado em 1902, há a indicação de uma lógica contrária à ordem da cidade, pois a colina era vista como uma espécie de quartel-general de uma população infratora da lei, que podia frequentar livremente os seus limites. Aqui se vê o que na época era chamado pelos jornalistas de "cabeça": uma introdução composta por juízos de valor que supunha uma leitura organizada para além da constatação do fato. Nesse caso, cabia ao leitor expressar a sua opinião, ainda que direcionada pelo jornal, sendo essa condução apresentada como natural ou mesmo naturalizada (BARBOSA, 2000, p. 239). Lima Barreto (1976, p. 137) a caracterizou ironicamente, ao mesmo tempo que apontou para a sua difusão entre os profissionais da grande imprensa: "Feita com a moral de Simão de Nântua e a leitura de folhetins policiais [ela é] a pedra de toque da inteligência dos pequenos repórteres e dos redatores anônimos". Aquela "cabeça" sobre o Morro da Favela antecedeu o relato do ataque de um grupo de "malfeitores" a José Antonio da Silva, que recebeu uma navalhada na face esquerda.

Durante as reformas urbanas de Pereira Passos e Rodrigues Alves, o discurso sobre o Morro da Favela sofreu uma significativa alteração. Nesse período, houve o agravamento da questão da habitação no Rio de Janeiro, em "proporções dramáticas" (BENCHIMOL, 1990, p. 289). A derrubada de 2.240 prédios entre 1902 e 1906 provocou a retirada de cerca de 36.900 pessoas da área central. Não obstante, o efeito multiplicador dessa ação

[6] *Jornal do Brasil*, 29 de outubro de 1900.
[7] Navalhada. *Correio da Manhã*, Rio de Janeiro, 26 de maio de 1902.

dificilmente poderá ser calculado, assim como a quantidade de cortiços desaparecidos nesse processo. Ao fim daquele evento, as freguesias centrais haviam interrompido bruscamente o seu processo de crescimento. Em 1890, o percentual se apresentava em 52% e em 1906 caía para 3,89% (VAZ, 1985, p. 75, 226). Ou seja, o centro histórico perdeu boa parte de sua população residente, com a considerável destruição do parque domiciliar da cidade - produto do processo de especialização comercial dessa área e da elevação dos preços fundiários e imobiliários. Ao mesmo tempo, nas freguesias contíguas à chamada cidade velha, que receberam grande parte da população desalojada, a densidade domiciliar aumentou mais do que no conjunto da capital, como em São José - que passou de 9,80 pessoas por domicílio para 19,22 –; Santa Rita - 9,70 para 18,22 –; Sant'Anna - 6,52 para 12,18 –; e Santo Antonio - 5,76 para 12,04 (RIBEIRO, 1994, p. 174-176). O fruto do crescimento do parque domiciliar inferior ao da população foi a significativa piora nas condições habitacionais, "que se expressou no aumento do número de pessoas morando em cada domicílio e na expansão das construções domiciliares nas freguesias periféricas ao centro histórico da cidade" (p. 176). Dados que sugerem a tendência[8] a uma política de segregação.

Nesse contexto, o engenheiro Everardo Backheuser produziu um artigo para a revista ilustrada *Renascença*, em que ratificou o pensamento de que o Morro da Favela seria o espaço por excelência da pobreza na capital federal, condição que até então pertencia aos cortiços (PERDIGÃO, 1999), além de citar a atuação do pequeno capital imobiliário: "Para ali vão os mais pobres, os mais necessitados, aqueles que, pagando duramente alguns palmos de terreno, adquirem o direito de escavar as encostas do morro e fincar com quatro moirões os quatro pilares do seu palacete" (BACKHEUSER, 1905). O principal ponto a ser observado é a visão alternativa dos moradores do morro, que geralmente eram colocados na conta das "classes perigosas":

> Ali não moram apenas os desordeiros e os facínoras como a legenda (que já tem a Favela) espalhou; ali moram também operários laboriosos que a falta ou carestia dos cômodos atira para esses lugares altos, onde se goza de uma barateza relativa e de uma suave viração que sopra continuamente, dulcificando a rudeza da habitação. (BACKHEUSER, 1905)

---

[8] Apesar do elevado número de demolições, muitos pobres continuaram a residir nas áreas centrais da cidade (cf. PECHMAN, FRITSCH, 1985).

Pelos dois últimos trechos citados, percebe-se que Backheuser lera o livro *A situação da classe trabalhadora na Inglaterra*, do ano de 1845, no qual Friedrich Engels discorreu sobre um bairro proletário de Londres: "aí moram os mais pobres dentre os mais pobres, os trabalhadores mal pagos misturados aos ladrões, aos escroques e às vítimas da prostituição" (apud BRESCIANI, 1982, p. 25). Vale lembrar que em 1905 as consequências das reformas urbanas começavam a aparecer mais claramente. O grande canteiro de obras em que se transformou o centro da cidade acusava a existência de um verdadeiro cemitério de tijolos e azulejos oriundos das estalagens e dos cortiços destruídos, onde milhares de pessoas moravam antes. A agudização da crise habitacional nessa conjuntura forçou o surgimento de um vocabulário mais complacente entre os letrados para designar a experiência dos habitantes das favelas, que se expandiam pelo tecido urbano da cidade com uma intensidade até então inédita. Ao escrever o artigo "Onde moram os pobres", o engenheiro reformista pretendia mostrar aos poderes públicos que as reformas urbanas estavam potencializando o déficit de moradias na capital. Em outra edição da *Renascença* e também em diferentes jornais da cidade, Backheuser se envolveu em uma campanha pela construção de habitações populares, em que atuava como lobista dos construtores civis (MATTOS, 2008, p. 59), no sentido de pressionar os poderes públicos a reatualizar a política de incentivos fiscais à iniciativa privada.

Ao mesmo tempo, a percepção social da presença das "classes perigosas" no Morro da Favela não diminuíra, uma vez que ele teria, inclusive, uma "legenda" no chamado mundo do crime. Para tanto, deve ter contribuído a expressiva participação de seus moradores na Revolta da Vacina, em novembro de 1904, quando o *Correio da Manhã* afirmou exageradamente que, só desse morro, 2 mil pessoas haviam participado do protesto.[9] Não por acaso, em dezembro do mesmo ano, o funcionário da prefeitura Antonio Santos enviou a Pereira Passos: "uma ligeira relação dos principais donos de terrenos do Morro da Providência, na parte conhecida pelo vulgo de: 'Morro da Favela'".[10] A tentativa de remover os seus "casebres" e "barracos" aconteceria dois anos mais tarde, mas essa ação foi frustrada pela capacidade de resistência de seus habitantes (MATTOS, 2004, p. 58-72).

[9] Na Cidade Nova. *Correio da Manhã*, Rio de Janeiro, 15 de novembro de 1904.

[10] Os principais proprietários do morro eram: Antonio Gonçalves Figueiredo, Maria Julia Barcellos Leal – que arrendara seus terrenos a José Rodrigues Pereira Guimarães –, Luiza Perpétua da Costa – uma das antigas donas do cortiço Cabeça de Porco –, Fuão Barbosa, Serpa Pinto e Visconde de Moraes – sendo esses dois últimos homens de "gravata lavada", conforme se dizia à época. AGCRJ. Códice 46-3-45.

Não custa lembrar que os jornais e as revistas procuravam redefinir a face urbana do Rio de Janeiro e de seus habitantes em cidade moderna, progressista e civilizada. Portanto, os seus discursos tinham pesos diferenciados: "apesar de possuir elementos honestos, a Favela é um antro de facínoras e deve ser arrasado para decência e higiene da capital federal".[11]

No contexto imediatamente seguinte ao das reformas urbanas, a produção do medo em torno da localidade alcançaria maiores resultados: "Quem não conhece a *tradição* do Morro da Favela?" (grifo meu).[12] O redator mostrou que o apontado tradicionalismo da localidade em 1907 se associava à memória sobre Canudos: "Desde o seu nome que relembra um episódio trágico do regímen republicano, até a presente data, o Morro da Favela está ligado ao cadastro criminal da cidade, por numerosos fatos que só têm servido para mais elevar o seu mau e doloroso renome".[13] Nesse ponto há uma peculiaridade, uma vez que o discurso sobre a colina conciliava dois estigmas aparentemente incomunicáveis, o das "classes perigosas", vinculado ao mundo urbano, e o do sertão, relacionado ao interior do Brasil. Mas a memória então recente da Guerra de Canudos fazia com que os sertanejos fossem considerados uma espécie de "classes perigosas". Na década de 1920, essa prática discursiva seria reforçada pelo fenômeno do cangaço, tendo a revista *Careta*, inventado um personagem cangaceiro chamado Zé Favela (MATTOS, 2004, p. 148). O interessante é que, embora ressalte a história de crimes ocorridos na localidade, a "cabeça" da reportagem do *Correio da Manhã* foi construída para noticiar um acidente: "foi aquele morro cenário de um desastre que custou a vida a um inválido da pátria".[14] O "asilado" da Marinha André de Oliveira Lopes descia pelo caminho que leva à Rua Barão da Gamboa, quando tropeçou em uma pedra e caiu morto naquela rua.

O exemplo mais hostil do discurso que definia o Morro da Favela como o território das "classes perigosas" está na matéria do *Correio da Manhã* intitulada: "Os dramas da Favela", de 1909. Nessa conjuntura, a alta dos aluguéis das casas para trabalhadores se associava à elevação do custo dos gêneros alimentícios, ao passo que as greves vinham retomando um ritmo ascendente desde o ano anterior até 1912, 1913, com a campanha contra a carestia de vida, o congresso operário, a reorganização operária

[11] O Rio desconhecido – a Favela. *Careta*, Rio de Janeiro, 4 de dezembro de 1909.
[12] Rolou pelo morro. *Correio da Manhã*, Rio de Janeiro, 28 de janeiro de 1907.
[13] Idem.
[14] Idem.

e o combate ao desemprego (LOBO, CARVALHO, STANLEY, 1989, p. 90). Conforme já foi visto, o redator conecta a palavra Favela ao vermelho do sangue no subtítulo: "Mais um caso sanguinolento teve por cenário o Morro da Favela, morrendo um homem e ficando um outro gravemente ferido".[15] Ainda na "cabeça" da reportagem, os ataques feitos à localidade e aos seus habitantes se desenvolvem como um rolo compressor, uma vez que ela teria ganhado notoriedade por supostamente ser o território das "classes perigosas" no Rio de Janeiro; um refúgio de criminosos, com leis próprias e independentes das do Estado; um sítio que apenas excepcionalmente receberia a visita da polícia (o que se traduz em uma campanha por repressão a sua população); e um tipo de povoado estranho à capital e relacionado com o demônio, o mal supremo no imaginário cristão. Todos esses sentidos são vistos no trecho a seguir:

> O leitor conhece a Favela, pois não? [...] Decerto, seria um absurdo não conhecê-la, pelo menos de nome. A Favela é um dos lugares mais afamados do Rio [...] onde reside a maior parte dos valentes da nossa terra, e que, exatamente por isso – por ser o esconderijo da gente disposta a matar, por qualquer motivo, ou, até mesmo, sem motivo algum –, não tem o menor respeito ao Código Penal nem à Polícia, que também, honra lhe seja feita, não vai lá, senão nos grandes dias do endemoninhado vilarejo.[16]

O jornal promove imagens fortes ao exemplificar as oportunidades, tratadas como raras, em que as forças policiais subiam o Morro da Favela: "São os dias de muito sangue, as tardes de refrega, em que há tripas humanas expostas ao sol ou à lua".[17] Ao citar a prostituição, a passagem seguinte contribui para o entendimento do porquê de tamanha indignação em relação à localidade. Vista como um problema moral e sanitário, tal prática foi condenada pelo saber médico por ser um aspecto que expressaria o perfil caótico e colonial da cidade na modernidade (cf. ENGEL, 1989). A presença do meretrício na colina leva o redator da matéria a estigmatizar bastante uma parcela da classe trabalhadora que passava a representar o próprio mal, em um atalho que levava à negação da cidadania e até justificaria a ausência do poder público em seus limites: "A Favela é o grande

[15] Os dramas da Favela. *Correio da Manhã*, Rio de Janeiro, 5 de julho de 1909.
[16] Idem.
[17] Idem.

mercado da prostituição barata, é o porto de *rendez-vous* da soldadesca, é a *aldeia do mal*. Enfim, e por isso, por lhe parecer que essa gente não tem deveres nem direitos em face da lei, a polícia não cogita de vigilância sobre ela" (grifo meu).[18]

Na citação anterior, não pode passar despercebido o discurso negativo sobre os soldados. Historicamente, havia uma percepção social negativa em torno dos militares de baixa patente. No século XIX, o recrutamento forçado levava para os quartéis aqueles que apresentavam um ônus social, sendo por isso merecedores de punição: "para a maior parte dos homens livres, fosse ela rica ou pobre, o serviço militar não era lugar de pessoas honradas, cidadãs, proprietárias e trabalhadoras" (NASCIMENTO, 2008, p. 88). Embora esse sistema de alistamento arbitrário tenha sido interrompido em 1874, nas primeiras décadas do século XX era permitido o ingresso de homens levados pela polícia por vadiagem, contravenção e pequenos crimes. E o novo método adotado, o sorteio militar, era atravessado por critérios que favoreciam a exclusão de indivíduos mais ricos (ibid, 101). Portanto, os jornalistas apenas potencializaram um antigo preconceito – contra as praças do Exército –, ao conectá-lo a uma nova e já poderosa intolerância na cidade – em relação aos moradores das favelas (MATTOS, 2010, p. 28).

Em outro momento da reportagem, ao considerar que moradores e frequentadores do Morro da Favela resolveriam todas as suas pendências em pelejas com armas brancas ou de fogo, a reportagem reproduz a fórmula que resumia o cotidiano do morro à anomia. As desavenças ali ocorridas eram tratadas como instantâneas, simplesmente por terem o morro como cenário. A despeito dessas visões, tais pessoas se moviam de acordo com regras de conduta preestabelecidas, porque integrantes de uma dada cultura. Aquilo que Chalhoub (2001, p. 335) chamou de "desenlace violento" era visto pelos populares como uma possibilidade legítima de solucionar certas desavenças, ainda que esse método não fosse o seu principal mecanismo de ajuste. Tal violência era normatizada, tendo em vista que os indivíduos envolvidos nas contendas desempenhavam papéis socialmente previstos e aceitos. Por isso, devem-se compreender esses conflitos como um acontecimento político dentro de um dado microgrupo sociocultural, ainda segundo o historiador. Opondo-se a essa perspectiva, o *Correio da Manhã* publicou: "Os habituées da Favela [...] decidem ali todas as suas pendências, com um duelo à faca ou com dúzia e meia de tiros de revólver, resultando

[18] Idem.

daí, não raras vezes, ficar sem vida um dos litigiantes no próprio campo de combate".[19] Vale lembrar que a ocorrência de desafios de vida e morte era tida pelos letrados como um indício de barbárie, conforme pode ser visto em um texto da revista *Vida Policial*: "Decididamente o duelo não pode ter aceitação entre os povos civilizados",[20] sendo que a sua origem remontaria aos homens das cavernas.

Ao insistir nesse viés, o profissional do *Correio da Manhã* resume a vida social no Morro da Favela a um sensacional círculo de morte, sangue e maldade:

> Como ainda não há um cemitério especial na Favela, é, então, chamada a polícia, para dar sepultura ao herói que tombou. Enterrado o morto, acaba-se a história e a aldeia cai de novo no seu sono de sonhos maus, até despertar outra vez inundada de sangue. A Favela é isso.[21]

Essa "cabeça" que não dava margem à construção de uma visão alternativa sobre a localidade antecedeu a descrição do "monumental"[22] conflito que teve como saldo a morte do soldado da polícia Isidro José dos Santos ("com os intestinos à mostra"[23]) e o grave ferimento à bala sofrido por Manoel Sant'Anna. O assassinato cometido pelo corneteiro do Exército Manoel Nogueira da Silva foi desvendado após a polícia tomar conhecimento de que, na Rua dos Arcos, ele se vangloriara de ter dado uma navalhada: "nas tripas de um meganha que com ele se metera em um conflito na Favela".[24] Essa parece ter sido mais uma desavença resultante da rivalidade que opunha polícia e Exército no Distrito Federal. A transitividade existente entre a população marginal e o serviço militar garantia uma permanente antipatia dos inferiores das Forças Armadas contra os policiais (BRETAS, 1994, p. 55).

Uma das vítimas, Sant'Anna afirmou que não sabia por quem fora atingido, pois se tratava de uma bala perdida. Os outros presos envolvidos no distúrbio disseram que não conheciam o homem assassinado e assim dificultaram a identificação do agressor. Todos eles preferiram a "privatização" do conflito: devido à descrença de que as autoridades policiais e

---

[19] Idem.
[20] O duelo. *Vida Policial*, Rio de Janeiro, 30 de janeiro de 1926.
[21] Os dramas da Favela. *Correio da Manhã*, Rio de Janeiro, 5 de julho de 1909.
[22] Idem.
[23] Idem.
[24] Idem.

judiciais pudessem arbitrar seus conflitos, os trabalhadores recorriam à "resolução de acordo com as regras de comportamento próprias do grupo sociocultural em questão" (CHALHOUB, 2001, p. 304).

Depois da descrição da ocorrência, essa reportagem excepcionalmente apresenta uma espécie de "conclusão", também composta por juízos de valor. Sendo o terror o espaço do medo exacerbado, a Favela ganha vida e se personifica, e assim se torna capaz de mandar "desgraçados" para "outros mundos". Ela é transformada em uma personagem criminosa, protagonista de um possível folhetim policial, e por isso o repórter escreve as palavras "história" e "página":

> Eis como a Favela recolheu mais uma página para a sua história vermelha – mandando para outros mundos um desgraçado soldado, que a estas horas já está enterrado, e pondo em risco de ter igual fim um outro homem, que talvez já não pertença ao número dos vivos, quando for lida esta notícia.
>
> A Favela tem, no entanto, mais uma história a contar, e o resto pouco importa. As tradições da aldeia da morte é que não podem ser desmentidas!!![25]

Parafraseando Pierre Bourdieu (1997, p. 25-6), os jornalistas selecionaram na realidade particular do dia a dia da colina um aspecto inteiramente particular – a violência –, em função de categorias de percepção que lhes eram próprias. Por meio de óculos especiais, tais profissionais operam uma seleção e uma construção do que é selecionado. E o princípio da seleção é a busca do sensacional e do espetacular, uma vez que se eles interessam pelo excepcional, mas pelo que é excepcional para eles. Vale ressalvar que, nas diversas regiões do Distrito Federal, a distribuição dos tipos de crimes e contravenções era semelhante (BRETAS, 1997, p. 74).

Depois de o termo Favela ter se desgarrado de Morro, consolidou-se um *protocolo de leitura*[26] que na maioria das vezes antecedia os títulos das reportagens sobre o morro: "Cenas da Favela". Embora essa estratégia editorial seja encontrada nos anos 1900 na *Gazeta de Notícias*,[27] sua con-

[25] Idem.

[26] Trata-se das senhas, explícitas ou implícitas, que um autor inscreve em sua obra a fim de produzir uma leitura correta dela, aquela que estará de acordo com sua intenção (CHARTIER, 1996, p. 95-96).

[27] Sangue num samba – cenas do Morro da Favela. *Gazeta de Notícias*, Rio de Janeiro, 10 de junho de 1907. Neste título há a associação entre uma importante diversão popular (o samba), a imagem vermelha de sangue e a localidade.

solidação ocorreu na década seguinte no *Correio da Manhã*. Coincidindo com o surgimento das "Cenas da Favela" na grande imprensa, em 1907, o melhoramento da energia elétrica possibilitou a realização de filmes e o aumento no número de abertura de salas de cinema. Porém, em 1912, que marca mais ou menos o início da intensificação do uso desse *protocolo de leitura*, ocorreu o rompimento da solidariedade de interesses entre os fabricantes de filmes nacionais e o comércio de cinema. A consequência dessa crise de produção e de exibição foi o retorno de argumentistas, roteiristas e diretores de cena às suas atividades anteriores: o teatro e o jornalismo. Outro detalhe interessante: a produção nacional mostra a prevalência do documentário até 1922, sendo ele rotulado de "cinejornal" (CAMPOS, 1991, p. 41). Considerando também as já mencionadas conexões dos textos jornalísticos com a literatura, pode-se afirmar que a leitura das reportagens sobre a Favela se apoiava em uma rede de práticas culturais e sociais articuladas (CHARTIER, 2003, p. 13).

Em uma dessas matérias intituladas "Cenas da Favela",[28] em 1911, o *Correio da Manhã* noticiou o distúrbio que envolveu Rosalina Maria de Carvalho, mais conhecida como Carará, Maria José e Amália Pau D'água: "três valentonas" que teriam resolvido se "transformar em praças do nosso exército" para distribuir "pau a torto e a direito" entre si. Por essa razão, o redator afirmou que elas seriam: "três crioulas desabusadas".[29] Quanto ao evidente preconceito racial, Lilia Schwarcz (1987, p. 244) explicou que o senso comum segundo o qual os negros viveriam em um estado de anomia ou patologia social no período pós-abolição se relacionava com a herança do escravismo. No decorrer da Primeira República, o problema racial deixou de constituir uma questão pública e virou uma série de imagens dispersas e consensualmente aceitas. Dessa forma, os preconceitos permaneceram intocados, subentendidos e enraizados, enquanto a imagem da degeneração deixava de ser explícita, tendo passado a atuar no terreno do silêncio. Se, por um lado, a ciência a tudo explicava por meio de suas teorias raciais, por outro: "a imprensa veiculava e normalizava representações, transformando-as cada vez mais rapidamente em consensos coletivamente aceitos e assumidos", completou a antropóloga. As matérias daquele ano que abordam crimes cometidos em habitações populares deixam entrever o transbordamento da tensão racial, o que provavelmente estava relacionado

[28] Cenas da Favela. *Correio da Manhã*, Rio de Janeiro, 20 de junho de 1911.

[29] Idem.

com a eclosão da Revolta da Chibata, em novembro de 1910 (MATTOS, 2004, p. 87-91).

Vale ressalvar que o contexto histórico em que o conceito de "classes perigosas" foi adotado no Brasil – relacionado com a abolição, no fim do século XIX – fez com que "os negros se tornassem os suspeitos preferenciais" da polícia (CHALHOUB, 1996, p. 23). Essa realidade reforçava a visão negativa sobre o Morro da Favela, tido no debate público como uma continuidade da África no Rio de Janeiro. Nas fotos e nas caricaturas publicadas em jornais e revistas, apenas apareciam os seus moradores negros, apesar de lá existir uma microárea chamada Portugal Pequeno, por exemplo. Já nos anos 1920, renomados artistas e intelectuais – Blaise Cendrars, Darius Milhaud, Rabindranath Tagore e Filippo Marinetti, entre outros – acorreram à colina com o objetivo de conhecer aquilo que identificavam como manifestações culturais africanas nas Américas.

Se não bastasse a reprodução do preconceito racial, o periodista do *Correio da Manhã* juntou na "cabeça" da reportagem intitulada "Cenas das Favelas" os discursos do território das "classes perigosas" e o da vergonha estética: "o célebre Morro da Favela, a melhor glória arquitetônica da prefeitura, o mais *ourioso* museu da polícia".[30] Sobre essa última ironia, vale transcrever o trecho da crônica "A Favela", de Orestes Barbosa (1993, p. 111), onde há a informação de que a violência na localidade adentrara um "lugar de memória" (cf. NORA, 1993):

> O leitor já visitou o Museu do Crime, na Polícia Central?
> Lá está uma caveira trespassada por um punhal.
> É o crânio de um marinheiro que foi apunhalado assim na Favela.
> Sem mutilar-lhe o crânio não se podia tirar o punhal.
> Para que mutilar?
> Foi sepultado assim.
> Fizeram anos depois, por ordem da polícia, a exumação do cadáver e o crânio, como um ex-libris futurista, lá está mostrando como a Favela no crime é original.

Para encerrar a análise da matéria, deve ser destacada a rápida ironia presente na narração do conflito entre aquelas três mulheres negras: "o célebre Morro da Favela". Na década de 1910, as "cabeças" foram substituídas

---

[30] Idem.

por adjetivos que funcionavam como eficientes *protocolos de leitura*. Esse é o caso de afirmações como: "a já tristemente famosa Favela"[31] ou "celeberríssimo reduto da Favela".[32] Essa mudança editorial se deu porque, em tal decênio, realizar longos discursos pejorativos sobre a localidade seria uma prática redundante. A experiência jornalística dos primeiros anos do século XX fora decisiva ao fornecer uma interpretação segundo a qual o Morro da Favela era o território das "classes perigosas" no Rio de Janeiro (MATTOS, 2004, p. 88).

Em um processo observado por Abreu (1994, p. 38), na década de 1910, ao acusar o surgimento de "barracos" e "casebres" nos morros cariocas e seus arredores, os periodistas lamentavam estar diante de uma possível nova Favela. Em 1916, o *Correio da Manhã* denunciou a favelização da Vila Militar. O redator afirma que a inação das autoridades civis e do Exército faz das aldeias regimentais: "pontos perigosos para a ordem e também em foco de moléstias pela falta de higiene e imundície que ali se nota"[33] Nessa passagem, ocorreu a união da retórica da segurança com a da saúde pública, isso porque os pobres podiam ser perigosos também pelo risco que ofereceriam à higiene da cidade. Por essa razão, o jornal pede: "ao digno coronel Monteiro de Barros que lance suas vistas para os lados da Olaria, onde se está formando uma verdadeira Favela, constituída por praças dos regimentos de infantaria e artilharia".[34] A palavra Favela foi escrita com f maiúsculo, como referência ao famoso morro localizado no bairro da Gamboa, considerado o principal território das "classes perigosas" na capital; utilizá-lo como exemplo podia garantir o entendimento correto do conteúdo do texto pelo público consumidor de notícias, de acordo com as intenções do autor.

O jornalista salienta: "o estado de anarquia e imoralidade que dominam na aldeia do 2º regimento de infantaria, para onde tem ultimamente afluído toda a escória que tem sido corrida do 10º regimento de infantaria".[35] E encerra a matéria com o pensamento de que o Morro do Capão seria "coito de tudo que é ruim e pernicioso", uma vez nele ocorreriam "atos criminosos e imorais [de] desertores [e] analfabetos".[36]

---

[31] Pelos pobres! *Correio da Manhã*, Rio de Janeiro, 23 de janeiro de 1911.

[32] Cenas da Favela – Um desordeiro recebe três facadas, negando-se a declarar quem o feriu. *Correio da Manhã*, 8 de março de 1915.

[33] A Vila Militar e a sua Favela. *Correio da Manhã*, Rio de Janeiro, 7 de janeiro de 1916.

[34] Idem.

[35] Idem.

[36] Idem.

Os ataques contra os moradores da Vila Militar, citados no parágrafo anterior, devem ser analisados mais detalhadamente. Em primeiro lugar, percebe-se a menção a um "estado de anarquia"; ou seja, os militares pobres eram associados a uma vertente política que era vista pelas classes dominantes como a principal promotora da desordem no país, uma flor exótica em meio à suposta índole pacífica do trabalhador brasileiro. Não obstante, o criminologista italiano Cesare Lombroso afirmou em seus estudos que os anarquistas seriam criminosos natos, em virtude de um desvio de histeria (cf. SAMIS, 2002). Em segundo, nota-se a referência à "imoralidade" de tais soldados, acusação relevante em um contexto de tentativa de imposição dos padrões e valores burgueses à população. Em terceiro, assiste-se à denúncia de que haveria "desertores" no Morro do Capão, o que era recorrente em relação às favelas. De fato, era grande o número de deserções na cidade, o que se relacionava com a aversão popular ao serviço militar, explicada, entre outros motivos, pela continuidade da aplicação dos castigos físicos aos soldados (NASCIMENTO, 2008, p. 97-98). Por fim, vê-se a alusão aos "analfabetos", os quais também poderiam constituir perigo para as elites, conforme Olavo Bilac escreveu por ocasião da Revolta da Vacina: "Quem não sabe ler [...] não é homem, é um instrumento passivo e triste, que todos os espertos podem manejar sem receio" (apud PEREIRA, 2002, p. 110).

Nos anos 1910, surgiram diversas favelas no tecido urbano carioca, que apresentavam em comum a localização nas encostas dos morros e a proximidade de importantes fontes de emprego. Já no decênio seguinte, o processo de favelização na cidade se tornou "multidirecional e incontrolável" (ABREU, 1994, p. 38), com o detalhe de que esse fenômeno foi incrementado pela compra de lotes pelo trabalhador suburbano para a realização da chamada autoconstrução (RIBEIRO, 1997, p. 197-8). Em 1926, um novo adjetivo apareceu no *Correio da Manhã* para definir a colina: "Por uma noite só iluminada de estrelas, através da lama, saltando barrancos, atravessa-se o *lendário* reduto do bam-bam-bam, o Sete-Coroas" (grifo meu).[37] Depois de ostentar uma "legenda" (1905) e uma "tradição" (1907) no chamado mundo do crime, o Morro da Favela se tornava "lendário". E esse último termo está conectado ao criminoso que foi possivelmente o mais famoso do Rio de Janeiro nos anos 1920, Sete Coroas.

Ao mesmo tempo, é possível identificar na grande imprensa a construção de um discurso que mudava bruscamente de direção, ao apontar

[37] Uma caravana do papa mitrado do futurismo na Favela. *Correio da Manhã*, 19 de maio de 1926.

para a invenção um passado distante da localidade, no que diz respeito à prática da violência pelos seus moradores. A colina estava em evidência no espaço público por ter recebido a visita do mestre do futurismo italiano, Marinetti. Na reportagem sobre esse evento, o *Correio da Manhã* difunde o pensamento de que o Morro da Favela não seria propriamente o território das "classes perigosas"; por essa razão, refere-se aos equívocos praticados pela: "reportagem de polícia, a criadora de uma Favela mirabolante, que não mais existe, senão na fixação das crônicas do jornalismo, [...] na imaginação da reportagem".[38]

Esse comentário certamente pegava carona na valoração positiva do Morro da Favela, que nos anos 1920 passou a ser visto como um símbolo nacional por uma parte dos intelectuais e dos artistas brasileiros. Em 1924, Tarsila do Amaral pintara o quadro batizado com o nome da localidade, em que registra a brasilidade de sua paisagem localizada entre o rural e o urbano, por meio de cores fortes, chamadas caipiras, e traços e formas simples, influenciados pelo cubismo – sendo esses elementos típicos de sua fase Pau-Brasil. No mesmo ano, Oswald de Andrade incluíra a colina entre as diversas representações da nação brasileira em seu "Manifesto da Poesia Pau-Brasil": "A poesia existe nos fatos. Os casebres de açafrão e de ocre nos verdes da Favela, sob o azul cabralino, são fatos estéticos".[39] Já em 1926, Gilberto Freyre (1979, p. 335) afirma na crônica "Sugestão de Favela": "esse Morro da Favela dá ao Rio uns azuis e uns vermelhos e uns amarelos, verdadeiramente deliciosos". E comemora a suposta originalidade do cenário não contaminado pela estética oficial dos engenheiros que: "ainda não chegou por lá. Nem chegará tão cedo. Aquilo não será fácil de achatar nem acinzentar nem de ajeitar". O processo histórico mais amplo que incluiu a localidade foi avaliado por Rachel Soihet (1998, p. 86):

> Na década de 20, como resultado da resistência imposta pelos populares – que, apesar de todos os percalços, mantinham suas manifestações culturais –, da influência do movimento modernista e das ideias nacionalistas, começou-se a valorizar a cultura de raiz negra, que passou gradativamente a assumir um lugar reconhecido no espaço público, embora, de modo geral, numa conotação caricatural e/ou marcada pelo exotismo.

---

[38] Idem.

[39] ANDRADE, Oswald de. Manifesto da Poesia Pau-Brasil. *Correio da Manhã*, Rio de Janeiro, 18 de março de 1924.

Além das transformações culturais no país, o Morro da Favela sofreu uma ocupação policial que atendia ao objetivo de preparar a capital para as comemorações do Centenário da Independência (1922). A preocupação com a segurança dos visitantes levou o chefe de polícia a montar um plano de segurança pública específico para prender os "desviantes" da região portuária e de sua colina mais afamada, e assim pacificar esses temidos territórios das "classes perigosas" (cf. MATTOS, 2014). Portanto, o discurso de que haveria um passado distante do Morro da Favela (no que diz respeito à promoção da violência pelos seus habitantes) também tem relação com a possível diminuição de ocorrências policiais após a sua ocupação pelos agentes da repressão. Em 1926, a estratégia de impor a presença permanente das tropas na localidade fora abandonada, mas havia em seu lugar um chefe de polícia informal, que contava com o aval da delegacia do 8º distrito para controlar os casos de "desordem" ali transcorridos (ibid). Tratava-se de José da Barra, um antigo contraventor da colina, que, inclusive, foi um dos diversos populares envolvidos naquele distúrbio retratado na matéria "Os dramas da Favela", de 1909, apesar de não ter sido citado neste trabalho, por não ter assumido protagonismo em tal episódio.

Na década de 1920, ocorria na grande imprensa um processo de "enquadramento da memória" (POLLAK, 1989, p. 7-10). Esse é observado também no discurso sobre o já citado Sete Coroas. Segundo uma matéria publicada na *Vida Policial*, em 1925, depois de ter realizado um afamado assalto em um funeral na cidade, ele teria praticado apenas: "crimes banalíssimos e a reportagem policial que representa o gosto e a emoção da cidade, deu-lhe a popularidade que outras manifestações ampliaram".[40] No ano anterior, Benjamin Costallat (1995, p. 38-39) reproduzira um suposto depoimento de José da Barra na crônica "A Favela que eu vi": "Sete Coroas não era o pior. Foi o que ganhou mais fama. Mas não era o pior. Terríveis eram os seus dois companheiros que morreram: o Camisa e o Benedito" (MATTOS, 2012).

Esse movimento atingiu ainda personagens populares entre os trabalhadores por terem liderado movimentos reivindicatórios que também se relacionavam com a luta pela cidadania. Em 1926, a *Vida Policial* abordou: "João Cândido, comandante da esquadra em 1910, com o seu pavilhão a bordo do *Minas-Gerais*, hoje mísero patrão de uma simples canoa".[41] O "mu-

[40] Um homem célebre. *Vida Policial*, Rio de Janeiro, 21 de março de 1925.

[41] A alma encantadora e bárbara do Rio. *Vida Policial*, Rio de Janeiro, 24 de setembro de 1926.

lato forte e alto", de perto, não passaria de: "um homem magro de zigomas salientes, tendo daquela época apenas o bigode que é negro e farto".[42] O mais revelador é que a revista juntava, no mesmo parágrafo, as reflexões sobre a decadência de João Cândido e o assassinato do já citado Camisa Preta. Sutilmente, a publicação colocava a Revolta da Chibata no mesmo nível das proezas ilícitas daquele "valente". Em 1923, Orestes Barbosa (1993, p. 54) fora ainda mais contundente na estigmatização do navegante negro com a crônica "João Cândido": "é o nosso marinheiro de outras eras – homem inconsciente, capaz de dar, sem motivo, uma 'banda', uma navalhada, ou um tiro. [No] Comando Supremo da Marinhagem faltou-lhe inteligência para sentir o poder e triunfar".

Em resumo, na década de 1920, ao mesmo tempo que a cultura dos trabalhadores conquistava mais fortemente o espaço público, houve uma tentativa de "enquadramento da memória" popular por parte de jornalistas e intelectuais que atuavam no Rio. Esse processo se traduziu basicamente em uma tentativa de desmitificação dos salteadores e dos líderes de movimentos reivindicatórios que ficaram famosos entre os trabalhadores, bem como dos espaços habitados por essa parcela da população. Também nessa época a palavra "favela" se substantivou, conforme é visto nesse texto publicado pelo *Jornal do Commercio*, no dia 12 de março de 1926, escrito pelo empresário do ramo imobiliário Mattos Pimenta: "Estas povoações que por aí já foram batizadas de favelas constituem além de grave ameaça à salubridade pública (...) um elemento extremamente antiestético que mais se realça na moldura das belezas naturais desta capital" (apud ABREU, 1994, p. 45).

Nesse contexto, também se observa na grande imprensa que o Morro da Favela catalisou o estigma da violência de toda a região portuária, o que foi um elemento muito importante para a generalização e a substantivação da palavra "favela": "Nas crônicas de bairros do Rio, a Favela ficou sendo o coração da bulhenta Saúde".[43] Essa hipótese pode ser comprovada de forma mais satisfatória pelo artigo escrito pelo ex-inspetor da polícia J. Paula Ribeiro para a *Vida Policial*, em 1926. Em um primeiro momento, o autor dá a entender que o apelidado Porto Arthur, do bairro da Saúde – onde os trabalhadores instituíram o último foco de resistência da Revolta da Vacina, em 1904 –, surpreendentemente, localizava-se no Morro da Favela; ao mesmo tempo, de forma irônica, conectou esse último à memória da

---

[42] Idem.

[43] Uma caravana do papa mitrado do futurismo na Favela. *Correio da Manhã*, 19 de maio de 1926.

Guerra de Canudos, recorrendo ao fato de que havia um morro homônimo na área conflagrada:

> Entre nós, quando queríamos designar um lugar inacessível ou um ponto de resistência, dizíamos: aquilo é um "Porto Arthur". Os valentes da "Favela" chegaram a mudar o nome de seu reduto para o de *Porto Arthur*. Mas, depois, esse reduto, voltou ao seu nome antigo, porque também tinha a sua tradição. De fato, a Favela, durante a revolta de Canudos, foi um Porto Arthur... Baiano...[44]

Diferentemente, Ribeiro demonstra em outro momento de seu texto que conhece a localização correta do Porto Arthur carioca: "Um dos boatos que se confirmou foi o *Porto Arthur* levantado na Saúde e comandado pelo célebre desordeiro conhecido pelo apelido de Prata Preta". Presume-se então que o objetivo do autor não era propriamente asseverar que o marco da resistência à vacinação obrigatória ocorrera no Morro da Favela. O seu pensamento indica que, na década de 1920, a região portuária passava a ser o "reduto" do Morro da Favela, quando o assunto dizia respeito à presença das "classes perigosas" na capital republicana. Nesse sentido, ao tratar do movimento social que chamou de "quebra-lampiões" – e ainda não Revolta da Vacina –, ressaltou que Prata Preta: "guarneceu o seu Porto Arthur com a fina flor da Favela e com serrada fuzilaria fez remar, por mais de uma vez, a força do Coronel Paranhos".[45] Ao que parece, aquele personagem que se destacou na grave rebelião popular constituíra seu exército apenas com os moradores da colina... Há então mais uma proposição relevante: a de que, nos anos 1920, ao catalisar o estigma dos bairros portuários, o Morro da Favela e os seus habitantes se tornaram, no plano da memória social, os principais responsáveis pela Revolta da Vacina. Por ocasião do passeio de Marinetti à localidade, o repórter do *Correio da Manhã* formulou ao morador que o guiava um tipo de pergunta que, durante a década anterior, não aparecera nos jornais. Seria possível encontrar ali, no Morro da Favela: "Alguns dos heróis de Porto Arthur, do famoso reduto de 1904?".[46]

Estabelecida por Ribeiro na *Revista Policial*, a conexão entre a Guerra de Canudos e o Morro da Favela carioca praticamente inexistiu nos jornais e nas revistas da década de 1910. Mas, em 1926, Orestes Barbosa também

[44] Porto Arthur. *Vida Policial*, Rio de Janeiro, 2 de janeiro de 1926.

[45] Idem.

[46] Uma caravana do papa mitrado do futurismo na Favela. *Correio da Manhã*, 19 de maio de 1926.

escreve sobre: "a Favela, nome que recorda aquele reduto de Canudos, na Bahia, bravo também, onde se reúnem os criminosos de todas as espécies, que ali ficam a coberto da ação penal".[47] Aqui se vê que esse tipo de memória que une o Morro da Favela ao povoado de Canudos ganhava sentido pela representação do território das "classes perigosas".

III

Para completar a análise proposta neste trabalho, resta discorrer sobre o conceito de *violência simbólica* (BOURDIEU, 1980, p. 224), um tipo particular de constrangimento que se exerce sempre com a cumplicidade ativa, embora não consciente e voluntária, dos que a sofrem, sendo que as disposições que os inclinam a essa conivência são também o efeito, incorporado, da dominação. Trata-se então de uma determinação específica que só ocorre à medida que os dominados se privam de uma liberdade fundada sobre a tomada de consciência. Esse tipo de *dominação simbólica*, segundo a qual os dominados aplicam, às suas próprias práticas e valores, os critérios de avaliação produzidos pelos dominantes, pode ser vista em um texto de Orestes Barbosa sobre o Morro da Favela.

> A princípio formou-se naturalmente a vida social da Favela. Depois surgiram os "leaders" legisladores.
> E o morro passou a ter uma consciência nacional.
> – Eu sou da Favela!
> Há quem diga assim, orgulhosamente, nas horas de "dança de rato" em outras zonas, como quem diz o nome da pátria.

À ironia segundo a qual o morro desenvolvera uma "consciência nacional", o jornalista revelou, sem querer, a percepção de que existia uma "identidade territorial" entre os seus moradores. Como as identidades não se reduzem às construções estabelecidas dentro do próprio grupo, sendo também constituídas através do olhar dos outros (CLAVAL, 1999, p. 14), não há como ignorar o duradouro movimento de estigmatização do Morro da Favela na grande imprensa. Para seus habitantes, a afirmação "Eu sou da Favela" podia ser uma redefinição em seu proveito da imposição de uma identidade pelos setores dominantes. Nos conflitos diários entre os trabalhadores (e entre esses e a polícia) – as "danças de rato", segundo o cronista/

---

[47] BARBOSA, Orestes. A estilização da Favela. *A Manhã*, Rio de Janeiro, 29 de dezembro de 1926.

jornalista –, a apropriação da fama negativa do Morro da Favela poderia garantir respeito e notoriedade. De acordo com o código de conduta do *machismo*,[48] dizer "Eu sou da Favela [...] como quem diz o nome da pátria" podia proporcionar a acumulação de *capital*[49] específico.

Este texto mostrou como a aderência do estigma da violência ao Morro da Favela foi decisiva no processo de generalização e substantivação da palavra "favela". Considerando-se que o discurso do território das "classes perigosas" foi o principal elemento definidor daquela localidade na Primeira República, a crônica policial foi o local por excelência da construção social das favelas na grande imprensa. Nesse sentido, vale confrontar discursos etnocêntricos recolhidos na grande imprensa atual – "estamos salpicados de favelas, de onde descem hordas de vagabundos de bermuda para pescar cidadãos como num parque temático"[50] – com afirmações sobre os morros cariocas realizadas nos jornais dos anos 1900 – "trânsfugas da sociedade aí campeiam [no Morro da Favela] livremente, afrontando os pacatos burgueses e apanhando em suas malhas os incautos".[51] Em resumo, foi visto neste trabalho o início da formação de uma tradição de pensamento sobre as favelas, que, revalorizada segundo cada contexto histórico, chega aos nossos dias de variadas formas, como, por exemplo, através da oposição binária "vagabundos"/"cidadãos", exposta nessas duas frases separadas no tempo por mais de um século.

Referências

ABREU, Mauricio de Almeida. Reconstruindo uma história esquecida: origem e expansão das favelas no Rio de Janeiro. *Espaço & Debates*, São Paulo, v. 14 n. 37, 1994.

ABREU, Martha Esteves. Civilização. In: VAINFAS, Ronaldo (org.). *Dicionário do Brasil Imperial*. Rio de Janeiro: Objetiva, 2002.

[48] Segundo Chalhoub (2001, p. 326-7), o *machismo* era um fenômeno social intensamente dialético, que, oferecendo seu prêmio à valentia e ao destemor, funcionava como um corpo de valores que induziam e orientavam as ações dos homens. Se, por um lado, contribuía para a criação de uma estrutura de sentimentos relativamente típica dos membros das classes trabalhadoras, por outro, ajudava a criar uma estrutura de sentimentos tal que limitava a aproximação mais efetiva entre esses homens – e isso pode explicar a distância em relação a uma liberdade fundada na tomada de consciência capaz de romper a reprodução da *violência simbólica*. Essa noção de *machismo*, guardadas as especificidades, tem paralelo com a de *honra*, amplamente utilizada por Marcos Alvito (2001) em seu trabalho antropológico sobre a Favela de Acari.

[49] Na obra de Bourdieu (1987, p. 160), esse termo se refere a todo tipo de bem que é passível de ser utilizado nas disputas sociais.

[50] JABOR, Arnaldo. Vamos fundar o PRJ — Partido do Rio de Janeiro. *O Globo*, Rio de Janeiro, 15 de março de 2005.

[51] Homicídio. *Correio da Manhã*, Rio de Janeiro, 4 de janeiro de 1902.

ABREU, Mauricio de Almeida, VAZ, Lilian Fessler. Sobre as origens da favela, *IV Encontro Nacional da Anpur*, Salvador, 1991.
ALVITO, Marcos. *As cores de Acari. Uma favela carioca*. Rio de Janeiro: FGV, 2001.
BACKHEUSER, Everardo. Onde moram os pobres. *Renascença*, Rio de Janeiro. n. 13, 1905.
BARBOSA, Marialva. *Os donos do Rio. Imprensa, poder e público*. Rio de Janeiro: Vício de Leitura, 2000.
BENCHIMOL, Jaime Larry. *Pereira Passos:* um Haussmann tropical: a renovação urbana da cidade do Rio de Janeiro no início do século XX. Rio de Janeiro: Secretaria Municipal de Cultura, Turismo e Esportes, Departamento Geral de Documentação e Informação Cultural, Divisão de Editoração, 1990.
BOMENY, Helena. *Quando os números confirmam impressões:* desafios na educação brasileira. Rio de Janeiro: Cpdoc, 2003.
BOTELHO, Denilson. Letras militantes: história, política e literatura em Lima Barreto. Tese de Doutorado em História. Programa de Pós-graduação em História, Universidade Estadual de Campinas, Campinas, 2001.
BRESCIANI, Maria Stella Martins. *Londres e Paris no século XIX:* o espetáculo da pobreza. São Paulo: Brasiliense, 1982.
BRETAS, Marcos Luiz. *A Guerra das Ruas – povo e polícia na cidade do Rio de Janeiro*. Rio de Janeiro: Arquivo Nacional, 1997.
BOURDIEU, Pierre. *Choses dites*. Paris: Les Éditions de Minuit, 1987.
BOURDIEU, Pierre. *Le sens pratique*. Paris: Les Éditions de Minuit, 1980.
BOURDIEU, Pierre. *Sobre a televisão (seguido de A influência do jornalismo e Os Jogos Olímpicos)*. Rio de Janeiro: Jorge Zahar, 1997.
BRETAS, Marcos. *A guerra das ruas:* povo e polícia na cidade do Rio de Janeiro. Rio de Janeiro: Arquivo Nacional, 1997.
CARVALHO, Lia de Aquino. *Contribuição ao estudo das habitações populares. Rio de Janeiro: 1886-1906*. Rio de Janeiro: Secretaria Municipal de Cultura, Turismo e Esportes, Departamento Geral de Documentação e Informação Cultural, 1995.
CHALHOUB, Sidney. *Cidade Febril:* cortiços e epidemias na corte imperial. São Paulo: Companhia das Letras, 1996.
CHALHOUB, Sidney. *Trabalho, lar e botequim:* o cotidiano dos trabalhadores no Rio de Janeiro da *Belle Époque*. Campinas: Unicamp, 2001.
CHARTIER, Roger. *Leituras e leitores na França do Antigo Regime*. São Paulo: Unesp, 2003.
CHARTIER, Roger. *Práticas de leitura*. São Paulo: Estação Liberdade, 1996.
CLAVAL, Paul. O território na transição da pós-modernidade. *Geographia*, ano 1, n. 2, 1999.
ENGEL, Magali Gouveia. *Meretrizes e doutores. Saber médico e prostituição no Rio de Janeiro (1840-1890)*. São Paulo: Brasiliense, 1989.
GINZBURG, Carlo. *O queijo e os vermes:* o cotidiano e as ideias de um moleiro perseguido pela Inquisição. São Paulo: Companhia das Letras, 1987.
GOFFMAN, Erving. *Estigma. Notas sobre a manipulação da identidade deteriorada*. Rio de Janeiro: Zahar Editores, 1978.
LOBO, Eulália Maria Lahmeyer; CARVALHO, Lia de Aquino; STANLEY, Myrian. *Questão habitacional e movimento operário*. Rio de Janeiro: UFRJ, 1989.
MATTOS, Romulo Costa. A "aldeia do mal". O Morro da Favela e a construção social das favelas durante a Primeira República. Dissertação de Mestrado em História Social. Programa de Pós-graduação em História, Universidade Federal Fluminense, Niterói, 2004.

MATTOS, Romulo Costa. A construção da memória sobre Sete Coroas, o criminoso mais famoso da Primeira República. In: XV Encontro Regional de História da Anpuh. Anais [...] Rio de Janeiro: Anpuh, 2012.

MATTOS, Romulo Costa. A ocupação policial do Morro da Favela no contexto do 1o Cenário da Independência e o discurso sobre José da Barra (o "chefe de polícia" da locali. In XVI Encontro Regional de História da Anpuh-Rio: Saberes e práticas científicas. Anais [...] Rio de Janeiro: Anpuh, 2014.

MATTOS, Romulo Costa. O *rendez-vous* da soldadesca: favela e militares de baixa patente na Primeira República. *Revista História & Luta de Classes*, v. 10, 2010.

MATTOS, Romulo Costa. Pelos pobres! As campanhas pela construção de habitações populares e o discurso sobre as favelas na Primeira República. Tese de Doutorado em História Social. Programa de Pós-graduação em História da Universidade Federal Fluminense, Niterói, 2008.

NASCIMENTO, Álvaro Pereira do. *Cidadania, cor e disciplina na revolta dos marinheiros de 1910*. Rio de Janeiro: Mauad X: Faperj, 2008.

NEVES, Margarida de Souza; HEIZER, Alda. *A ordem é o progresso:* o Brasil de 1870 a 1910. São Paulo: Atual, 1991.

NORA, Pierre. Entre memória e história. A problemática dos lugares. *Projeto História*, São Paulo, n. 10, dez, 1993.

PECHMAN, Sérgio; FRITSCH, Lilian. A reforma urbana e o seu avesso: algumas considerações a propósito da modernização do Distrito Federal na virada do século. *Revista Brasileira de História*, São Paulo, Anpuh; Marco Zero, v. 5, n. 8-9, set. 1984/ abr. 1985.

PERDIGÃO, Sergio Bruno Alves. Do cortiço à favela. História da construção da identidade da habitação popular na cidade do Rio de Janeiro (1900-1930). Dissertação de Mestrado em História Social. Programa de Pós-graduação em História, Universidade Federal Fluminense, 1999.

PEREIRA, Leonardo Affonso de Miranda. *As barricadas da saúde:* vacina e protesto popular no Rio de Janeiro na Primeira República. São Paulo: Fundação Perseu Abramo, 2002.

POLLAK, Michael. Memória, esquecimento, silêncio. *Estudos Históricos*, Rio de Janeiro, v. 2, n. 3, 1989.

RIBEIRO, Luiz César de Queirós. *Dos cortiços aos condomínios fechados. As formas da produção da moradia na cidade do Rio de Janeiro*. Rio de Janeiro: Civilização Brasileira; IPPUR; UFRJ; Fase, 1997.

SAMIS, Alexandre Ribeiro. *Clevelândia: anarquismo, sindicalismo e repressão política no Brasil*. São Paulo: Imaginário; Rio de Janeiro: Achiamé, 2002.

SOIHET, Raquel. *A subversão pelo riso:* estudos sobre o carnaval carioca da *Belle Époque* ao tempo de Vargas. Rio de Janeiro: FGV, 1998.

THOMPSON, E.P. *A formação da classe operária inglesa* (v. III). Rio de Janeiro: Paz e Terra, 1987.

SCHWARCZ, Lilia Moritz. *Retrato em branco e negro. Jornais, escravos e cidadãos em São Paulo no final do século XIX*. São Paulo: Companhia das Letras, 1987.

VAZ, Lilian Fessler. Contribuição ao estudo da produção e transformação do espaço da habitação popular. As habitações coletivas no Rio Antigo. Dissertação de Mestrado em Planejamento Urbano e Regional. Programa de Pós-graduação em Planejamento Urbano e Regional, Universidade Federal do Rio de Janeiro, Rio de Janeiro, 1985.

VAZ, Lilian Fessler. Notas sobre o Cabeça de Porco. *Revista do Rio de Janeiro*, Niterói, v. 1, n. 2, 1986.

Fontes:

Literatura

BARRETO, Lima. *Recordações do Escrivão Isaías Caminha*. São Paulo: Brasiliense, 1976.
BARBOSA, Orestes. *Bambambã*. Rio de Janeiro: Secretaria Municipal de Cultura, 1993.
COSTALLAT, Benjamin. *Mistérios do Rio*. Rio de Janeiro: Secretaria Municipal de Cultura, Turismo e Esportes, Departamento Geral de Documentação e Informação Cultural, 1995.
CUNHA, Euclides da. *Os sertões:* campanha de Canudos. Rio de Janeiro: Francisco Alves; Publifolha, 2000.
FREYRE, Gilberto. *Tempo de aprendiz. Artigos publicados em jornais na adolescência e na primeira mocidade do autor: 1918-1926* (vol. 2). São Paulo: Ibasa; Brasília: INL, 1979.

Jornais e revistas

Correio da Manhã – 1902, 1904, 1907, 1909, 1911, 1915, 1916, 1924, 1926.
Careta – 1909.
Gazeta de Notícias – 1907.
Jornal do Brasil – 1900.
O Globo – 2005.
Renascença – 1905.
Vida Policial – 1925, 1926.

Manuscritos

ARQUIVO GERAL DA CIDADE DO RIO DE JANEIRO (AGCRJ) – Códice 46-3-45.

E o prefeito sobe o morro: as intervenções da gestão Pedro Ernesto nas favelas cariocas

Rafael Soares Gonçalves

Introdução

Pedro Ernesto já era uma personalidade conhecida na cidade pela atuação como médico e com certa reputação nacional pela sua proximidade com o movimento tenentista. Para fortalecer o governo provisório após o movimento de 1930, Getúlio Vargas se aproxima dos "tenentes" e entrega-lhes várias interventorias estaduais, nomeando, em setembro de 1931, Pedro Ernesto para substituir o interventor Adolfo Bergamini à frente da capital da República. Sua passagem pela prefeitura marcou profundamente a cidade do Rio de Janeiro. Ele é normalmente associado ao grupo de prefeitos que se voltaram para a estruturação dos serviços públicos, em contraposição àqueles gestores voltados para a realização de grandes intervenções urbanísticas.

À frente da prefeitura, Pedro Ernesto implementou um vasto projeto de reformas na gestão da cidade, priorizando a educação e a saúde, o que o fez se aproximar de setores populares e associações trabalhistas. Suas "excursões" em favelas e bairros suburbanos eram amplamente descritas nos jornais da época e faziam parte de seu projeto político, que defendia a atuação do Estado como grande impulsionador de um processo de transformação capaz de atenuar as desigualdades sociais e promover o bem-estar da população, sobretudo das camadas mais pobres (SARMENTO, 2001). Para Isabel Lustosa, o sentimento reformista de Pedro Ernesto se aproxima muito da experiência do New Deal de Roosevelt (LUSTOSA, 1994, p. 24).

Pedro Ernesto também foi um dos grandes articuladores da fundação do Partido Autonomista do Distrito Federal (Padf) no início de 1933. A luta pela autonomia administrativa da capital permitiu agregar tradicionais chefes políticos locais. A força do partido vinha dos chefes e não de uma pretensa coesão ideológica (GAWRYSZEWSKI, 1988, p. 32). Pedro Ernesto era o símbolo articulador dessas lideranças e foi o grande beneficiado nas eleições locais de 1934, quando foi escolhido indiretamente pelo colégio eleitoral como o primeiro prefeito constitucionalmente eleito do Distrito Federal. De um total de 24 cadeiras a serem ocupadas na Câmara Municipal do Distrito Federal, nada menos que 20 vereadores eleitos eram autonomistas. Pedro Ernesto foi o vereador mais votado, com cerca de 42% do total dos votos válidos (MOTTA, 2001, p. 57).

Após 1935, o Padf adota um novo programa nitidamente renovado, dito, segundo Gawryszewski (1988, p. 33), como socialista ou humanista. Essa posição mais à esquerda de Pedro Ernesto afasta-o de Getúlio Vargas e de parte da base política dos tradicionais chefes políticos do Partido Autonomista. A aproximação com as organizações trabalhistas buscou reconstruir as redes políticas de forma mais autônoma e limitar a crescente influência do próprio Partido Comunista. Após a fundação da União Trabalhista do Distrito Federal, em junho de 1935, e a aproximação de Pedro Ernesto com a Aliança Nacional Libertadora (organização de caráter antifascista e anti-imperialista, que reunia comunistas, socialistas e "tenentes" de esquerda) no mesmo ano, Pedro Ernesto passa a ser associado aos interesses comunistas. É injustamente implicado como colaborador da intentona comunista e, finalmente, preso em 4 de abril de 1936 (LUSTOSA, 1994, p. 30). No entanto, como sustenta Sarmento (1993, p. 40), a prisão se explica sobretudo pelo seu projeto popular à frente da prefeitura, que significava uma possível contraposição à liderança nacional de Vargas.

O diferencial de sua atuação política atingiu também as formas dos poderes públicos de lidarem com as favelas. Valladares (2005) indica que o interventor manteve inúmeros contatos com os habitantes das favelas entre 1932 e 1934, intervindo como mediador nos conflitos sobre a propriedade do solo, distribuindo as primeiras subvenções públicas às escolas de samba para o carnaval e, em alguns casos, instalando os primeiros serviços públicos nas favelas (VALLADARES, 2005, p. 52). Para Connif (2006, p. 147) e Silva (2005, p. 16), o Padf foi especialmente ativo nas favelas, onde a imagem de Pedro Ernesto como médico bondoso, que construía escolas e fornecia atendimento médico para os pobres, mostrava-se bastante popular.

Pretendemos, aqui, revisitar esse período e compreender os significados e impactos das intervenções da gestão Pedro Ernesto nas favelas.[1] Nossas hipóteses são que as favelas e seus habitantes foram parcialmente incorporados ao projeto político de Pedro Ernesto e, mesmo que tal projeto as

[1] Pedro Ernesto governou a cidade como interventor de 30 de setembro de 1931 a 2 de outubro de 1934, e como prefeito eleito de 7 de abril de 1935 a 4 de abril de 1936.

integrasse às redes de patronagem existentes, não evocava necessariamente a erradicação das favelas, nem reproduzia representações negativas dos seus habitantes. Tal projeto tampouco se assemelharia às formas de tolerância precária das favelas (GONÇALVES, 2013), que se consolidaram no pós-guerra e que buscaram tolerar tais espaços, sem os reconhecer de fato.[2]

Assim, buscamos levantar referências bibliográficas e documentos sobre a gestão Pedro Ernesto à frente da prefeitura. Entre o material levantado, salientamos quatro fontes principais: os diferentes jornais da época, obtidos em pesquisa no site da Hemeroteca da Biblioteca Nacional; o Plano regulador das construções escolares, de 1932, consultado no Arquivo Nacional; a série de boletins da Prefeitura do Distrito Federal, acessada na biblioteca do Arquivo Geral da Cidade do Rio de Janeiro e, por fim, os debates legislativos da Câmara Municipal, sobretudo para o período após a saída de Pedro Ernesto da prefeitura, em 1936, cuja coleção se encontra na biblioteca da Assembleia Legislativa do Estado do Rio de Janeiro. O presente artigo pretende, em primeiro lugar, compreender as estratégias de Pedro Ernesto para constituir sua base política nas favelas; em seguida, analisa o significado da inserção dos primeiros serviços públicos nesses espaços, sobretudo o debate em torno dos estabelecimentos escolares e, por fim, discute os limites do projeto de Pedro Ernesto a partir das repercussões jurídico-urbanísticas do debate sobre as favelas no período.

As excursões de Pedro Ernesto e seu projeto político para as favelas cariocas

Ao fim da Primeira República, a posição dominante em relação às favelas era a sua erradicação. A campanha do rotariano e representante do mercado imobiliário Mattos Pimenta para construção de habitações populares para substituir as favelas ganhou grande notoriedade e se materializou na escolha do arquiteto francês Alfred Agache para elaborar um plano urbanístico para a cidade (VALLADARES, 2005). Agache considerava as favelas como uma lepra urbana e defendia que os poderes públicos deveriam "esforçar-se a fim de impedir toda a construção estável e definitiva nas

[2] Segundo Gonçalves (2013), a tolerância precária se consolidou no pós-guerra. Tratava-se de tolerar a presença das favelas sem suscitar um reconhecimento de fato desses espaços. Assim, os poderes públicos justificavam a não instalação de serviços coletivos nas favelas, pois esses espaços eram considerados ilegais. Parte dos serviços instalados eram realizados precariamente por instituições não estatais, como a Fundação Leão XIII ou a Cruzada São Sebastião. Não houve medidas em prol de remoções em massa de favelas até os anos 1960, mas essas tinham que manter seus aspectos precários e provisórios.

favelas, a qual tornaria difícil e custosa a expropriação total por causa da utilidade pública, indispensável à realização de uma urbanização lógica dos morros" (AGACHE, 1930, p. 190).

A chegada de Pedro Ernesto à prefeitura alterou gradualmente a forma de se lidar com as favelas. Ele não aplicara o plano de Alfred Agache, aprovado por seu antecessor, Adolfo Bergamini, evitando centenas de expropriações de casas populares, e apontou, em fins de 1933, em documento endereçado a Getúlio Vargas, dificuldades na execução do mencionado plano, prevendo modificações, "pois se tal não se desse seria necessária a desapropriação inteira do Distrito Federal, a fim de que a cidade ficasse colocada dentro do plano".[3] A Comissão do Plano da Cidade, responsável por aplicá-lo, acabou inclusive sendo dissolvida por Pedro Ernesto logo em 1931 e só foi recriada pelo prefeito Henrique Dodsworth, em 1937, já no contexto do Estado Novo (SILVA, 2003, p. 106; REZENDE, 2005, p. 3). Pedro Ernesto abandonou as grandes intervenções urbanísticas e priorizou, em relação às favelas, o reconhecimento das reivindicações locais e a mediação de conflitos fundiários em favor dos favelados.

As visitas de Pedro Ernesto às favelas e bairros do subúrbio foram amplamente abordadas pela mídia e contribuíram certamente para consolidar o mito político (GIRARDET, 1987) do médico dos pobres. A reportagem do *Jornal do Brasil*,[4] de 11 de fevereiro 1933, reforça essa narrativa mítica:

> Nem aos domingos o interventor carioca descansa, porque para esses dias ele aceita convites de comissões de melhoramentos que se organizam em todos os bairros da cidade que o homenageiam com festas de caráter popular.
>
> Sem lisonja, podemos asseverar que o Dr. Pedro Ernesto é o mais dynámico dos revolucionários que vieram ao poder com a revolução de 1930.

Apesar dos elogios excessivos da reportagem, a posição de Pedro Ernesto consolidou uma nova postura municipal e permitiu a mobilização das favelas em prol de melhorias. As demandas eram variadas, como podemos

[3] Relatório apresentado ao Exmo. chefe do governo provisório sr. Dr. Getúlio Vargas, em 15 de novembro de 1933, pelo Interventor no Distrito Federal Dr. Pedro Ernesto. Arquivo Napoleão de Alencastro Guimarães, Cpdoc. Citado por Carvalho (2010, p. 16).

[4] O *Jornal do Brasil* foi um veículo importante de divulgação da plataforma autonomista, inclusive o seu proprietário, Pereira Carneiro, era filiado ao partido. Disponível em: http://www.fgv.br/cpdoc/acervo/dicionarios/verbete-tematico/jornal-do-brasil. Acesso em: 1º maio 2020.

identificar no momento da visita do representante do interventor federal, doutor Adauto da Costa Machado, ao Morro do Pinto, alguns meses antes, ainda no fim de 1932. A comissão de melhoramentos local solicitou uma linha de bonde para o morro, melhoramento das ruas, assim como a construção de uma escola. Na ocasião, o representante do Interventor ressaltou "a boa vontade que o Dr. Pedro Ernesto tem em atender as justas aspirações do centro político de melhoramentos do Morro do Pinto, aconselhando a diretoria a fazer um memorial ao Dr. Pedro Ernesto e que estivesse certo que seria atendido".[5]

Essa questão foi inclusive pauta da sessão da Câmara dos Vereadores alguns anos depois, em 10 de junho de 1935, quando o vereador autonomista e próximo de Pedro Ernesto, Frederico Trotta, através do requerimento nº153, acata as reinvindicações dos moradores e requer a instalação de uma linha de bonde para a "operosa população do Morro do Pinto".[6] Não foi possível acompanhar se a linha foi instalada, mas essa demanda confirma que a população dos morros começava a formular demandas mais complexas em um esforço de pleitear os mesmo serviços existentes nas demais áreas da cidade.

A grande modificação da forma de tratar as favelas não se manifestava somente pelo fim dos projetos de erradicação desses espaços, mas pela aceitação de que as demandas de seus moradores eram justas, o que abria a possibilidade de uma nova forma de intervenção nesses espaços. Um caso importante da atividade de Pedro Ernesto e amplamente noticiado pelos jornais aconteceu no Morro de São Carlos. Segundo o Jornal *A Noite*,[7] de 18 de janeiro de 1933, uma comissão de moradores dessa localidade entregou ao sr. Jonas Rocha, oficial de gabinete do interventor, um:

> memorial do qual historiam as necessidades urgentes dos logradouros desse morro, cujo acesso é dificílimo devido às péssimas condições em que se acham as referidas ruas. A comissão solicitou com empenho a visita do sr. Pedro Ernesto na esperança de que só assim conseguirão os melhoramentos de que tanto carecem.

[5] *Jornal do Brasil*, 30 de dezembro de 1932.

[6] Annaes da Câmara Municipal, sessões de 3 a 28 de junho, Oficinas Gráficas do *Jornal do Brasil*: Rio de Janeiro, 1935. p. 65.

[7] O jornal *A Noite* teve uma posição contrária a Getúlio Vargas e o movimento de 1930. O diário muda de tendência em 1931, quando Geraldo Rocha, antigo proprietário, perde o controle do jornal. Assume uma posição politicamente mais comedida no período. Disponível em: http://www.fgv.br/cpdoc/acervo/dicionarios/verbete-tematico/noite-a. Acesso em: 1º maio 2020.

Nesse mesmo contexto, outra reportagem do jornal *A Nação*,[8] de 24 de janeiro de 1933, relata que, na manhã do dia anterior, Pedro Ernesto aceita o convite da comissão de moradores e, junto com sua comitiva, é recebido na sede do centro de melhoramentos do Morro de São Carlos. O grupo percorreu "todo o morro, realizando uma visita de inspeção durante a qual foi informado minuciosamente sobre os melhoramentos que a população deseja".[9] Essa visita foi noticiada também por outro jornal, o *Correio da Manhã*,[10] que relata, em reportagem também do dia 24 de janeiro de 1933, a visita de Pedro Ernesto à sede da Sociedade Carnavalesca Maravilha Negra, onde recebeu um memorial, centrado sobretudo no melhoramento dos acessos, na construção de muros de proteção, nos melhoramentos de sarjetas e na construção de ruas para permitir que os carros chegassem até a parte mais alta do morro. Os moradores solicitaram, ainda, a construção de uma praça. Observa-se, assim, que as demandas não eram pontuais e focavam na ampla melhoria das condições de habitação local. Segundo o jornal, "O sr. Pedro Ernesto prometeu que satisfaria às justas aspirações dos moradores do Morro de São Carlos."[11]

O debate em torno das reivindicações dos moradores não se limitava a esse morro em especial, mas estendia a reflexão ao conjunto de favelas da cidade. A reportagem do jornal *A Nação*, do dia seguinte (25 de janeiro de 1933), afirma que a prefeitura não tinha os meios de evitar o fenômeno, "pois os bairros proletários, de casas baratas, são escassíssimos". Apesar de reconhecer as reivindicações de outras favelas também, a reportagem insere uma possível intervenção de Pedro Ernesto nesses espaços na lógica da tolerância e do favor, e não reproduz a ideia de que tais intervenções pudessem alterar o estatuto provisório e temporário das favelas:

> o remédio será levar aos morros habitados por tolerância recursos de higiene e asseio. Como ninguém ignora, São Carlos, Querosene, Salgueiro, Mangueira e outros morros, que abrigam uma população enorme, não têm sequer água potável e iluminação, mesmo rudimentar.

[8] O jornal *A Nação* era destinado às camadas médias urbanas e apoiou o projeto varguista até o seu fechamento em 1939. Disponível em: http://www.fgv.br/cpdoc/acervo/dicionarios/verbete-tematico/nacao-a. Acesso em: 1º maio 2020.

[9] *A Nação*, de 24 de janeiro de 1933.

[10] O *Correio da Manhã* exerceu uma posição ambígua em relação ao grupo político de Vargas, apoiando-o inicialmente, mas afastando-se gradativamente com o endurecimento paulatino do seu governo. Disponível em: http://www.fgv.br/cpdoc/acervo/dicionarios/verbete-tematico/correio-da-manha. Acesso em: 1º maio 2020.

[11] *Correio da Manhã*, de 24 de janeiro de 1933.

> Desde que não é possível destruir os quarteirões numerosos de casinholas que formam os morros, tidos como "favelas", as autoridades devem prover as suas necessidades mais urgentes. A visita do prefeito-interventor poderá e deverá ter influência para melhora da situação.[12]

Voltando ao caso específico do Morro de São Carlos, a gestão Pedro Ernesto atendeu em parte às demandas dos moradores, conforme descreve reportagem do *Jornal do Brasil*, de 23 de julho de 1933, alguns meses depois da mencionada visita do interventor:

> Os moradores do morro por várias vezes, têm reclamado da atenção dos poderes municipais, sem entretanto, serem atendidos. (...) Ontem, porém, eles tiveram uma grande alegria, um automóvel, pela primeira vez, galgou o morro, indo ao alto. (...) O interventor federal da prefeitura, tendo há tempos visitado o Morro de São Carlos ficou impressionado com o que viu ali, recomendando desde logo, que se realizassem ali vários melhoramentos. Assim, as ruas do morro foram convenientemente preparadas, permitindo agora a passagem de veículos.[13]

A reportagem prossegue afirmando que o arruamento vai permitir o acesso de serviços de assistência e servirá de exemplo para que se realizem as mesmas intervenções em outros morros da cidade:

> Graças a isso, os serviços de assistência, que sempre que eram solicitados demoravam pela dificuldade de ascensão, poderão ser agora fáceis e eficientes, sendo dado gozar aos moradores do morro uma série de outras comodidades. E para desejar que a prefeitura cuide dos outros morros, procurando, assim, dar um pouco de conforto aos humildes habitantes desses lindos recantos cariocas.[14]

Nos termos da reportagem, essas intervenções não se assemelhariam a medidas limitadas e poderiam levar a formas mais complexas de inserção dos serviços do Estado nesses espaços. É interessante, assim, sublinhar alguns elementos que podemos retirar dessa intervenção no Morro de São Carlos. Em primeiro lugar, apesar de a intervenção ter se focado na abertura de vias, ela instigou um processo de consolidação da favela, estimulando a inserção de outros serviços nesse espaço. Da mesma forma, a intervenção

[12] *A Nação*, de 25 de janeiro de 1933.
[13] *Jornal do Brasil*, de 23 de julho de 1933.
[14] *Jornal do Brasil*, de 23 de julho de 1933.

não parece ser compreendida como um fato isolado, mas como um exemplo para ser replicado nas demais favelas da cidade. E, por fim, há uma contraposição estética às representações negativas às favelas. Segundo a reportagem, é preciso "dar um pouco de conforto aos humildes habitantes desses lindos recantos cariocas".

Essas visitas obviamente não eram unanimidade e foram também objeto de fortes críticas, centradas sobre a ideia de manipulação política para fins eleitorais. Até 1934, o governo provisório exerceu forte controle sobre os jornais, o que certamente limitou a formulação de um debate mais crítico sobre tais visitas. De qualquer forma, algumas ponderações vieram à tona, como, por exemplo, reportagem da *Revista Suburbana*, de maio de 1933, na coluna "Notícias", e comentários, que questionam o fato de as excursões do prefeito nunca se defrontarem com os problemas, pois sempre preparavam o local com antecedência. Esse mesmo entendimento se manifesta também no longo trecho abaixo do *Jornal do Povo*:

> O sr. Pedro Ernesto é o homem das tapeações. Vae aos morros, aos bairros pobres, em propaganda eleitoral, promete mil coisas aos moradores e não passa disso. Temos um exemplo dessa mistificação que se deu no bairro do Catumbi, também visitado pelo elegante prefeito. O sr. Pedro Ernesto foi lá, viu a imundície que há por lá e prometeu, entre outras coisas, mandar reparar o calçamento, e consertar os bueiros das ruas, para evitar que nos dias de chuva, como acontece, essas se transformem em verdadeiros oceanos, impossibilitando inclusive o tráfego de qualquer veículo. Pois bem. O leitor cumpriu essas promessas? Assim também o sr. Pedro Ernesto.... Não é preciso mais nada: tome alguém um bonde, corra nossos subúrbios, e verá o que é miséria, falta de higiene, abandono. Ninguém pois se iluda com a demagogia do sr. Pedro Ernesto. Ele é tão bom quanto os economistas democráticos, os Dodsworth, Sampaio Correa e Bergamini, e como estes o que quer é simplesmente "cavar" votos.[15]

Essa reportagem, às vésperas das eleições locais de 14 de outubro de 1934, compara Pedro Ernesto aos políticos da Frente Única, união dos partidos Economistas (PE) e Democráticos (PD) (GAWRYSZEWSKI, 1988, p. 26), grupo de oposição ao Padf Apesar das críticas às excursões do interventor, a atuação de Pedro Ernesto não se limitou a visitar e eventualmente

[15] *Jornal do Povo*, de 7 de outubro de 1934, citado por Carvalho (2012, p. 32).

intervir diretamente nesses espaços, mas se prontificou também a mediar conflitos fundiários. Reportagem do *Diário de Notícias,*[16] de 25 de novembro de 1932, descreve a intervenção pessoal do prefeito contra a remoção de moradores do Morro de São Carlos: "o chefe do governo provisório, mandou sustar, até segunda ordem, o mandato judiciário que ía deixando sem tecto, de um golpe, milhares de creaturas de todas as idades". O jornal *A Nação*, de 22 de junho de 1933, por sua vez, fez alusão também ao risco de despejo de moradores de outras favelas e afirmou que:

> o problema dos morros cariocas, onde se estabeleceram em casas improvisadas muitas centenas de famílias está exigindo medida segura. O caso da Mangueira agora é mais uma prova, pois há dias estiveram para ser despojadas do Morro de São Carlos cinco mil pessoas, em condições análogas.

O caso não se resumiu a esses dois morros, mas se espalhou em outras favelas. O longo trecho a seguir de outra reportagem do jornal *A Nação*, de 11 de julho de 1933, reforça a sucessão de casos de despejo e a demanda de um novo posicionamento dos poderes públicos:

> Os moradores dos casebres do Morro do Salgueiro estão ameaçados. Há tempos foram os moradores do Morro de São Carlos em número de dez mil. Há dias foram os moradores do Morro da Mangueira, que formam algumas centenas de famílias. Agora, mais um caso, igualmente impressionante, pois o Morro do Salgueiro abriga outras tantas centenas de famílias. Parece que os poderes públicos administrativos precisam de dar um pouco de atenção ao problema dos morros, que circundam a cidade e onde se ergueram casebres sem conforto, sem hygiene e sem luz sequer. As populações trabalhadoras, que ali se refugiam, são perseguidas pela falta de casas baratas e de bairros operários idôneos. Parece-nos que um exame convincente do problema por parte dos poderes municipais e federais evitará os dissabores periódicos das ameaças de despejo.[17]

Alguns dias depois, reportagem do *Jornal do Brasil*, de 13 de julho de 1933, retoma a questão do despejo dos moradores do Salgueiro e levanta a

---

[16] O *Diário de Notícias* foi fundado em 1930 e apoiou os ideais da revolução, mas, mantendo uma posição liberal, foi crítico a Vargas na luta pela constituição, assim como após a decretação do Estado Novo. Disponível em: http://www.fgv.br/cpdoc/acervo/dicionarios/verbete-tematico/diario-de-noticias-rio-de-janeiro. Acesso em: 28 maio 2021

[17] *A Nação*, 11 de julho de 1933.

importância de construir "bairros para operários, onde eles tenham direito de levantar uma pequena casinha". A reportagem não traz elementos em prol de uma possível urbanização de favelas, mas defende ao menos tolerá-las: "enquanto não solucionarmos o problema, devemos evitar que centenas de famílias fiquem, de repente, sem teto, principalmente agora quando o inverno torna mais dura a ausência de abrigos".

Observa-se, dessa forma, que a mudança de postura municipal frente às favelas englobava diferentes dimensões. É preciso contextualizar como essa mudança se insere no contexto político da capital da república. A escolha de Pedro Ernesto foi um esforço do governo provisório em dialogar com as lideranças políticas cariocas. A estratégia passava pela causa da autonomia, que, para Sarmento (2001, p. 86), "representava um ponto de convergência dentro do campo político carioca em torno do qual praticamente se estabelecia o consenso entre as distintas forças concorrentes na cidade". O Padf se equilibrava entre as forças tenentistas e as da República Velha e materializava sua influência pelo loteamento do espaço da cidade entre as lideranças mais representativas (SARMENTO, 2015, p. 63).

O código eleitoral de 1932, conforme explica Motta (2001, p. 55), não só concedeu direito de voto às mulheres e introduziu o sufrágio secreto, como ampliou o alistamento eleitoral, ao permitir que associações classistas e órgãos públicos pudessem inscrever novos eleitores. O baixo grau de alfabetização, a falta de documentos da população favelada e a expansão ainda reduzida das favelas não as faziam um elemento central, em termos de votos, para influir nas eleições na década de 1930. Para Connif (2006, p. 147), mais do que o número de votos, a proximidade com as favelas contribuía no reconhecimento do prefeito como um líder popular. Dentro desta perspectiva, a grande cartada de Pedro Ernesto foi atrair para as bases do partido autonomista não somente o operariado, mas também aquelas populações consideradas, até então, marginalizadas social e economicamente (SARMENTO, 2015, p. 54).

Assim, as excursões e os atendimentos das demandas dos moradores das favelas se inseriam em um projeto político mais amplo de Pedro Ernesto. O Padf procurou arregimentar eleitores nas favelas, como comprova a visita da doutora Bertha Lutz[18] ao Morro de São Carlos para comprovar as obras ali realizadas e mencionadas anteriormente. Em reportagem do

[18] Bertha Lutz era representante à época da Liga Eleitoral Independente Feminina do centro de melhoramento do Rio Comprido do Partido Autonomista e suplente de deputado e diretora da seção do Partido Autonomista do Rio Comprido. Ela era filha do cientista Adolfo Lutz, foi também cientista, trabalhou no Museu Nacional e foi uma pioneira do movimento feminista no Brasil.

Jornal do Brasil, de 8 de agosto de 1934, os moradores indicaram outras necessidades ainda não atendidas, como assistência médica, escola e outras melhorias das vias de comunicação. Após a excursão no morro, segundo a reportagem, Bertha Lutz prometeu levar a Pedro Ernesto e a Anísio Teixeira a possibilidade de construir uma escola no local.

Além das visitas em favelas e bairros suburbanos, o Padf desenvolveu várias estratégias de ampliação e de integração do eleitorado, como a aproximação com o mundo do samba. Mesmo que o samba não se resumisse às favelas, ele estava profundamente conectado às áreas populares. Mourelle (2010b, p. 85) sublinha que sambistas importantes, como Flavio das Neves, Paulo da Portela e Saturnino Gonçalves, "passaram a ser colaboradores do prefeito nos morros, tanto na campanha política nas eleições da assembleia constituinte - que se realizaram em maio de 1933 - como no pleito municipal de 1934".

Nesse sentido, a primeira iniciativa da prefeitura foi organizar, em 1933, o desfile das Escolas de Samba na Praça Onze, que foi alçado ao principal evento turístico da cidade (LUSTOSA, 1994, p. 21). Fernandes (2001, p. 87) explica que a Prefeitura do Distrito Federal assumiu um programa de desenvolvimento de turismo internacional, que não apenas incluiu o desfile das escolas de samba no programa oficial do Carnaval, como também distribuiu folhetos promocionais nos quais elas apareciam ao lado de outras atrações carnavalescas. As Sociedades Carnavalescas passaram a receber apoio financeiro para o melhoramento de seus desfiles (GAWRYSZEWSKI, 2018, p. 16; FERNANDES, 2001, p. 82). A organização dos desfiles e a concessão dos subsídios trouxeram uma nova dimensão às Escolas de Samba e fizeram do carnaval o principal produto turístico do país.[19]

Como indica Fernandes (2001, p. 83), o carnaval e o samba conferiram um rápido reconhecimento à cultura produzida nas favelas. Isso foi reforçado com o filme de Humberto Mauro, *Favela dos meus amores*, de 1935, que tinha como cenário o Morro da Favela e contou com a participação de sambistas locais e de outras escolas, como um grupo liderado por Paulo da Portela (FERNANDES, 2001, p. 86). Para Carlos Napolitano (2009, p. 151), o filme agradou em especial aos intelectuais de esquerda, e as favelas passaram a ser vistas por este segmento como lugar do popular e do

[19] Dentro da estratégia de valorização do turismo e para financiar partes dos gastos em políticas sociais, Pedro Ernesto conseguiu autorização do governo federal para implementar jogos de azar e chegou a tolerar o jogo do bicho (MOURELLE, 2010b, p. 170).

nacional e consolidou a aproximação de forças progressistas com a cultura popular. Nessa relação com o mundo do Samba, Pedro Ernesto nutriu um relacionamento especial com o Morro da Mangueira. Segundo reportagem do jornal *A Nação*, de 16 de abril de 1935:

> O Morro da Mangueira que é um pedaço da história moderna da cidade, como respeitável escola de samba que teve a honra de receber a visita do dr. Pedro Ernesto e deliciar o então interventor com os formidáveis sambas de "Cartola" e "Zé com fome", está merecendo a atenção do prefeito do distrito federal.[20]

A importância do Samba inseria a favela em outra dimensão no cotidiano da cidade. De lugar de marginais, passava a ser o centro irradiador da cultura nacional. Assim, com essa legitimidade, os moradores reivindicam uma lista enorme de melhorias:

> Antes de tudo é preciso que seja feito um completo e perfeito arruamento para depois serem construídas pequenas, mas confortáveis habitações pra aquela gente pobre e honesta que habita o Morro da Mangueira. (...) A limpeza pública poderia destacar uma turma efetiva para a capinação das ruas, que mais parecem picadas. (...) A inspetoria de águas, por sua vez, mandaria colocar mais algumas bicas públicas, a fim de cortar o atropelo que não raro ocasiona aborrecimentos. (..) A iluminação não é suficiente já que há longos trechos mergulhados em trevas.[21]

A legitimidade do Morro da Mangueira pelo samba trazia também, como se comprova na reportagem anterior, um reconhecimento de outras demandas dos moradores. O trecho traz um leque amplo de melhorias, que deveria ser ali implementado. Como veremos a seguir, a intervenção mais significativa de Pedro Ernesto nas favelas será realizada justamente na "Estação Primeira".

Pedro Ernesto e a possibilidade de integrar as favelas à cidade

O legado mais evocado sobre a passagem de Pedro Ernesto à frente da prefeitura foi a total reorganização do sistema público de saúde e de educação. Em relação ao ambicioso projeto na saúde, Pedro Ernesto promoveu

[20] *A Nação*, de 16 de abril de 1935.
[21] *A Nação*, de 16 de abril de 1935.

a instalação de postos de saúde pela cidade, com ênfase nas áreas mais pobres, próximas às favelas e ao longo dos bairros das Zonas Norte e Oeste. O objetivo, segundo Mourelle (2008, p. 60), era que esses postos prestassem assistência à população até que fossem concluídas as obras dos grandes hospitais públicos. Foram construídos hospitais como o Getúlio Vargas (Penha), o Jesus (Vila Isabel), o Carlos Chagas (Marechal Hermes), o Rocha Faria (Campo Grande), o Paulino Werneck (Ilha do Governador), o Miguel Couto (Gávea) e o Hospital Central de Vila Isabel (concluído após a sua administração e que recebeu o nome de Pedro Ernesto).[22]

Se a localidade de tais equipamentos hospitalares nos permite compreender o interesse da prefeitura em atingir efetivamente a população mais pobre, a maior capilaridade da rede escolar torna mais patente essa relação geográfica da política municipal, sobretudo em relação às favelas. Pedro Ernesto nomeou Anísio Teixeira à frente da pasta da educação. Entusiasta do movimento de renovação do ensino, denominado Escola Nova (TEIXEIRA, 1930), Anísio Teixeira procurou estabelecer um modelo de ensino progressista, crítico e laico. Trabalhou na expansão da até então precária rede escolar da cidade. Para isso, foi convidado o professor Nereu Sampaio para elaborar o plano regulador de edificações escolares.[23]

Parte do plano mencionado anteriormente foi aplicado, e foram construídas 28 novas escolas com capacidade para mil alunos cada em áreas pobres da cidade (LUSTOSA, 1994, p. 19). Segundo o próprio Anísio Teixeira, as novas escolas representaram um aumento de mais de 125% do número de salas na capital (TEIXEIRA, 1997 [1935], p. 246). Os recursos para a construção das escolas foram obtidos com a taxação da operação de casas de jogos. A justificativa era utilizar as taxas dessas atividades para financiar os projetos sociais (SARMENTO, 2001, p. 138). A legalização do jogo foi objeto de muitas críticas. Da mesma forma, o questionamento da obrigatoriedade do ensino religioso por Anísio Teixeira suscitou críticas da Igreja pelo seu maior pensador à época, Alceu Amoroso Lima. As críticas recaíram também sobre a escolha do corpo docente de professores da recém-criada Universidade do Distrito Federal, considerados comunistas (LUSTOSA: 1994, p. 26).

---

[22] Disponível em: http://multirio.rio.rj.gov.br/index.php/estude/historia-do-brasil/rio-de-janeiro/66-o-rio-de-janeiro-como-distrito-federal-vitrine-cartao-postal-e-palco-da-politica-nacional/2920-as-realizacoes-de-pedro-ernesto-e-de-outras-administracoes. Acesso em: 1º junho 2020.

[23] Chefe em comissão do serviço do prédio e aparelhamento escolar, Nereu Sampaio, assim como Anísio Teixeira, foi um estudioso das obras de John Dewey e participou do movimento da Escola Nova.

Apesar de o mencionado plano regulador de edificações escolares apresentar, como veremos, uma compreensão da cidade muito distinta do Plano Agache, ele foi baseado na perspectiva de crescimento populacional previsto pelo plano do arquiteto francês. Mesmo que o plano regulador de edificações escolares não tenha sido totalmente aplicado, o conteúdo ali vinculado contribui na compreensão da nova abordagem da prefeitura sobre as favelas. O plano, por exemplo, constatava a presença de estalagens nas vertentes de vários morros de Copacabana e compreendia que essa população, necessária e útil ao bairro remediado de Copacabana, teria que ser levada em conta na previsão de escolas na região, já que provavelmente aumentaria, ou seja, não existia por parte da prefeitura previsão de retirá-la dali:

> Este exemplo evidencia a angustiosa situação do 1º Distrito Escolar, localizado num dos melhores bairros da nossa cidade e no qual a população pobre se oculta em habitações collectivas, no centro das quadras, em grandes estalagens e nos antigos solares, construídos nas faldas [vertentes] dos Morros da Babylonia, S. João, Cabritos e Cantagalo, transformados, hoje, em vastas "Cabeças de Porco".
> Essa população, necessária e útil à população remediada e rica do bairro, não desapparecerá na quantidade, podendo, até, ao aumento progressivo, porém evoluirá em systemas e typos de instalações domiciliares e, por isso mesmo, necessitará, cada vez mais, dos cuidados do Estado para proporcionar-lhe uma instrução e educação que lhe incentive a mudança dos hábitos actuaes, como um combate aos vícios e defeitos moraes oriundos da promiscuidade em que vivem.[24]

Apesar de não fazer menção às favelas, as tais "cabeças de porco" estavam situadas no pé dos morros de Copacabana, cuja ocupação já datava de algumas décadas. Muitas das atividades de exploração econômica dos cortiços foram, aliás, gradualmente transferidas para os morros com o aluguel de barracos ou do solo (GONÇALVES, 2012). De qualquer forma, o mencionado plano previa a presença dessas famílias para projetar a construção de escolas e salas de aula. Além de não estipular a expulsão dessa população, o plano reconhecia a importância dela para o bairro e incorporava

[24] Directoria Geral de Instrução Pública do Distrito Federal, Plano regulador das construções escolares, 1932. In: Arquivo Nacional, Gabinete Civil da Presidência da República (código do fundo nº35), lata 179/1936, p. 4.

a possibilidade de seu crescimento. A escola teria um papel moralizador, contribuindo no próprio processo de melhoria habitacional.

Mesmo ressaltando representações negativas sobre hábitos dessa população, o plano previa não somente a melhoria dos cortiços, mas também admitia que a precariedade e a pobreza dos casebres de favelas tenderiam evoluir para casas de alvenaria através da autoconstrução. Isso nos parece algo extremamente inovador e mesmo destoante da compreensão extremamente negativa em relação a esses espaços. O plano evoca, assim, a dinâmica da autoconstrução das casas nas favelas e não estabelece nenhuma medida de controle ou de combate a tais construções. Ao contrário, reconhece a possibilidade de consolidação e melhoria dessas edificações: "O casebre, conquanto seja uma habitação paupérrima e de caracter provisório, nem sempre perdura com estes dois aspectos, pois, muita vez, evolue para a casa de alvenaria, construída por partes".[25]

O Plano regulador das edificações escolares vai além e chega a descrever com detalhes o processo de consolidação das construções em favelas:

> Quem tiver ainda alguma dúvida sobre a evolução do casebre até a habitação de alvenaria bastará apreciar o desenvolvimento ou a transformação operada, nestes cinco últimos anos, nos Morros Santos Rodrigues, ao lado da Aristides Lobo e Rua da Paz, e do espigão de Santa Theresa na falda que termina entre Itapiru e Rua Gaycurus.
>
> Em qualquer deles o "box" de automóveis, com telhado de lata, se transmuta em telhados de tábuas de pinho do Paraná, com cobertura de zinco, e lentamente, as paredes de alvenaria vão crescendo, nos domingos e feriados, no envolvimento completo das fachadas de madeira.[26]

O plano sublinha que esse processo de consolidação não é necessariamente negativo e o contrasta com as ideias evocadas anteriormente sobre as favelas, sobretudo do mencionado Plano Agache, que comparava, como já citamos, as favelas a uma lepra urbana. O termo empregado no plano de Nereu Sampaio parece indicar um esforço de se contrapor abertamente ao plano do arquiteto francês e de tudo o que ele representava:

---

[25] Directoria Geral de Instrução Pública do Distrito Federal, Plano regulador das construções escolares, 1932, p. 4. In Arquivo Nacional, Gabinete Civil da Presidência da República (código do fundo nº35), lata 179/1936.

[26] Idem, p. 5.

> Ora, esse movimento operado obriga-nos a prever a extensão do bairro e jamais considerá-lo como tumor urbano que será resolvido por meio da cirurgia dos grandes planos de remodelação, pois, taes casos somente se realizam, quando a supressão ou arrazamento é possível. Estudando, portanto, a situação das populações alojadas em habitações provisórias, em casebres, e considerando os sensíveis aumentos de pavimentos de alvenaria, verifica-se quaes os districtos nos bairros nos quaes se operaram as grandes concentrações.[27]

O texto reconhece um movimento de construção em alvenarias em algumas favelas, inclusive com "os sensíveis aumentos de pavimentos de alvenaria". Ora, a segurança da posse dos moradores de favelas, sobretudo diante de um posicionamento claro dos poderes públicos contra possíveis remoções, sempre estimulou o investimento dos moradores em suas construções. Não há dados suficientes para comprovar que as favelas viviam efetivamente um processo de estabilização durante a gestão Pedro Ernesto, mas as descrições anteriores parecem indicar o início de uma consolidação desses espaços, que não pôde perdurar justamente pela mudança das políticas em relação às favelas, logo após a saída de Pedro Ernesto à frente da prefeitura, como veremos no próximo item.

Reconhecendo a presença da população dos cortiços e das favelas e mesmo cogitando a possibilidade de melhoria gradual dessas áreas, o plano propôs concretamente construções de escolas em áreas próximas das favelas. Na Zona Sul, por exemplo, propôs "tipo celular para 12 classes entre a Gávea e a Niemeyer, de preferência do lado da Niemeyer e antes do Gávea Golf Club".[28] Essa escola atenderia provavelmente aos primeiros núcleos de habitações no que hoje são a Rocinha e o Vidigal. Previu também a construção de um "tipo celular para 25 classes para as imediações da Rua da América, entre o túnel João Ricardo e a Rua Nabuco de Freitas ou do lado da Gamboa, na falda do Morro da Providência, mais ou menos em frente à estação da Marítima",[29] ou seja, para atender também aos moradores desse Morro. Previu também uma escola na Rua Itapagipe para atender provavelmente à crescente população do Morro do Turano.[30]

---

[27] Idem, p. 5.
[28] Idem, p. 19.
[29] Idem, p. 23.
[30] Idem, p. 24.

No entanto, o caso mais significativo da política educacional de Pedro Ernesto aconteceu no Morro da Mangueira. Como analisamos anteriormente, a estratégia do prefeito de inserção nos bairros populares por meio da valorização do samba privilegiou extremamente esse morro. Apesar de o plano de construções escolares não fazer menção expressa a uma escola na Mangueira, Pedro Ernesto construiria ali a primeira escola em uma favela.[31]

Encontramos o primeiro interesse em construir uma escola na Mangueira, na visita do prefeito ao mencionado morro no dia da Festa de São João, descrita pelo *Jornal do Brasil* de 26 de junho de 1934. Na ocasião, os moradores entregaram o pedido para construir uma escola no local. É bom salientar, conforme afirma a reportagem, que a diretoria da União das Escolas de Samba do Distrito Federal se localizava justamente na Mangueira. Pedro Ernesto, nessa visita, comprometeu-se a instalar uma escola no morro.

Em reportagem ao jornal *Correio da Manhã*, de 7 de janeiro de 1936, que cobriu a visita da diretoria das escolas de samba para agradecer ao prefeito a distribuição de auxílio municipal entre as filiadas, Pedro Ernesto informa, finalmente, que inaugurará uma escola no Morro da Mangueira no dia 20 de janeiro, dia de São Sebastião. Observa-se, nessa visita, forte interesse de Pedro Ernesto em manter essa relação com o mundo do Samba: "Aproveitando a oportunidade, o prefeito declarou que ia mandar construir no Morro do Salgueiro uma escola pública, do mesmo modo que já fizera no Morro da Mangueira.[32]

Como Pedro Ernesto foi posto em prisão dois meses depois da reportagem, não é possível identificar até onde suas promessas poderiam ter sido cumpridas. No entanto, a escola Humberto de Campos foi inaugurada no Morro da Mangueira, no dia 20 de janeiro de 1936. A união das escolas de samba, congregando mais de 30 agremiações, estava presente com muitos membros e agradeceu não somente a construção da escola, mas também a subvenção concedida para os festejos carnavalescos.[33]

As descrições dos jornais desse evento reconhecem o novo papel político conferido às escolas de samba. Durante o ato de inauguração da escola Humberto de Campos, Servan de Carvalho, presidente da União das Escolas de Samba, ressaltou o papel dessas agremiações, que não vivem

[31] Além dessa escola, os hospitais Pedro Ernesto e Jesus foram construídos nas proximidades desse morro (LEMME, s/d, p. 10 e 11).

[32] *Correio da Manhã*, 7 de janeiro de 1936.

[33] *Correio da Manhã*, 21 de janeiro de 1936.

apenas por conta dos festejos carnavalescos, mas que possuem "vida própria, durante todo o ano, em uma atividade pasmosa, em prol da música, em prol do que é nosso".[34] A reportagem descreve, ainda, a visita de Pedro Ernesto nas sedes das agremiações ali instaladas. Ele assistiu ao desfile das agremiações visitantes[35] e valorizou o papel das escolas, invertendo as representações negativas associadas às favelas:

> O governador da cidade após o desfile, confessou-se seriamente impressionado com o que assistira, não deixando de acentuar a ordem absoluta e a disciplina admirável daquela massa compacta, que poderia ser calculada em 30 mil pessoas tanto mais que havia sido dispensada qualquer espécie de policiamento, deixando-se o povo entregue às naturais expansões do seu justo júbilo.[36]

Apesar do contexto político turbulento, a inauguração dessa escola foi amplamente noticiada e resultou em grandes elogios à pessoa de Pedro Ernesto. O jornal *A Nação*, de 24 de janeiro de 1936, sublinhou que a escola no Morro da Mangueira não se diferenciava daquelas existentes em bairros ricos: "É que segundo o plano de educação traçado pelo prefeito não devem as escolas obedecer às desigualdades sociais e, sim, servir a toda a população, como deverão também servir os hospitais – outra benfazeja iniciativa do seu esclarecido governo".

Isso fica patente com os elogios de Benjamin Costallat, no *Jornal do Brasil* de 22 de janeiro de 1936. O longo trecho a seguir faz uma análise da inauguração da escola no Morro da Mangueira e descreve bem os significados desse evento. O texto rasga elogios excessivos a Pedro Ernesto e não deixa de fazer comentários moralistas sobre o poder de transformação da escola para as crianças do Morro, que não seria mais conhecido somente pelo samba. É importante salientar que o Morro da Mangueira era uma espécie de ensaio para o que poderia ser implementado em outros morros da cidade.

> Mas aquela gente pobre e maltratada parece que comoveu a própria natureza. E, ela, perto daqueles negrinhos esfarrapados como se enfeita melhor para dizer que a vida tem ainda um mundo de coisas bonitas

---

[34] Idem.

[35] Segundo reportagem do *Correio da Manhã* de 21 de janeiro de 1936, estavam presentes as seguintes escolas de samba: "Prazer da Serrinha de Madureira, Fique Firme da favela, Escola da Portela de Oswaldo Cruz, Unidos de Tuyuty, Azul e Branco do Salgueiro, e muitas outras"

[36] *Correio da Manhã*, 21 de janeiro de 1936.

> para mostrar. Assim é o Morro da Mangueira, o morro que acaba de ver inaugurada, a sua escola pública, ele que, até então, como os outros, só conhecia as escolas de samba.
> Desde ontem, Mangueira aumentou o seu prestígio. É o morro que tem a sua escola. O doutor Pedro Ernesto prometeu dar a cada recanto de miséria da terra carioca, e aos seus desafortunados moradores, a esperança de dias melhores para os seus filhos, levando-lhes as oportunidades que a instrução oferece e os horizontes que o ensino rasga.
> A escola do morro é uma data não só de eficiência administrativa como de nobre generosidade. Os meninos dos morros eram os eternos esquecidos da fortuna. Foram, finalmente, lembrados. E é de esperar, agora, não só venham grandes sambas, comover o coração do Brasil, lá daquele morro, tão lírico e tão triste... Que venham criados também pela nova escola, cidadãos úteis à Pátria e úteis a si mesmo, despertados da letargia da ignorância e caminhando para as revelações luminosas e empolgantes do saber.

A construção de uma escola em um morro é um dos elementos principais da nova estratégia política de Pedro Ernesto a partir de 1935. Com mais legitimidade diante da vitória esmagadora nas eleições de outubro de 1934, Pedro Ernesto não só reforça seus laços com as favelas e o mundo do Samba, como procura reconstruir suas redes políticas com uma maior aproximação também de instituições operárias. Cria, em maio de 1935, a União Trabalhista, que chegou a arregimentar 70 sindicatos, equivalente a 35 mil filiados (GAWRYSZEWSKI, 1988, p. 37). Tanto a criação da União trabalhista, quanto a aproximação de Pedro Ernesto à Aliança Nacional Libertadora não são bem vistas pelos grupos próximos a Vargas, assim como são questionadas pelos chefes políticos locais, que davam sustentação ao Padf.

Mesmo antes de sua prisão, em abril de 1936, já era possível observar a gradual intervenção do poder federal sobre a prefeitura da Capital. Essa intervenção será particularmente sentida na questão educacional. Anísio Teixeira deixa o cargo no fim de 1935, e é imposta pelo poder federal a indicação do conservador Francisco Campos, que representava uma vertente autoritária no campo educacional, antítese do projeto de Anísio Teixeira. Implantou o ensino religioso na rede pública, demitiu professores e iniciou o processo de desestruturação da então Universidade do Distrito Federal (SARMENTO, 1993, p. 38) e, obviamente, não levou adiante o projeto de novas escolas em favelas.

Os contornos e os limites do projeto de Pedro Ernesto para as favelas

Se a gestão Pedro Ernesto não é conhecida por grandes obras, é importante salientar que houve uma importante reflexão urbanística. É necessário sublinhar, em primeiro lugar, que o seu reconhecimento das favelas não se materializou em termos jurídicos. O decreto nº 4.873, de 14 de junho de 1934, evocou, ao contrário, a possibilidade de erradicá-las. O referido decreto considerou que "compete à municipalidade zelar pelo embelezamento da cidade e amparar, tanto quanto possível, a sua população pobre".[37] Dessa forma autoriza, em seu artigo 1º, que a diretoria geral de engenharia organize projeto para:

> habitações destinadas: à classe pobre que habita os morros em grupos de casebres que constituem as "favelas" e a executar o mesmo projeto em terrenos próprios municipais, existentes em zonas apropriadas àquele fim, devendo a população desses morros, situados no centro urbano, ser transferida à proporção que tais obras forem ultimadas.[38]

Já o Decreto nº 4.921, de 30 de junho de 1934, prevê a necessidade de construção de pequenas habitações para as classes operárias e é mais explícito quanto à necessidade de se remover as favelas: "Considerando que há necessidade premente de se promover o desaparecimento gradativo das favelas e dos cortiços, cujos inúmeros males têm sido proclamados e verificados nesta capital".[39]

Apesar da existência desses decretos, a sua gestão não conduziu intervenções para remover favelas.[40] Em termos jurídicos, uma longa reflexão se focou na forma de aproveitamento urbanístico dos morros. O artigo 1º do Decreto nº 4.923, também de 30 de junho de 1934, previu que era preciso promover o aproveitamento conveniente dos morros que circundam a cidade, traçando-lhes as vias de acesso convenientes e necessárias ao desenvolvimento das edificações no contorno das encostas estabelecendo em suas linhas gerais os planos de viação superficial e subterrânea.

[37] Secretaria do Gabinete do Prefeito, Boletim da Prefeitura do Distrito Federal (abril a junho), Oficinas Gráficas do *Jornal do Brasil*: Rio de Janeiro, 1934, p. 113.

[38] Idem, p. 113.

[39] Idem, p. 157.

[40] Isso não quer dizer que não ocorreram remoções esporádicas, patrocinadas sobretudo pelo poder federal, como demonstra a remoção da pequena favela da Praia das Virtudes no centro da cidade (*Jornal do Brasil*, 1º de novembro de 1933).

O texto é ambíguo e, mesmo prevendo o aproveitamento conveniente dos morros, não menciona se as moradias nas favelas deveriam ali ficar. Reportagem do *Jornal do Brasil*, de 24 de fevereiro de 1933, já abordava a questão de ocupação dos morros da cidade. Essa reportagem criticou a expansão da cidade para subúrbios distantes, enquanto se poderia melhor aproveitar os morros perto do centro:

> A propósito cumpre lembrar que os maiores psychiatras modernos encomendam a montanha como moradia ideal. Ao morador de uma grande cidade, onde o ruído é um formidável excitante dos nervos, a residência proporciona o silêncio e o respirar de uma atmosfera pura e agradável.
> Seria altamente interessante que se fizesse uma intensa campanha em favor do aproveitamento dos morros cariocas como residência. O público lucraria com isso, pois poderia morar mais perto do centro urbano e a paysagem da cidade nada perderia com a iniciativa, antes teria um encanto novo.

Nesse sentido, a gestão Pedro Ernesto publicou decretos de reconhecimento de logradouros nos acessos de morros. Podemos citar, por exemplo, o Decreto nº 4.076, de 30 de novembro de 1932, que reconheceu a Praça Américo Brum no morro da Providência.[41] Da mesma forma, o Decreto nº 4.961, de 4 de julho de 1934, "reconhece como logradouro público da cidade do Rio de Janeiro com denominação oficial aprovada, a "Travessa das escadinhas da Saint Romain",[42] na 12ª circunscrição de Copabacana", escadaria que daria acesso aos Morros do Pavão-Pavãozinho e Cantagalo. Poderíamos, ainda, fazer menção ao decreto nº 5.656, de 28 de outubro de 1935, que reconheceu "como logradouro público da Cidade do Rio de Janeiro, com denominação oficial aprovada da "Travessa Cerro Corá" na 9º Circunscrição – Glória e da Rua Arapoá nas 8ªs e 9ªs circunscrições – Santa Teresa e Glória, os trechos do logradouro que menciona".[43] A Rua Arapoá termina na Ladeira dos Guararapes, e os dois logradouros dariam acesso aos morros da região.

---

[41] Secretaria do Gabinete do Prefeito, Boletim da Prefeitura do Distrito Federal, Oficinas Gráficas do *Jornal do Brasil*: Rio de Janeiro, 1932, p. 32.

[42] Secretaria do Gabinete do Prefeito, Boletim da Prefeitura do Distrito Federal (julho a setembro), Oficinas Gráficas do *Jornal do Brasil*: Rio de Janeiro, 1934, p. 17.

[43] Secretaria do Gabinete do Prefeito, Boletim da Prefeitura do Distrito Federal (outubro a dezembro), Oficinas Gráficas do *Jornal do Brasil*: Rio de Janeiro, 1935, p. 22

Poderíamos imaginar que esses decretos aplicam os princípios do mencionado decreto nº 4.923 de aproveitar o contorno dos morros. Mesmo que não seja possível afirmar que tais decretos tinham algum interesse de consolidar as favelas, o reconhecimento desses logradouros trouxe melhoramentos nos acessos às favelas acima mencionadas. Essa questão do aproveitamento dos morros foi, aliás, um dos pontos abordados pelo projeto de reforma do regulamento de obras no distrito federal, apresentado à Câmara Municipal pelo prefeito Pedro Ernesto em 1935. Esse texto é a base do Código de Obras de 1937.[44] No entanto, esse projeto não fez menção às favelas, como o fez expressamente o Código de Obras de 1937, aprovado já sob a administração do sucessor de Pedro Ernesto, o cônego Olímpio de Mello.

O artigo 347 do Código de Obras de 1937, por exemplo, previu que "A Prefeitura providenciará para a formação de núcleos de habitação barata, de tipo mínimo, em substituição às favelas, à medida que estas forem sendo extintas". O inciso 7º do artigo 349 estabeleceu que as multas previstas para os proprietários de terrenos onde se encontram as favelas seriam aplicadas em dobro, caso existisse a exploração de favela pela cobrança de aluguel de casebres ou pelo arrendamento ou aluguel do solo. O inciso 9º, por sua vez, estabeleceu que a "prefeitura providenciará, como estabelece o título IV do capítulo deste Decreto para a extinção das favelas e a formação, para substituí-las, de núcleos de habitação de tipo mínimo."

Valladares defende que Pedro Ernesto se enquadra na dimensão política implementada pelo Código de Obras de 1937, que reconhecia, para a autora, ao contrário da perspectiva higienista da Primeira República, "o reconhecimento, de fato, da existência das favelas e da necessidade de melhorar as condições de vida dos favelados, contrariando a solução única de sua destruição anteriormente proposta" (VALLADARES, 2005, p. 52). Não concordamos com essa posição e nos associamos mais com a posição de Silva (2005, p. 16), que sustenta que o mencionado Código de obras sinalizou uma mudança no trato oficial do social, transformando definitivamente as favelas em problema.

Ora, é difícil estabelecer como e por quem os artigos em relação às favelas foram introduzidos no texto promulgado de 1937. O ponto de partida para a elaboração do Código de Obras de 1937 foi efetivamente o

[44] Ambos os textos, decreto nº 5.595 de 10 de julho de 1935 e decreto nº 6.000 de 1º de julho de 1937, podem ser encontrados na página do Arquivo Geral da Cidade do Rio de Janeiro: http://www.rio.rj.gov.br/web/arquivogeral/principal. Acesso em: 1º maio 2020.

mencionado projeto de reforma do regulamento de construções, apresentado por uma comissão mista de técnicos municipais e representantes de associações técnicas. Foi apresentada uma primeira versão desse material por essa comissão em junho de 1934. Depois de aprofundado, a prefeitura envia, em 10 de julho de 1935, à Câmara Municipal, o decreto nº 5.595 para aprovação. O decreto nº 5.595 se tornou o projeto de lei 144-a de 1936, já que precisava ser avaliado e aprovado pela Câmara (REVISTA MUNICIPAL DE ENGENHARIA, 1937, p. 421; MENDONÇA, 1937, p. 262).

Após um ano de discussão, o projeto não chegou a ser definitivamente aprovado, pois os trabalhos legislativos findaram. Após decretada a intervenção no Distrito Federal, a prefeitura assumiu o trabalho de reforma do texto. Já sob intervenção federal e com a administração do Cônego Olympio de Melo, o novo código de Obras foi publicado sob o nº 6.000 sob o parecer favorável do então conselho geral da prefeitura. O mencionado artigo da *Revista Municipal de Engenharia* (1937, p. 422) descreve que várias entidades de classe, associações profissionais e órgãos governamentais colaboraram na redação do texto. Não conseguimos identificar em que fase do projeto esses diferentes atores participaram e qual papel exerceram. O certo é que as menções negativas em relação às favelas, ou melhor, a própria menção ao termo favela não estava presente no primeiro projeto enviado por Pedro Ernesto à Câmara Municipal.

Procuramos retraçar aqui os debates legislativos da Câmara Municipal para mapear uma série de iniciativas legislativas, posteriores à gestão Pedro Ernesto, e que foram posteriormente incorporadas nos artigos, mencionados acima, sobre favelas do Código de Obras de 1937. Após a saída de Pedro Ernesto à frente da prefeitura, observa-se um retorno do debate e mesmo de iniciativas de remoção de favelas. Na sessão de 31 de julho de 1936, é possível acompanhar um longo debate entre os vereadores autonomistas Moura Nobre e Tito Lívio.[45] Aquele solicita que se oficie o prefeito para determinar as providências necessárias para que cesse "a obra de demolição das casas construídas e habitadas pela população pobre dessa cidade, marcando-se um prazo de seis meses pelo menos para a desocupação das referidas casas".[46]

[45] Foi convidado para ingressar no Padf em 1934 pela sua força eleitoral nas paróquias de Saúde e São Domingos. Como analisaremos, foi muito ativo nos debates sobre as favelas no decorrer do ano de 1936. Defendia a remoção de barracos, onde se constatasse a exploração econômica, como forma de defesa dos favelados.

[46] Annaes da Câmara Municipal, Oficinas Gráficas do *Jornal do Brasil*: Rio de Janeiro, 1936, p. 49.

Tito Livio, por sua vez, é contrário a se mandar sustar tais procedimentos, tendo em vista que as favelas estariam sendo exploradas por estrangeiros que "se arvoram possuidores de vastas áreas de terrenos na cidade e edificam nesses terrenos casebres e barracões infectos, com o objetivo de enriquecerem à custa da miséria alheia".[47] No entanto, ele afirma ser "a favor da conservação desses casebres quando de facto constituírem abrigo provisório para aqueles que não têm fortuna".[48] Ele continua seus argumentos, afirmando que apoiaria o requerimento, se apenas se referisse aos casebres construídos pelos próprios moradores. "Porém como ele extende [sic] essa providência aos barracões da Favella, do Morro do Pinto, do Salgueiro, do Morro do Pasmado e de tantos outros, que estão alugados à população pobre da cidade, não o posso fazer."[49]

O que é interessante sublinhar aqui é que a solução pela remoção das favelas volta ao debate e que os aluguéis em favelas se tornam paulatinamente um problema público. Esse, aliás, será um dos temas sublinhados pelo já mencionado artigo 349 do Código de Obras de 1937, que prevê que as multas para proprietários, cujos terrenos estivessem ocupados por favelas, seriam dobradas em caso da cobrança de aluguéis. Sobre a exploração imobiliária das favelas, Tito Lívio denuncia: "Há até empresários dessas construções especialmente na Praia do Pinto."[50]

A Câmara Municipal, no mês de junho de 1936, discutiu o Projeto nº 44, de autoria do mesmo vereador Tito Livio, que previa o aproveitamento de parte do Morro da Favela para a execução da "Villa Marinha", destinada a residência dos operários e funcionários do arsenal de marinha.[51] O projeto dialogava com dispositivos do projeto de Código de Obras de 1935 (Decreto nº 5.595 de 10 de julho de 1935), assim como do artigo 40 da recém-promulgada lei orgânica do Distrito Federal (lei federal nº 196, de 18 de janeiro de 1936), que estabelecia que o prefeito deveria providenciar a elaboração de um Plano Geral de Transformação e Extensão da Cidade do Rio de Janeiro. Esse plano, segundo o inciso 6º de tal artigo, "deveria regular o aproveitamento conveniente dos morros que circundam a cidade

[47] Idem, p. 49.
[48] Idem, p. 50.
[49] Idem, p. 51.
[50] Idem, p. 52.
[51] Idem, p. 292.

traçando-lhes as vias de acesso convenientes e necessárias ao desenvolvimento das edificações no contorno das encostas".[52]

A lei orgânica em questão não cita as favelas, tampouco define se o aproveitamento das encostas deveria manter as construções existentes ou não. No entanto, os considerandos do referido projeto nº 44 retoma literalmente as formulações presentes no plano Agache para as favelas, destoando do discurso e das medidas que vinham sendo tomadas durante a gestão Pedro Ernesto:

> Considerando que cabe ao poder público cumprir a sentença dos urbanistas que é levar o ferro cauterizador a essa chaga do Rio de Janeiro que são as favelas (AGACHE, obra citada, p. 239), não só em benefício dos seus moradores, como dos seus vizinhos, uns e outros vítimas da insalubridade desses quarteirões caóticos e miseráveis.[53]

O projeto de lei provavelmente nunca foi aprovado e obviamente muito menos aplicado no Morro da Providência. Apesar de prever a erradicação das construções do morro, é preciso considerar que o projeto ao menos previa, em seu artigo 10º, que a Prefeitura deveria exigir dos contratantes da obra, "em cláusula contratual, o aproveitamento de moradores do próprio morro."[54]

Por sua vez, o requerimento nº 368, também de Tito Lívio e proposto na sessão de 18 de agosto de 1936, considerava que do "ponto de vista social as 'favelas' depõem contra a nossa organização de cidade civilizada" e "do ponto moral, a promiscuidade de vida nesses casebres gera males os mais perniciosos à sociedade".[55] O texto faz menção à necessidade de construir "Casa mínima" para "os trabalhadores em geral que habitam as 'favelas' cariocas",[56] texto parecido com aquele mencionado do artigo 349 do Código de Obras de 1937 sobre a necessidade de substituir as favelas por habitações de tipo mínimo.

Esse projeto de aproveitamento dos morros não se limitava ao plenário da Câmara Municipal, mas ganhava corpo no debate público em geral. Assim, alguns meses depois da destituição de Pedro Ernesto, a abordagem

---

52 Lei federal nº 196, de 18 de janeiro de 1936 in https://www2.camara.leg.br/legin/fed/lei/1930-1939/lei-196-18-janeiro-1936-540809-publicacaooriginal-76554-pl.html. Acesso em: 1º maio 2020.

53 Annaes da Câmara Municipal, Oficinas Gráficas do *Jornal do Brasil*: Rio de Janeiro, 1936. p. 295.

54 Idem, p. 299.

55 Idem, p. 400.

56 Idem.

sobre as favelas já tinha se modificado completamente. Em reportagem do jornal *A Nação*, de 7 de julho de 1936, ou seja, alguns meses depois da inauguração da escola Humberto de Campos, os moradores do Morro da Mangueira já relatavam o receio pelo projeto de construção da cidade universitária em locais da favela. Segundo reportagem:

> Os moradores do Morro da Mangueira estão sentindo a sua tranquilidade ameaçada com as medidas preliminares para a construção da nossa futura cidade universitária. Já se dirigiram, mesmo, neste sentido, ao juiz da 3ª Vara federal, pedindo um mandato de interdicto proibitório, sob alegação de residirem no local há mais de 20 anos.

Outra reportagem do mesmo jornal, alguns dias depois (*A Nação*, 21 de julho de 1936), afirmou que os morros cariocas deveriam se tornar "jardins suspensos". Além de reproduzir a questão estética sobre os morros da cidade, a reportagem retoma representações extremamente negativas em relação às favelas e aos seus moradores e esvazia a referência política que o mundo do Samba adquirira durante a gestão Pedro Ernesto:

> Há, a considerar, a gente pobre, de cuja alma primitiva têm nascido, no entanto, alguns dos ritmos e dos acentos mais profundos de nossa música e que, de maneira alguma, pode ser jogada ao desamparo, a pretexto de definitivamente civilizar-se a metrópole.

A contraposição entre civilização e favelas volta à tona e reforça a profunda mudança de postura política, após a saída de Pedro Ernesto da prefeitura. O novo contexto político, sobretudo após a decretação do Estado Novo, introduziu mudanças políticas substanciais em relação às políticas sobre as favelas, materializadas no projeto dos parques proletários provisórios. Mesmo que a Mangueira não tenha sido atingida por tal projeto, os parques proletários permitiram, já sob a gestão de Henrique Dodsworth, erradicar algumas favelas sob os princípios definidos pelo mencionado Código de Obras de 1937. A gestão Dodsworth abandona a política de Pedro Ernesto e chega a retomar parcialmente o Plano Agache, como demonstra, por exemplo, a abertura da Avenida Presidente Vargas, que expulsa milhares de pessoas do centro da cidade e arrasa a Praça XI, centro popular do Rio de Janeiro e coração do samba carioca.

Conclusão

O cotidiano da cidade do Rio de Janeiro sempre esteve profundamente relacionado com o debate político nacional. Como analisamos, inicialmente indicado como interventor, Pedro Ernesto precisou reestabelecer um projeto político que levasse em conta o jogo eleitoral, sobretudo com o novo contexto político após a reforma eleitoral de 1932 e o retorno das eleições. O prefeito da cidade não podia ser mais um mero técnico, indicado pela presidência, mas deveria assumir também um papel político. A estratégia política de Pedro Ernesto em torno da autonomia da capital se assentou na articulação entre a legitimidade dos políticos tenentistas e as redes locais dos tradicionais chefes políticos da velha república. A pequena e única experiência autonomista do Rio de Janeiro como capital da república dura pouco, sobretudo após o esforço de Pedro Ernesto em reconstruir suas redes políticas a partir de um projeto mais progressista e popular.

Em relação às favelas, prioriza o reconhecimento das reivindicações dos moradores, intervém em conflitos fundiários em favor dos favelados e chega a instalar a primeira escola em um morro da cidade. Tais intervenções indicam uma compreensão distinta sobre tais espaços, mas que não se materializaram em mudanças a longo prazo. As intervenções da gestão Pedro Ernesto nas favelas destoam certamente do que era feito na Primeira República e do que foi realizado, posteriormente, durante o Estado Novo. No entanto, apesar de aspectos inovadores, sua gestão não foi capaz de suscitar mudanças substanciais na forma de lidar com as favelas nos anos seguintes. O retorno da democracia em 1945 pôs temporariamente fim às políticas públicas de remoções de favelas do projeto dos parques proletários de Henrique Dodsworth, sem, no entanto, reconhecer as favelas como parte integrante da cidade, o que resultou, a partir de 1962, na remoção de muitas delas, sobretudo aquelas situadas na Zona Sul. Inclusive os Parques Proletários da Gávea e do Leblon, considerados favelas desde os anos 1950, também foram removidos no contexto das políticas remocionistas dos anos 1960/70.

Pedro Ernesto torna-se uma grande referência política no Rio de Janeiro. Apesar do pioneirismo de certas medidas implementadas pelo médico tenentista à frente da prefeitura, sua atuação também se reverte de ambiguidades, próprias, aliás, do trabalhismo (GOMES, 2005), que ele mesmo ajudou a formar. O mito político, finalmente, é também potência mobilizadora (GIRARDET, 1987, p. 183) e a figura de Pedro Ernesto acaba mobilizando, doravante, um sistema de valores relacionados a formas mais progressistas de lidar com as favelas. Se o mito, como sustenta Girardet (1987: 81), está longe de corresponder plenamente à realidade objetiva, ele não deixa, no entanto, de enraizar-se em uma certa forma, como analisamos em relação a Pedro Ernesto, da realidade histórica.

Referências

AGACHE, Alfred. *Cidade do Rio de Janeiro*: Extensão – Remodelação –Embellezamento. Paris: Foyer Brésilien, 1930.

ALMEIDA, Rafael Gonçalves de. Favelas do Rio de Janeiro: a Geografia Histórica da invenção de um espaço. Tese de Geografia da UFRJ, Rio de Janeiro, 2016.

CARVALHO, Wesley Rodrigues de. Saúde e política no Rio de Janeiro de Pedro Ernesto (1931-1936). Dissertação de História, UFF, Niterói, 2012.

CONNIF, Michael. *Política urbana no Brasil; a ascensão do populismo 1925-1945*, Rio de Janeiro: Relume-Dumará, 2006.

FERNANDES, Nelson da Nobrega. *Escolas de samba:* sujeitos celebrantes e objetos celebrados. Rio de Janeiro, 1928-1949. Rio de Janeiro: Secretaria das Culturas, 2001.

GAWRYSZEWSKI, Alberto. Administração Pedro Ernesto: Rio de Janeiro (DF): 1931-1936. Dissertação de História, UFF: Niterói, 1988.

GAWRYSZEWSKI Alberto. Carnavalização da política ou politização do carnaval: carnaval carioca por meio das charges (1930-1937). *Fronteiras*, v. 20, nº 35, p.14-45, 2018.

GIRARDET, Raoul. *Mitos e mitologias políticas*. São Paulo: Companhia das Letras, 1987.

GOMES, Angela Maria de Castro. *A invenção do trabalhismo*. Rio de Janeiro: FGV, 2005.

GONÇALVES, Rafael Soares. O mercado de aluguel nas favelas cariocas e sua regularização numa perspectiva histórica. *Revista Geographia*, v. 13, nº 26, p.114-135, 2012.

GONÇALVES, Rafael Soares. *Favelas do Rio de Janeiro. História e Direito*. Rio de Janeiro: PUC-Rio; Pallas, 2013.

LEMME, Antonio Cesar. *Rompendo o silêncio. Educação, saúde e cidadania na administração Pedro Ernesto*. Rio de Janeiro: Prefeitura do Rio de Janeiro, s/d.

LUSTOSA, Isabel. *As trapaças da sorte (pequeno relato das circunstâncias que resultaram na prisão do prefeito Pedro Ernesto, à luz das experiências de Maquiavel e de Tocqueville)*. Rio de Janeiro: Fundação Casa de Rui Barbosa, 1994.

MENDONÇA, Valdemar. O vocabulário técnico nos regulamentos de obras do Distrito Federal. *Revista da Directoria de Engenharia*, nº 4, v. 3, p.232-238, 1936.

MOTTA, Marly Silva da. *O Rio de Janeiro*: de cidade-capital a Estado da Guanabara. Rio de Janeiro: Editora FGV, 2001.

MOURELLE, Thiago Cavaliere. O trabalhismo de Pedro Ernesto: limites e possibilidades no Rio de Janeiro dos anos 1930. Dissertação de História, Uerj, Rio de Janeiro, 2008.

MOURELLE, Thiago Cavaliere. Um projeto político inovador: a prefeitura de Pedro Ernesto Baptista no Rio de Janeiro na década de 1930. *Antíteses*, v. 3, nº 5, 2010.

MOURELLE, Thiago Cavaliere. *O trabalhismo de Pedro Ernesto. Limites e possibilidades no Rio de Janeiro dos anos 1930*. Curitiba: Juruá, 2010.

NAPOLITANO, Carlos. O fantasma de um clássico: recepção e reminiscências de Favela dos Meus Amores (H. Mauro, 1935). *Revista Significação*, n. 32, p. 137-157, 2009.

REZENDE, Vera F. A Comissão do Plano da Cidade, um modelo de gestão e um plano de obras para a cidade do Rio de Janeiro. In: XI Encontro Nacional da Anpur (23 a 27 de maio de 2005). Anais [...].Salvador: Anpur, 2005.

REVISTA Municipal de Engenharia. Código de obras da prefeitura. *Revista Municipal de Engenharia*, v. 4, nº 4, p. 421-425, nov., 1937.

SARMENTO, Carlos Eduardo. *Vozes da cidade. Pedro Ernesto, a Câmara Municipal do Distrito Federal e os impasses da política carioca. (1935-1937)*. Texto CPDOC n° 24, 1993.

SARMENTO, Carlos Eduardo. *O Rio de Janeiro na era Pedro Ernesto*. Rio de Janeiro: FGV, 2001.

SILVA, Lucia. *História do urbanismo no Rio de Janeiro. Administração municipal, engenharia e arquitetura dos anos 1920 à ditadura Vargas*. Rio de Janeiro: E-papers Serviços Editoriais, 2003.

SILVA, Maria Lais Pereira da. *Favelas cariocas 1930-1964*. Rio de Janeiro: Contraponto, 2005.

TEIXEIRA, Anísio. Porque "Escola Nova". *Boletim da Associação Bahiana de Educação*. Salvador, nº 1, p. 2-30, 1930.

TEIXEIRA, Anísio. *Educação para a Democracia:* introdução à administração educacional. Rio de Janeiro: UFRJ, 1997 [1935].

VALLADARES, Licia do Prado. *A invenção da favela. Do mito de origem à favela.com*. Rio de Janeiro: FGV, 2005.

Do *Mocambo* à *Favela*: estatística e políticas sociais na cidade informal brasileira

Brodwyn Fischer

Em setembro de 1940, o Instituto Brasileiro de Geografia e Estatística (IBGE) realizou um censo nacional. Foi o primeiro em 20 anos, concebido pelo autoritário Estado Novo, e procurou contar todos os brasileiros, mesmo aqueles que viviam em aldeias rurais e casebres urbanas anteriormente consideradas não quantificáveis. O IBGE atuou vigorosamente para incentivar a participação do público; houve prêmios para agentes do censo, reuniões cívicas, pôsteres, esquetes, comícios e animadas campanhas na imprensa. Em agosto, Vargas fez um "veemente apelo ao povo", a quem pedia para "patrioticamente" colaborar "para que as cifras do próximo recenseamento traduzissem a verdade revelando-nos o que de fato [o] Brasil vale na atualidade".[1]

O governo já havia começado a se apropriar da cultura afrodescendente como uma vertente essencial do nacionalismo mestiço.[2] Neste sentido, não surpreende que, no meio da campanha, a célebre Carmen Miranda tenha gravado um samba intitulado – simplesmente – "Recenseamento".[3] Com ritmo melodioso, a canção narrava um encontro entre uma moradora de uma favela carioca e um diligente agente do censo:

> Em 1940
> lá no morro começaram o recenseamento
> E o agente recenseador
> esmiuçou a minha vida
> que foi um horror
> E quando viu a minha mão sem aliança
> encarou para a criança
> que no chão dormia
> E perguntou se meu moreno era decente
> se era do batente ou se era da folia (ASSIS VALENTE, 1940)

[1] *O Imparcial*, 31 de agosto de 1940.

[2] Cf. C. Matos (1982); H. Vianna (1995); B. Mccann (2004); J. Caldeira (2007); M. Hertzman (2013).

[3] *O Imparcial*, 28 de setembro e 11 de outubro de 1940, 18 de janeiro de 1941; *Fon-Fon*, 23 de novembro de 1940.

Nesses versos, "Recenseamento" destilava o medo que os agentes do censo provocavam entre os moradores das favelas, sob constante ameaça de despejo e assédio policial (SILVA, 2005; FISCHER, 2008; GONÇALVES, 2013). Na sequência da letra, a cautela da protagonista virava fervor nacionalista: proclamando sua obediência à lei, declarava orgulhosamente que o seu "moreno" era fuzileiro; que a casa deles não tinha "nada de beleza", mas que tinham "um pandeiro, uma cuíca, um tamborim, um reco-reco, um cavaquinho e um violão", "um Pão de Açúcar sem farelo", um "feriado que... vale fortuna" (uma possível referência aos benefícios sociais do governo Vargas), e os estados de Pernambuco, São Paulo e Bahia, um "conjunto de harmonia que não tinha rival". Outros milhões de brasileiros, porém, cujas vidas não se enquadravam nos ditames sociais e burocráticos que delimitavam a cidadania, devem ter se reconhecido nos versos de abertura. O que significava ser recenseado por um governo que buscava eliminar os elementos básicos da sobrevivência popular?

Dúvidas quanto ao propósito e significado político do conhecimento estatístico são endêmicas. Desde suas origens modernas no século XVIII, os censos se constituíram em pedra de toque de governos liberais, concebidos para fazer avançar metas nacionais em economia política e engenharia social. Como tal, sempre encarnaram uma profunda tensão entre descrição e prescrição, especialmente em relação aos pobres e aos marginalizados (DESROSIÈRES, 1998; PORTER, 1988; LEVITAN, 2011). No Brasil, dois fatores exacerbaram essa tensão. Primeiramente, como os censos surgiram no Atlântico Norte, suas categorias e prioridades cresceram a partir de experiências sócio-históricas europeias, e muitas vezes eles se mostraram enormemente inadequados no contexto da América Latina. Em segundo lugar, o início da governança estatística moderna coincidiu com o fim da era colonial e o surgimento no Atlântico Norte de um liberalismo racializado e hierárquico, que deixava pouco espaço para a participação igualitária das nações emergentes das Américas. Nesse contexto, o censo era um ato performativo que procurava denotar branquitude, civilização, prosperidade e capacidade para autogovernança. No Brasil, a começar da primeira agência nacional de estatística em 1870, os censos foram não só instrumentos de governança, mas também "belos retratos" construídos para convencer um mundo cético de que a civilização tropical pudesse atingir os padrões do Atlântico Norte (LOVEMAN, 2009, p. 459; SENRA, 2006). As preocupações do século XX quanto a desenvolvimento e modernização acabaram eclipsando os discursos mais antigos sobre raça e civilização, mas as tensões centrais permaneceram.

A representação estatística das cidades do Sul colocava um desafio específico. No fim do século XIX, o imaginário transnacional do que era "a cidade" já estava profundamente entrelaçado às narrativas ocidentais sobre modernização (CHAKRABARTY, 2000). As cidades eram lugares emblemáticos, imaginados não apenas como pedaços de terra densamente povoados, mas como pontos de culminância de processos históricos normativos: avanço científico, difusão da "civilização" europeia, ascensão do capitalismo industrial e do consumo, expansão da governança e da cidadania em moldes liberais, desenvolvimento da lógica estética e espacial do Atlântico Norte (FERGUSON, 1999; ROBINSON, 2006). No Brasil, onde governos ideologicamente diversos compartilharam um apego positivista à tecnocracia, os censos urbanos mediam o progresso pela régua desses conceitos normativos e teleológicos; as cifras eram ferramentas na luta para "modernizar" uma urbanidade supostamente distorcida. Ao mesmo tempo, os censos urbanos, nos moldes dos pavilhões das exposições internacionais, tinham que projetar no palco global a aptidão civilizatória do país (TENORIO-TRILLO, 1996). Dada a importância da questão, como os recenseadores poderiam equilibrar as metas concorrentes do estudo empírico e da representação propagandística? Como poderiam criar um censo que de uma vez expusesse a realidade urbana do Brasil e contemplasse padrões estatísticos internacionais? Como deveriam representar os vastos territórios nos quais os próprios moradores definiam a urbanidade?

Este artigo examina tais tensões no Recife e no Rio de Janeiro, as duas cidades em que a informalidade mais surgiu como um "problema público" entre 1890 e 1950. Em 1890, o Rio (522.651 habitantes) era capital nacional e uma das maiores cidades da América Latina; em 1950, havia mais de três milhões de moradores. Mas, ainda que em plena expansão, o Rio teve sua posição de destaque ofuscada por São Paulo e suas pretensões cosmopolitas ameaçadas pela informalidade urbana. Brasília foi concebida em parte como resposta à urbanização supostamente descontrolada do Rio (HOLSTON, 1989). Ainda antes disso, Recife já virara símbolo de disfunção urbana. Era a terceira maior cidade do Brasil em 1890, mas sua população não passava de 110 mil habitantes; era a aglomeração urbana mais dinâmica do Nordeste, mas a região já emergia como símbolo do subdesenvolvimento. A migração aumentou a população recifense para mais de 500 mil pessoas em 1950, mas a expansão era caracterizada como uma expansão do caos; em vez de uma *metrópolis*, Recife constituía uma *mocambópolis* (MELO, 1940, p. 151). Nas duas cidades, porém, a moradia informal – simbolizada pelo mocambo recifense e pela favela carioca – surgiu como a única solução viável para a crise habitacional.

As autoridades responsáveis pelo censo no Brasil não tinham ferramentas para mensurar a urbanidade autoconstruída. Buscaram definir a informalidade como um problema urbano, mapear sua geografia e explorar seu significado sociológico e econômico – e, ao mesmo tempo, procuravam demonstrar seu domínio das normas censitárias transnacionais e o potencial de suas cidades. De início, os estatísticos se concentraram no aspecto material da informalidade. Essa abordagem ajudava a defini-la como emergência sanitária e moral, exigindo ações urgentes, mas pouco revelava sobre seu significado socioeconômico. Isso mudou com o advento do Estado Novo: a partir de 1937, os recenseadores passaram a enfatizar a sociologia da informalidade, usando dados censitários para promover campanhas ambiciosas de remoção, as quais buscavam remodelar não só as cidades, mas as pessoas. Em 1950, os estatísticos haviam concluído que as favelas cariocas – aglomerações de barracos, sem serviços urbanos, construídos fora das normas sanitárias e de propriedade – representavam uma ameaça maior à urbanidade do que os mocambos individuais que eram objeto de recenseamento no Recife, e o censo nacional consolidou a favela como categoria estatística definitiva. Ironicamente, no entanto, uma das principais conclusões do censo de 1950 foi quanto à enorme extensão e vitalidade das cidades informais. Como sugeria a letra de "Recenseamento", as favelas, tão frequentemente despeitadas pelo olhar governamental, eram também berços de cidadania. Nenhuma representação estatística poderia colocar-se acima do fato de que a construção vernacular e informal já estava entranhada na forma urbana brasileira.

Origens da informalidade

Segundo o folclore acadêmico, as favelas cariocas surgiram como uma externalidade negativa da modernidade no fim do século XIX, novidade resultante da rápida expansão da cidade e da falta de planejamento urbano.[4] No entanto, a moradia informal – ocupada sem posse formal, alheia

[4] Cf. *Gazeta de Notícias*, 21 de maio de 1903; Moura (1943); Fischer (2014).

a regulações sanitárias ou de construção, erguida sobre terrenos de posse precária, com escasso acesso a serviços públicos – sempre foi uma característica comum das cidades brasileiras, especialmente nos espaços ocupados por afrodescendentes e imigrantes. No Rio, o primeiro uso jornalístico da palavra "favella" para descrever um bairro informal foi por volta de 1901 – a referência era ao "Grupo Prazer da Favella", um clube carnavalesco com sede na parte baixa do Morro da Providência.[5] Mas historiadores argumentam que habitações construídas pelos próprios moradores eram toleradas e até incentivadas por políticos, militares e especuladores imobiliários desde meados do século XIX (GONÇALVES, 2013). Na década de 1880, os barracões já apareciam em grande número nos interstícios pantanosos ou montanhosos do Rio, e a linha que separava cortiços de "favelas" muitas vezes era tênue.[6] Também no Recife as raízes da informalidade eram profundas. Nos anos 1810, o comerciante francês L. F. de Tollenare escreveu a respeito de "cabanas feitas de folhagem, nas quaes habitam mulatos e negros livres", construídas em um mangue de Afogados, na periferia da cidade. Na linguagem racista de Tollenare, moradias rústicas e baratas permitiam àquela "gente miserável" viver em "ociosidade descuidada", tirando seu sustento dos caranguejos (TOLLENARE, 1905, p. 42). Um protocenso de 1828 contabilizou centenas de casas de taipa ou palha (MELLO, 1979, p. 182-183). Para Gilberto Freyre, o mocambo – palavra de origem kimbundo – surgiu da escravidão e da emancipação: "Neles foi-se refugiando o caboclo; refugiando-se o negro fugido; refugiando-se o preto livre...Para muito negro ou pardo, sôfrego de liberdade, era o mucambo melhor que a senzala de pedra e cal, pegada à casa do senhor e parte da casa grande de engenho, de fazenda ou de sítio" (FREYRE, 2004, p. 350; LIRA, 1994).

No Recife e no Rio, a cidade formal e a cidade informal cresceram em simbiose. No entanto, vários fatores convergiram na *Belle Époque* para que a informalidade passasse a ser considerada anormal e, a partir de então, reimaginada como antítese da urbanidade. Redes de comunicação transnacionais intensificaram a difusão de ideias elitistas sobre raça, psicologia e urbanismo. As cidades costeiras competiam ferozmente por migrantes e investimentos, e as elites brasileiras se irritavam quando os visitantes reparavam em favelas e mocambos, em vez de dar atenção às fábricas, às obras portuárias, às avenidas ou às casas de ópera que tinham construído com

[5] *Gazeta de Notícias*, 14 de fevereiro de 1901.

[6] Cf. Gonçalves (2013); Vaz (2002); Abreu (1994); Valladares (2005); Fischer (2008); Azevedo (1890).

tanto esforço. Especuladores imobiliários se apossavam de terrenos baldios, à medida que os preços subiam, e a própria cidade se tornou uma forma de produção capitalista. As autoridades de saúde pública, horrorizadas com epidemias desenfreadas e altas taxas de mortalidade, buscavam melhorar a "raça" nacional (CHALHOUB, 1996; VAZ, 2002; BENCHIMOL, 1990). Considerados desde tais perspectivas, mocambos e favelas pareciam antitéticos à modernidade; não havia mais lugar para o "Arraial da Favella" no Morro da Providência, "foco de desordens e maus costumes",[7] nem para os mocambos de Afogados, "casebres sem ar, sem luz, edificados sobre pântanos miasmáticos com taboas de caixões e latas de kerozene, sem divisões internas, sem exgotto, sem agua para lavagem ou para beber, vivendo todos os inquilinos... em um imundo amontoamento e uma repugnante promiscuidade" (ORLANDO, 1908, p. 139).

Nesse contexto, alguns propagandistas procuraram silenciar a informalidade, criando metrópoles idealizadas em papel de impressão. O censo municipal carioca de 1906 trazia em suas páginas de abertura um elaborado ensaio fotográfico em tributo a "uma das maiores, das mais opulentas e das mais belas cidades do mundo", mas ignorava completamente os casebres que abrigavam milhares de pessoas (BRASIL, 1907, p. XI). No Recife – onde a maior parte das moradias era de mocambos e casas de taipa e a maioria da população, afrodescendente – um célebre guia de 1900 conduzia o leitor num hipotético passeio de bonde por uma paisagem urbana tão monumental, embranquecida e higienizada que o itinerário poderia ter sido o de uma capital europeia (VIANNA, 1900). As autoridades burocráticas seguiam a mesma toada, proibindo construções "rústicas" com o intuito de construir no papel as cidades ideais que nunca lograriam enraizar no solo nacional.[8]

Os malabarismos representacionais e regulatórios não conseguiram eliminar a pobreza. A moradia formal era cara, ao passo que a tolerância à informalidade estava entrelaçada com poderosos interesses econômicos e políticos. Em 1906, o relatório pioneiro de Everardo Backheuser sobre a situação habitacional no Rio visava a "um Rio de Janeiro formoso e higienico", produto das demolições em massa levadas a cabo pelo prefeito Pereira Passos. Também reconhecia, porém, a existência de "lúgubres moradas onde vegeta a população indigente da cidade", incluindo cortiços superpopulados, assim como "pequenos casebres sem hygiene, sem luz, sem nada"

[7] O Morro da Providencia. *Gazeta de Notícias*, 10 de maio de 1901.
[8] Cf. Gonçalves (2013); Fischer (2008); Melo (1985); Gominho (1998).

que já haviam se espalhado por todo lado no Morro da Favela, de onde se avistava a Estação de Ferro Central do Brasil (BACKHEUSER, 1906, p. 108, 111). Da mesma forma, o mais célebre funcionário e estatístico da saúde pública do Recife foi franco ao escrever que os mocambos eram "a principal moradia das classes pobres" (FREITAS, 1905, p. 50).

A informalidade persistente pedia intervenção estatística: mapas, números e registros cadastrais eram ferramentas vitais para a engenharia social, a construção do estado de direito, o sanitarismo, e o desenvolvimento de infraestrutura. No entanto, os registros estatísticos brasileiros eram precários. Os colonizadores portugueses lamentavam os números escassos, e José Bonifácio de Andrada e Silva clamava por estudos estatísticos desde a década de 1810 (SENRA, 2006, p. 66). Em 1847 – seis anos antes do início da cooperação estatística transnacional – um jurista recifense escreveu que as estatísticas eram "a luz do legislador, do Ministro de Estado, e do Diplomata, a prova e o comentário de toda a história, e o único fundamento seguro dos cálculos do porvir" (MELLO, 1979, p. 22). Ainda assim, o Brasil conseguiu completar apenas um censo confiável no século XIX (LOVEMAN, 2007; SENRA, 2006). Alguns estados tentaram realizar seus próprios levantamentos, e órgãos públicos coletaram informações sobre comércio, indústria e saúde. O Brasil foi um dos primeiros países da América Latina a estabelecer um escritório central de estatísticas (em 1870), e o registro civil começou a sério a partir de 1890. Mas na *Belle Époque* o Brasil não contou com o registro estatístico das mudanças ao longo do tempo. Não havia plantas confiáveis na maior parte das cidades, tampouco os registros cadastrais e levantamentos topográficos requeridos para o planejamento urbano. Embora os primeiros nacionalistas tivessem pedido estatísticas sobre o bem-estar da população, mesmo as cidades maiores pouco tinham feito para mensurar as precárias condições de vida de seus habitantes.

Na altura de 1900, engenheiros e sanitaristas reconheceram que a falta de estatísticas dificultava o progresso urbano. No entanto, fazer a contagem de barracos e cortiços era tecnicamente difícil e contrastava com as expectativas do olhar externo: quantificar a informalidade implicava expô-la. Revelados em toda a sua extensão, mocambos e favelas não poderiam mais ser minimizados como um ativismo africano, uma curiosidade fetichizada por estrangeiros, ou uma realidade desconhecida e exótica. A prevalência da informalidade, uma vez exibida, talvez fosse um obstáculo à imigração e ao investimento. Precisamente pelos barracos serem um fenômeno generalizado, sua quantificação se tornava uma tarefa delicada, que o Rio e o Recife enfrentaram de maneiras muito diferentes.

O silêncio estatístico do Rio

No Rio – o cartão-postal do Brasil – as favelas permeiam a esfera pública da *Belle Époque*. Mas, para a maioria dos observadores, eram anomalias exóticas. Se focaram desproporcionalmente nas favelas maiores, ressaltando sua posição à parte do tecido normativo da cidade, enquanto ignoravam o maior número de barracos que se espalhavam de maneira menos visível pelo Rio inteiro. Os letrados também relacionavam a informalidade à negritude e ao crime e abordavam os barracos como se fossem um atavismo bizarro.

A agitada imprensa urbana do Rio alimentava esse fascínio idiossincrático. O sensacionalismo começava já pela palavra "favela". Um artigo de 1901 deu origem à lenda de que o "Arraial da Favela" assim teria sido batizado por veteranos da Guerra de Canudos, a partir de uma suposta autorização dos comandantes para que os soldados casados se instalassem no Morro da Providência (ALMEIDA ABREU, 1994; VALLADARES, 2005; BACKHEUSER, 1906). O morro lembraria aos soldados o "Alto da Favela", em Canudos, e é possível que também registrasse a ocorrência de uma planta chamada favela, típica do nordeste. Mas o "Alto da Favela" não era um morro qualquer; tinha sido o local da batalha mais sangrenta da Guerra, cujos detalhes chocantes foram expostos ao público por fotojornalistas pioneiros. Os jornais também destacaram a mestiçagem dos guerreiros e a construção socioespacial orgânica do povoado de Canudos, características que Euclides da Cunha amplificaria em *Os sertões* (1902). Desde o início, a palavra "favela" se referia não apenas ao urbanismo autoconstruído, mas também às formações sociais marcadas pela violência, pela influência da África, e pela resistência à "civilização".

Artigos subsequentes sobre o Morro da Favela aprofundaram a estigmatização da comunidade, com relatos de tirar o fôlego sobre a miséria dos moradores, seus hábitos "estranhos", sua música, suas superstições africanas, sua criminalidade e sua imoralidade. Em 1903, um aspirante a flâneur, talvez o João do Rio, empolgou os leitores com um relato de sua incursão ao morro. Logo no início, sublinha a alteridade da comunidade: "A povoação allí é toda outra, uma porção de trabalhadores, de vagabundos, por entre nuvens de poiera, cosendo-se as casas sórdidas e mal alinhadas...é impossível ir lá acima sem uma informação".[9] As pessoas que o repórter vê são "negras maltrapilhas (sic), moleques desnudos, typos suspeitos, de lenço no pescoço (...). É impossível imaginar que ali, no centro da cidade, habite gente tão estranha e com uma vida tão própria" (...) "Desde o sopé da montanha as casas são todas feitas de bambú, entrelaçado com barro, teado por techo pedaços de folha de flandres seguros com pedras. São baiucas, são pocilgas, são indescriptíveis." Lá em cima, febres perigosas dizimavam crianças desnutridas e mulheres "amarelas", e as valas fétidas a céu aberto vomitavam sobre a cidade a podridão do morro. Para piorar as coisas, os moradores nem tinham a posse de seus barracos; eram inquilinos, explorados por quatro "administradores" que se declaravam donos do lugar. E o governo da cidade – em vez de impor ordem a criminosos, charlatães e mulheres de má reputação – empregava os piores criminosos locais para fazer o trabalho violento e sujo que a polícia oficial não queria fazer. No artigo em questão, apesar dos protestos indignados dos moradores, o termo "favella" adquiriu as conotações estigmatizadas e racistas que pesam até hoje: criminalidade, pobreza, degeneração racial, atraso, exploração, desordem e cumplicidade com a corrupção da polícia e do governo.

A governação urbana se expandiu rapidamente durante a *Belle Époque* carioca, e as autoridades, atentos leitores da imprensa sensacionalista, enquadravam as favelas como um desafio de política pública. Desde o início, a polícia se queixava do Morro da Favela.[10] As "favellas" também moldaram os debates sobre urbanismo, especialmente depois do "bota abaixo" do prefeito Pereira Passos, que expulsou milhares de moradores dos cortiços do centro (BACKHEUSER, 1906; BENCHIMOL, 1990). Os códigos sanitários e de construção condenaram a informalidade residencial, e limitaram os barracos rústicos aos morros e subúrbios da cidade (GONÇALVES, 2013; FISCHER, 2008).

No entanto, a presença da informalidade na esfera pública do Rio não foi detalhada nas estatísticas oficiais. Parece que o censo municipal de 1906 incluiu os moradores de favela em sua contagem; a galeria de "Centenários" – um curioso adendo biográfico – enumerou dez moradores de barracos, alguns residentes em favelas conhecidas (BRASIL, 1907, p. xiv, 147-192). A baiana Isabel Maria da Anunciação, por exemplo, vivia no Morro de Santo

[9] *Gazeta de Notícias*, 21 de maio de 1903.

[10] *Gazeta de Notícias*, 10 de maio de 1901.

Antônio num "barracão forrado de zinco e envolvido de cima a baixo por um tecido cipoal de favas e maracujás que a abriga da chuva e do frio"; alegava ter 120 anos e se lembrar "das guerras das Gafanhotos, Sabinas, Papagaios, Dous de Julho, Paraguay". Marcolino Jorge dos Santos, um viúvo nascido na África que habitava um barraco no subúrbio de Méier, era conhecido como curandeiro. O censo de 1906, e os censos nacionais de 1890 e 1920, também ecoavam a preocupação com cortiços comumente expressos no Atlântico Norte, contando "habitações coletivas" e rastreando sua densidade populacional, altura e estado de conservação. Mas nenhum censo quantificou os barracos ou pesquisou o acesso a serviços públicos, a posse da terra, ou a composição material das habitações populares.[11]

Os jornalistas também não produziam dados robustos. O relatório de Backheuser ficava muito aquém de estudos já comuns na Europa. O Rio mantinha um mapa cadastral e cobrava impostos sobre propriedade, além de fazer estudos técnicos sobre água, esgoto e pavimentação, mas nada disso circulava publicamente. Funcionários avaliaram favelas condenadas à demolição nos morros cêntricos de Santo Antônio e do Castello, mas não publicaram os resultados (GONÇALVES, 2013). No fim da década de 1920, um jornalista e empreendedor imobiliário chamado João Augusto de Mattos Pimenta liderou uma enérgica campanha publicitária contra as favelas, e o urbanista francês Alfred Agache as condenou como "sérios obstáculos" à segurança, à ordem social, à higiene e à estética (AGACHE, 1930, p. 190; VALLADARES, 2005, p. 41-43). Mas, sem dados certos, não passava de especulação.

Recife, Mocambópolis

A geografia, a economia, a demografia e a política do Recife convergiram para produzir uma reação muito diferente. A capital pernambucana, situada numa planície inundada por marés e cortada por rios e mangues, tinha escassos recursos públicos para grandes projetos de engenharia. Era uma cidade pobre, extremamente dependente do açúcar e de seu *status* de capital estadual e centro regional de atividade econômica, ensino superior, e produção intelectual. A partir de 1870, o Recife absorveu gerações de migrantes rurais; muitos eram libertos ou vítimas semi-indigentes das secas que periodicamente flagelavam os sertões nordestinos. Na ausência de um

[11] Cf. Brasil (1895, p. 424-5; id., 1907, p. 390-391; id., 1925, v. II, parte 3).

adequado sistema público de assistência social, os recifenses dependiam enormemente de redes religiosas, particulares e familiares como fonte de caridade e "proteção".

Nesse contexto, os mocambos não eram uma curiosidade ou um exotismo; eram uma realidade cotidiana. Os jornais discutiam a questão sem surpresa ou alarde. Famílias ricas ganhavam a lealdade de dependentes aos quais permitiam construir e ocupar cabanas em seus quintais; algumas acumularam pequenas fortunas com o aluguel de terrenos baldios para mocambeiros. Funcionários da prefeitura emitiam licenças comerciais e autorizações especiais para construção e reforma de moradias ilegais. Os recifenses compravam e vendiam mocambos por anúncios classificados e os tratavam como endereços normais; os bombeiros atendiam a chamados de incêndio e inundações; as pessoas concorriam a rifas que anunciavam mocambos como prêmio.[12] As classes letradas do Recife naturalizaram os mocambos dentro de uma hierarquia social, patriarcal e racializada; eles podiam ser lembretes vergonhosos do passado escravista do Recife, mas também eram parte integrante do tecido urbano.

Os engenheiros, os políticos e as autoridades de saúde pública da cidade desde cedo compreenderam, portanto, que a ignorância estatística não era uma opção viável. Octavio de Freitas, o primeiro Superintendente Geral de Higiene, resumiu o sentimento em 1905:

> Sou daquelles que pensam que o melhor meio de conseguir este desideratum é dizer a verdade completa, não occultando cousa alguma, a fim de que os responsaveis pelos negocios publicos tenham conhecimento real da cousa e, senhores da situação, possam agir com segurança". (FREITAS, 1905, p. 57)

A cidade era, a seu ver, "eminentemente insalubre"; se seus moradores queriam melhorias, seriam necessárias cifras confiáveis. Na ausência de censos confiáveis, a única maneira de calcular a população – e, portanto, os coeficientes de mortalidade – era contando domicílios. Cerca de metade das moradias no Recife era de casas autoconstruídas, mas a contagem das construções existentes na cidade dependia de cadastros de contribuintes, os quais não incluíam os mocambos. De modo que, em busca de estatísticas precisas sobre mortalidade, Freitas contou os mocambos (cerca de 16.600)

[12] *Jornal do Recife*, 6 de dezembro de 1879 e 21 de agosto de 1928.

e fez um mapeamento aproximado de sua geografia em áreas de mangue às margens de estradas e linhas de transporte por todo o Recife (FREITAS, 1905, p. 50). Freitas descreveu os mocambos como horrendos repositórios de miséria e doença (FREITAS, 1910). Mas, para eliminá-los, eles precisariam ser denominados, quantificados e visíveis a todos.

Vários estudos cartográficos e estatísticos se seguiram ao de Freitas. Em 1906, os engenheiros britânicos Douglas Fox e Michell Whitley elaboraram um mapa sofisticado para orientar os esforços de saneamento do Recife; nas versões subsequentes, localizaram por toda a cidade as concentrações de mocambos, alguns dos quais identificaram como *casaes de negros* (FRANCISCO, 2013, p. 52-56). O primeiro censo municipal do Recife, de 1913, priorizou a habitação, categorizando os domicílios como de "alvenaria", de "taipa" ou "mocambos" ("pequenas casas, mal construídas sem obedecerem a principio algum de hygiene ou de esthetica") (PERNAMBUCO, 1915, p. 82). Em 1923, um segundo censo pequisou questão da moradia, contabilizando 19.079 residências e 19.947 mocambos; apenas 15.521 casas eram de tijolo, ao passo que 21.184 tinham chão de terra batida (PERNAMBUCO, 1924, p. 3).

Essas estatísticas provocaram indignação. Engenheiros e sanitaristas criticaram a "infestation" de mocambos como um sinal de primitivismo e um perigo para a cidade e a família (ORLANDO, 1908; BRITO, 1917; MEDEIROS, 1926). Jornalistas se deleitavam com detalhes sórdidos: telhados vazados; chão de terra; paredes cheias de insetos e vermes; crianças brincando na imundície; fome e doença.[13] Os anarcossindicalistas criticaram os mocambos na esperança de provocar um furor revolucionário (MELO, 1985, p. 49, 51). O debate público, por sua vez, foi a senha para a mudança de políticas, algumas delas baseadas nos experimentos do Rio de Janeiro voltados a códigos de construção e leis de zoneamento (FISCHER, 2008). O renomado engenheiro Saturnino de Brito considerou o problema do mocambo uma séria ameaça à eficácia de suas ambiciosas obras de drenagem na década de 1910 (BRITO, 1917, p. 85). Numa onda de renovação e gentrificação da região portuária, a cidade removeu a maioria das casas rústicas dos bairros centrais do Recife (LUBAMBO, 1991). Os governos estadual e municipal restringiram as construções e reformas de mocambos e estabeleceram taxas cada vez mais onerosas aos locadores dessas moradias. As autoridades da cidade ofereceram incentivos fiscais para a criação de "villas

[13] *Jornal do Recife*, 12 de setembro de 1922.

operárias". Na década de 1920, o diretor autoritário do departamento de Saúde e Assistência Social, Amaury de Medeiros, priorizou a erradicação do mocambo e construiu centenas de casas-modelo de baixo custo, cujos moradores recebiam educação e assistência médica pensados para habituá-los à vida "civilizada".[14]

No entanto, mesmo no auge do furor, os mocambos continuaram a proliferar, frequentemente protegidos e explorados pelos mesmos atores que os criticavam. A polícia aparecia regularmente para resolver conflitos de propriedade no mocambo. Os políticos aproveitaram a vulnerabilidade dos mocambos para estender suas redes de favor e obrigação, liberando seus potenciais eleitores de taxas e multas; em 1930, apenas 200 dos estimados 23 mil mocambos da cidade pagavam o imposto estadual (GOMINHO, 1998, p. 29-30). E havia poucas cobranças por uma aplicação mais rigorosa da lei; pelo contrário, jornalistas condenavam as taxas e criticavam fiscais municipais que se recusavam a ter a devida tolerância com os moradores do mocambo.[15] A Receita Estadual realizou um censo próprio para facilitar o recolhimento do imposto, mas ao final o levantamento serviu para fundar reivindicações de propriedade e permanência (COIMBRA, 1930, p. 170-171). Quando não estavam sensacionalizando os males do mocambo, os jornalistas fomentavam campanhas contra proprietários "estrangeiros" que cobravam aluguel excessivo ou puniam inquilinos destituídos (chegando a arrancar os telhados de seus barracos). O *Jornal do Recife* passou meses em apoio à campanha de "pessoas caridosas" que pretendiam comprar um mocambo para uma sofrida viúva.[16] Ainda que desnaturalizado e demonizado nos documentos oficiais, o mocambo seguia firmemente enraizado na forma urbana da cidade.

Censos e cruzadas sociais

A partir de 1930, Getúlio Vargas conduziu um dos processos de reforma institucional e legal mais ambiciosos da história do Brasil. A questão urbana foi central nas políticas populistas e desenvolvimentistas de Vargas, e a resposta do novo governo ao "problema" dos mocambos e favelas testaria os limites de sua determinação para resolver a "questão social". Mas a natureza das políticas de Vargas dependeria de como se definisse, medisse e analisasse o problema da informalidade. Era um desafio material, social

[14] *Jornal do Recife*, 23 de maio de 1929.
[15] *Jornal do Recife*, 3 de janeiro de 1930.
[16] *Jornal do Recife*, julho-dezembro de 1927.

ou moral? A unidade de análise deveria ser o barraco, a família ou a comunidade? A responsabilidade pela resolução do problema recairia sobre indivíduos, sobre o Estado ou sobre o corpo social da nação?

Rio e Recife seguiram respondendo a essas perguntas de maneiras diferentes, mas nas duas cidades os censos foram ferramentas cruciais. No início da década de 1930, os censos tratavam a informalidade como um problema material, documentando a composição das habitações, o acesso aos serviços públicos, e a geografia e a escala dos aglomerados de barracos como parte de um censo predial geral. Isso mudou no fim dos anos 1930. O pioneiro censo do mocambo realizado no Recife em 1938 (publicado em 1939) estabeleceu a informalidade como um objeto próprio de análise, registrando aspectos materiais e acordos sobre a ocupação do solo, mas analisando igualmente as circunstâncias econômicas, sociológicas e familiares dos mocambeiros. A partir daí, os agentes censitários passaram a tentar mensurar e transformar não apenas os mocambos e favelas como também os seus habitantes.

No Recife, fizeram isso analisando unidades domésticas autônomas – mocambos – e retratando os mocambeiros como vítimas de forças socioeconômicas alheias, e portanto potenciais alvos de engenharia social paternalista. Enquanto persistiam as antigas caracterizações racistas dos mocambos, analistas naquela cidade majoritariamente afrodescendente passaram a silenciar a análise racial explícita. As autoridades do Rio, por outro lado, focaram-se cada vez mais nas favelas – comunidades – em vez dos barracos individuais, interpretando o problema da informalidade como um exemplo de disfunção social, anomia e desvio. No Rio, onde a maioria da população se identificou como branca, os analistas também analisaram a favela através de uma lente explicitamente racializada. Até o fim da década de 1940, estatísticos e sociólogos brasileiros (na sua maioria cariocas fortemente influídos pela sociologia norte-americana) escolheram a favela – e não o mocambo recifense – como sua categoria de análise preferida, uma decisão que teria um enorme impacto tanto nos debates políticos quanto nos movimentos sociais.

Recife

A conjuntura política da década de 1930 radicalizou a política urbana do Recife e fortaleceu a capacidade institucional da cidade. O mocambo se tornou um pomo de discórdia na disputa política. Comunistas e sindicalistas denunciavam as condições miseráveis de moradia para mobilizar a consciência coletiva, organizando associações de bairro, alçando as demandas do mocambo ao topo de suas plataformas políticas, publicando delações inflamadas da exploração dos "donos" dos mocambos e até escrevendo um romance sobre o assunto.[17] Depois do levante comunista fracassado de 1935, Vargas reprimiu a atividade política e criou o autoritário Estado Novo (1937-45). Mas o interventor pernambucano Agamenon Magalhães – antes ministro do Trabalho e da Justiça de Vargas – percebeu a importância da questão dos mocambos. Em 1939, Recife se tornou a primeira cidade brasileira a lançar uma campanha de erradicação total da moradia informal, a Liga Social Contra o Mocambo. A Liga misturava uma cruzada autoritária e corporativista com uma pesquisa empírica pioneira. Suas técnicas censitárias e retóricas forneceram um precedente crucial para iniciativas posteriores nas favelas cariocas.

A Liga se valia dos tropos antigos do mocambo. Magalhães retomava o discurso da vergonha cívica: descreveu, num artigo de 1939, o constrangimento de um amigo ao se deparar, no menu de um voo transatlântico, com um folclórico mocambo retratado como a "habitação do nativo em Pernambuco".[18] A cobertura da imprensa em defesa da Liga enfatizava os riscos social e sanitário: "O mocambo, infecto e miserável, alastra-se assustadoramente por todos os quadrantes da capital, emprestando-lhe uma physionomia entristecedora. Dentro dos mangues, accessível às invasões de todos os males que affectation a saude da collectivized, forma-se um grupo social distanciado absolutamente do typo normal humano".[19] O objetivo de Magalhães era dissipar esse "grupo social" pela renovação de laços sociais verticais e paternalistas. Num texto propagandístico, falava de uma "velhinha" que, antes respeitável, passava por dificuldades. Quando cobradores de impostos ameaçaram despejá-la de um mocambo decrépito, ela escreveu a Magalhães em busca de um favor. Ele perdoou a dívida, e ela atravessou a cidade para agradecer-lhe e relatar como era infernal a vida no mocambo. Nos invernos, entre o chão lamacento e os telhados vazados, "a agua cae nos mocambos, como nas biqueiras. Ninguem dorme. As creanças choram, as mães gritam, há tanta revolta e tanto desespero sem remédio, tanta dôr sem alivio, que se os ricos e os governos ouvissem já teriam construído

[17] Ribeiro (1935); *Folha do Povo*, 1935.
[18] *Folha da Manhã*, 15 de julho de 1939.
[19] *Jornal do Recife*, 26 de agosto de 1937.

casas e acabado com os mocambos".[20] Uma descrição como essa influenciava os recifenses a ver o mocambo como uma unidade singular e atomizada – um domicílio encabeçado por uma vítima sofredora, cuja única salvação se dava pela graça de uma autoridade patriarcal. Ao ajudar a "velhinha", Magalhães também legitimava uma ordem social profundamente desigual.

No entanto, a Liga também provocou um debate inovador. Os jornais abriram espaço às ciências sociais, interpretando o mocambo como um problema sociológico incorporado a desafios estruturais maiores. A oferta de barracos a preço baixo incentivava a migração rural, esvaziando a economia agrícola do país, acabando com as pretensões de urbanidade do Recife e obrigando as autoridades públicas a desperdiçar em infraestrutura urbana recursos mais bem gastos em desenvolvimento econômico. Uma "indústria" de mocambos criava "latifúndios urbanos", que exploravam migrantes ignorantes e produziam lucros exorbitantes.[21] Mocambeiros inexperientes alimentavam a política clientelista, e doenças que infestavam o mocambo minavam a vitalidade da força de trabalho, criando uma "população vegetativa" que constituía um "fator de incapacidade econômica" e "um elemento de desagregação moral do homem e da família".[22] No olhar das autoridades, o benevolente governo brasileiro – em aliança com a Igreja Católica – foi obrigado a agir, mobilizando todos os setores da sociedade para eliminar os mocambos e reassentar seus moradores em conjuntos de casas modestas e higiênicas.

As autoridades recifenses travaram essas batalhas urbanas com as ferramentas burocráticas e as técnicas de comunicação da governança moderna: cadastros de contribuintes, pesquisas de campo, estudos nutricionais, mapas, moradias planejadas, leis de zoneamento, fotografias, campanhas jornalísticas de esclarecimento – e até ficção, teatro, música e cinema. A Liga também realizou o primeiro censo público sobre a informalidade no Brasil. Em outubro de 1938, Magalhães criou a Comissão Censitária dos Mocambos do Recife, composta por sete agentes especialmente treinados cujas equipes percorreriam as 15 zonas e 96 subzonas da cidade; "não havendo, assim, um só local ocupado por mocambos que não esteja previsto na planta executada". A lógica era clara: só com informações precisas se

[20] *Folha da Manhã*, 17 de julho de 1939.
[21] *Folha da Manhã*, 26 de junho de 1939.
[22] *Folha da Manhã*, 30 de junho e 1º de agosto de 1939.

poderia facilitar a ação governamental, e todo mocambeiro tinha o dever patriótico de cooperar.[23]

As autoridades elaboraram o censo cuidadosamente de modo a justificar a erradicação e o reassentamento. Os agentes censitários criaram uma tipologia do mocambo a partir dos materiais dos quais eram feitos seus telhados, paredes e pisos. Estimaram o valor de cada barraco e verificaram se seus habitantes alugavam ou eram donos da construção e do terreno onde estavam assentados. Detalharam a idade de cada mocambo, seu tamanho, suas condições físicas e se havia adequado escoamento de resíduos e acesso a hortas. Compilaram valores de aluguéis, registraram níveis de renda e mapearam empregos. Pesquisaram ainda idade, sexo, presença de deficiências físicas, alfabetização e frequência escolar dos residentes, a fim de analisar estruturas familiares, probidade moral e capacidade para uma contribuição social "produtiva".

Publicados em junho de 1939, os dados do censo serviram para consolidar uma série de pontos centrais à cruzada de Magalhães (PERNAMBUCO, 1939). Primeiro, o de que havia especulação desenfreada: a maioria dos mocambeiros pagava aluguel anual que equivalia a 56% do valor do próprio barraco, "é uma extorsão, é uma usura, é um crime contra a econômica collectiva".[24] Segundo, o de que os domicílios eram muito pobres, metade com renda inferior ao salário mínimo. Terceiro, o de que os mocambeiros eram gente aplicada e disposta a estudar: 63% eram alfabetizados, 63% das crianças frequentavam a escola e 97% dos chefes de família trabalhavam. O censo pintou um quadro dos moradores como vítimas honestas e, portanto, como beneficiários legítimos de ação pública enérgica, hierárquica e autoritária.

A pesquisa intencionalmente omitia informações cruciais que talvez se voltassem contra sua causa, como cor, estado civil, percentual de mães solteiras ou local de origem dos residentes. Não analisou os mocambos como sistemas sociais nem procurou recuperar sua história. Tampouco forneceu informações sobre sua localização geográfica, como se fossem meras estatísticas, e não lares entrelaçados no tecido urbano. Embora tal abstração possa ter servido de motivação para que o movimento cívico do Recife se unisse em torno de um projeto corporativista de engenharia social, também passava uma mensagem mais dura. Os mocambos eram

[23] *Diário de Pernambuco*, 19 de outubro de 1938: Apeje, Fundos Diversos 158.

[24] *Folha da Manhã*, 13 de julho de 1939.

inerentemente autônomos e efêmeros. Agrupados, constituíam um problema sociológico, nascido da exploração; o melhor remédio era a remoção. Os mocambos não constituíam comunidades e o mocambeiro não tinha direito nem à autodeterminação nem à cidade.

A Liga mobilizou o Recife, incorporando estudantes, industriais, produtores de açúcar, banqueiros, lojistas, trabalhadores e até alguns senhorios arrependidos. Os recifenses doaram dinheiro; industriais e órgãos públicos federais prometeram construir casas e uma peça melodramática sobre a Liga percorreu em turnê os bairros operários da cidade. Chegavam telegramas de todo o país, e funcionários do governo federal vinham pessoalmente a demonstrar seu apoio à campanha. Os censores e a polícia abafavam qualquer protesto, e a Liga perseguia obstinadamente seus objetivos: derrubar mocambos; construir moradias sob estrita regulamentação para abrigar trabalhadores; taxar pesadamente os terrenos vazios ou ocupados por mocambos; e, com a máxima rapidez e lucratividade, "desenvolver" os locais do centro onde antes estavam assentados os mocambeiros.

A campanha não eliminou a mucambópolis do Recife, em grande medida porque o número de casas construídas para abrigar os mocambeiros ficou muito abaixo do previsto. A Liga destruiu 14.600 barracos, mas construiu apenas 1.397 casas; a maioria era segregada pelo tipo de ocupação dos residentes, estritamente policiada e relativamente cara.[25] Os mocambeiros removidos reconstruíram seus lares em outros mangues e periferias. O censo de 1939 documentou 45.581 mocambos; o de 1940, mais de 50 mil (BRASIL, 1950, p. 274). Em 1950, cerca de metade dos domicílios do Recife ainda carecia de eletricidade ou sistema de esgoto, e a maior parte não tinha água corrente (BRASIL, 1955, p. 120).

Mesmo assim, a Liga e seu censo deixaram legados conceituais e políticos significativos. Foi pioneira no uso de técnicas censitárias que enfatizavam as características sociológicas dos moradores, sem deixar de registrar aspectos materiais de suas habitações. Colaborou para desnaturalizar ainda mais o mocambo, excluindo-o do tecido legal e administrativo da cidade. Conceituou os mocambos como unidades atomizadas desprovidas de um entorno comunitário ou solidário, facilitando um modo de governança que reforçava relações de poder diretas, paternalistas e altamente desiguais. A Liga ajudou, portanto, a criar uma geografia urbana distinta e desigual, na

[25] Cf. Melo, 1985, p. 154, para mocambos destruídos entre 1939 e 1948; para casas construídas entre 1939 e 1944, ver Melo, 1985, p. 60. Ver também *Jornal Pequeno*, 29 de abril de 1946.

qual os mocambos persistiram, mas se tornaram dispersos ou periféricos, excluídos da cidadania urbana e dos recursos públicos dela derivados. Seria necessário que uma geração política subsequente se mobilizasse para que a mucambópolis do Recife pudesse afirmar seu direito de pertencimento à cidade (MELO, 1985; CÉZAR, 1985; ASSIES, 1991).

O Rio e a criação da favela como categoria de análise

No Rio, a Era Vargas marcou o fim do silêncio estatístico sobre as favelas. Entre 1930 e 1940, o público finalmente teve acesso ao tipo de levantamento técnico do qual o Recife tinha sido pioneiro décadas antes. A partir de 1940, as autoridades seguiram o exemplo da Liga, dando ênfase às dimensões estrutural e sociológica da informalidade. No Rio, no entanto, a análise sociológica rapidamente mudou o seu foco do domicílio para a comunidade. Os analistas pintaram o "problema" da favela como uma distopia comunitária e uma externalidade negativa do desenvolvimento econômico e da modernização social. Numa série de pesquisas inéditas, e especialmente num censo das favelas realizado em 1948, os tecnocratas do Rio de Janeiro construíram a categoria estatística da favela como a de um aglomerado social disjuntivo que ameaçava a modernidade urbana. Essa visão sombria teria um profundo impacto nas políticas relacionadas à habitação informal.

Em 1933, o Ministério do Trabalho realizou o primeiro censo predial do Rio, contabilizando todas as construções da cidade – formais e informais – e os serviços públicos (eletricidade, água, esgoto, pavimentação e transporte público) disponíveis em cada rua, beco e morro. Os resultados revelaram o possível motivo pelo qual governantes anteriores, ciosos da sua imagem do Rio como cartão-postal, evitavam esse tipo de levantamento: 26% das construções da capital eram de madeira ou "rústicas", apenas 31,7% das ruas tinham rede de esgoto, 43,9% contavam com eletricidade, 57,5%, com água encanada e 33,7% eram pavimentadas. No centro verificavam-se padrões mais elevados, mas apenas quatro bairros minúsculos tinham eliminado os barracos. Cerca de 23% dos casebres se agrupavam em comunidades de 50 ou mais, principalmente em morros íngremes ou regiões pantanosas; a maioria se intrometia entre construções mais sólidas por toda a região metropolitana. O censo consubstanciava o abismo entre a autoimagem do Rio e sua realidade social: a cidade se projetava como um espaço "moderno", onde as favelas manchavam uma paisagem urbana regularizada; olhada rua por rua, revelava-se que era a modernidade que manchava a cidade vernácula.

O censo de 1933 recebeu poucas menções públicas.[26] Os defensores de habitação operária o citaram, assim como alarmistas interessados em propagar a ideia de que o Rio tinha sido invadido por "casas tipo favella".[27] Mas, por ser uma pesquisa técnica que pouco revelava sobre as condições reais dos moradores, o censo ficou à sombra dos sambas e das crônicas que alimentavam a imagem pública das favelas. A cidade publicou números atualizados sobre seu tecido predial no fim da década de 1930, e o censo nacional de 1940 contou com recursos sem precedentes para pesquisar os 52.085 barracos do Rio, abordando questões de posse da terra e condições materiais (BRASIL, 1951, p. 167-171). Mas nenhum desses levantamentos trazia informações sobre os moradores ou suas comunidades. Embora os resultados do censo facilitassem uma avaliação tecnocrática do déficit de moradia e serviços no Rio, de pouco serviam para esclarecer o público sobre as comunidades ou para definir políticas públicas destinadas a transformá-las.

Isso mudou no início da década de 1940, quando o interventor da cidade, Henrique Dodsworth, resolveu enfocar sua prodigiosa energia na questão das favelas. Um catalisador desse movimento foi o médico pernambucano Victor Tavares de Moura, que atuara no Rio como diretor do Albergue da Boa Vontade. O trabalho de Moura com migrantes sem-teto servira para conscientizá-lo da questão das favelas. Foi influído também pelo retrato preconceituoso comunicado em suas conversas particulares com os agentes do censo do Morro da Favela em 1940, cuja ênfase na precariedade e na promiscuidade fundamentou o receio da moradora favelada do "Recenseamento".[28] Moura era amigo de Magalhães e considerava a Liga do Recife uma "victoriosa experiência".[29] Defensor da "medicina social", Moura entendia a prática médica como uma integração holística de ciência, sociologia e políticas públicas. Argumentava que as favelas do Rio deveriam ser objeto de análise e intervenção, e não de sambas e lendas: "Somente com informações reais e pormenorizadas é que se pode escolher

[26] *O Jornal*, 14 de junho de 1935; *A Noite*, 21 de outubro de 1935; *Jornal do Brasil*, 17 de outubro de 1935.

[27] *Jornal do Brasil*, 13 de junho de 1936, 27 de agosto de 1936.

[28] Moura, relatório para J. Albuquerque (c. 1940), arquivos COC, FVTM, PPF, cx. 1.

[29] Ibid. Moura foi testemunha no casamento da filha de Magalhães, em 1949 (*A Manhã*, 25 de setembro de 1949).

o caminho a seguir para a solução de um problema cuja complexidade não necessito de ressaltar".[30] Dodsworth, convencido, nomeou Moura para um comitê encarregado de estudar e erradicar as favelas. Em 1942, a campanha começou: o próprio Dodsworth botou fogo no Largo da Memória, uma comunidade de 2.026 pessoas junto à Lagoa Rodrigo de Freitas, na elegante Zona Sul do Rio. Na altura de 1947, a cidade havia destruído outros milhares de barracos em várias favelas próximas. Para abrigar uma parte cuidadosamente selecionada dos removidos, Dodsworth construiu 7.500 casas de madeira "provisórias", em quatro "Parques Proletários" estritamente regulamentadas.

A campanha ecoava a de Recife. Moura entendia a pobreza como um problema coletivo, "desonrosa para a sociedade que a gerou e a mantém".[31] A culpa não era dos moradores, em sua maioria, mas dos "exploradores" das favelas e dos desequilíbrios estruturais entre dois Brasis, o rural e o urbano (MOURA, 1943). A solução era corporativista e autoritária; os moradores pobres receberiam "grandiosos benefícios" em troca de obediência ao "governo esclarecido e de boa vontade".[32] Moura propôs restrições à migração rural e defendeu a punição, por "crimes contra a economia popular", de senhorios. A campanha buscava consolidar "um largo movimento social de simpatia em torno do problema," fazendo uso de jornais, fotografia, filmes e espetáculos públicos para promover a solidariedade entre classes.[33] E os esforços de Moura, como os da Liga, envolveram uma sequência de etapas, começando por um censo ambicioso e terminando pelo reassentamento em massa das famílias em casas construídas para promover readaptação sociocultural, saúde e urbanismo.

No entanto, a campanha de Moura foi além, em sua profundidade e ambição sociológica, do que fizera a Liga. Moura reconhecia o tamanho da ignorância pública e a dificuldade em mensurar comunidades há muito tempo estigmatizadas. Anos mais tarde, sua filha lembraria os esforços do pai para garantir a confiança dos moradores, conquistando com seu "jeitinho" os "malandros" das favelas, bancando bebidas e pedindo à polícia que fizesse vista grossa às suas infrações (PINHEIRO, 2014). Na elaboração do censo, Moura abordou as favelas de forma holística. Sua pesquisa de domicílios era aprofundada, detalhando condições materiais, arranjos de posse

[30] MOURA, relatório, op. cit.

[31] "Eles vivem", arquivos COC, FVTM, PI.

[32] MOURA, *O Imparcial*, 23 de novembro de 1941; "Eles Vivem."

[33] MOURA, relatório não publicado, op. cit.

da terra, economias informais, empregos e salários, documentação oficial, estruturas familiares, origem geográfica, cor e educação. Moura não entendia os moradores das favelas como unidades intercambiáveis desprovidas de laços sociais locais, cuja remoção pudesse seguir lógicas puramente funcionalistas; ao contrário, eram pessoas que se encaixavam como peças de sistemas sociais, elementos dinâmicos de processos psicológicos, biológicos e sociais mais amplos. As favelas se diferenciavam significativamente umas das outras e não podiam ser reduzidas à soma de suas partes. Ao eliminá-las, Moura buscou não só construir casas, mas "fazer pessoas" – o que necessariamente exigia atenção aos modos pelos quais as pessoas se faziam através da comunidade.[34]

Mesmo assim, as conclusões de Moura revelaram um zelo disciplinador e uma propensão ao moralismo. Ele considerava a maioria das favelas como zonas de "desintegração social", cheias de "tipos viciosos".[35] Seus critérios para identificação de 76 comunidades como "favelas" incluíam densidade populacional e disfunção social.[36] Assistentes sociais escreviam sobre a necessidade de "descer" ao nível das favelas para poderem realizar seu trabalho.[37] Os censos buscavam, em parte, distinguir famílias respeitáveis – ordeiras, trabalhadoras, religiosas, com espírito cívico e uma identidade coletiva forte – de exploradores, "malandros" e "pesos mortos" que não tinham lugar nos novos Parques Proletários (MOURA, 1943, p. 264-269). Mesmo os moradores dignos precisavam de um período de "readaptação" antes de ocupar domicílios permanentes: somente a orientação vigilante de assistentes sociais, médicos e educadores os impediria de recriar a "favela", "o vício social de morar mal", acumulando lixo, tomando "dez banhos por dia", fazendo samba e bebendo cachaça. "Como confiar uma casa definitiva a tais pessôas e famílias?"[38]

Em nome dessa reeducação, Moura insistiu que os moradores dos Parques Proletários passassem por exames médicos. As assistentes sociais colhiam impressões digitais e perfis psicológicos e faziam visitas domiciliares. Fichas minuciosas catalogavam todas essas informações. Os censos

[34] "Aspectos Sociaes da Habitação Conjunta", manuscrito não publicado, arquivos COC, FVTM, PI, cx. 2.

[35] "Aspectos Sociaes da Habitação Conjunta", manuscrito não publicado, arquivos COC, FVTM, PI, cx. 2.

[36] "Favelas do Rio", manuscrito não publicado, arquivos COC, FVTM, PPF, cx. 1.

[37] "Apuração do censo realizado no 'Morro de Santo Antônio'" (1946), FVTM, PPF, cx. 1.

[38] "Aspectos Sociaies", op. cit.; "Informaçoes sobre a favela do "Jockey Club" (1947), manuscrito não publicado, arquivos COC, FVTM, PPF, cx. 1.

de Moura pesquisaram as realidades da favela, mas também permitiram às autoridades desagregar as comunidades, enviando alguns moradores para um reassentamento redentor e sujeitando outros à disciplina e à exclusão.

Os Parques Proletários logo começaram a fraquejar, dando lugar a uma longa série de comissões e campanhas ineficazes. Moura deixou o cargo em 1947, e os Parques, intencionalmente "provisórios", não demoraram a se confundir com as favelas vizinhas (PARISSE, 1969, p. 75-79). No entanto, seu legado permaneceu. A Fundação Leão XIII, encarregada de políticas públicas para a favela a partir de 1947, tinha Moura em seu conselho consultivo e ecoava o seu compromisso com a engenharia social, replicando o seu sistema de fichas domiciliares e conduzindo censos em Jacarezinho e São Carlos.[39] O espírito de cruzada de Moura também sobreviveu: a notória "Batalha do Rio de Janeiro" de Carlos Lacerda – uma *blitz* de relações públicas com pouco efeito prático – promove vários elementos dos planos de Moura; restrições à migração, ataques aos "exploradores" e às economias informais, avaliações sociopsicológicas e reassentamento em etapas (PARISSE, 1969; LEEDS & LEEDS, 1978; SILVA, 2005). Finalmente, praticamente todos os órgãos públicos ou pesquisadores que estudaram a informalidade habitacional a partir de 1945 foram influenciados por Moura ao definir a favela como uma comunidade distorcida, um local de disfunção social concentrada.

O legado mais significativo de Moura, porém, talvez tenha sido a coleta de dados e a realização de censos. Em 1947, o vereador Carlos Lacerda propôs uma ambiciosa lei de moradias populares que exigia um extenso censo das favelas.[40] O projeto não deu em nada, mas o censo aconteceu. De novembro de 1947 a março de 1948, jovens assistentes sociais se espalharam pela cidade para pesquisar todos os moradores e marcar todos os barracos de 119 favelas.[41] O censo resultante, publicado em 1949, formalizou uma conceitualização estatística da informalidade urbana construído ao longo de duas décadas.

Assim como no Recife, também no Rio houve ênfase no aspecto material das habitações e nas microeconomias das comunidades. Em 43% deles, os telhados eram de zinco, 47% se assentavam sobre chão de terra batida, 76% apresentavam ligação de esgoto inadequada, 38% tinham eletricidade;

---

[39] *Correio da Manhã*, 19 de fevereiro de 1948; Brasil, (1953, p. 13).

[40] *Correio da Manhã*, 27 de junho de 1947.

[41] *O Observador Económico e Financeiro*, junho de 1949; *O Jornal*, 13 de novembro de 1947; *A Noite*, 18 de novembro de 1947; *Diário de Notícias*, 31 de dezembro de 1947; Brasil (1949).

38% pagavam aluguel a "exploradores" ilegais e muitos abrigavam comércio clandestino e acessavam serviços urbanos pirateados. O censo seguiu o exemplo de Moura na definição das favelas por tamanho; das 119 comunidades e 280 mil residentes inicialmente pesquisados, apenas 105 "favelas", com 138.837 moradores, apareceram na publicação final (BRASIL, 1949, p. 6-7). Seus 34.567 domicílios correspondiam a apenas 38,6% dos 89.635 barracos contados pelo Serviço Nacional de Combate à Febre Amarela em 1949 (BRASIL, 1953, p. 11-16). O censo também ampliou a tendência invasiva de Moura, pesquisando não apenas educação, renda, empregos e estruturas familiares, mas também cor e conformidade com a documentação exigida pelo estado. Diferentemente do censo de Recife, levado a silenciar o dogma racista na tentativa de criar solidariedade coletiva, o de 1949 articulava estereótipos racistas nocivos sobre o ex-escravo que "não soube ou não pode aproveitar a liberdade adquirida e a melhoria econômica que lhe proporcionou o novo ambiente" e assim deixou "renascer" a "preguiça atávica" (BRASIL, 1949, p. 11). Segundo os autores do censo, os migrantes rurais ficavam "desambientados" na cidade grande, e os moradores das favelas em geral constituíam "classes atrasadas", "incapazes de suportar trabalho de grande duração" (BRASIL, 1949, p. 11 e 18). Como as soluções "eugênicas" não tinham vez por "certas reservas" de autoridades pouco ousadas, a única solução oferecida pelos autores do censo era a remoção daquele "palpitante problema econômico-social para a administração pública" (BRASIL, 1949, p. 5 e 11). Em sua concepção, execução e interpretação, o censo visava retratar as favelas como um "clima propício ao desenvolvimento dos fatores de desintegração da personalidade humana" (BRASIL, 1949, p. 18) e estimular sua extinção.

O tom e a inclinação do Censo da Favela eram retrógrados, mesmo para a época. Sua insistência em minimizar a dimensão da questão, assim como sua abordagem positivista de torná-la exótica e recusar-se a reconhecer as favelas como algo mais do que um sintoma do atraso da "raça" brasileira ou um desvio no caminho natural da modernização industrial, lembrava a *Belle Époque*. Mas, apesar de todo o seu extremismo, o censo de 1949 também foi um marco que reforçou vigorosamente a noção de que a "favela" se definia não pela informalidade material e jurídica, mas por concentrações ilegais e disfuncionais de moradias precárias, as quais constituíam uma ameaça não apenas para a saúde e o urbanismo como também para a construção do mítico "moderno sociológico" (ADAMS, CLEMENS

& ORLOFF, 2005). Essa concepção fundamentaria muitos dos "mitos de marginalidade" que desde então moldam políticas públicas voltadas à informalidade urbana em todo o mundo; também desencadearia décadas de ativismo comunitário empenhado em desmentir essa noção negativa.

Conclusão

Em junho de 1950, moradores de barracos urbanos em todo o Brasil se prepararam para um novo censo. O fervor do Estado Novo havia diminuído; nenhum sambista se apresentou, e a presença de um agente do censo numa favela não era mais novidade. Ainda assim, o esforço foi notável. O presidente Dutra fez um discurso; o governo produziu um filme; os Correios lançaram selos comemorativos; a Portland Company chegou até a estampar um "Ajude a fazer o censo de 1950!" em todos os seus sacos de cimento. No Rio, 1673 agentes do censo se espalharam para coletar dados de 447.592 famílias; o Recife pesquisou 102.002. Os agentes foram expressamente orientados a dar assistência às famílias das favelas para que o "retrato do Brazil" pudesse ficar completo.[42] Uma favela de Santa Teresa foi a primeira comunidade informal a concluir todos os formulários no início de julho.[43] No dia 2 de julho, um repórter observou que a favela de Jacarezinho, com 7 mil domicílios e 35 mil pessoas, era maior que muitas cidades brasileiras e ostentava cerca de 600 estabelecimentos, inclusive "por incrível que pareça" uma joalheria.[44]

No geral, os agentes do censo de 1950 fizeram menos perguntas sobre as favelas do que tinham feito em 1940. Não exploraram a composição material do conjunto da moradia urbana no Brasil ou a extensão, a geografia ou a natureza da informalidade fora do Rio; no Recife, os analistas precisaram fazer extrapolações sobre a escala da informalidade a partir do fato de que 29% dos domicílios tinham tubulações de água e 50%, eletricidade (BRASIL, 1955, p. 120). Para Otavio de Freitas – o estatístico pioneiro do Recife – o censo de 1950 teria deixado muito a desejar.

Mesmo assim, a pesquisa foi um marco importante. Em 1953, o IBGE publicou, pela primeira vez, um censo das favelas do Rio (BRASIL, 1953). *As Favelas do Distrito Federal* se diferenciava do censo de 1949 tanto no tom

---

[42] *Correio da Manhã*, 28-30 de junho e 3 de julho de 1950; *Diário da Noite*, 7 de julho de 1950; *Diário de Pernambuco*, 1º de julho de 1950.

[43] *Diário da Noite*, 7 de julho de 1950.

[44] *Correio da Manhã*, 2 de julho de 1950.

quanto na substância. Para seus autores, as favelas eram sintomas duma modernização incompleta em vez de elementos estranhos. Para eles, os barracos simbolizavam uma crise muito mais abrangente de pobreza e moradia precária; no Brasil como um todo, 65% das famílias moravam em casas rústicas (BRASIL, 1953, p. 8-9). O censo enfatizou a pobreza estrutural em vez da degeneração racial ou social; os afrodescendentes eram maioria nas favelas por serem pobres, e as favelas eram a consequência, e não a causa, dos baixos salários, da ignorância ou da falta de higiene (BRASIL, 1953, p. 9). Antecipando argumentos que se tornaram bastante disseminados na década de 1960, o censo apontou que, ainda que as favelas constituíssem um problema, eram também uma solução. Rejeitou qualquer sugestão de que os moradores das favelas fossem "marginais" ou isolados da "vida social" (BRASIL, 1953, p. 11, 23). Citando a observação de um congressista de que, para fornecer material suficiente para substituir até um terço dos barracos do Rio seriam necessários três anos e a capacidade productive de todas as fábricas da cidade, os responsáveis pelo censo concluíram que as favelas constituíam um problema "de extrema complexidade", intimamente ligado à pobreza estrutural e à desigualdade, para o qual não havia solução fácil (BRASIL, 1953, p. 25-26).

Num aspecto, porém, os censos de 1949 e 1950 convergiam. No que se referia à informalidade, seu objeto de estudo não era o barraco, o casebre, o mocambo ou a casa rústica, a maioria dos quais existia em condições de extrema precariedade legal, material, e urbanística. Era a "favela" carioca, definida como um "aglomerado humano" com mais de 50 barracos, interpretada como fenômeno social distinto por sua concentração e presença no centro da cidade: "Não é sem razão que, no conceito popular, no consenso comum, os núcleos de habitações pobres começam a ser considerados favelas quando se condensam e se comprimem..." (BRASIL, 1953, p. 9, 17). Essa concepção permitiu ao censo de 1950 restringir ainda mais a escala de reconhecimento da informalidade a 58 favelas, 169.305 moradores e 45.236 barracos (talvez metade do total dos casebres existentes no Rio, segundo dados do Serviço Nacional da Febre Amarela).

Foi a culminância de décadas de evolução das políticas públicas. Barracos ou mocambos individuais podiam ser uma vergonha nacional ou um desafio legal, sanitário ou urbanístico. Mas eram, em última análise, um problema técnico, passível de ser resolvido pela modernização e pelo desenvolvimento. Para os técnicos, a "favela" era algo mais: um sistema socioeconômico, cultural e político, enraizado localmente e emblemático de uma disfunção muito mais ampla. Ao fixar a "favela" carioca na imaginação estatística, o censo de 1950 consolidou uma concepção de informalidade urbana que tornou a questão inseparável de debates dolorosos sobre os direitos, as capacidades dos cidadãos pobres e a sua relação com os privilégios da vida urbana. Ainda que a palavra "favela" levasse décadas para se tornar um metônimo para a informalidade urbana, desse ponto em diante, a favela como categoria socioestatística seria contabilizada, analisada, mobilizada e reprimida como o emblema coletivo dos mais profundos abismos sociais do país.

Referências

Fontes primárias

Arquivos

Casa Oswaldo Cruz (COC) Archives (Rio de Janeiro), Fundo Victor Tavares de Moura.

Arquivo Público Estadual Jordão Emerenciano (Apeje, Recife, Pernambuco), Fundos Diversos.

Center for Research Libraries (Chicago, IL), Brazilian Government Documents, Provincial Presidential Reports.

Estudos monográficos e artigos

AGACHE, Alfred. *Rio de Janeiro:* extensão, remodelação e embelecimento. Paris: Foyer Brasilien, 1930.

ASSIS VALENTE, José. *Recenseamento*, gravada por Carmen Miranda para a Odeón, 1940.

AZEVEDO, Aluísio de. *O cortiço*. Rio de Janeiro: Garnier, 1890.

BACKHEUSER, Everardo. *Habitações populares*. Rio de Janeiro: Imprensa Nacional, 1906.

BRASIL. *Censo das Favelas*. Rio de Janeiro: Prefeitura do Distrito Federal, 1949.

BRASIL. *Estatistica predial do Districto Federal, 1933*. Rio de Janeiro: Departamento de Estatística, 1935.

BRASIL. *Recenseamento do Districto Federal (1890)*. Rio de Janeiro: Leuzinger, 1895.

BRASIL. *Recenseamento do Rio de Janeiro (1906)*. Rio de Janeiro: Officina de Estatística, 1907.

BRASIL. *Recenseamento do Brasil (1920)*. Rio de Janeiro: Typ. da Estatística, 1925.

BRASIL. *Recenseamento Geral do Brasil (1940)*, Série Regional, Parte IX – Pernambuco, Tomo I, "Censo Demográfico: População e Habitação". Rio de Janeiro: IBGE, 1950.

BRASIL. *Recenseamento Geral do Brasil (1940)*, Série Regional, Parte XVI – "Distrito Federal, Censo Demográfico: População e Habitação". Rio de Janeiro: IBGE, 1951.

BRASIL. *Recenseamento Geral do Brasil (1950)*, "Estado de Pernambuco: Censo Demográfico", Série Regional, v. XVII, t. I. Rio de Janeiro: IBGE, 1955.

BRASIL. *Recenseamento Geral do Brasil (1950)*, "As favelas do Distrito Federal e o Censo Demográfico de 1950", Documentos Censitários, Série C – nº 9, Rio de Janeiro: IBGE, 1953.

BRITO, Saturnino de. *Saneamento de Recife*. Rio de Janeiro, s. n., 1917.

COIMBRA, Estácio de Albuquerque. "Mensagem ao Congreso Legislativo", 3 April 1930, Center for Research Libraries, Brazilian Government Documents, Provincial Presidential Reports, Pernambuco, 1930.
FREITAS, Octavio de. *O clima e a mortalidade*. Recife: Imprensa Industrial, 1905.
FREITAS, Octavio de. Annaes do 1º congresso médico de Pernambuco. *Diário de Pernambuco*. Recife, 1910.
MEDEIROS, Amaury. *Saúde e Assistência*. Recife, s. n., 1926.
MELO, Mário. Pernambuco. *Jornal do Commércio*. Recife, 1940.
MELLO, Jeronymo. *Ensaio sobre a estatística*. Recife: Conselho Estadual de Cultura, 1979.
MOURA, Victor. "Favelas do D. F.", *Aspectos do Distrito Federal*. Academia Carioca das Letras, Rio. Sauer, 1943.
ORLANDO, Artur. *Porto e cidade do Recife*. Pernambuco: Typ. do *Jornal do Recife*, 1908.
PERNAMBUCO. *Recenseamento (1913)*. Recife: Colégio Salesiano, 1915.
PERNAMBUCO. *Recenseamento do Recife, 1923*. Recife: Publicações Officiaes, 1924.
PERNAMBUCO. *Observações estatísticas sobre os mucambos*. Recife: Imprensa Oficial, 1939.
RIBEIRO, António Carlos das Chagas. *Mocambos*. Recife: Mozart, 1935.
TOLLENARE, Louis François de. *Notas dominicais*. Recife: Empreza do Jornal do Recife, 1905.
VIANNA, Antônio. *Recife*. Recife: Atelier Miranda, 1900.

Fontes secundárias

ABREU, Mauricio. Reconstruindo uma história esquecida. *Espaço e Debates*, nº 37, p. 34-46, 1994.
ADAMS, Julia; Clemens; Elisabeth; Orloff, Ann (eds.). *Remaking Modernity*. Durham: Duke University Press, 2005.
ASSIES, Willem. *To Get out of the Mud*. Amsterdam: Cedla, 1991.
BENCHIMOL, Jaime. *Pereira Passos:* Um Haussmann tropical. Rio de Janeiro: Biblioteca Carioca, 1990.
CÉZAR, Maria. As organizações populares do Recife. *Caderno de Estudos Sociais*, v. 1, nº 2, p. 161-182, 1985.
CHAKRABARTY, Dipesh. *Provincializing Europe*. Princeton: Princeton University Press, 2000.
CHALHOUB, Sidney. *Cidade febril*. São Paulo: Companhia das Letras, 1996.
DESROSIÈRES, Alain. *The Politics of Large Numbers*. Cambridge: Harvard University Press, 1998.
FERGUSON, James. *Expectations of Modernity*. Berkeley: University of California Press, 1999.
FISCHER, Brodwyn. *A Poverty of Rights*. Stanford: Stanford University Press, 2008.
FISCHER, Brodwyn; MCCANN, Bryan; AUYERO, Javier (eds.). *Cities from Scratch*. Durham: Duke University Press, 2014.
FRANCISCO, Thiago. "Habitação Popular", Master's thesis in history: Universidade Federal de Pernambuco, 2013.
FREYRE, Gilberto. *Sobrados e Mucambos*. São Paulo: Global, 2004.
GOMINHO, Zélia. *Veneza Americana x Mucambópolis*. Recife: Cepe, 1998.
GONÇALVES, Rafael Soares. *Favelas do Rio de Janeiro:* história e direito. Rio de Janeiro: Pallas; PUC-Rio, 2013.

HOLSTON, James. *Insurgent Citizenship*. Princeton: Princeton University Press, 2008.
HOLSTON, James. *The Modernist City*. Chicago: University of Chicago Press, 1989.
LEEDS, Anthony; LEEDS, Elizabeth. *A sociologia do Brasil urbano*. Rio de Janeiro: Zahar, 1978.
LEVITAN, Kathrin. *A Cultural History of the British Census*. New York: Palgrave, 2011.
LIRA, José. A construção discursiva da casa popular no Recife. *Análise Social*, v. 29, nº 3, p. 733-753, 1994.
LOVEMAN, Mara. Blinded Like a State. *Comparative Studies in Society and History*, v. 49, nº 1, p. 5-39, 2007.
LOVEMAN, Mara. The Race to Progress: Census Taking and Nation Making in Brazil (1870-1920). *Hispanic American Historical Review*, v. 89, nº 3, p. 435-470, 2009.
LUBAMBO, Cátia. *Bairro do Recife*. Recife: Cepe/FCCR, 1991.
MELO, Marcus. A cidade dos mocambos. *Espaço e Debates*, nº 14, p. 44-66, 1985.
MELO, Marcus. O Estado, o boom do século e a crise da habitação. In: FERNANDES, Ana; GOMES, Marco Aurélio (eds.). *Cidade e História. Modernização das Cidades Brasileiras nos Séculos XIX e XX*. Salvador: UFBA; Anpur, p. 147-157, 1992.
PARISSE, Luciano. *Favelas do Rio de Janeiro:* evolução, sentido. Rio de Janeiro: PUC, 1969.
PINHEIRO, Jacqueline. Do desmonte da favela à ciração do Parque Proletário. *Diversitas*, v. 2, nº 2, p. 186-223, 2014.
PORTER, Theodore. *The Rise of Statistical Thinking*. Princeton: Princeton University Press, 1988.
ROBINSON, Jennifer. *Ordinary Cities*. New York: Routledge, 2006.
SENRA, Nelson. *História das estatísticas brasileiras*. Rio de Janeiro: IBGE, 2006.
SILVA, Maria Laís Pereira da. *Favelas cariocas*. Rio de Janeiro: Contraponto, 2005.
TENORIO-TRILLO, Mauricio. *Mexico at the World's Fairs*. Berkeley: University of California Press, 1996.
VALLADARES, Licia. *A invenção da favela*. Rio de Janeiro: FGV, 2005.
VAZ, Lilian. *Modernidade e moradia*. Rio de Janeiro: 7 Letras, 2002.

As retóricas da "marginalidade social": espaço urbano, práticas estatais e políticas nas favelas (1947-1961)

Samuel Silva Rodrigues de Oliveira

As favelas cariocas em meados do século XX transformaram-se em termos sociais e políticos, estabelecendo novos parâmetros de sociabilidade. No processo de industrialização e acentuada migração, as várias localidades identificadas como favelas acompanharam as mudanças do mercado de trabalho e da urbanização. Ao contrário da imagem de ausência do poder público ou de "desordem", a história social da informalidade urbana no Rio de Janeiro ressalta a importância da estruturação de políticas habitacionais e do serviço social, e a politização dos espaços e identidades sociais na articulação dos associativismos com a esfera pública.

O presente artigo faz um panorama dessa década, a partir dos fenômenos elencados acima, e analisa a história social das favelas cariocas partindo de documentos oficiais, fotografias, estatística e impressos, articulando-os à bibliografia produzida pela história, geografia urbana e ciências sociais. A história da informalidade urbana no século XX é um campo de discussão interdisciplinar construído por diferentes iniciativas de investigação do social. Na década de 2000, a história social das favelas tem se destacado como produtora de uma análise que tenta articular diferentes níveis de compreensão da informalidade urbana, incorporando debates desenvolvidas por outras disciplinas, criando novos campos de discussão e renovando as análises dos processos sociais e políticos de formação da sociedade brasileira.

A retórica da "marginalidade social": discursos e representações da pobreza urbana

Um dos traços marcantes da representação social da pobreza urbana no pós-guerra foi a retórica da marginalidade social. Os paradigmas de representação da pobreza nos anos 1940 e 1950 partilhavam do seu reconhecimento como parte da estrutura social desigual, e do intuito de "solucionar" a "questão social" (VALLADARES, 1989; VALLADARES, 2005; ALVITO; ZALUAR, 2006). Essa visão foi permeada por análises que mostravam a relação entre a pobreza e as desigualdades sociais e econômicas, mas que também reproduziam os estigmas e "mitos" de identificação das favelas, uma vez que reiteravam a imagem subalternizada dos moradores no espaço urbano.

A revista de circulação nacional *Observador Financeiro e Econômico* publicou em 1951 uma análise das favelas no Rio de Janeiro, dialogando com a imaginação da marginalidade social. Numa série de fotografias para ilustrar a reportagem sobre o desenvolvimento urbano-industrial e as favelas cariocas, encontra-se a imagem a seguir (ver Imagem 1). Destaca-se, no primeiro plano, a rua, o asfalto e o carro – ícones do progresso – e, no segundo plano, o morro, os casebres e as bananeiras – um traço do "rústico". Dividindo o primeiro e o segundo plano, está um muro pichado, com uma abertura que comunicava o morro com o asfalto. Na legenda, encontra-se o texto: "Numa tentativa de limitação, a Prefeitura construiu muros e faz exigências. Mas a favela é irreprimível, e cedo os muros se transformam no campo predileto dos pichadores" (OBSERVADOR ECONÔMICO FINANCEIRO, 1951, p. 72).

Detalhe importante, não se individualizava a localidade abordada, não há rostos de moradores, nem indícios das formas associativas de sociabilidades que se constituiu nas favelas. A imagem era capturada por um discurso genérico de contraste – asfalto/cidade e morro/favela. Essa convenção dualizada para representar a favela ignorava a forma como os variados atores, numa multiplicidade de localidades, articulavam no espaço urbano as relações sociais de trabalho, moradia, lazer e políticas. Era uma representação genérica para indicar uma região moral associada à pobreza urbana. A imagem reforçava a contraposição entre "cidade" e "favela", em que o segundo termo designava um espaço heterotópico – um discurso que classificava a favela como lugar das ausências e da desordem em relação ao que seria a imaginação de um padrão de cidade e urbanidade.

Imagem 1. A imagem acima integrava uma série de 21 fotografias publicada na revista *O Observador Financeiro e Econômico* como narrativa visual da reportagem "O Censo das Favelas". Cf. o *Observador Econômico Financeiro*, 1951,p. 72.

Imagens semelhantes se acumulam nos registros e arquivos históricos do período. Essas imagens não são homogêneas, deve-se compreender quem produz esses discursos e os distintos projetos que se articulam através dessas representações dualizadas. A imagem genérica da favela foi uma constante no circuito de comunicação de intelectuais e agentes interessados na análise da estrutura social e econômica da sociedade brasileira, sendo um tópico constante da imaginação das modernidades e da modernização do Rio de Janeiro. O *Observador Financeiro e Econômico* não foi uma exceção nesse cenário, mas um ponto de vista dentro de um rol de experiências mais amplo.

O repertório das imagens das favelas no período dos anos 1940 a 1960 foi marcado pelo imaginário da *marginalidade social* nas transformações do desenvolvimentismo. Jornalistas, fotógrafos, literatos, o teatro, o cinema, pintores, cantores, religiosos, assistentes sociais, sociólogos, políticos de esquerda e direita, urbanistas, arquitetos, engenheiros e os moradores das localidades diversas compuseram um quadro variado de representações sociais, que tinha como eixo a favela nas expectativas de construção de uma sociedade urbano-industrial. No pós-guerra, por meio do discurso da marginalidade social e suas diferentes dicções políticas da direita e da esquerda, a imagem da favela carioca foi nacionalizada como o "problema urbano" do Brasil.

Nessas configurações, homens, mulheres, crianças, jovens, trabalhadores(as) assalariados(as) formais e informais, prestadores(as) de serviço, donos(as) de negócio ("birosqueiros"), entre outros moradores das favelas cariocas tiveram a complexidade de sua constituição como sujeitos históricos desconsiderados em discursos heterotópicos que discutiam os "problemas" da sociedade em construção, ou foram subalternizados por estigmas que encapsularam as possibilidades de agência social e política nesse espaço (MACHADO DA SILVA, 2002). As experiências dos moradores em favelas sinalizam para a multiplicidade de identidades sociais e políticas na formação das sociabilidades urbanas do Rio de Janeiro, e construção de uma gramática pública que politizou os conflitos sociais experimentados nas favelas.

Classe e raça na estrutura social urbana do Rio de Janeiro

Um dos registros mais importantes para a complexificação das imagens das favelas nos anos 1950 foram as estatísticas. Construíram imagens das favelas em claro diálogo com a retórica da marginalidade social, mas também apontando para as articulações sociais e econômicas que organizavam o espaço urbano no Rio de Janeiro (OLIVEIRA, 2014).

Ao contrário do estigma e do mito que associou as favelas às classes perigosas na primeira metade do século XX, as estatísticas mostraram os moradores em favela como parte da classe trabalhadora. A primeira estatística em 1943 foi coordenada por Victor Tavares Moura, no âmbito da Prefeitura do Rio de Janeiro visando à implementação da política dos Parques Proletários; em 1949 e 1950, em meio à renovação do debate e das políticas assistenciais e habitacionais para as favelas, com a criação da Fundação Leão XIII, são realizados o "Censo de Favelas" da seção estatística da Prefeitura do Distrito Federal e do Serviço Nacional de Recenseamento. Esse último foi realizado de forma simultânea ao censo nacional, coordenado pelo Instituto Brasileiro de Geografia e Estatística (IBGE), e enfrentou os problemas conceituais debatidos em outros censos: a definição do que seria o espaço recenseado como "favela". Identificou-a como o espaço urbano com mais de 50 moradias em terrenos irregulares e sem infraestrutura; esse conceito se reproduziria em escala nacional em diferentes estatísticas produzidas ao longo do século XX (VALLADARES, 2005; OLIVEIRA, 2014).

As estatísticas produzidas pelo Estado acompanharam a tentativa de racionalizar as políticas públicas nas favelas. Na narrativa das estatísticas, o Rio de Janeiro e o Brasil passavam por uma rápida "revolução industrial", gerando desequilíbrios em sua estrutura social. A imagem de industrialização e rápida transformação sugeria que os efeitos do desequilíbrio eram transitórios, se resolveriam com o avanço do desenvolvimento e com a ação planejada do Estado. Contudo, o espaço urbano carioca reproduzia uma estrutura social desigual, marcada pelo modelo segregacionista que também afetou a dinâmica das políticas públicas – distribuídas de forma desigual e sem serem universalizadas. Contrariando as expectativas de "rápida solução" do problema – presente nos censos e em diferentes discursos oficiais da época –, as favelas tiveram um aumento superior ao crescimento urbano do Rio de Janeiro entre 1950 e 1960, passando de 169.305 habitantes distribuídos por cerca de 58 favelas, para 337.412 habitantes distribuídos por 147 favelas (cf. Tabela II).

A expansão dos territórios das favelas era vista como resultado do processo de migração e inserida na complexificação do mercado de trabalho urbano-industrial. Quando se analisam comparativamente os censos de favelas produzidos pelo Serviço Nacional de Recenseamento, tem-se um quadro em que os moradores se concentram no trabalho urbano, com pequena parcela que se dedica à agricultura, pecuária, silvicultura e indústria extrativa (cf. Tabela I). Pode-se questionar a pertinência do uso dessas categorias relativas ao mundo rural, já que representavam menos que 1% da força de trabalho que residia nas favelas; todavia, na retórica da marginalidade social, tinha-se os moradores de favelas como migrantes, ligados ao *habitat* rural. O estigma de "rurícola", o trabalhador "rústico" e do interior deslocado de seu ambiente, permaneceu em diferentes registros históricos. As categorias para dar conta do trabalho rural foram mantidas no censo de 1950 e 1960, ainda que outras tão irrelevantes quanto essa para a caracterização da força de trabalho nas favelas tenham desaparecido.

Os trabalhadores concentravam-se em atividades da indústria de transformação, comércio de mercadorias e prestação de serviço. Esse grupo reunia uma série de ofícios e profissões heterogêneas que contabilizavam 46,35% das ocupações remuneradas para a população acima de 10 anos em 1950, e em 1960, 39,65%. Desse total, destaca-se a concentração da força de trabalho na indústria de transformação (22,79% em 1950, e 16,38% em 1960) e na prestação de serviço (14,4% e 13,83%, respectivamente) (cf. Tabela I). Diversos autores apontam a forte relação entre redes de trabalho, migração e parentesco na formação das favelas, e a distribuição da informalidade urbana por várias zonas da cidade, acompanhando a expansão da indústria e a formação de um mercado de trabalho de serviços próximo aos bairros vizinhos (PARISSE, 1969; SILVA, 2005; ABREU, 2010; Cavalcanti ; Fontes, 2013). A maior parte das favelas surgidas na década de 1950 (cerca de 89 na contagem do censo) acompanhavam o processo de expansão do tecido urbano nas periferias, na "favelização" dos subúrbios e das áreas de ocupação industrial (SILVA, 2010).

Os censos mostram ainda como era reduzido o segmento dos trabalhadores ligados às profissões liberais, à administração pública, ao comércio de imóveis e seguro, à segurança pública e à defesa – os setores identificados como "classes médias". Em 1950, esse segmento representava cerca de 1,81% da ocupação da força de trabalho das favelas, e em 1960 1,7%. A baixa participação em ocupações associadas aos setores médios levou à exclusão de duas categorias presentes no censo de 1950, "profissionais liberais" e "comércio de imóveis e valores imobiliários, créditos e seguros". O primeiro elemento que condiciona a estrutura social e o acesso a profissões médias são os anos de escolarização dos moradores das favelas, que tendiam a serem mais baixos em relação à medida dos moradores do Rio de Janeiro. O segundo aspecto relaciona-se ao racismo ou à "linha de cor", como definido pela sociologia dos anos 1950.

Os censos de 1950 e de 1960 mostravam uma concentração de "pretos" e "pardos" nas favelas cariocas, numa distribuição populacional de 66,86% em 1950 e 61,6% da população total das favelas (cf. Tabela II).

O quantitativo da população de "cor" nas favelas era superior à média declarada na cidade do Rio de Janeiro, situando-a como espaço urbano de constituição de um "campo negro".[1] Ao analisar a estrutura social do Rio de Janeiro, no trabalho intitulado *O negro no Rio de Janeiro – relações de raça numa sociedade de mudança* (1953), o sociólogo Luís Costa Pinto encontrou traços de uma segregação racial no espaço urbano, contrariando expectativas do discurso oficial que particularizava o Brasil como uma democracia racial e que propagava as relações raciais harmônicas como traço da nacionalidade nas relações internacionais tecidas pelo Brasil do pós-guerra. Coordenando a pesquisa da Unesco no Rio de Janeiro, o sociólogo analisou o primeiro censo de favelas do Distrito Federal e apresentou uma "linha de cor" na ecologia urbana carioca.

Costa Pinto observou ainda que os empregos domésticos, no setor de serviço, concentravam maior parte da população parda e preta com baixa remuneração, e concluiu que a concorrência no mercado de trabalho capitalista acentuava uma discriminação que não se apresentava na lei, mas numa estrutura de percepções raciais que bloqueavam a relativa mobilidade social numa sociedade de classes (PINTO, 1998, p. 123-149). Na estrutura segregacionista da urbe carioca, o sociólogo observou as favelas como *locus* desses trabalhadores associados a "setor de serviços" e aos "bicos" de baixa remuneração, em que a "linha de cor" funcionava como um limite à ascensão social na conjuntura da urbanização e industrialização brasileira.

[1] O conceito de campo negro, ou "experiência negra", foi usado por Campos (2005) na análise das favelas, e tem sido utilizado por historiadores do pós-abolição, preocupados em incorporar a discussão das relações raciais na construção de hierarquias e de valores sóciopolíticos no Brasil República.

Tabela 1 – Ocupação da população maior de 10 anos nas favelas cariocas

Ramo da Atividade	Censo de 1950	Censo de 1960
Agricultura, pecuária e silvicultura	190 (0,15%)	588 (0,25%)
Indústrias extrativas	1.179 (0,94%)	1.262 (0,55%)
Indústrias de transformação	28.292 (22,79%)	37.111 (16,38%)
Comércio de mercadorias	5.559 (4,47%)	12.439 (5,49%)
Comércio de imóveis e valores mobiliários, créditos e seguros, e capitalização	190 (0,15%)	*
Prestação de serviços	17.886 (14,40%)	31.340 (13,83%)
Transporte, comunicações e armazenagem	5.890 (4,74%)	8.963 (3,95%)
Profissionais liberais	116	*
Administração pública, casas legislativas e Justiça	876 (0,70%)	1.632 (1,35%)
Segurança pública e defesa nacional	1.197 (0,96%)	3.058 (1,35%)
Inativos	11.130 (8,97%)	116.965 (51,65 %)
Atividades domésticas não remuneradas e atividades escolares discentes	48.103 (38,75%)	*
Atividades incompreendidas nos demais ramos, mal definidas ou não declaradas	594 (0,48%)	9.699 (4,28%)
Total	124.135	226.446

Fonte: Guimarães (1953); IBGE (1968).

* Não houve trabalhos censitários nesse período ou o dado não foi coligido à estatística.

Tabela II – População, "cor"/raça, nº de favelas

	População (nº absoluto/ %)					**Nº de favelas**
1950	169.305 / 100%					58
	Brancos	Pretos	Pardos	Amarelos	S/declaração	
	55.436/ 32.74%	64.307/ 37,98%	48.911/ 28.88%	15	636/ 0,37%	
1960	335.063 / 100%					147
	Brancos	Pretos	Pardos	Amarelos	S/declaração	
	129.372/ 38.61%	93.999/ 28,5%	110.920/ 33,10%	37	735/ 021%	

Fonte: Guimarães (1953); IBGE (1968).

Como estamos analisando, os censos ofereciam informações sobre a morfologia social das favelas cariocas, mas também eram atravessados pela retórica de mitos e estigmas das favelas. Isso ficava evidente na categoria residual dos "inativos" e na gritante disparidade na forma de contabilizar esse grupo nos anos 1950 e 1960. A identificação dos "inativos" mostra a ambiguidade do *status* de trabalhador nas favelas, algo que esteve presente na maior parte das políticas públicas do período que se preocupavam em realizar uma "depuração" entre os "ativos" – os trabalhadores que seriam recuperáveis por políticas assistenciais e habitacionais – e os "inativos" que deveriam ser reprimidos – associados às classes perigosas.

No censo de 1950, o coordenador da pesquisa, Alberto Passos Guimarães, afirmava que os moradores de favelas eram "trabalhadores", portanto, não eram "marginais": o número de inativos era contabilizado como 8,7% da população. Para chegar a esse dado, Guimarães contabilizou os maiores de 10 anos como parte da população ativa; entretanto, separou do número de inativos as pessoas que realizavam "atividades domésticas não remuneradas e atividades discentes" (38,75%) e os indivíduos que tinham "profissões mal definidas ou não declaradas" (0,48%). Essas categorias que possibilitava distinguir a parcela da população que trabalhava em "bicos", os "estudantes" e o trabalho doméstico familiar desaparecem em 1960 e dessa forma surge a radical diferença entre as informações do censo de 1950 e 1960.

O censo de 1960 retomou maior parte dos critérios definidos em 1950, mas não manteve a diferenciação entre os "inativos" e aqueles que tinham "atividades domésticas não remuneradas e atividades discentes" e as "profissões mal definidas ou não declaradas". O número de inativos contabilizados subia para 51% da população. Lendo-se as análises sobre a produção da estatística no período, não se encontram justificativas para estabelecer o abandono de definições censitárias estabelecidas em 1950, mas tal postura se coadunava com a justificativa da política de assistência social da época. Além disso, o censo de favelas do estado da Guanabara de 1960 retomava parte das definições de inativos da estatística produzida em 1949 pela seção de estatística da Prefeitura do Distrito Federal. Nessa estatística, o número de inativos compunha cerca de 64,4% da população (DISTRITO FEDERAL, 1949).

No discurso oficial da seção estatística da prefeitura, que também se articulava socialmente com o debate estatístico formulado pelo IBGE (cf. OLIVEIRA, 2014), tomava-se como explicação um discurso racialista, com forte viés eugenista para explicar a prevalência de "inativos" nas favelas. Ao explicar a favela como uma exceção da tendência do "progresso de vida" da cidade e da presença da população marginalizada no Rio de Janeiro, apresentava-se seguinte argumentação:

> O preto, por exemplo, via de regra, não soube ou não pôde aproveitar a liberdade adquirida e a melhoria econômica que lhe proporcionou o novo ambiente para conquistar bens de consumo capazes de lhe garantirem nível de vida descente. Renasceu-lhe a preguiça atávica, retornou a estagnação que estiola, fundamentalmente distinta do repouso que revigora, ou então e como ele todos os indivíduos de necessidades primitivas, sem amor próprio e sem respeito à própria dignidade, priva-se do essencial à manutenção de um nível descente mas investe somas relativamente elevadas em indumentárias exóticas, na gafieira e nos cordões carnavalescos (DISTRITO FEDERAL, 1949, p. 11).

Ao contrário da imagem difundida de um consenso antirracista em que a noção de raça foi considerada ilegítima nas análises sociais após a derrota do nazismo, as favelas tornaram-se *locus* de renovação sobre a produção de estereotipias variadas em que raça e classe atravessavam a segregação urbana do Rio de Janeiro. Até mesmo quando o debate sobre raça está inarticulado nos discursos, o que se estabeleceu como *práxis* no antirracismo do pós-guerra e na tendência à negação do racismo no Brasil, os imaginários sociais da marginalidade social eram marcados por estereotipias raciais que atravessavam o espaço urbano das favelas.[2] No caso do debate dos "inativos", é relevante salientar que os mitos e estigmas de classe e raça estavam articulados na imaginação que pautava a ação das políticas públicas de assistência social e habitação.

Ao mesmo tempo que os moradores em favelas eram vistos como inseridos no mercado de trabalho, portanto passíveis de receber direitos sociais, na lógica de quem trabalhava tinha direitos, eram também vistos como "inadaptados", necessitando de políticas assistenciais que lhes garantissem uma educação para um modo de vida "urbano". As políticas públicas do período articulavam diferentes *pedagogias civilizatórias* com o objetivo de transformar o *habitat* e os modos de vida dos moradores em favelas (VALLA,

[2] Sobre as análises que articulam raça e classe na história da sociabilidade urbana na produção de um discurso racializado e de um campo de relações sociais e experiências em que as identidades de classe e raça estabelecidas, cf. Fischer (2002, 2006); Campos (2005); Giacominni (2006); Munanga (2019).

1986; BURGOS, 2006). Essas práticas políticas assistenciais foram articuladas ao "desfavelamento" da cidade, em diálogo com o urbanismo que reconheceu juridicamente a favela como um espaço informal e com um *status* jurídico urbano irregular, como estabelecido no Código de Obras de 1937 (FISCHER, 2002; GONÇALVES, 2013). As políticas de desfavelamento assumiam que as favelas eram espaços transitórios no tecido urbano do Rio de Janeiro, deveriam ser apagadas com o desenvolvimento da sociedade.

As "batalhas" do Rio de Janeiro: políticas de desfavelamento e configurações políticas do Rio de Janeiro

A identificação dos moradores de favela como parte da classe trabalhadora dialogava com a ascensão política e a expansão dos direitos sociais dos operários. A redemocratização, a criação dos partidos nacionais, a justiça eleitoral e a urbanização no Brasil criaram um campo para a ampliação da participação dos trabalhadores na política de massas. Diferentes lideranças e retóricas políticas surgem com o objetivo de representar os trabalhadores no espaço público, tendo destaque as culturas políticas de esquerda e as suas transformações no cenário carioca. Além disso, os direitos sociais dos assalariados urbanos, como definido no Código de Leis Trabalhistas e incorporados na Constituição de 1946, estabeleciam outros parâmetros para os trabalhadores reivindicarem direitos.

Os trabalhadores nas favelas fizeram largo uso da ampliação da concorrência política e eleitoral para requerer melhorias, arruamentos, escadas, bicas e outras demandas. Por intermédio de lideranças com perfis heterogêneos, articulavam associativismos de moradia e lazer nas favelas, faziam uso da patronagem política e de uma gramática de direitos que politizava o espaço urbano. No fim da década de 1940 e início de 1950, o legislativo e o executivo do Rio de Janeiro receberam inúmeras manifestações para suspender despejos coletivos e pela luta pelo "direito de moradia" nas favelas. Essas manifestações contestavam o *status* ilegal das favelas e articulavam identidades sociopolíticas que contestavam a representação das favelas como espaço marginal e das classes perigosas. O Partido Comunista do Brasil e o Partido Trabalhista Brasileiro destacavam-se na Câmara de Vereadores na mobilização e na representação dos interesses das favelas (PANDOLFI; GRYNZPAN, 2002; FISCHER, 2006; GONÇALVES, 2013; OLIVEIRA, 2014).

O poder público não demorou a oferecer respostas às mobilizações políticas, em tentativas de estabelecer um controle social e oferecer uma solução para o "problema". Em 1947, o prefeito Hidelbrando de Araújo Góes (1946-1947) criou uma instituição para reforçar a assistência social nas favelas: a Fundação Leão XIII. Como parte de um acordo da municipalidade com o cardeal dom Jaime Barros, a Fundação Leão XIII foi administrada por uma junta que representava a Igreja católica e o município. O bispo auxiliar dom José Távora foi o principal patrono da instituição em seus primeiros anos e seu diretor entre 1949 e 1955. Ainda que seja bastante complexa a história dessa administração conjunta, convém salientar que a instituição foi um dos principais braços da política praticada pela municipalidade, sendo incorporada à administração direta do governo da cidade em 1961, ligada à Secretaria de Serviço Social do Estado da Guanabara (VALLA, 1986; HONORATO, 2012).

O principal objetivo da entidade era "prestar ampla assistência social aos moradores dos morros, das favelas e de locais semelhantes na Cidade do Rio de Janeiro", fornecendo "assistência material e moral". A instituição estava autorizada a manter "escolas, ambulatórios, creches, maternidades, cozinhas e vilas populares" (DIÁRIO OFICIAL DA UNIÃO, 1947, p. 897). Como é fácil perceber pela legislação, a principal preocupação da instituição era a recuperação e o atendimento das famílias e crianças, tendo em vista um projeto civilizacional de recuperação dos "pobres". Para tanto, foram construídos e mantidos seis Centros de Ação Social (Barreira do Vasco, São Carlos, Jacarezinho, Morro dos Telégrafos, Salgueiro e Rocinha) e duas Agências Sociais (Praia do Pinto e Cantagalo). Nesses espaços, foram mantidos o ensino primário, o curso noturno para adultos, o curso de corte e costura e de trabalhos manuais, o curso de ensino religioso, vários lactários e serviços médico-dentários.

Entre 1947 e 1950, a Fundação Leão XIII, com auxílio de verbas do governo federal e do Instituto de Previdência Social dos Industriários (IAPI), construiu e administrou uma vila operária – um conjunto de casas geminadas na Barreira do Vasco. A iniciativa coadunava-se à política habitacional da Fundação Casa Popular, criada pelo governo Dutra (1946-1950). No relatório de 1949, a Fundação Leão XIII divulgava a ideia de uma urbanização seletiva, visto que "há favelas que se devem extinguir e seus moradores, localizados em vilas populares, [devem ser realocados] noutras zonas. Há favelas que se devem transformar, aos poucos, em bairros populares, pela construção de casas mediante planos de urbanização" (FUNDAÇÃO LEÃO XIII, 1950, p. 43). Entretanto essa foi uma iniciativa que não teve continuidade em outras localidades.

O principal mote da entidade era a atuação no campo do serviço social e também na construção de alguns melhoramentos, como torneiras públicas (bicas de água). Pelo programa "A Fundação Leão XIII e seu plano de trabalho" escrito em parte pela assistente social Maria Luiza Moniz Aragão, a organização tinha como finalidade

> pugnar pela extinção progressiva das favelas, educar o habitante da favela e criar, para ele, um ambiente de sadia moralidade por intermédio dos seus Centros de Ação Social, célula *mater* de todo o movimento social popular. Implantados seus Centros no próprio âmago da favela, procura o Serviço Social revolucionar o meio, de forma a suscitar o aparecimento do espírito de responsabilidade familiar e social, de amor ao trabalho e ao Brasil, de compreensão humana e solidariedade cristã. (FUNDAÇÃO LEÃO XIII, 1950, p. 43)

No espírito da doutrina social católica, a atuação da Fundação Leão XIII tentava proteger a família e estabelecer um associativismo descrito como um "movimento social popular". Num contraponto às esquerdas, principalmente aos comunistas, ela manteve um Serviço Associativo com o objetivo de "orientar" os moradores, evitando "agitações que poderiam ser exploradas por empreiteiros da desordem". A ação intensiva da Igreja católica tencionava a interferência nas disputas políticas que transcorriam nas favelas cariocas, sendo um braço do anticomunismo nas favelas cariocas e na luta contra a "demagogia" das lideranças que tentavam representar os moradores (VALLA, 1986; LIMA, 1989; BURGOS, 2006; VALLADARES, 2005; GONÇALVES, 2013; OLIVEIRA, 2014).

Em 1948, o Departamento Nacional de Gás e Iluminação, com objetivo de controlar o fornecimento de luz em favelas por meio de um medidor único, apresentou a Fundação Leão XIII como entidade organizadora da distribuição de luz (DIÁRIO OFICIAL DA UNIÃO, 1949, p. 5.685). Tentava-se registrar um morador como "responsável" pela distribuição, com objetivo de cobrar dele providências em caso de descumprimento ou irregularidade na distribuição de energia; o Centro de Ação Social, anteriormente encarregado dessa distribuição, foi substituído pela Fundação. O Serviço Associativo foi o órgão responsável pelo atendimento às demandas por instalação de medidores de energia em várias favelas e, dessa forma, tornou -se um importante recurso associativo e político dos católicos.

Estima-se que a Fundação Leão XIII esteve presente em cerca de 33 favelas (VALLA, 1986; GONÇALVES, 2013). A atuação da Fundação Leão XIII e de outras entidades de serviço social que se constituíram para lidar com a marginalidade urbana das favelas nos anos 1950 foi mediada pelos *ethos* religiosos presentes nas formações sociais dos moradores de favelas – visto que os católicos buscavam adesão dos moradores às práticas que promoviam de assistência social – e também atravessada por um discurso autoritário, que retomava a metáfora da "batalha" e da guerra para justificar ações do poder público nas favelas.

Ângelo Mendes de Morais (1947-1951) e a "batalha" da Comissão de Favelas

A campanha intitulada "Batalha do Rio" foi liderada por Carlos Lacerda, entre os meses de maio e julho de 1948 no jornal *Correio da Manhã*, e ganhou repercussão em vários outros periódicos do país. O jornalista foi um dos políticos mais populares do Rio de Janeiro e usava a imagem das favelas e da pobreza urbana para conclamar uma ação cívica de diferentes atores sociais e da Prefeitura do Rio de Janeiro. Por meio de um discurso político liberal e católico conservador, a campanha jornalística mostrava a favela como um problema do "egoísmo" e do "individualismo" da cidade. A ação da Igreja católica, através da doutrina social cristã e da Fundação Leão XIII, e da solidariedade cívica dos cidadãos, era exaltada como meio de recuperar os pobres e "humanizar" a favela. Além disso, mostrava a favela como um "problema" por ser percebida como risco político na propagação do comunismo, da demagogia e dos problemas que afetavam a vida da cidade – um estigma social e espaço heterotópico para construção da norma sobre o que deveria ser a cidade.

A campanha jornalística "Batalha do Rio" criou um *tropos* retórico na opinião pública que seria recuperado ao longo da década de 1950, para legitimar os diferentes projetos de intervenção nas favelas e a modernização do espaço urbano carioca. A "Batalha das Favelas" era uma figura retórica de referência na imprensa carioca, mesmo quando os projetos diferiam-se daquilo que foi elaborado ou discutido pelo político udenista. A campanha de Lacerda teve tal repercussão nos órgãos de imprensa e fixação no imaginário social que, em 1955, o jornalista Edmar Morel escreveu uma série de reportagens sobre os descaminhos das várias "soluções" encontradas pelo poder público para as favelas. Ele intitulou a série de reportagens da seguinte maneira: "A História secreta da Batalha das Favelas".[3]

O prefeito Ângelo Mendes de Morais (1947-1951) aproveitou o mote da campanha jornalística para operar com a ideia de uma rápida intervenção militar que eliminasse as favelas no período de um ano: o "Plano Geral para a Solução das Favelas". Desde 1940, constituiu-se na administração pública do Distrito Federal, uma comissão, subordinada à Secretaria Geral de Assistência e Saúde, para tratar das favelas. Ângelo Mendes de Morais reformou a instituição, construindo uma nova Comissão de Favelas (DIÁRIO OFICIAL DA UNIÃO, 1948, p. 6976). A "batalha" lançada pelo general Ângelo Mendes de Morais era metafórica e real, sendo a comissão responsável pela execução de um plano de guerra contra as favelas.

O plano foi dividido em três fases: na primeira, realizar-se-ia o estudo estatístico da "Fase Preparatória" para conhecer as favelas; na segunda, far-se-ia uma "Apreciação dos 'meios'"; na terceira, a municipalidade desencadearia uma ação final, O "Dia D", que se prolongaria por um ano. O documento fala em "Dia D+30", "Dia D+60", entre outros, num escalonamento progressivo da ação. Seguindo um vocabulário e uma lógica de ação de guerra, o plano realizaria vários "expurgos", num plano de interdição da vida nas favelas e de seleção dos moradores a partir de várias categorias de exceção e acusatórias. Segundo o "Plano Geral para a Solução das Favelas", em sua fase final, haveria o "Desencadeamento da Ação" da seguinte forma:

A) Iniciadas as providências da letra C, no dia D:
  a) interdição absoluta da favela nesse dia.
  b) encaminhamento dos "expurgados":
    1) Amparados pelos institutos de previdência e indústria (Ministério do Trabalho);
    2) Entrega à Polícia Civil (vadios, prostitutas, criminosos e exploradores);
    3) Fechamento e demolição das "biroscas" (biroscas, botequins, cabarés, casas de jogo e de tolerância);
    4) Suspensão de pagamento de aluguel por todo e qualquer favelado;

[3] Para a leitura do conjunto de reportagens de Edmar Morel, veja o mês de novembro de 1955 do jornal *Última Hora*. No mesmo período, foi lançada a "batalha" da Igreja católica, a Cruzada São Sebastião.

5) Encaminhamento para asilos, institutos, internatos e hospitais dos velhos, crianças, enfermos;
6) Destruição dos casebres abandonados ou desocupados e dos que surjam depois do dia D;
7) Demolição dos que ofereçam perigo, encaminhando-se as famílias para o Albergue e outros destinos;
8) Entrega aos governos estaduais, com transporte e auxílio, aos que desejarem retornar à origem e à lavoura;
9) Encaminhamento dos desempregados que possuam profissão e desejam emprego no Distrito Federal (São Francisco, Siderúrgica e outros);
10) Estrangeiros indesejáveis – Polícia Civil e Ministério do Exterior (DIÁRIO OFICIAL DA UNIÃO, 1948, p. 4.824-4.825).

O plano era um ato público, inserido nos parâmetros culturais e políticos da época, que entendia a favela como um espaço transitório da cidade. Tal como afirmado nas legislações urbanísticas após o Código de Obras de 1937, em que as favelas eram vistas como espaços ilegais que deveriam ser destruídas. A noção de "expurgo" e "depuração" dos moradores tinha forte conotação higienista e racista, sendo produto social consumido e reproduzido em outras ocasiões, nos discursos heterotópicos que tomavam a favela como "problema" da urbe carioca.

Como parte da retórica da marginalidade social que atravessou diferentes políticas públicas do período, o "Plano Geral para Solução das Favelas" falava abertamente em um processo de "depuração" dos moradores: a separação do trabalhador que seria direcionado para as indústrias, dos "inadaptados" ao ambiente urbano que retornariam para a "lavoura" e das classes perigosas ("vadios, prostitutas, criminosos e exploradores") para a prisão. Foi nesse contexto que a Fundação Leão XIII e suas diferentes iniciativas para estabelecer o controle social dos territórios das favelas ganharam corpo e foram estruturadas. O serviço social da municipalidade configurou-se a partir dessa iniciativa, uma declaração de guerra contra as favelas cariocas.

A Comissão de Favelas e as suas "batalhas" (1951-1954)

Nos anos 1950, houve várias tentativas de coordenar e centralizar os órgãos de política pública das favelas. Tanto o executivo quanto o legislativo municipal ensaiaram projetos que centralizavam numa autarquia as várias funções e práticas desenvolvidas em diferentes segmentos da administração que focavam as favelas. Os prefeitos João Vital (1951-1952) e Pedro Alin (1952-1954), nomeados por Getúlio Vargas (1951-1954), tentaram responder a essa expectativa de centralização e racionalização da administração pública reformando a Comissão de Favelas.

A Comissão de Favelas assumiu caráter diretivo no governo da cidade. O órgão funcionou com diferentes composições, vinculado ao gabinete do prefeito do Distrito Federal até a sua extinção em 1956 – quando foi substituído pelo Serviço de Recuperação de Favelas e Habitações Anti-higiênicas (Serfha). A Comissão de Favelas funcionava como um conselho que reunia todos os departamentos da prefeitura que se relacionavam com o tratamento da questão das favelas. Diferenciando-se das comissões que existiam anteriormente, tinha um presidente que assumia, na cena pública, os posicionamentos do governo diante da questão das favelas (DIÁRIO OFICIAL DA UNIÃO, 1952, p. 1).[4]

Segundo a portaria municipal de janeiro de 1952, o médico Guilherme Romano foi nomeado chefe da referida comissão, com a função de executar o estudo e a coordenação dos diversos serviços no âmbito municipal que tinham atuação nas favelas, promovendo a solução de seus problemas ligados à engenharia sanitária, à assistência médica e social, incumbindo-lhe tomar todas as providências aconselháveis para o cabal desempenho de suas atribuições, inclusive requisitar ao prefeito o pessoal e o material necessários, e ficando-lhe facultado, outrossim, no exercício de suas funções, dirigir-se diretamente aos secretários-gerais e demais autoridades municipais.[5] Esse caráter diretivo da Comissão de Favelas era percebido pelas elites políticas e imprensa que lhe atribuíam o nome de "Superintendência

[4] Em 1952, Guilherme Romano aparece como figura central da Comissão de Favelas, nomeada pelo prefeito João Vital (1951-1952). Em 1953, Getúlio Vargas nomeia Dulcídio Cardoso (1952-1954), que nomeia outra Comissão de Favelas, constituída por Osvaldo Melchiades, da Polícia de Vigilância (presidente da mesma comissão); José Vicente Távora, da Fundação Leão XIII; Carmem Portinho, do Departamento de Habitação Popular; Geraldo Moreira, diretor do Departamento de Indústria e Comércio; Almir de Castro, da Comissão Nacional de Bem-estar Social; e o engenheiro Benjamin de Araújo Carvalho. Em 1954, com a queda de Getúlio Vargas e ascensão de Carlos Luz, nomeia-se outro prefeito para a cidade, Pedro Alim (1954-1955). Em 1955, ele nomeou novos membros para a comissão: o engenheiro José Henrique Queiroz, que acumulou o cargo de representante da prefeitura na Fundação Leão XIII e de presidente da comissão; Maria Luíza Muniz Aragão, assistente social da Fundação Leão XIII; e o engenheiro Ronaldo Mathiesen Monteiro, chefe do Departamento de Fiscalização Antônio de Sousa Teixeira. Cf. Oliveira (2014 a, p. 85).

[5] PREFEITURA DO DISTRITO FEDERAL. Portaria n. 59, de 23 de fevereiro de 1952. DIÁRIO OFICIAL DA UNIÃO, 25/02/1952. Seção II, p. 1.

Geral de Favelas". Na bibliografia sobre as favelas cariocas, a Comissão de Favelas é constantemente associada a Guilherme Romano e ao "Serviço de Recuperação de Favelas" (PARISSE, 1969; LEEDS; LEEDS, 1979; SILVA, 2005; GONÇALVES, 2013).

Na esfera pública, a metáfora da "batalha" contra as favelas era novamente retomada para descrever as ações da administração pública:

> O problema das favelas cariocas – acentuou o Dr. Guilherme Romano – está sendo encarado por mim e pelos meus assessores, de acordo com um programa que esbocei, como uma questão que não se solucionará senão com a ajuda de várias entidades de Previdência e Assistência, dos Estados interessados e, sobretudo, dos órgãos técnicos que mais diretamente entrarão em contato com o problema. Pelo referido esboço, atendendo-se tanto possível ao que já existe estudado e planejado até o momento – iniciaremos a chamada "batalha das favelas" ainda hoje, pondo em execução: 1) medidas de urbanização, com um mínimo de higiene e segurança dos seus habitantes que se dediquem ao trabalho e ao sustento de suas famílias; 2) entregar aos respectivos órgãos de Previdência, Assistência etc., os problemas que formos levantando aos respectivos contribuintes e associados das favelas; 3) expurgar elementos indesejáveis, inclusive os exploradores das favelas. Será dado todo apoio aos trabalhadores, dispensando todo o rigor possível, de acordo com a lei, aos elementos que perturbam a vida das famílias ali residentes e da população em geral; 4) garantir água, luz, esgoto, ordem e higiene, dentro das condições de sua vida de trabalhadores favelados; construção de um Parque Proletário para o qual será transferida, progressivamente, a população da primeira favela a ser atacada, provavelmente a de Jacarezinho; 5) adoção de medidas em colaboração com a Chefia de Polícia, visando a que novos barracos não sejam construídos e a que, por consequência, não se criem novos núcleos de favelados. (A NOITE, 1952, p. 16)

Na reportagem publicada no diário *A Noite*, o médico destacava o intento de cumprir o desejo do Presidente Vargas, de "dar aos favelados melhores condições de vida", fazendo uma referência ao plano nacional de extinção de favelas anunciado pela Comissão Nacional de Bem Estar Social (CNBS). Criada no âmbito do Ministério do Trabalho, a CNBS criou uma Subcomissão de Habitação e Favelas que gerava uma expectativa de unificação de recursos públicos federais para aplicação na habitação popular e um planejamento de escala nacional (SUBCOMISSÃO DE FAVELAS..., 1952). Na percepção de Guilherme Romano, o Ministério do Trabalho, por meio da CNBS, traçaria um "roteiro que [coordenava] as atividades da administração pública em todos os seus planos para a solução" do problema das favelas, oferecendo "ao órgão executor que é a Municipalidade, a assistência para o planejamento" (A NOITE, 1952, p. 1).

O programa esboçado por Romano tinha como foco a "urbanização" das favelas. O termo não significava a generalização de bens e serviços para favelas, mas a promoção de uma ideologia urbana e de um projeto de civilidade e de educação para os moradores. Isso implicava uma distinção entre o "trabalhador favelado" e os "elementos indesejáveis", numa seletividade constituída entre as favelas que receberiam ou não a "urbanização". As medidas de urbanização seriam direcionadas "[àqueles] que se dedicassem ao trabalho e ao sustento da família"; nesse mesmo viés, falava-se em encaminhar as famílias de trabalhadores à Previdência Social e à assistência (DIÁRIO OFICIAL DA UNIÃO, 1952).

Nesse projeto de "urbanização" e "humanização" das favelas, ao mesmo tempo que havia uma preocupação com a heterogeneidade das favelas, com o conhecimento e a diferenciação dos tipos sociais e da caracterização das formas de ocupação, falava-se também numa seletividade para a erradicação da marginalidade social. Tratar o morador de favela como um trabalhador, reconhecer sua inserção no mercado e sua contribuição para os Institutos de Aposentadoria e Pensão, não implicava apagar as categorias de exceção, mas operar uma seletividade na ótica do serviço social. Falava-se novamente em "expurgos" que seriam feitos contra os indivíduos que não comprovassem ser trabalhadores e contra os "exploradores de favelas" – o segmento que, vivendo ou não em favela, alugava barracos ou o chão, controlava o acesso a fontes de água ou às "bicas" (torneiras públicas), e outros negócios articulados naqueles espaços.

No intento de promover a reforma social e construir um *ethos* de trabalhador ordeiro nas favelas, a Comissão de Favelas promoveu acordos para construção de habitações populares. Em 1952, foram removidos os moradores da favela Hípica para o conjunto habitacional Dona Castriota, no Horto/Jardim Botânico (SILVA, 2005, p. 130). No mesmo ano, a municipalidade firmou acordo com o Instituto de Previdência e Assistência Social dos Servidores do Estado (Ipase) para a construção de habitações populares "modestas", tendo em vista a "solução da questão das favelas".

O acordo era contextualizado pela atuação da Comissão de Favelas junto à CNBS, que ampliava as possibilidades de negociação com as autarquias federais, principalmente com os institutos de previdência social. Dois empreendimentos foram acordados para beneficiar os moradores de favelas que contribuíssem para o Ipase: a construção de um conjunto residencial em Marechal Hermes, em terrenos que eram de propriedade da municipalidade e cedidos para o instituto previdenciário, e a construção de casas em Jacarepaguá, na Rua Dr. Bernardino.

As casas e o conjunto do Ipase eram direcionados aos "trabalhadores favelados". Segundo uma reportagem do *Correio da Manhã*, o diretor do Ipase explicou que

> as condições para a aquisição de moradia pelos associados são as mesmas a que tem de satisfazer os demais funcionários (...) assim, deverá o interessado fazer prova da sua condição de favelado, apresentando certidão fornecida pela Fundação Leão XIII, entidade que procedeu ao levantamento das favelas e condições de vida dos seus habitantes. (CORREIO DA MANHÃ, 1952, p. 4)

Os critérios de seleção dos servidores na "condição de favelado" seriam bastante restritos, visto que se limitavam àqueles que trabalhavam na administração pública, tinham carteira assinada e contribuíam para o Ipase. Além da inserção no mercado de trabalho regular, havia o controle instituído pela Fundação Leão XIII na certificação das famílias que teriam acesso à "condição de favelado". De acordo com a Instrução nº 22 do Ipase, a "situação de favelado" garantia aos beneficiários de 90 a 360 pontos, de acordo com o tempo de moradia na favela, para se qualificar no acesso às habitações construídas pelo Ipase. Para comprovar essa "condição de favelado", o beneficiário dependia da Fundação Leão XIII e do cadastro de moradores mantido pela instituição (DIÁRIO OFICIAL DA UNIÃO, 1952, p. 9.535-9.584).

Assim, podemos compreender que, apesar de colocar a questão social em evidência, articulando-a ao Ministério do Trabalho, a Comissão de Favelas dirigida por Guilherme Romano também enquadrava sua prática numa "batalha" de cunho moral e social. Identificava na favela um "mal" a ser "expurgado" da cidade, com a respectiva "recuperação" dos cidadãos para a sociedade urbano-industrial. Ainda que Guilherme Romano afastasse o horizonte de uma guerra e de um plano militar para o "expurgo" das favelas no "Dia D" que se estenderia para o prazo de um ano, também dialogava com as categorias de exceção construídas pela ótica assistencial e pela dimensão jurídico-urbanística, que enfatizavam a ilegalidade das favelas.

A União dos Trabalhadores Favelados e a "cruzada" contra as favelas (1954-1961)

A passagem de 1954 para 1955 foi um momento chave para a redefinição da política de favelas no Rio de Janeiro. Em 1954, o movimento social organizado pela União dos Trabalhadores Favelados (UTF) ganhou destaque na cena pública. A associação surgiu no Morro do Borel associada à luta para evitar o despejo coletivo pretendido pela empresa Borel Meuron Ltda. Entretanto, os "trabalhadores favelados" tinham também o objetivo de reunir outras associações recreativas e de moradores em torno de uma agenda de luta por direitos, criando solidariedades entre diferentes lideranças de favelas e explorando as oportunidades de mobilização na política de massa do Rio de Janeiro, inventando uma identidade política em oposição ao discurso de classe e raça que associava as favelas às classes perigosas.

Na segunda metade da década de 1950, a UTF estimulou a fundação e reuniu várias associações, realizando protestos urbanos no Rio de Janeiro. Denunciou a atuação de "grileiros" e "exploradores" nas favelas, reivindicou o "direito de moradia" e "melhoramentos" de diversos tipos e questionou a atuação dos órgãos públicos que atuavam nas favelas, principalmente as arbitrariedades dos despejos dos "trabalhadores favelados". Entre as ações da UTF, destaca-se a iniciativa de realizar "congressos de favelas", reunindo várias lideranças, defender um projeto de lei que tinha por objetivo reconhecer o direito de moradia dos "trabalhadores favelados" e estabelecer a urbanização dos espaços com a construção de melhorias urbanas. Em 1955, essas lutas repercutem na Câmara Federal, com uma Comissão Parlamentar de Inquérito para investigar os "despejos" nas favelas. Toda uma gramática política da luta contra despejos e pelo direito de moradia compôs parte do repertório de ação do associativismo urbano (LIMA, 1989; FISCHER, 2008; AMOROSO, 2012; GONÇALVES, 2013; OLIVEIRA, 2014, 2018).

Uma das personalidades de destaque no movimento de trabalhadores favelados era Antoine Magarinos Torres Filho, reconhecido como o "sócio-fundador nº1" da UTF e "advogado das favelas". O advogado atuava em proximidade com os comunistas e com o trabalhismo, tentando mais de uma vez se candidatar a cargos políticos no Rio de Janeiro defendendo a causa das favelas e dos "posseiros", na luta pela reforma urbana e agrária. Em 1958, a UTF foi fechada pela polícia política, acusada de ser uma frente legal do PCB, mas posteriormente o movimento foi reconstruído a partir da mobilização da Coligação dos Trabalhadores Favelados (CTF). Magarinos Torres permaneceu durante todo esse período como uma das principais lideranças do movimento, e o Borel como centro de uma mobilização política de larga escala na cidade do Rio de Janeiro (AMOROSO, 2012; AMOROSO; GONÇALVES, 2016; OLIVEIRA; PANDOLFI, 2019).

Em reação à mudança de repertório de ação coletiva das favelas que se organizava de maneira supralocal – reunindo várias associações –, o poder público reforçou sua aliança com a Igreja católica, aproveitando-se da realização do 36º Congresso Eucarístico Internacional. O congresso ocorreu no Rio de Janeiro em 1955 e reforçava o lugar da doutrina social cristã, na conjuntura da Guerra Fria. Foram lembradas as inúmeras obras da Igreja que assistiam a população brasileira onde "faltava" o Estado, complementando a ação civilizadora deste e atuando na questão social. Entre as Santas Casas de Misericórdia, os Círculos Operários e as ações voltadas para o indígena e os camponeses no meio rural, figurava a Fundação Leão XIII, agindo nas favelas cariocas. Dizia-se que a Fundação, em parceria com a Prefeitura do Rio de Janeiro durante seus oito anos de existência, atingiu a cifra de 80 mil matrículas, "ensinando, educando e assistindo a população favelada" (TRIBUNA DA IMPRENSA, 1955, p. 4).

Em sintonia com o Congresso Eucarístico, no âmbito da Cúria Metropolitana do Rio de Janeiro e sob a liderança do bispo auxiliar dom Hélder Câmara, foi criada a *Cruzada São Sebastião*. Retomava-se o mote da "batalha" contra as favelas, agora uma "cruzada" para salvar a cidade na comemoração de seu quarto centenário. De acordo com o cardeal dom Jaime de Barros Câmara, a Cruzada São Sebastião distinguia-se por "um plano de longo prazo – a tentativa de urbanização de todas as favelas do Rio de Janeiro, em 12 anos, tendo como alvo o IV Centenário da cidade, a 20 de janeiro de 1967 – e um plano emergencial – a urbanização em 4 meses da favela da Praia do Pinto" (TRIBUNA DA IMPRENSA, 1955b, p. 6). Estruturada a partir de um estatuto de autoria do cardeal dom Jaime Câmara, presidente, a associação tinha como secretário-geral o bispo auxiliar do Rio de Janeiro dom Hélder Câmara, seu principal articulador e "fundador", que vinculou seu nome à memória da entidade (CORREIO DA MANHÃ, 1958, p. 8).

Se a Fundação Leão XIII, criada em 1947, especializava-se na assistência social ao longo da década de 1950, a Cruzada tinha o propósito de atuar na produção de habitação social. Diferentemente da Fundação Leão XIII, que teve uma breve incursão na construção de uma "vila operária" na Barreira do Vasco, a Cruzada surgia com intento de "urbanizar" a favela Praia do Pinto, com auxílios e subvenções concedidas pelo presidente Café Filho (1954-1955). De acordo com o cardeal dom Jaime Câmara, "a Cruzada São Sebastião, cuja grande glória será trazer um reforço ocasional à benemérita Fundação Leão XIII que nos continua a merecer inteira confiança, que atuará lado a lado com a Cruzada e que continuará trabalhando quando os moradores já estiverem de todo integrados na vida social da cidade e já não tiver razão de ser a Cruzada São Sebastião" (TRIBUNA DA IMPRENSA, 1955b, p. 2). Instituída como uma associação civil, a Cruzada definia-se como uma campanha para sensibilizar o Estado e a sociedade, tendo "duração limitada" e procurando

> para cada Favela a solução mais indicada, salvaguardando os seguintes princípios: a) agir congregando ao máximo as forças disponíveis da iniciativa particular e do Poder Público, acima das divisões político-partidárias e discriminações raciais; b) conjugar medidas de solução direta com providências de ordem geral para que o trabalho empreendido não redunde em agravação do problema das Favelas; c) dar à ação educativa o lugar essencial que lhe cabe no campo educacional, ir à fonte que é a família com a melhor providência em favor dos menores (CORREIO DA MANHÃ, 1955, p. 8).

A Cruzada São Sebastião funcionou entre 1955 e início dos anos 1960, tentando articular a iniciativa privada e o poder público em uma campanha para "urbanizar" as favelas – categoria usada num sentido histórico específico e que não deve ser reduzido apenas à instalação de infraestrutura urbana. Ao defender a "urbanização" das favelas, dom Helder Câmara defendia que a maioria dos favelados não eram "marginais", mas "trabalhadores" que contribuíam com os Institutos de Pensão e Aposentadoria. Segundo dom José Távora, que presidia a Fundação Leão XIII e defendia a campanha da Cruzada, a premissa para urbanização era o combate ao "horror burguês que se apossa de certas pessoas bem instaladas na vida, que julgam ser as favelas apenas centros de 'malandragem'" e à ideia de que a "solução proposta contra os 'malandros', é a remoção drástica e impiedosa das favelas do centro e da Zona Sul para a periferia da cidade" (O CRUZEIRO, 1955, p. 7-12). No argumento, havia o reconhecimento das campanhas e protestos de trabalhadores favelados na esfera pública.

A dicotomia "trabalhador/malandro" nas favelas e o "horror burguês" à pobreza serviram de mote para dom Hélder Câmara concitar as classes médias e empresariais a colaborar com seu projeto. O bispo auxiliar do Rio de Janeiro circulou em reuniões de família de classe média e alta, palestrou em associações comerciais e no Jockey Club, assim como realizou diferentes estratégias de "campanha financeira", pregando as doações e a renovação do espírito cristão na solidariedade aos "humildes" operários que viviam nas favelas. Além disso, a imagem do trabalhador servia como mote para justificar a ajuda do poder público ao seu empreendimento, numa tentativa de ampliar as subvenções concedidas.

A "urbanização" ganhava aspectos particulares na visão da Cruzada São Sebastião. De um lado, havia o reconhecimento das particularidades de cada favela, sendo necessário reconhecer as demandas de cada localidade na articulação entre poder público e agentes privados. Por outro lado, urbanizar era "humanizar" as favelas, alterando o *modus vivendi* da população: combater a "promiscuidade" e difundir preceitos cristãos era o foco de um processo de humanização que tinha como eixo central a recuperação das famílias nos grupos marginais à sociedade. Como notou Valla, a urbanização "traduzia-se em todo um trabalho de persuasão da população no sentido de levá-la a aceitar e implantar um novo *modus vivendi*" associado à imagem de trabalhador e cristão (VALLA, 1986, p. 72). Dom Helder também anunciou a criação de uma "colônia" em Goiás, tentando fixar os moradores do "interior" e evitar a migração.

A principal obra da Cruzada São Sebastião foi a construção do conjunto habitacional "Bairro São Sebastião" – 916 apartamentos localizados no bairro do Leblon e distribuídos por dez prédios. Iniciado seu planejamento em 1955 e inaugurado em 20 de janeiro 1957 (dia do santo padroeiro do Rio de Janeiro), o conjunto situava-se numa das áreas mais valorizadas da Zona Sul carioca e destinava-se à "urbanização" da favela da Praia do Pinto, localizada às margens da Lagoa Rodrigo de Freitas. Construído com subsídio do governo federal, essa foi a obra de maior visibilidade e perenidade da Cruzada São Sebastião, monumentalizando o ataque ao "horror burguês" às favelas e à pregação da solidariedade e colaboração entre classes sociais – uma apologia à "paz social e cristã" contra a filosofia do comunismo e materialismo histórico. Não obstante a intenção de integrar os moradores no bairro, o conjunto destinado aos moradores da favela Praia do Pinto foi criticado e estigmatizado, também tratado em diversas situações como um enclave da pobreza na Zona Sul carioca (SIMÕES, 2008; GONÇALVES, 2013, p. 154-155).

A proposta da Cruzada São Sebastião distinguia-se também pela existência de uma ideologia comunitária católica. A "participação ativa na vida comunitária" era propagada como um meio de evitar a demagogia, e se instrumentalizava o mutirão como meio de conquista de melhorias. Essa visão foi apregoada por outra instituição coetânea da Cruzada, o Serviço de Recuperação de Favelas e Habitações Anti-higiênicas (Serfha):

> Considerando que o desenvolvimento das cidades em ritmo acelerado impõe um controle por parte dos poderes públicos municipais dos movimentos migratórios espontâneos, que contribuem para a formação e o aumento das áreas de habitação *sub-standarts* e clandestinas, controle esse que vive primordialmente ao amparo efetivo das populações migrantes por meio de um sistema de orientação e colocação;
> Considerando que todas as iniciativas privadas, no Distrito Federal, que visem à melhoria das condições de vida e à urbanização dos aglomerados do tipo "favela" devem ser estimuladas e, ao mesmo tempo, orientadas e controladas, a fim de que se subordinem a uma política habitacional e urbanística racional (...);
> Considerando que, a qualquer programa habitacional, se deve conjugar uma larga ação social e educativa, visando obter dos beneficiários um esforço para a manutenção e melhoria de seus lares e uma participação ativa na vida comunitária, por meio do sistema de ajuda mútua (DIÁRIO OFICIAL DA UNIÃO, 1956, p. 1).

No Serfha, havia a compreensão da favela como um problema geral de "habitações *sub-standarts*" e "anti-higiênicas" que seria comum em outras cidades e na zona rural brasileira, um problema intimamente ligado à rápida urbanização e ao desenvolvimento urbano-industrial brasileiro no pós-guerra. Pretendia-se também exercer o controle do espaço urbano das favelas e seu melhoramento com auxílio dos moradores e sua "participação ativa na vida comunitária". O Serfha pretendia estabelecer uma classificação entre as "favelas condenáveis" e as "recuperáveis". Naquelas vistas como "recuperáveis", ele buscava incentivar o mutirão que era entendido como uma prática social proveniente do meio rural e que poderia ser aperfeiçoada pelo Estado, ajudando a urbanizar as favelas e a economizar recursos escassos do Estado, para enfrentar o problema habitacional.

O Serfha ocupou o lugar da Comissão de Favelas na estrutura municipal de governo. Assim como a instituição que o precedeu, tinha objetivo de congregar as várias operações que existiam no âmbito municipal para controlar o espaço urbano e a população das favelas. A tentativa de centralização da coordenação das políticas para as favelas municipais perpassou toda a década de 1950. Criado em 1956, pelo prefeito Francisco Negrão de Lima (1956-1958), o Serfha tinha grande semelhança com o projeto de 1952 que foi organizado pela Comissão Nacional de Bem-estar Social (CNBS), no Ministério do Trabalho (ALMEIDA, 1953). Na análise e interpretação do "problema das favelas", o Serfha estava fortemente impregnado de uma visão geral constituída na Subcomissão de Habitação e Favelas da CNBS.

Entre 1956 e 1960, o Serfha atuou em conjunto com a Fundação Leão XIII e, principalmente, com a Cruzada São Sebastião. Segundo Parisse, o primeiro coordenador do órgão, Reinaldo Mattos Reis, era ligado à Cruzada São Sebastião, que também teve grande representatividade no Conselho do órgão (PARISSE, 1969, p. 206). Entre 1956 e 1959, o diretor tentou ampliar a assistência social, realizando obras que favoreceram a ação da iniciativa católica. Criou quatro Centros Sociais (Penha, Vila da Cachoeira no Alto da Boa Vista, Vidigal e Baixa do Sapateiro em Manguinhos) que foram entregues, respectivamente, à Cruzada São Sebastião e à Fundação Leão XIII. O relatório do Serfha de 1959 dava destaque a essas obras assistenciais, construídas pelo órgão e sob os cuidados da Igreja católica. Tal atuação conjunta produzia a crítica de "especialistas" da época, que questionavam a função desempenhada pelo órgão na execução de uma política para as favelas (CORREIO DA MANHÃ, 1959, p.3).

O Serfha também atuou em conjunto com a polícia de vigilância e os órgãos da assistência social católica no sentido de conter o crescimento das favelas. Em 1955, o deputado comunista Bruzzi Mendonça, com a pressão e o apoio do movimento social da UTF, aprovou uma emenda na lei que concedia subvenções à Cruzada São Sebastião, que proibia despejos em favelas por dois anos. Em 1958, após a vigência do regulamento, o diretor do Serfha, juntamente com outros órgãos e departamentos da Prefeitura do Distrito Federal, lançou o que chamou "Operação Cidade

Maravilhosa". Também visando à comemoração do IV Centenário em 1965, a operação buscava deixar o espaço urbano livre das favelas e dos camelôs. Segundo o diretor,

> quando o Rio de Janeiro fizer quatrocentos anos, (...) espero ter concluído já essa obra, ocasião em que [se] apresenta o Rio de feições novas, para o público e visitantes. Ou seja, todas as favelas e os camelôs serão transferidos, e os camelôs afastados do centro da cidade. (...) Essa tarefa não será desempenhada apenas pela Prefeitura. Para seu pleno êxito, contarei com o auxílio de Dom Hélder Câmara através da Cruzada São Sebastião (CORREIO DA MANHÃ, 1958, p. 5).

Com modelo bastante similar aos "parques proletários", foi construído em Ramos um assentamento, visando a remoções no Morro de São Carlos e Catacumba. A Igreja católica, assim como no caso da remoção do Morro de Santo Antônio, atuou por meio de seus organismos, prestando assistência social e apoiando as medidas de reassentamento urbano, com objetivo de recuperar o espaço da cidade, dar melhores condições de vida e reeducar os favelados. Seguindo essa mudança de orientação, em julho de 1959, editou uma circular cujo objetivo era, juntamente com a polícia de vigilância, fiscalizar a proibição de aluguéis nas favelas. De acordo com Gonçalves, "como muitos favelados haviam deixado" de pagar seus aluguéis imediatamente após essa circular, vários proprietários apelaram para a violência, com a finalidade de exigir seus pagamentos, ou entraram com ações judiciais, o que aumentou consideravelmente as tensões sociais (GONÇALVES, 2013, p. 193).

Considerações finais

Nos anos 1960 e 1970, a sociologia urbana tomou o debate sobre os chamados "mitos da marginalidade" para sustentar uma agenda de pesquisa da antropologia e da sociologia urbana preocupada com a compreensão da realidade das favelas cariocas (LEEDS; LEEDS, 1978; PERLMAN, 1977; ZALUAR, 1989). Todavia, os efeitos desse discurso na agência social dos moradores e outros atores, e na linguagem política teve consequências amplas e diversas, perpassando diferentes processos e vetores de socialização que devem ser analisados para ampliação da compreensão da história da informalidade urbana no Rio de Janeiro.

O artigo mostrou como a retórica da marginalidade operava significados na leitura do tecido urbano e da política carioca. A construção de uma cultura de direitos para os "trabalhadores favelados", a ambivalência entre "trabalhador" e "marginal" para definir o acesso às políticas sociais, e a retórica das "batalhas", tomando a favela como espaço heterotópico em relação à cidade, foram traços que marcaram a configuração social e política do Rio de Janeiro nos anos 1950. Nesse processo, observa-se ainda a construção de uma gramática política católica conservadora e outra trabalhista-comunista, tematizando a cidadania nas favelas. Os efeitos da retórica da marginalidade, todavia, encontram-se difundidos em diferentes níveis e vetores de socialização do período que ultrapassam os limites deste artigo.

Referências

ABREU, Maurício de Almeida. *Evolução urbana do Rio de Janeiro*. Rio de Janeiro: IIphan-Rio, 2010.

ALVITO, Marcos; ZALUAR, Alba. *Um século de favela*. 5. ed. Rio de Janeiro: FGV, 2006.

AMOROSO, Mauro. Caminhos do lembrar: a construção e os usos políticos da memória no Morro do Borel. Tese de Doutorado. Programa de Pós-graduação em História, Política e Bens Culturais do Centro de Pesquisa e Documentação de História Contemporânea do Brasil, Rio de Janeiro, 2012.

AMOROSO, Mauro; GONÇALVES, Rafael. O advogado e os trabalhadores favelados: Antoine de Magarinos Torres e a prática política nas favelas cariocas dos anos 1950 e 1960. *Estudos Históricos*, v. 29, n. 59, p. 707-724, out., 2016.

BURGOS, Marcelo Baumann. Dos parques proletários ao Favela-Bairro: as políticas públicas nas favelas do Rio de Janeiro. In: ALVITO, Marcos; ZALUAR, Alba (org.). *Um século de favela*. 5. ed. Rio de Janeiro: FGV, 2006. p. 25-60.

CAMPOS, Andrelino. *Do quilombo à favela – a produção do "espaço criminalizado" no Rio de Janeiro*. Rio de Janeiro: Bertrand Brasil, 2005.

CAVALCANTI, Mariana; FONTES, Paulo. Ruínas industriais e memória em uma favela fabril. *História Oral*, v. 14, n. 1, jan./jun. , p. 11-35, 2011.

FISCHER, Brodwyn. *A Poverty Rights: Citizenship and Inequality in Twentieth-Century Rio de Janeiro*. Standford/California: Standford University Press, 2008.

FISCHER, Brodwyn. Direitos por lei ou leis por direitos? Pobreza e ambiguidade legal no Estado Novo. In: LARA, Silvia Hunold; MENDONÇA; Joseli Maria Nunes. *Direitos e Justiças no Brasil*: ensaios de História Social. Campinas: Unicamp, 2006. p. 417-457.

FISCHER, Brodwyn. Partindo a cidade maravilhosa. In: CUNHA, O. M. G.; GOMES, F. S. *Quase-cidadãos – histórias e antropologias da pós-emancipação*. Rio de Janeiro: FGV, 2006. p. 419-450.

FISCHER, Brodwyn. Quase pretos de tão pobres? Race and Social Discrimination in Rio de Janeiro's Twentieth-century Criminal Courts. *Latin American Research*, v. 39, n.1, p. 31-59, 2004.

FREIRE, Leticia de Luna; GONÇALVES, Rafael Soares; SIMÕES, Soraya Silveira. Uma cruzada do século XX: iniciativas católicas no campo das políticas habitacionais na França e no Brasil. *Revista Antropológica*, Niterói, n. 29, 2. sem. , p. 201-233, 2010.

GIACOMINNI, Sonia. *A alma da festa: família, etnicidade, e projetos num clube social da Zona Norte do Rio de Janeiro, o Clube Renascença.* Belo Horizonte: UFMG, 2006.
GONÇALVES, Rafael Soares. *Favelas do Rio de Janeiro*: história e direito. Rio de Janeiro: PUC-Rio; Pallas, 2013.
GUIMARÃES, Valéria Lima. *O PCB cai no samba*: os comunistas e a cultura popular, 1945-1950. Rio de Janeiro: Arquivo Público do Estado do Rio de Janeiro, 2009.
HONORATO, Cezar. O assistente social e as favelas (1945-1964). In: MELLO, Marco Antonio da Silva et al. *Favelas cariocas*: ontem e hoje. Rio de Janeiro: Garamond, 2012. p. 141-169.
LEEDS, Anthony; LEEDS, Elizabeth. *A sociologia do Brasil urbano.* Rio de Janeiro: Zahar, 1978.
LIMA, Nisia Trindade. O movimento de favelas no Rio de Janeiro: políticas do Estado e lutas sociais (1954-1973). Dissertação de Mestrado. Instituto Universitário de Pesquisa do Rio de Janeiro, Rio de Janeiro, 1989.
MACHADO DA SILVA, Luiz Antonio. A continuidade do "Problema da favela". In: OLIVEIRA, Lúcia Lippi (org.). *Cidade:* história e desafios. Rio de Janeiro: FGV, 2002. p. 221-237.
MUNANGA, Kabengele. *Rediscutindo a mestiçagem no Brasil – identidade nacional versus identidade negra.* Belo Horizonte: Autêntica, 2019.
OLIVEIRA, Samuel Silva Rodrigues de. "Os trabalhadores favelados": identificação das favelas e movimentos sociais no Rio de Janeiro e Belo Horizonte. Tese de Doutorado em História, Políticas e Bens Culturais, Centro de Pesquisa e Documentação de História Contemporânea do Brasil (CPDOC), Programa de Pós-graduação em História, Políticas e Bens Culturais, Fundação Getúlio Vargas, Rio de Janeiro, 2014.
OLIVEIRA, Samuel Silva Rodrigues de. Associativismo de trabalhadores favelados no Rio de Janeiro e em Belo Horizonte (1954-1964). *Estudos Históricos*, v. 31, n. 65, p. 349-368, set./dez., 2018.
OLIVEIRA, Samuel Silva Rodrigues de; PANDOLFI, Dulce Chaves. Dr. Magarinos Torres Filho: A formação social nas classes médias e a luta das esquerdas no Rio de Janeiro (1940-1950). *Revista do Arquivo Geral da Cidade do Rio de Janeiro*, n. 16, p. 205-231, jan/jun., 2019.
PANDOLFI, Dulce Chaves; GRYNSZPAN, Mário. Poder público e favela: uma relação delicada. In: OLIVEIRA, Lúcia Lippi (org.). *Repensando a cidade*: *história e desafios.* Rio de Janeiro: FGV, 2002. p. 238-255.
PARISSE, Luciano. *Favelas do Rio de Janeiro*: evolução e sentido. Rio de Janeiro: Cenpha, 1969.
PERLMAN, Janice. *O mito da marginalidade*: favelas e política no Rio de Janeiro. Rio de Janeiro: Paz e Terra, 1977.
PINTO, Luis Costa. *O negro no Rio de Janeiro.* Rio de Janeiro: UFRJ, 1996.
SILVA, Maria Lais Pereira da. A favela e o subúrbio: associação e dissociações na expansão suburbana da favela. In: FERNANDES, Nelson da Nóbrega; OLIVEIRA, Márcio Piñon de (org.). *150 anos de subúrbio carioca.* Rio de Janeiro: Lamparina/Faperj, 2010. p. 161-187.
SILVA, Maria Lais Pereira da. *Favelas cariocas (1930-1964).* Rio de Janeiro: Contraponto, 2005.
SIMÕES, Soraya Guimarães. Cruzada São Sebastião do Leblon: uma etnografia da moradia e do cotidiano dos habitantes de um conjunto habitacional na Zona Sul do Rio de Janeiro. Tese de Doutorado. Programa de Pós-graduação em Antropologia, Instituto de Ciências Humanas e Filosofia da Universidade Federal Fluminense, Niterói, 2008.
VALLA, Victor. *Educação e favela*: políticas para as favelas do Rio de Janeiro, 1940-1985. Petrópolis: Vozes, 1986.
VALLADARES, Licia do Prado. *A invenção da favela*: do mito de origem à favela.com. Rio de Janeiro: FGV, 2005.

VALLADARES, Licia do Prado. Cem anos pensando a pobreza (urbana) no Brasil. In: BOCHI, Renato. *Corporativismo e desigualdade*. Rio de Janeiro: Iuperj/Rio Fundo, 1989. p. 81-113.
ZALUAR, Alba. *A máquina e a Revolta*. 2. ed. Rio de Janeiro: Brasiliense, 1994.

Fontes

AÇÃO social inspirada no pensamento católico. *Tribuna da Imprensa*. Rio de Janeiro, 16/09/195, p. 4.
ALMEIRA, Rômulo. Relatório da Subcomissão de Habitação e Favelas ao presidente da CNBS. Anexo I - Projeto de Lei, 23/12/1953. CENTRO DE PESQUISA E DOCUMENTAÇÃO DE HISTÓRIA CONTEMPORÂNEA DO BRASIL. *Arquivo Getúlio Vargas*. Arq. GVc1952.12.23.
APARTAMENTO para os Funcionários Favelados. *Correio da Manhã*. Rio de Janeiro, 26/04/1952. Caderno 1. p. 4.
COMEÇA hoje a Batalha das Favelas. *A Noite*. Rio de Janeiro, 03/03/1952, p. 16.
DEPARTAMENTO NACIONAL DE ILUMINAÇÃO E GÁS. Portaria nº 1, de 6 de abril de 1948. *DIÁRIO OFICIAL DA UNIÃO*, 09/04/1948. p. 5.685.
DISTRITO FEDERAL. *Censo de favelas*: aspectos gerais. Rio de Janeiro: Prefeitura do Distrito Federal, 1949.
DOM HÉLDER. Vamos humanizar as favelas *O Cruzeiro*, 12/11/1955, p. 7 -12.
ESTATUTO da Cruzada São Sebastião apud *Correio da Manhã*. Rio de Janeiro, 26/01/1958, Caderno 2, p. 8
FUNDAÇÃO LEÃO XIII. *Como trabalha a Fundação Leão XIII*. Rio de Janeiro, 1950.
GUIMARÃES, Alberto Passos. As favelas do Distrito Federal. *Revista Brasileira de Estatística*. Rio de Janeiro, 1953.
HIGIENE e segurança aos habitantes das favelas. *A Noite*. Rio de Janeiro. 04/03/1952. p. 1.
IBGE. *Censo demográfico 1960*: Favelas do Estado da Guanabara. Rio de Janeiro: FIBGE, 1968.
INSTITUTO DE PREVIDÊNCIA E ASSISTÊNCIA DOS SERVIDORES DO ESTADO. Instrução nº 22, 27/05/1952. *DIÁRIO OFICIAL DA UNIÃO*, 10/06/1952, p. 9.583-9.584.
OBSERVADOR *Econômico e Financeiro*. Rio de Janeiro, Ano XVI, nº 191, dez. 1961. p.70-82.
OPERAÇÃO Cidade Maravilhosa para acabar com favelas e camelôs. *Correio da Manhã*, 05/12/1958, p. 5.
PREFEITURA DO DISTRITO FEDERAL. Decreto n. 8.797, de 8 de fevereiro de 1947. *DIÁRIO OFICIAL DA UNIÃO*, 11/02/1947. p. 897.
PREFEITURA DO DISTRITO FEDERAL. Decreto n. 13.304, de 28 de agosto de 1956. *DIÁRIO OFICIAL DA UNIÃO*. Rio de Janeiro, 29/08/1956, p. 1.
PREFEITURA DO DISTRITO FEDERAL. Portaria n. 59, de 23 de fevereiro de 1952. *DIÁRIO OFICIAL DA UNIÃO*, 25/02/1952. p. 1.
PREFEITURA DO DISTRITO FEDERAL. Portaria n. 2.148, de 3 de julho de 1948. *DIÁRIO OFICIAL DA UNIÃO*, 09/07/1948. Rio de Janeiro, p. 6.976.
PREFEITURA DO DISTRITO FEDERAL. Problema das favelas do Distrito Federal. *DIÁRIO OFICIAL DA UNIÃO*, 15/07/1948. p. 4.824-4.825.
RELATÓRIO DO SERFHA está muito distante da realidade. *Correio da Manhã*. Rio de Janeiro, 07/02/1959, p. 3.
SUBCOMISSÃO DE FAVELAS. *Semana das favelas:* favelas. Rio de Janeiro: Comissão Nacional de Bem-estar Social, 1952.
URBANIZAÇÃO das favelas: "nobre como um congresso". *Tribuna da Imprensa*. Rio de Janeiro, 08/11/1955, p. 2.

Teoria e movimentos sociais: o caso de *pobladores* e favelados[1]

Alexis Cortés

Introdução

Os pobres urbanos das cidades latino-americanas, durante o século passado, estiveram no centro dos debates intelectuais do continente. A reflexão em torno deles alimentou um vasto *corpus* teórico que tentou compreender a especificidade da questão social nas metrópoles da América Latina, procurando enquadrar a ação coletiva dos moradores das diversas formas de habitação popular em esquemas analíticos coerentes, com projetos políticos que disputavam o direito de conduzir as sociedades dependentes pela trilha do desenvolvimento (CORTÉS, 2018).

Compreendidos, por alguns autores, como massa de manobra potencialmente à disposição de projetos populistas ou revolucionários (MEDINA, 1964), como força auxiliar do proletariado ou como principais protagonistas de uma nova forma de luta de classes, como diria Manuel Castells (1973), apesar do caráter secundário da contradição que os define (consumo/habitação), os marginais estiveram no cerne do debate político em determinadas conjunturas. Daí que a célebre expressão de Touraine (1987), aparentemente paradoxal, "a centralidade dos marginais", defina um traço capital do tópico da ação coletiva popular na América Latina.

O objetivo deste capítulo é analisar criticamente a maneira como foi compreendida pelas ciências sociais, durante o século XX, a ação política dos pobres urbanos das cidades do Rio de Janeiro e de Santiago do Chile: favelados e *pobladores*, sugerindo algumas chaves para a releitura dos movimentos urbanos populares. Embora as categorias de favelados e *pobladores* correspondam a uma forma particular dos pobres urbanos e não a sua totalidade, estas etiquetas concentraram boa parte do debate sobre questão social urbana no continente. A favela provavelmente é a

[1] Este texto é uma versão corrigida do artigo: Cortés, A. "A Struggle Larger Than a House: Pobladores and Favelados in Latin American Social Theory". *Latin American Perspectives*, v. 40, n. 2, p. 168-184, 1º mar. 2013.

forma de habitação popular que maior impacto teve no imaginário sobre pobreza urbana; enquanto a experiência dos *pobladores* teve uma repercussão decisiva no reconhecimento de um movimento social de caráter eminentemente urbano que, desde uma posição subalterna, é capaz de gerar transformações sociais profundas.

Mostrar-se-á que o exercício de comparação e contraste do tratamento nas ciências sociais das trajetórias da ação coletiva de favelados e *pobladores* é útil para avançar na direção de uma compreensão da ação coletiva dos pobres urbanos das cidades da América Latina para além das dicotomias e dos vaivéns teóricos das diferentes escolas que estudaram a questão social urbana na América Latina.

Para tanto, este capítulo se dividirá em quatro seções: a primeira trata, como antecedente indireto, as tendências de interpretação da "questão social" em ambos os países, pois nelas já se configura uma tendência que também estará presente na especificação urbana da questão social, a saber, o Brasil com uma classe operária convertida em massa de manobra, e o Chile com uma classe operária ciente do seu papel histórico na transformação da sociedade; a segunda parte discute a aparição da Teoria da Marginalidade enquanto primeira tentativa (ainda nebulosa) de reconhecimento político de favelados e *pobladores*; e a terceira dedica uma reflexão às escolas que, criticando as teorias da marginalidade, articularam as principais alternativas de compreensão da ação política dos pobres urbanos: movimento reivindicatório/utilitarista *versus* movimento classista/radical; por fim, analisa-se brevemente como as ciências sociais compreenderam a reação dos movimentos de *pobladores* e de favelados às ditaduras militares dos seus respectivos países.

I. A questão social como dádiva ou conquista

Fenômeno intimamente ligado aos processos de industrialização e urbanização, a questão social, segundo Robert Castel (2004), pode ser entendida como uma tomada de consciência da existência de uma fratura central, posta em cena pela multiplicação das descrições do pauperismo, que poderia levar mesmo à dissolução do conjunto da sociedade. Ao se comparar a forma como foi enfrentada no Chile e no Brasil a questão social pela academia, é possível ver que existem elementos semelhantes, mas interpretações opostas (CORTÉS, 2016).

Em ambos os casos, é possível observar uma primeira etapa de sindicalismo heroico que enfrentou as miseráveis condições de vida do operariado e uma segunda na qual se tentou ampliar o horizonte de cidadania do Estado. O trânsito de uma etapa a outra coincide nos dois países com o enquadramento do movimento na figura do sindicato por mandato do código laboral respectivo, deixando de lado a heterogeneidade inicial das organizações operárias. Isto significou uma disjuntiva fundamental: renunciar a parte da autonomia como movimento, mas conseguir parte importante de suas reivindicações. A partir deste momento, o movimento operário não poderá ser compreendido sem sua relação com o Estado e este, por sua vez, será redefinido pela sua tentativa de inclusão social.

No Chile a questão social foi interpretada, pela historiografia social clássica, como uma tomada de consciência da classe operária que, produto da sua maturidade política e organizativa, pressionou por meio das greves e da luta eleitoral, conquistando a legislação social. Em contraste, no Brasil, a interpretação é diametralmente oposta: assim a legislação social não é vista como produto da luta da classe operária e sim como uma "dádiva" do Governo de Getúlio Vargas e do seu Estado corporativista, não sendo o sindicato a causa da legislação social e sim uma consequência dela.

É o Estado corporativista o marco para compreender a emergência da ideia de que no Brasil a questão social foi, a partir da Revolução de 1930, uma política de Estado e não uma conquista das massas trabalhadoras, hipótese defendida por um dos mais brilhantes partidários e pensadores do governo Vargas, a saber, Oliveira Vianna:

> Coube à Revolução de 30 o mérito insigne de elevar a questão social – até então relegada à jurisdição da polícia nas correrias da praça pública – à dignidade de um problema fundamental de Estado a dar-lhe – como solução um conjunto de leis, em cujos preceitos domina, com um profundo senso de justiça social, um alto espírito de harmonia e colaboração (VIANNA, 1951, p. 11).

Em contraste, o processo integrador por parte do Estado chileno, que culminou com a institucionalização de uma série de direitos, longe de ser interpretado como uma dádiva das classes dominantes, foi lido, pela historiografia clássica, como uma conquista operária propiciada pela consciência e pela capacidade organizativa e combatividade proletária:

> Pois bem, a história do movimento operário ensina que os direitos que hoje desfruta a classe operária e os benefícios que em alguma medida conquistou, não foram gratuitas concessões feitas pelos governantes burgueses ou latifundiários; também não foram dádivas desinteressadas das classes dirigentes. São única e exclusivamente conquistas da classe operária. (NECOCHEA, 2007, p. 287)

Esta rápida e sintética revisão das ideias clássicas da interpretação da questão social permite destacar alguns elementos úteis para este texto. Em primeiro lugar, adverte sobre o perigo de reproduzir o mito da passividade/protagonismo das classes subalternas agora no âmbito urbano: se seguimos o mito, a classe operária chilena aparece como um exemplo de "classe para si" e a brasileira como de "classe em si" (mais perto de "massa em si"). Fazendo uma análise simples, se poderia replicar a mesma lógica aos seus pobres urbanos: os *pobladores* seriam o exemplo de um movimento social combativo e politicamente ativo, enquanto os favelados (novamente) massa de manobra. A ideia, pelo contrário, é ir além dessa interpretação, uma vez que a compreensão da constituição tanto dos *pobladores* quanto dos favelados como atores políticos nessas sociedades deve evitar qualquer tentativa de substancializar as classes subalternas como mais ou menos combativas ou mais ou menos manipuláveis. Assim, as diferenças nas trajetórias dos atores não estariam numa maior disposição dos chilenos à organização e à radicalidade (e o contrário para os favelados), e sim nos diferentes processos políticos envolvidos nas disputas nacionais que em cada país possibilitaram que um determinado repertório fosse mais bem-sucedido que outro.

Finalmente, a reflexividade da "questão social" é também uma contestação "preventiva", pelo fato de compreender que o estado de miséria da classe operária precisa mudar para assegurar a persistência da sociedade. Neste sentido, representa um reconhecimento da potencialidade das classes subalternas para construírem hipoteticamente um discurso e projeto contra-hegemônicos alentados pela existência paupérrima dos seus integrantes. Assim, é possível falar que a resposta à questão social no Chile e no Brasil é também uma reação preventiva, destinada a antecipar as fraturas sociais possíveis da ação organizada das classes populares. Desta maneira, o papel da classe operária é determinante, seja pela ameaça real que poderia representar ou pela ameaça potencial de sua organização autônoma.

II. Marginalidade: da ameaça aos atores políticos

Diversas teorias, no debate latino-americano, utilizaram a categoria "marginalidade" como variável explicativa fundamental. As diversas ênfases (produtivas, de organização técnica da produção, socioculturais, políticas, demográficas) mostraram que a discussão da marginalidade não pode ser isolada dos supostos relativos aos contrastantes modelos de desenvolvimento que buscavam ser alternativa de compreensão e de superação do subdesenvolvimento (GERMANI, 1973).

Não obstante a heterogeneidade teórica das perspectivas marginais, elas possuíam como traço comum a leitura de disfuncionalidade da mesma e, independentemente da matriz ideológica da análise, associavam as camadas marginais com um potencial disruptivo. Isto, seja positivamente, por sua capacidade revolucionária, ou negativamente, pelos ônus que representavam para o resto da sociedade. Nesta ideia, está suposta a necessidade de mudanças na sociedade, sejam revolucionárias ou reformistas (MACHADO DA SILVA, 1971).

É nesse contexto que aparece a figura de Roger Vekemans, sociólogo belga e sacerdote jesuíta, que foi um dos principais teóricos da marginalidade no continente. Estando politicamente ligado à democracia Cristã, realizou boa parte de sua reflexão desde o "Centro para o Desenvolvimento Social para America Latina" (Desal) no Chile. A importância da Teoria da Marginalidade para a consolidação de diversas correntes de pensamentos que tentaram pensar a especificidade do desenvolvimento urbano na América Latina foi fundamental (LEZAMA, 2002).

Segundo o Desal, o continente tomou consciência da marginalidade preexistente somente quando se produziu a avalanche sobre as *urbes*, no momento em que fisicamente foi possível apontar com o dedo os cordões de miséria. A marginalidade se identifica com a falta de participação e de pertencimento à sociedade, sendo característica própria da América Latina a dicotomia entre uma sociedade participante, instalada e hegemônica, *versus* outra sociedade de massas marginais. A marginalidade seria relacional e negativa (carência), já que quando se fala de "falta de participação" se nega a efetividade do vínculo que deveria unir o mundo marginal com a sociedade estabelecida. A marginalidade não seria apenas econômica, mas, sobretudo, cultural, na medida em que afeta todas as esferas da vida social. Esta situação coincidia com uma determinação física, cristalizava-se em um espaço social específico: a favela (ou *población*). Daí é que aparecerá a imagem mais forte da marginalidade: "o mundo marginal (...) é um mundo internamente desintegrado, atomizado, um mundo no qual, se existem coagulações, elas serão de tipo ghetto, retraídas sobre si próprias, à defensiva, e não dispostas a se enfrentar com a sociedade estabelecida" (VEKEMANS; SILVA, 1976, p. 81).

Um elemento inegável desta teoria é o tom de advertência frente à ameaça dos marginais. "A massa marginal se encontra, metaforicamente, frente à vitrine mas sem poder de compra (...) Se passaram quatro séculos e, frente a este novo fato, é necessário atuar para que a vitrine não estoure violentamente" (VEKEMANS; SILVA, 1969, p. 61). Para "evitar a destruição da vitrine", o Desal propunha a Promoção Popular, como tentativa de integração dos marginais num processo de reestruturação da sociedade. Assim, a noção de promoção se poderia entender como ação *sobre* os marginais (capacitação) e *dos* marginais (organização), sendo o fundamento do processo popular reintegrativo às organizações de base (associações de moradores, centro de mães etc.).

Sem dúvida, estas ideias influenciaram profundamente muitos intelectuais e importantes projetos políticos no continente. No Brasil, já antes era possível encontrar estes elementos nos trabalhos fundadores da sociologia urbana local. É o caso de Carlos Alberto Medina (1964), que concebia a favela como um prolongamento do mundo rural na cidade, um tumor rural-primitivo na moderna metrópole. A favela seria uma erva daninha, mas curável com uma boa administração. O problema era que os favelados, por reproduzir padrões culturais rurais, eram facilmente manipuláveis por demagogos, o que impedia a possibilidade de achar uma solução para sua situação. Tal como se expressava no primeiro grande estudo sobre favelas, *Aspectos humanos da favela carioca* (RIOS, 1960), a migração campo-cidade estimularia o desenvolvimento de uma "Cultura Cabocla", na qual permaneceriam os traços psicológicos e condutas próprias do meio rural, e que apareceriam intatos na favela. Neste ponto, o tom de advertência é até mais direto que o do Desal: "É preciso subir o morro antes que deles desçam os comunistas" (RIOS, 1960, p. 43).

A criação da Fundação Leão XIII e da Cruzada São Sebastião pela Igreja católica foram a expressão prática de uma nova concepção das populações faveladas, onde se fomenta uma solução em longo prazo: a promoção humana dos favelados. Com estes organismos se estimulou a "participação comunitária" e as organizações de base, essencialmente para se opor à "exploração demagógica dos políticos" e para neutralizar a influência comunista nas favelas (GIANNOTTI; GONÇALVES, 2020).

Existe na ideia de ameaça um potencial reconhecimento da capacidade política dos marginais? O caráter preventivo da "subida ao morro" para evitar que "a vitrine se quebre" pode ser comparável à resposta reflexiva da questão social para enfrentar as demandas dos operários? A ideia de "massa de manobra" presente nos autores da marginalidade antagoniza por definição com a noção de reconhecimento de atores políticos subalternos. Porém, pode se reconhecer a possibilidade de fratura da sociedade sem vislumbrar a possibilidade de construção de um projeto político que viabilize essa fratura?

A noção de "reconhecimento" é um pouco mais clara no caso do movimento operário e não tanto no movimento favelado ou *poblacional*, embora na ideia de "temos que subir no morro antes que os comunistas desçam" existe um indício, não apenas de prevenção e perigo, mas também de potencial conformação de um ator político "radical". Há um medo à massa amorfa, mas o maior medo é à massa que vira classe oprimida radical (ou massa de manobra comunista para eles). O medo é que a massa amorfa vire um ator político fora dos parâmetros que as classes dominantes pré-definem para as classes subalternas: um marco baseado na ideia de um "bom favelado" que "aprende" a sair da pobreza. Apesar dos preconceitos políticos em relação aos pobres urbanos, estamos frente a um grupo social (dominante) que está considerando um cenário possível, logo esta situação hipotética ("os comunistas descendo") está tendo consequências concretas na realidade e, seguindo o teorema de Thomas, "se os indivíduos definem as situações como reais, elas são reais em suas consequências" (apud MERTON, 1970, p. 515).

Particularmente no caso brasileiro, considero necessário estabelecer uma diferença em relação ao caráter preventivo do agir estatal. Há uma ação sistemática por parte de setores dominantes para prevenir uma explosão social (a descida do morro) e para neutralizar a influência comunista nas favelas. Porém, se a questão social (operária) passou de ser uma questão de polícia a uma questão de cidadania regulada pelo Estado (em benefício de um pequeno setor dos trabalhadores brasileiros) (SANTOS, 1998), a questão social urbana em boa parte continuou sendo uma questão de polícia, e a regulação estatal da cidadania nas favelas foi muito mais contraditória e repressiva que a da fábrica. Em outras palavras, se nos sindicatos o Estado teve um braço esquerdo (legislação laboral) e um direito (controle) fortes, nas favelas se observa uma hipertrofia da extremidade direita, que encontrará na forma das remoções sua melhor expressão. Vale lembrar que até nos contextos favoráveis às favelas a repressão sempre esteve presente nos espaços da pobreza (SILVA, 2005).

Antes de passar para a próxima seção, não se pode deixar de mencionar, embora brevemente, as versões da marginalidade de inspiração marxista (marginalidade econômica) que, em oposição à versão desaliana e outras – tais como a da "cultura da pobreza" de Lewis (1961), e a teoria da modernização de Germani (1971) – realizaram uma leitura materialista da marginalidade, a que foi chave na conformação do debate que se desenvolverá no Chile com Castells e a equipe do Centro Interdisciplinário de Desenvolvimento Urbano (Cidu) (CORTÉS, 2017). A leitura econômica da marginalidade será fonte e, até certo ponto, parte integrante da literatura sobre Movimentos Sociais Urbanos. Em particular, mostra-se ilustrativo o debate entre Nun e Fernando Henrique Cardoso em torno da ideia de "massa marginal", para dar conta do fenômeno de aumento de populações disfuncionais frente ao regime de produção dominante (NUN, 2001). Numa chave similar, Aníbal Quijano (1972) desenvolverá a categoria de "polo marginal" para identificar aquele novo estrato social, secretado por cada setor da economia, que não formaria parte dos setores de maior produtividade, não tendo uma função dentro da produção. Não é de estranhar que, no fértil debate sociológico latino-americano de finais dos anos 1960, existissem tentativas de desenvolver enfoques totalizantes nos quais se integraram diversas categorias como desenvolvimento, subdesenvolvimento, dependência, marginalidade e desigualdades espaciais (SUNKEL, 1970). Reflexões que outorgaram aos pobres das cidades latino-americanas um papel de protagonistas na elaboração teórica das ciências sociais do continente.

III. Movimento Social Urbano *versus* Movimento Utilitário

A escola do Movimento Social Urbano

Desde Santiago do Chile, contagiados pelo clima de efervescência social e política reinante nesse país no começo dos anos 1970, um grupo de pesquisadores se dedicará ao estudo do que parecia ser um novo ator social potencialmente decisivo na polarização chilena da época: os *pobladores*.

Estes intelectuais reconheceram nos *marginados* "uma ponta de lança urbana", segundo a expressão de Fanon (2007), dos processos de transformação social que experimentava o continente.

A primeira tarefa que estes pesquisadores tiveram foi demonstrar a falsidade das teses da teoria da marginalidade desaliana. Questionando a ideia de concentração de *lumpem* associada às habitações marginais, os diversos estudos empíricos realizados por estes autores demonstraram a "heterogeneidade popular" do universo *poblacional*. Isto permitiu, ao mesmo tempo, problematizar a ideia de subcultura marginal e, contrariamente, afirmar a existência de uma cultura nos bairros populares surgida ao ritmo ideológico e político dos processos gerais da luta de classes.

Estes autores criticaram também a lógica de intervenção da teoria da marginalidade elaborada pelo Desal, enquanto doutrina orientada a fundamentar a práxis política do Partido Democrata Cristão (PDC). A marginalidade se apresenta como uma tentativa de ocultar a relação de exploração, a qual seria o produto do tipo de integração de um regime capitalista; logo, as causas da marginalidade, que seriam econômicas, não podem se achar nas características próprias dos marginais (incapacidade organizacional ou subcultura). Para eles, com a doutrina desaliana, visava-se legitimar uma lógica de Estado paternalista e populista, onde se esperava que os marginados virassem clientes eleitorais deste projeto político.

Paralelamente, a crítica se estende à práxis dos partidos operários tradicionais (principalmente o Partido Comunista), constituídos majoritariamente por trabalhadores não marginais. Estes partidos desenvolveriam uma penetração no mundo popular de caráter economicista meramente reivindicativa. Assim, e devido à fraca penetração ideológica, existiria uma tendência a fortalecer as *Juntas de Vecinos* como um instrumento apenas de disputa eleitoral.

O Cidu foi o principal grupo de pesquisa que articulou a produção destes autores. Este centro tentou compreender a novidade político-social que representava o movimento organizado a partir do estabelecimento de inúmeros *campamentos*, originados por tomadas de terrenos dirigidas por militantes de partidos políticos (Partido Democrata Cristão, Comunista, Socialista e Movimento de Esquerda Revolucionária). Os *campamentos* eram, para a direita, o espaço de resguardo do *lumpem*; para a esquerda operária (comunistas), o principal meio de pressão das massas para obter habitação; e, para a esquerda revolucionária, o primeiro passo para tomada do poder (*"nos tomamos este sitio y luego el poder"*). Além das interpretações em disputa, o Cidu reconhecia nos *campamentos* de *pobladores* uma experiência única de luta política e organização urbana. O traço que dotará de originalidade este movimento será que o processo de tomada de terrenos estava fortemente vinculado à questão do poder, não apenas pela presença de organizações populares das mais variadas ao interior dos *campamentos*, mas também pelo papel diretamente político exercido pelo ato da tomada de terreno e pelo processo político experimentado pelo Chile durante o período em que o movimento de *pobladores* ganha centralidade (fins dos anos 1960 e começo dos anos 1970), o que marcará a intervenção diferencial dos diferentes atores políticos nos *campamentos* (CIDU, 1972).

Para Castells (1973), o que caracterizava o movimento de *pobladores* era a articulação, no marco da luta de classes, da reivindicação urbana e de uma estratégia política ligada à mobilização de objetivos baseados no governo local, o que permitiu o desenvolvimento de novas formas de organização política. Por outro lado, o que explica a centralidade, mesmo por cima da luta operária nas fábricas, da questão urbana nas lutas sociais em Santiago no período prévio à eleição de 1970 (na qual terminaria ganhando o socialista Salvador Allende) seria a coincidência táctica de três estratégias políticas opostas que concorreram no específico espaço dos *campamentos* e *poblaciones* para dar uma saída à crise estrutural da habitação popular no Chile. A primeira destas estratégias é a representada pela Democracia Cristã (DC) que, inspirada na política de promoção popular, era considerada pelo Cidu como uma mera tentativa populista de inclusão dos operários na sua clientela potencial. A segunda, representada pelos partidos operários, notadamente o Partido Comunista, os quais tentavam levar a batalha política ao terreno proposto pela DC. Finalmente, a esquerda revolucionária liderada pelo Movimiento de Izquierda Revolucionaria (MIR), que achou no caráter explosivo das tomadas uma fonte fecunda para alimentar sua estratégia de luta armada, assim como uma chance para penetrar nos setores operários e populares que no mundo sindical eram hegemonizados pelos comunistas e socialistas.

As diferentes intervenções realizadas por atores externos (partidos) nas *poblaciones* de Santiago foram vistas por Vanderschueren (1971) como ações que num extremo tem por objetivo neutralizar e controlar a pressão popular (Promoção Popular) e, no outro extremo, estimular a mobilização popular visando à liberação "real" destes setores populares. O autor tomará partido por esta última perspectiva, a via mobilizante, a que será entendida como uma "práxis adequada" que percebe o sistema socioeconômico como fonte de exploração.

Outros autores destacaram como a mobilização do setor *poblacional* e suas reivindicações urbanas geraram novas formas de "poder popular", outorgando um novo caráter à luta política chilena (QUEVEDO; SADER, 1973). Os *pobladores* foram capazes de se organizar de tal maneira que conseguiram, em boa parte, suprir o Estado quando este não era capaz de satisfazer as demandas populares, desenvolvendo a capacidade de opor às instituições vigentes outras alternativas. Contudo, eles reconheciam, nas diversas manifestações de poder popular, sentidos políticos diferentes, e estavam cientes de que, se elas se restringissem ao nível reivindicativo, perderiam capacidade de transformação. Em definitiva, pela forma qualitativamente diferente de enfrentar os problemas e as carências dos setores populares, estas experiências configuravam uma tentativa original dos dominados para mudar a natureza da situação de subordinação na qual se encontravam.

Este processo ascendente de lutas dos *pobladores* foi interrompido pelo golpe de Estado que derrubou o governo Allende, e que concentrou boa parte do seu agir repressivo nas *poblaciones* tanto de uma maneira seletiva, com a morte e o desaparecimento de suas principais lideranças, quanto coletiva, com as invasões policiais, os cercos de *poblaciones*, as detenções massivas, os sequestros, a destruição e o roubo de objetos pessoais e domésticos (COMITÉ DE MEMORIA HISTÓRICA, 2005). Apesar da ditadura, que obstruiu a continuidade do movimento, nos três anos do Governo Allende, a experiência popular ativada nas *poblaciones* pareceria ter consolidado um novo ator social: "É preciso ter presente o potencial do movimento *poblacional* para o desenvolvimento de uma estratégia de mudanças revolucionárias dos países da América Latina" (PASTRANA; THRELFALL, 1974, p. 153).

Porém, foi precisamente o Golpe de Estado que questionou parte importante das teses do Cidu, abrindo campo para uma leitura mais cética do potencial político do mundo *poblacional*: "Olhando para o presente do setor, resulta difícil acreditar que mobilizações dessa magnitude aconteceram. As expectativas de uma reativação parecem se desmanchar frente à difícil realidade do momento presente (...) Os *pobladores* parecem optar por soluções individuais" (ESPINOZA, 1982, p. 42).

A visão utilitarista

Apesar de não ter se organizado uma escola de pensamento com um nível de unidade intelectual como o do Cidu, no Rio de Janeiro, é possível observar uma tendência de alguns autores de construírem um pensamento por oposição à escola do MSU e à teoria da marginalidade que, por falta de um termo melhor, chamarei de visão utilitarista.

Perlman (1977) é um dos autores que desconstruiu os diversos pressupostos da Teoria da Marginalidade, contrapondo-se ao "constante empenho dos poderosos por culpar os pobres por sua situação". A autora mobilizou uma enorme quantidade de material empírico para desmistificar a marginalidade em cada uma de suas dimensões: social (desorganização interna e isolamento interno), cultural (tradicionalismo e cultura da pobreza), econômica (parasitismo econômico e paroquialismo econômico) e política (apatia política e radicalismo político).

Pelo protagonismo que tem a política neste texto, nos concentraremos na última dimensão analisada por Perlman. Contrária à ideia que supõe a noção de apatia política que caracterizaria os favelados, a autora mostrou a existência de um sistema político interno, onde os favelados participariam ativamente das organizações locais e procurariam estabelecer vínculos com a sociedade exterior. Destacou também a existência de lideranças com uma aguda percepção do funcionamento político externo, o que permitiria uma eficiente seletividade para se concentrar em interesses locais e obter resultados. Não sem realismo, ela afirmava: "nas condições vigentes em 1968-1969, eles não estavam dispostos a assumir riscos extremos ou a acalentar ilusões ideológicas" (PERLMAN, 1977, p. 228), ao contrário dos que esperavam um levantamento popular que mudasse o curso dos acontecimentos, após o golpe de Estado no Brasil. Nesse sentido, a conclusão é clara: não se pode compreender a política na favela sem considerar o contexto de repressão política próprio de um regime ditatorial, que se especificava de diversas maneiras na favela.

Outro autor que criticou a teoria da marginalidade foi Anthony Leeds, que desenvolveu nas suas pesquisas sobre o Brasil urbano uma definição de política que foi fundamental para a consolidação do debate no campo brasileiro. Política será "qualquer ação, articulação de interesses ou tentativa feita por um ator para manobrar órgãos públicos e privados que têm como objetivo a extração de bens e serviços de um dado sistema por outros meios que não as trocas padronizadas de valor, em geral dinheiro"

(LEEDS; LEEDS, 1978, p. 266). Nesta visão, a utilização de canais paternalistas e individualistas para obter favores e satisfação de interesses por troca de benefícios (apoio político em troca de serviços urbanos, por exemplo), provocada pela falta de resposta dos responsáveis governamentais, é compreendida como política. Apesar da restringida definição de política, esta visão o faz concluir que, ao contrário da literatura de sua época, a relação entre uma população proletária determinada com a comunidade política externa não é necessariamente uma relação de exploração unilateral por parte dos últimos.

Por outro lado, foi Valladares (2005) a autora que apresentou uma das tentativas mais elaboradas de posicionamento frente à tradição representada por Manuel Castells. Indo além das visões que identificavam na participação popular uma ação passiva ou entendiam a relação dos favelados com as autoridades públicas como meramente hierárquicas, ela negava a existência de um MSU à Castells, afirmando que preferia como modelo explicativo a teoria dos *free-rider*. Mais individual que coletiva e ideologicamente utilitária, a prática dos favelados se caracterizaria pela capacidade para ativar mecanismos, tais como o "jeitinho brasileiro", para obter benefícios por meios formais e informais. As infrutíferas tentativas de resistência de algumas comunidades aos planos de remoção nos anos 1970 demonstrariam que "as favelas nunca chegaram a representar núcleos organizados de resistência e luta" (VALLADARES, 1978, p. 52).

Os argumentos anteriores permitem o levantamento de dois questionamentos úteis para esta reflexão. Por um lado, ao afirmar a inexistência de uma ação coletiva organizada para evitar a remoção, exemplificando-o com as tentativas malsucedidas da Federação de Associações de Moradores de Favelas do Estado da Guanabara (Fafeg) de confronto e oposição ao programa de remoção, se está confundindo a inexistência de um movimento com um movimento que não deu certo; aliás, com isso mostra, pelo contrário, que existiram resistências à ação do governo nesse tópico particular. Por outro lado, cabem as seguintes perguntas: poderia a favela ter persistido e se afirmado no espaço urbano apenas mobilizando uma gramática particularista, baseada em uma ética individualista e utilitarista? Não existe acaso na demanda de "urbanização sim, remoção nunca" uma noção – embora dispersa – de luta pelo direito à cidade, sustentada na demanda por permanecer num espaço conquistado?

Numa linha similar à de Valladares, o texto *Movimentos urbanos no Rio de Janeiro*, de Carlos Nelson Ferreira dos Santos (1981), oferece uma visão contrária à interpretação dos MSU de Castells, baseada numa experiência etnográfica riquíssima, sustentada na sua trajetória como arquiteto fortemente ligado ao movimento durante o processo de urbanização de favelas cariocas. Para Santos, o conceito de MSU, ao sobredimensionar a novidade de uma nova forma de conflito social, termina por não distinguir capitalismo de cidade, convertendo a demanda dos pobres urbanos em reflexo da luta de classes, transformando sua análise numa moldura externa, comprometida e ideologizada que não é sensível à particularidade das experiências reais da luta urbana. Contrário a isso, o autor busca compreender os limites da ação urbana dos pobres da cidade, mas reconhecendo o potencial transformador de sua própria ação. Ele mostrou como nos casos de resistência bem-sucedida às tentativas de remoção, longe das expectativas de alguns militantes, a experiência não representou um protótipo do ideal esperado de uma urbanização socializante, pois observou uma regressão do pretenso sentimento de comunidade em direção a objetivos individualizados, e seus integrantes começaram a agir como qualquer outro proprietário. Por trás de um suposto interesse comum, na verdade estava presente uma porção determinante de interesses particularizados em jogo.

Numa chave diferente que não dá para ser classificada como utilitarista, Machado da Silva (1967) foi um dos autores que desenvolveu umas das reflexões mais sugestivas sobre a política na favela. Ele destacava que o traço particular da política nesses lugares era a existência de uma "burguesia favelada" – revelando que não existe um tipo único de favelado – a qual monopolizaria o acesso e o controle dos recursos econômicos e sociais (contatos políticos). A capacidade de intermediação da "burguesia favelada" posicioná-la-ia num lugar privilegiado para ter acesso a recursos externos, oferecendo em troca um potencial apoio interno (votos). Nesta lógica, os outros favelados, notadamente os de estratos mais baixos, aparecem como "massa de manobra" explorada pela "burguesia favelada" por meio de vínculos pessoais, estando condenados a uma posição subordinada, mesmo internamente, não apresentando a menor consciência política, a qual se reduz a meras revoltas difusas e a uma posição de "passividade defensiva".

A articulação de uma interpretação da participação popular urbana oposta à de Castells estará longe de constituir um campo acadêmico que homogeneamente incorpore as hipóteses dos autores apresentados. Por exemplo, Lima (1989) num excelente trabalho reivindicou a existência de um Movimento Favelado, polemizando com a corrente utilitarista ao marcar a continuidade das mobilizações nas favelas cariocas apesar da intensa repressão às atividades políticas. Para Lima, a formação da União de Trabalhadores Favelados (1954) já no nome indicava uma articulação entre o movimento sindical e a organização dos favelados, marcando-se assim uma dimensão de identificação dos favelados enquanto trabalhadores (que não dispunham de outra forma de moradia). Nesse texto, a autora dará especial atenção à expressiva presença de lideranças sindicais no movimento de trabalhadores favelados, particularmente entre as categorias mais concentradas nas favelas: sindicato dos têxteis e da construção civil, junto com a presença de militantes comunistas na organização do movimento.

IV. As ditaduras militares e os movimentos de pobres urbanos

A onda autoritária que assolou o continente a partir dos anos 1960 e que levou à constituição de ditaduras militares em diversos países, entre eles Brasil (1964) e Chile (1973), significou um forte desafio aos movimentos sociais. Em particular, os movimentos de favelados e de *pobladores* estavam no seu ápice de organicidade no momento das quebras democráticas em ambos os países. Estes movimentos, por terem sido considerados portadores das expectativas de mudança pelos intelectuais de esquerda, eram vistos como uma possível via de resposta às ditaduras militares do continente.

Foi precisamente a ausência de mobilização social frente aos golpes de Estado o que levou Alain Touraine a afirmar que "é falso – como se pensou nos anos 60 – que existam movimentos urbanos de *pobladores* hiper-radicalizados. Este exército de reserva da revolução, em efeito, não se mobilizou nem no ano 64 no Brasil, nem no 66 ou 67 na Argentina, nem no ano 73 no Uruguai ou Chile" (TOURAINE, 1987, p. 219). O destinatário da mensagem é Manuel Castells: "Em relação aos movimentos urbanos: não houve, não há, não haverá, essa é minha opinião em termos gerais. Lutas urbanas têm, é claro, porém elas não formam movimentos sociais urbanos" (TOURAINE, 1987, p. 218).

Independentemente dessa polêmica, uma vez constituídos os governos militares, uma de suas primeiras medidas foi a desmobilização da sociedade civil com uma forte ênfase repressiva. Tanto no Chile quanto no Brasil, as organizações dos pobres urbanos sofreram intervenções, e suas lideranças foram perseguidas.

No Chile, o movimento de *pobladores*, por ter sido um dos sustentos da via chilena ao socialismo de Salvador Allende, foi alvo privilegiado da ação repressiva da ditadura. As organizações de *pobladores* foram proibidas e posteriormente intervindas. Os dirigentes foram perseguidos, em muitos casos executados; em outros, feitos desaparecer, outros tantos entraram na clandestinidade, muitas vezes abandonando seus bairros. Todos estes fatores provocaram uma desarticulação quase total do movimento que inspirou a Teoria do MSU.

Porém, no começo da década de 1980, com o início dos protestos nacionais contra o regime, uma vez que a oposição saiu de seu desconcerto e conseguiu se articular melhor, foram precisamente as *poblaciones* os principais focos de resistência e de descontentamento frente à ditadura de Augusto Pinochet. Para alguns autores (SALAZAR et al., 1999), estas jornadas de protesto tiveram como consequência uma territorialização do poder e da política popular, sendo um dos efeitos mais destacados o fato de porem em primeiro plano novamente os *pobladores*.

A reação da ditadura a estas manifestações foi ampliar o alcance da violência (anteriormente tinha um caráter mais seletivo), o que significou que o espaço territorial identificado com a *población* se transformou num espaço de tortura e prisão política em si, por causa dos dispositivos de repressão desenvolvidos pela ditadura e destinados especificamente a controlar e suprimir a este ator popular (COMITÉ DE MEMORIA HISTÓRICA, 2005).

Seja como for, após um período de refluxo e recomposição, os anos 1980 marcariam um renascer do movimento de *pobladores* (CÁCERES, 1993; IGLESIAS VÁZQUEZ, 2011). Até se chegou a falar de um novo ator social, apesar das pesquisas que enfatizaram a continuidade do movimento mediante a construção de uma cultura popular nas *poblaciones* (SCHNEIDER, 1995). Contrariamente, para o já citado Touraine, a mobilização dos pobres urbanos de Santiago não tinha os elementos suficientes para constituir um Movimento Social. Sendo provavelmente o autor com mais influência em matéria de movimentos sociais no Chile, suas palavras tiveram um forte eco no campo local. Por exemplo, Eugenio Tironi (1986) questionou a capacidade do movimento de *pobladores* de gerar uma identidade coletiva que perdurasse no tempo. O movimento de *pobladores* seria mais bem definido pela presença de militantes que por seu caráter social. A propensão à descontinuidade do movimento, assim como sua tendência a se visibilizar mediante irrupções esporádicas contribuíram para dar um suporte fatual a estas ideias (ESPINOZA, 1994).

No Brasil, a ditadura foi eficaz em truncar o movimento que se organizava em torno da Fafeg. Tal como assinalou Machado da Silva, "sua trajetória é descendente em termos de capacidade de mobilização e poder político, a partir da repressão desencadeada pela ditadura durante o auge das remoções e em especial a partir do período de hegemonia do chaguismo,[2] que conseguiu romper a unidade de direção, estimulando inclusive a criação de uma federação paralela" (MACHADO DA SILVA, 2002).

O *chaguismo* foi, segundo Eli Diniz (1982), uma prática política carioca que, durante a ditadura, institucionalizou a troca de apoio (principalmente votos) por vantagens particulares, concedidas por representantes públicos. Em outras palavras, o *chaguismo* era uma máquina política que gerava um sistema centralizado de prestações de serviços, atendendo a diferentes tipos de clientelas eleitorais territorializadas, sendo os estratos populares urbanos, apesar de sua heterogeneidade e fragmentação, os que constituíam o cerne de seu suporte eleitoral.

Com o processo de liberalização política do regime ditatorial, a partir de 1978, se produz-se uma reativação do associativismo político, notadamente no meio urbano, proliferando as associações de moradores. Isto tensionará as estruturas de representação controladas pelo governo estadual. A formação de uma Federação paralela à oficial que reivindicava a autonomia do movimento, visando à conscientização dos grupos favelados a partir de uma gramática de exigência de direitos, e tendo como principal mecanismo de relação com as autoridades governamentais a pressão dada pela mobilização social, marcou uma ruptura com as lógicas chaguistas de organização política das camadas populares.

Eis, na ruptura com o *chaguismo*, que começa a ter um papel de destaque na organização política dos pobres urbanos do Rio de Janeiro a Pastoral de Favelas, articulando-se a uma série de profissionais e lideranças locais. Segundo Eduardo Guimarães de Carvalho (1991), durante os anos 1970, apareceu uma série de organizações ligadas aos direitos humanos, quase todas vinculadas à Igreja católica, que diversificou suas atividades uma vez que a ditadura foi perdendo força e intensidade, especializando-se, boa

[2] O termo "chaguismo" faz referência à prática política de Chagas Freitas, que chegou a ser governador da Guanabara entre 1971 e 1975 e do Rio de Janeiro entre 1979 e 1983. A utilização da máquina pública para a fidelização dos seus eleitores associou o "chaguismo" à expressão carioca do clientelismo político.

parte, em questões fundiárias e articuladas pela Pastoral, a qual servia de guarda-chuvas para alguns grupos de esquerda. Cabe destacar o papel do Partido Democrático Trabalhista (PDT) na condução do movimento de favelas, mas também do Partido dos Trabalhadores (PT) que se alimentará do que Ana Maria Doimo (1995) entendeu como um expressivo campo ético-político que influenciou enormemente o processo político brasileiro entre 1975 e 1990 e que se autodenominou "movimento popular". Entre as principais fontes deste novo campo estavam a Pedagogia Popular de Paulo Freire e a Teologia da Libertação de autores como Leonardo Boff e Frei Betto.

Depois deste renascer dos movimentos populares, houve um processo de refluxo e decadência novamente. No Chile, a transição democrática privilegiou a estabilidade política, apostando na desmobilização dos setores que propiciaram a saída de Pinochet (LECHNER; GÜELL, 2006). Paralelamente, uma forte política pública de habitação social, em parte, satisfez a principal demanda articuladora do movimento: a falta de teto (DUCCI, 1997). No Brasil, apesar de o movimento popular ter tido um destacado protagonismo na transição democrática e da permanência da ameaça de despejo das favelas na cidade do Rio de Janeiro (MCCANN, 2014), foi a consolidação do tráfico de drogas fortemente armado o que dificultou principalmente a representação política dessas comunidades, tanto pela ameaça à integridade física das lideranças quanto pela submissão de algumas organizações a suas ordens, "esvaziando-as de base social e legitimidade" (LEITE, 2008, p. 119).

Nas ciências sociais, novamente as ênfases na novidade e protagonismo do mundo popular davam lugar ao diagnóstico da ausência ou à elaboração de laudos cadavéricos do movimento. Realmente existiram movimentos sociais urbanos? Foram uma ilusão ou uma realidade transitória? Poder-se-ia dizer que as ciências sociais no Chile e no Brasil flutuaram na sua compreensão dos movimentos de *pobladores* e de favelados, entre o réquiem, o redescobrimento e a negação do próprio movimento.

Porém, independentemente dos vaivéns intelectuais da academia, o movimento social dos pobres urbanos no Chile e no Brasil mostrou, ao longo do século XX, uma enorme capacidade de reinvenção e de metamorfose política e organizacional. O quase permanente processo de construção e reconstrução deste movimento social convida a repensá-lo de uma maneira que o compreenda como um ator político relevante, sem cair em otimismos sobreideologizados, em deslumbramentos que desconhecem a trajetória anterior, nem em pessimismos que reduzem o seu alcance político.

Considerações finais

Durante o século XX, tanto o movimento de *pobladores* quanto o movimento de favelados representaram um permanente desafio compreensivo para as ciências sociais. Se, por um lado, estas últimas contribuíram para o reconhecimento da importância política da mobilização popular urbana, por outro, os movimentos urbanos constantemente desbordaram os moldes analíticos nos quais tentaram enquadrá-los

A revisão crítica da literatura do século passado sobre movimentos urbanos apresentada aqui mostra a necessidade de pensar a ação coletiva dos pobres da cidade para além da dicotomia proposta pela leitura dos *free-riders* e dos marginados radicais. As diversas formas de construir demandas urbanas por parte dos setores populares respondem mais à possibilidade de utilizarem uma determinada forma de pressão ou de organização dependendo da situação social na qual se encontrem, as quais estarão sujeitas ao desenvolvimento de um determinado processo político-social, que no caso do Chile e do Brasil foram diferentes. A reivindicação privatista ou a radicalidade não são atributos (essências) dos atores, nem os elementos constitutivos de uma determinada identidade social, são variações de um repertório estratégico que se ativará dependendo de conjunturas favoráveis ou restritivas a um determinado tipo de ação coletiva (TARROW, 2009). E, nesse processo, os pobres das cidades vêm mostrando bastante habilidade para saber quando usar uma forma ou outra.

Finalmente, os elementos expostos também justificam a necessidade de repensar o movimento de *pobladores* e de favelados para além das oscilações teóricas das ciências sociais sobre movimentos sociais que reproduziram um ciclo analítico de redescobrimento, réquiem e negação. Embora seja impossível mapear a trajetória de ambos os movimentos sem a revisão ampla (e ao mesmo tempo crítica) da literatura que tentou compreender este movimento social (ou justificar sua inexistência), a tarefa parece ser sua superação.[3]

---

[3] Hoje, tanto no Chile quanto no Brasil, tem emergido uma literatura que vem renovando a interpretação histórica e sociológica de ambos os movimentos com novas perspectivas. Ver, por exemplo, para Santiago (GARCÉS, 2017; IGLESIAS VÁZQUEZ, 2015; ROJAS, 2019) e para o Rio de Janeiro (GONÇALVES, 2010; MCCANN, 2014; PESTANA, 2016).

Referências

CÁCERES, G. El Movimiento de pobladores de Santiago 1930-1990. *El Mensajero*: Boletín del Programa de Educación Popular - Cide, n. 55, p. 1-16, 1993.

CASTEL, R. *Lasmetamorfosis de la cuestión social:* una crónica del salariado. Buenos Aires: Paidós, 2004.

CASTELLS, M. Movimientos de pobladores y lucha de clases en Chile. *Revista Eure - Revista de Estudios Urbano Regionales*, v. 3, n. 7, 1973.

CIDU. Reivindicación urbana y lucha política: los campamentos de pobladores en Santiago de Chile. *EURE*, v. 2, n. 6, p.55-82, nov., 1972

COMITÉ DE MEMORIA HISTÓRICA. *Tortura en poblaciones del Gran Santiago (1973-1990)*. Santiago: Corporación José Domingo Cañas, 2005.

CORTÉS, A. Além da dádiva ou da conquista: as interpretações da questão social no Chile e no Brasil. *Estudos Ibero-americanos*, v. 42, n. 3, p. 1117-1143, 24 nov., 2016

CORTÉS, A. Aníbal Quijano: marginalidad y urbanización dependiente en América Latina. *Polis*,Santiago, v. 16, n. 46, p. 221-238, abr., 2017

CORTÉS, A. *Favelados e pobladores nas ciências sociais:* a construção teórica de um movimento social. Rio de Janeiro: Eduerj, 2018.

DINIZ, E. *Voto e máquina política:* patronagem e clientelismo no Rio de Janeiro. Rio de Janeiro: Paz e Terra, 1982.

DOIMO, A. M. *A Vez e a Voz do Popular*: movimentos sociais e participação política no Brasil pós-70. Rio de Janeiro: Rellume-Dumará/ANPOCS, 1995.

DUCCI, M. E. Chile: el lado obscuro de una política de vivienda exitosa. *Revista EURE - Revista de Estudios Urbano Regionales*, v. 23, n. 69, 7 jul. 1997.

ESPINOZA, V. El Movimiento de pobladores: una evaluación crítica. *Proposiciones*, v. 5, p. 41-52, 1982.

ESPINOZA, V. Tiempos cortos y largos en el movimiento poblacional. *Proposiciones*, v. 24, p. 246-250, 1994.

FANON, F. *Los condenados de la Tierra*. México: Fondo de Cultura Económica, 2007.

GARCÉS, M. Los pobladores y la política en los años ochenta: reconstrucción de tejido social y protestas nacionales. *Historia* 396, v. 7, n. 1, 8 jul. p. 119-148, 2017

GERMANI, G. *El concepto de marginalidad:* significado, raíces históricas y cuestiones teóricas, con particular referencia a la marginalidad urbana. Buenos Aires: Nueva Visión, 1973.

GERMANI, G. *Sociología de la modernización:* estudios teóricos, metodológicos y aplicados a América Latina. Buenos Aires: Paidós, 1971.

GIANNOTTI, E.; SOARES GONÇALVES, R. La guerra fría en las favelas y las poblaciones, 1945-1964. Una disputa entre comunistas e Iglesia Católica. *Izquierdas*, n. 49, p. 642-662, 2020

GONÇALVES, R. S. *Les Favelas de Rio de Janeiro: historia e Droit XIXe et XXe siècles*. Paris: L'Harmattan, 2010.

GUIMARÃES DE CARVALHO, E. *O negócio da Terra*: a questão fundiária e a Justiça. Rio de Janeiro: UFRJ, 1991.

IGLESIAS VÁZQUEZ, M. La construcción (teórica) de los movimientos sociales en Chile: el campo de batalla de la Sociología (Política) y la Nueva Historia (Social). Tesis de doctorado para optar al grado de Doctora en Estudios Latinoamericanos. México: Universidad Nacional Autónoma de México, 2015.

IGLESIAS VÁZQUEZ, M. *Rompiendo el cerco:* movimiento de pobladores contra la Dictadura. Santiago: Ediciones Radio Universidad de Chile, 2011.

LECHNER, N.; GÜELL, P. Construcción social de las memorias en la transición chilena. In: JELIN, E.; KAUFMAN, S. (Eds.). *Subjetividad y figuras de la memoria*. Buenos Aires: Siglo Veintiuno, 2006. p. 17-46.

LEEDS, A.; LEEDS, E. *A sociologia do Brasil urbano*. Rio de Janeiro: Zahar Editores, 1978.

LEITE, M. P. Violência, risco e sociabilidade nas margens da cidade: percepções e formas de ação de moradores de favelas cariocas. In: MACHADO DA SILVA, L. A. (ed.). *Vida sob cerco:* violência e rotina nas favelas do Rio de Janeiro. Rio de Janeiro: Nova Fronteira, 2008. p. 115-141.

LEZAMA, J. L. Teoría *social, espacio y ciudad*. México: Colegio de México, 2002.

LEWIS, O. *Antropología de la pobreza:* cinco familias. México: Fondo de Cultura Económica, 1961.

LIMA, N. V.. T. O movimento dos favelados do Rio de Janeiro. Dissertação de Mestrado em Ciências Políticas. Rio de Janeiro: Iuperj, 1989.

MACHADO DA SILVA, L. A. A continuidade do "Problema da Favela". In: OLIVERIA, L. L. (ed.). *Cidade:* história e desafios. Rio de Janeiro: FGV/CNPq, 2002. p. 220-237.

MACHADO DA SILVA, L. A. Mercados de trabalho manual e marginalidade. Dissertação de Mestrado. Rio de Janeiro: UFRJ, 1971.

MACHADO DA SILVA, L. A. A Política na Favela. *Cadernos Brasileiros*, n. 41, p. 35-47, maio 1967.

MCCANN, B. *Hard Times in the Marvelous City:* From Dictatorship to Democracy in the Favelas of Rio de Janeiro. Durham: Duke University Press Books, 2014.

MEDINA, C. A. DE. *A favela e o demagogo*. São Paulo: Martins, 1964.

MERTON, R. Sociologia: teoria e estrutura. São Paulo: Mestre Jou, 1970.

NUN, J. *Marginalidad y exclusión social*. Buenos Aires: Fondo de Cultura Económica, 2001.

PASTRANA, E.; THRELFALL, M. *Pan, techo y poder:* el movimiento de pobladores en Chile (1970-1973). Buenos Aires: Ediciones Siap, 1974.

PERLMAN, J. *O mito da marginalidade:* favelas e política no Rio de Janeiro. Rio de Janeiro: Paz e Terra, 1977.

PESTANA, M. *A União dos Trabalhadores Favelados e a luta contra o controle negociado das favelas cariocas (1954-1964)*. Niterói: Eduff, 2016.

QUEVEDO, S.; SADER, E. Algunas consideraciones en relación a las nuevas formas de poder popular en poblaciones. *EURE*, v. 3, n. 7, p. 71-81, abr., 1973

QUIJANO, A. La constitución del 'mundo' de la marginalidad urbana. *EURE*, v. 2, n. 5, p. 89-106, jul., 1972

RAMÍREZ NECOCHEA, H. Historia del movimiento obrero en Chile: antecedentes siglo XIX. In: RAMÍREZ NECOCHEA, H. (ed.). *Obras Escogidas*. Santiago: LOM, 2007. v. I.

RIOS, J. A. Aspectos humanos da favela carioca. Estudo socioeconômico elaborado por SAGMACS. *O Estado de S. Paulo*, São Paulo, 1960.

ROJAS, I. Campamento Unidad Popular (1970-1973): movimiento de pobladores y poder popular en la Zona Sur-Oriente de Santiago. *Izquierdas*, n. 45, p. 79-107, 2019.

SALAZAR, G.; MANCILLA, A.; DURÁN, C. Estado, legitimidad, ciudadanía. Volumen I. In: SALAZAR, G; JULIO, P. (Ed.). *Historia Contemporánea de Chile. Santiago*: LOM, 1999.

SANTOS, C. N. F. *Movimentos urbanos no Rio de Janeiro*. Rio de Janeiro: Zahar, 1981.

SANTOS, W. G. A Práxis Liberal e a Cidadania Regulada. In: SANTOS, W. G. dos (ed.). *Décadas de espanto e uma apologia democrática*. Rio de Janeiro: Rocco, 1998. p. 63-114.

SCHNEIDER, C. *Shantytown Protest in Pinochet's Chile*. Philadelphia: Temple, 1995.

SILVA, M. L. P. da. *Favelas cariocas 1930-1964*. Rio de Janeiro: Contraponto, 2005.

SUNKEL, O. Desarrollo, subdesarrollo, dependencia, marginación y desigualdades espaciales; hacia un enfoque totalizante. *EURE*, v. 1, no 1, n. 1, p. 13-49, nov., 1970.

TARROW, S. *O poder em movimento:* movimentos sociais e confronto político. Petrópolis: Vozes, 2009.

TIRONI, E. La revuelta de los pobladores: integración social y democracia. *Nueva Sociedad*, n. 83, p.24-32, maio, 1986.

TOURAINE, A. La centralidad de los marginales. *Proposiciones*, v. 14, p. 214-224, 1987.

VALLADARES, L. do P. *Passa-se uma casa*. Rio de Janeiro: Zahar, 1978.

VALLADARES, L. P. *A invençao da favela:* do mito de origem à favela.com. Rio de Janeiro: FGV, 2005.

VANDERSCHUEREN, F. Pobladores y conciencia social. *EURE*, v. 1, n. 3, p. 95-123, nov., 1971.

VEKEMANS, R.; SILVA, I. El concepto de marginalidad. In: DESAL (ed.). *Marginalidad en América Latina:* un ensayo de diagnóstico. Santiago: Herder, 1969. p. 15-63.

VEKEMANS, R.; SILVA, I. *Marginalidad, promoción popular y Neo-marxismo*. Bogotá: Cedial, 1976.

VIANNA, O. *Direito do trabalho e democracia social:* o problema da incorporação do trabalhador no Estado. Rio de Janeiro: José Olympio, 1951.

Habitação e Guerra Fria: a perspectiva transnacional para o estudo da favela carioca[1]

Leandro Benmergui

Um panfleto da Comissão de Melhoramentos da favela do Morro do Pasmado intitulado "Lutemos pela casa própria" celebrava a política "remocionista" do governador do estado da Guanabara, Carlos Lacerda, pedindo aos moradores que aceitassem a erradicação de suas casas e a mudança para os novos complexos habitacionais Vila Aliança e Vila Kennedy, que o governo estava construindo naqueles anos. "Moradores do Pasmado", chamava o documento: "estamos aqui há vários anos e NINGUÉM CUIDOU DE NÓS, AGORA, O GOVERNADOR LACERDA nos dá a NOSSA grande oportunidade: A NOSSA CASA! A CASA que ficará para os NOSSOS FILHOS". Pesando o valor da casa própria e a estabilidade associada à propriedade privada, um bem inalienável e familiar, o panfleto destacou a ação do governo em oposição à ameaça de desordem produzida por uma possível infiltração comunista na comunidade:

> A FAVELA DO PASMADO vai ser removida com TODO CUIDADO, COM TODO RESPEITO E COM TODO CRITERIO. Não haverá ninguém posto para fora, da noite para o dia: ESTUDANTES, COMUNISTAS, PELEGOS, DESORDEIROS, MACONHEIROS, E GATUNOS estão agitando no Morro. NÃO DÊ ATENÇÃO A ESSA GENTE! O governo está construindo 10,000 casas para favelados, QUEM ANTES DELE FEZ ISSO? NINGUÉM FICARÁ NA RUA: Até os gatunos, os maconheiros, os marginais e os comunistas terão para onde ir: A CADEIA! Esses desordeiros, maconheiros, comunistas, que estão intrigando o Governador com os moradores do Pasmado?[2]

O panfleto advertia os moradores não apenas sobre a possível presença soviética e cubana na mesma Favela do Pasmado, mas também sobre a suposta posição dos comunistas contra a propriedade privada:

---

[1] Parte da pesquisa do presente artigo foi financiada por uma bolsa do National Endowment for the Humanities e por uma bolsa de professor visitante do Projeto Capes Print.

[2] Sem data. Ênfases no original. O documento original se encontrava no arquivo do Ibam, no prédio no Largo do Ibam, na pasta "Morro do Pasmado".

NÃO ACREDITEM EM GENTE CONTRATADA COM DINHEIRO RUSSO E QUE RECEBE ORDENS DE FIDEL CASTRO. Vamos lutar para fazer dos MORADORES DO PASMADO, TRABALHADORES PROPRIETÁRIOS DE CASA PRÓPRIA. OS COMUNISTAS SÃO CONTRA A CASA PRÓPRIA, por isso estão mentindo para VOCÊS.[3]

Estes imaginários e os discursos tecnocráticos modernizadores do período pós-guerra, que ligavam a extensão da propriedade privada à incorporação social e cívica dos setores urbanos pobres, atormentados pelas ansiedades típicas da Guerra Fria em nível internacional, definiram políticas urbanas e habitacionais. Estes discursos e práticas urbanas, argumentamos aqui, foram constituídos transnacionalmente, em uma dinâmica que ultrapassou o nível local e nacional de análise. A erradicação da favela do Pasmado fazia parte da agenda do governo Carlos Lacerda para a reorganização espacial da cidade do Rio de Janeiro, que incluía um programa de construção maciça de moradias para populações de baixa renda.[4] A construção da Vila Aliança, da Vila Kennedy, da Vila Esperança e as primeiras glebas da Cidade de Deus fizeram parte de um contexto internacional de pós-guerra no qual a questão da modernização dos países que passaram a ser chamados de "em desenvolvimento" ou "terceiro mundo" ocupou a atenção de organizações internacionais e circuitos financeiros multinacionais.

Esta agenda modernizadora surgiu dentro dos próprios países latino-americanos que passaram por uma rápida industrialização e crescimento de seus centros urbanos, à medida que o setor rural perdia peso relativo para a cidade e a população do interior migrava para as cidades. Enquanto estas não ofereciam alternativas habitacionais para os segmentos mais pobres, a integração urbana ocorria sob o prisma da informalidade com o crescimento das favelas, como no caso do Rio de Janeiro. Vista como "aldeias" na cidade, a presença das favelas exigia políticas públicas mais sistemáticas do que a mera criminalização, caridade e controle policial e sanitário.[5]

---

[3] Em 24 de janeiro de 1964, a favela Morro do Pasmado foi finalmente consumida por um incêndio controlado por bombeiros, que encerrou o processo de erradicação liderado pela Secretaria de Serviços Sociais, então sob a direção de Sandra Cavalcanti.

[4] Com a transferência da capital do país para Brasília, inaugurada em abril de 1960, e após importantes debates, a cidade do Rio de Janeiro tornou-se o Estado da Guanabara, separada do Estado do Rio de Janeiro, cuja capital passou a ser Niterói. Em 1975, os dois estados se fundiram e a cidade do Rio de Janeiro se tornou capital do estado do mesmo nome.

[5] Pegamos a ideia da vila na cidade de Adrian Gorelik (2004). Frank Bonilla já caracterizava em 1961 a favela como "*the rural slum within the city*".

A integração dos setores mais pobres por meio da habitação e da propriedade privada também esteve relacionada – como propomos aqui – às ansiedades globais criadas pela Guerra Fria, especialmente após o triunfo da Revolução Cubana. O projeto habitacional de Carlos Lacerda foi em parte produto da geopolítica norte-americana no contexto da *Aliança para o Progresso*, um programa lançado pelo presidente John F. Kennedy em março de 1961 para promover o desenvolvimento social e a infraestrutura dos países do Sul e, portanto, a consolidação de governos democráticos estáveis e moderados. O acordo entre o Estado da Guanabara e a U.S. Agency for International Development (Usaid), assinado em 1962, permitiu a chegada de assistência técnica e financeira para o desenvolvimento da política habitacional na nova cidade-estado.

Este artigo procura pensar sobre a história das favelas e da habitação popular no Rio de Janeiro dentro desta dimensão transnacional. Propomos pensar a história das políticas e intervenções públicas no espaço urbano e na área da habitação como discursos, imaginários e práticas produzidas além das fronteiras nacionais, num contexto de formação e circulação do conhecimento urbano, do capital internacional e de programas de formação de poupança hipotecária. Isto não significa, sob nenhum ponto de vista, relativizar a centralidade dos fatores locais, estaduais e federais envolvidos nas políticas habitacionais e a própria história da pobreza e da informalidade no Rio. A historiografia brasileira tem destacado a relação entre os interesses do capital especulativo e rentista na reorganização espacial do Rio desde o governo Lacerda, continuada durante o governo Negrão de Lima, e em nível nacional, em escala e violência sem precedentes, durante a ditadura militar.

Novas abordagens históricas nos últimos 15 anos permitiram uma nova leitura destes processos com base em novos enfoques. A estigmatização dos moradores das favelas, como mostram Mario Brum (2012) e Mauro Amoroso (2011), foi fundamental na produção de sentimentos a favor da erradicação na mídia e na imprensa nos anos 1960. A história do direito (FISCHER, 2008; GONÇALVES, 2013), a história das ideias sobre o pensamento urbano e as ciências sociais estudaram a construção social da informalidade do ponto de vista jurídico, assim como as categorias analíticas a partir das quais a pobreza urbana foi legislada e compreendida. Estes estudos analisaram como as ideias que circularam internacionalmente foram apropriadas no Brasil (PERLMAN, 1976; AZEVEDO, 2008;

BENMERGUI, 2012; RAMOS DE ANGELO, 2013; MCCANN, 2014; FISCHER, 2014; CORTÉS, 2018).

A perspectiva transnacional aqui apresentada parte dessas contribuições historiográficas e as coloca numa dinâmica mais ampla que tem a ver com a produção e a circulação de imaginários e políticas públicas em nível global. Em uma linha que dá continuidade à ideia de Ángel Rama e sua *Ciudad letrada* (1998), Adrián Gorelik explorou a produção da cidade latino-americana como *tropos* culturais, objeto de conhecimento e de políticas concretas, que pensavam e atuavam sobre ela. Aqui se destaca a formação, em nível pan-americano, do especialista urbano na produção de conhecimentos técnicos para planejamento e organização espacial e o interesse em promover a moradia e a propriedade privada como forma de incorporação social e cidadã (GORELIK, 2005).

Esta visão informa minha proposta de analisar o caso da construção dos complexos habitacionais do governo Lacerda. A história desses complexos foi analisada por um trabalho pioneiro nas ciências sociais, como o estudo de Anthony e Elizabeth Leeds (1978) que descreveu a conexão entre a Usaid e o governo da Guanabara, o papel de organizações estatais como a Fundação Leão XIII (FLXIII) e a criação da Companhia de Habitação Popular da Guanabara (Cohab). Outras obras de antropologia exploraram a situação dos conjuntos nos anos seguintes à sua inauguração, como as obras do norte-americano Lawrence Salmen (1969) e os clássicos de Licia do Prado de Valladares (1978) e Alba Zaluar (1985) sobre as práticas dos moradores da Cidade de Deus e dos agentes do Cohab. Trabalhos mais recentes enfatizaram a agência de muitos moradores que, como mostrado por Brodwyn Fischer (2008), apelaram para o Governador Lacerda para conseguir casas nos novos empreendimentos. A partir de uma perspectiva de longo prazo, combinando história oral e estudos de memória histórica, Mario Brum (2012) analisou as enormes erradicações da ditadura e como os moradores se apropriaram dos novos espaços em que estavam localizados, negociando suas próprias concepções ligadas ao estigma da favela.

O aspecto internacional desse programa de habitação foi abordado tangencialmente, em geral tomando os dados produzidos pelo já clássico trabalho dos Leeds, sem entrar em grande profundidade sobre este assunto. O presente trabalho baseia-se na contribuição desta historiografia e na pesquisa de materiais produzidos tanto pelo Cohab quanto pela Usaid, disponíveis em diferentes arquivos nos Estados Unidos. O objetivo é situar estes estudos de caso dentro dos circuitos de *expertise* e financiamento externo, enquadrados nas políticas de desenvolvimento do pós-guerra e da geopolítica da Guerra Fria. Procuramos descrever não apenas os detalhes da operação e do projeto, mas também, a partir deles, explorar a história dos "encontros" entre técnicos e profissionais brasileiros e americanos e os imaginários e discursos ligados à modernidade e à domesticidade previstos nesses conjuntos. A chegada de técnicos e capital norte-americano para o desenvolvimento de programas habitacionais maciços, de ações na área de desenvolvimento comunitário e a formação de crédito hipotecário no Rio de Janeiro e no Brasil nos anos 1960 fizeram parte deste processo. Assim, a história da habitação no Rio faz parte de uma história transnacional mais ampla, cujas especificidades são, no entanto, locais.

Nos últimos 15 anos, a história urbana com um enfoque transnacional na América Latina assumiu um vigor significativo nos Estados Unidos e na Europa. O viés transnacional também foi alimentado pela ascensão da história cultural, que introduziu novas fontes e leituras inovadoras, assim como mais tradicionais, para pensar a história das relações entre os Estados Unidos e a América Latina, a produção de desigualdades socioespaciais e a pobreza persistente no chamado sul global (WEINSTEIN, 2013). A questão do desenvolvimento e da modernização foi historicamente problematizada, bem como a história da espacialidade na formação do estado moderno no período pós-guerra (JOSEPH; LEGRAND; SALVATORE, 1998; WEINSTEIN, 2008; 2013). Esta perspectiva tornou a questão do imperialismo e da hegemonia norte-americana mais complexa ao focalizar a ideia do "encontro" entre as ideias e os técnicos norte-americanos com seus pares latino-americanos.

Nesses pontos de encontro ou zonas de contato, um conceito desenvolvido pela crítica cultural Mary Louise Pratt (1992), ideias, noções e projetos de modernização na região foram negociados, adaptados, resistidos e transformados. Reafirmando a relação desigual de poder entre o Norte e o Sul, este olhar permite estabelecer um quadro no qual os dominados nem sempre foram vítimas e os dominadores nem sempre portadores de projetos acabados e totais que impuseram arbitrariamente. Dessa forma, indeterminação, conflito, negociação e ressignificação são aspectos fundamentais para a compreensão dos programas de desenvolvimento social na Guerra Fria, que devem ser analisados na tensão entre o local e o global.

Desta forma, proponho que a construção da Vila Aliança, Vila Kennedy, Vila Esperança e Cidade de Deus, assim como os projetos de desenvolvimento comunitário financiados externamente, não foram apenas produto da especulação imobiliária e de políticas concretas de curto prazo, como estabelecido pela visão tradicional, mas também elementos constitutivos do desenvolvimento urbano, das relações pan-americanas e dos debates sobre cidadania e sobre qual sociedade para que tipo de cidade. A noção de modernização, ligada ao imaginário da própria casa, no momento histórico entre os debates sobre populismo, desenvolvimentismo e Guerra Fria, implicava não apenas o aprofundamento dos mecanismos de acumulação de capital e expansão da propriedade privada, mas também o desenho de políticas urbanas e habitacionais que produziriam, a partir de um imaginário tecnocrático-autoritário, sociabilidades, comportamentos e práticas domésticas e urbanas mais típicas de uma classe média e branca. (KWAK, 2015; OFFNER, 2019; GORELIK, 2017; BENMERGUI, 2012). A habitação e o espaço urbano foram também, então, espaços simbólicos e materiais nos quais a Guerra Fria foi desenvolvida, compreendidos além dos termos ligados à diplomacia tradicional e à questão militar. Diversas organizações e fundações internacionais, grupos de pesquisa e capitais públicos e privados estiveram envolvidos na área de construção e financiamento de moradias. A questão central era como produzir unidades habitacionais mais econômicas em uma escala e em série que conseguisse reduzir o diferencial entre o estoque realmente existente e o que faltava. Desta forma, a visão mais liberal e tecnocrática procurou despolitizar a questão habitacional, reduzindo-a a uma questão técnica de política financeira e estimulando a construção privada. Dentro dos circuitos das políticas públicas e das ciências sociais enquadrados na teoria da modernização, a moradia surgiu como um antídoto concreto e discursivo para o problema da informalidade e seus atributos associados ao subdesenvolvimento, à marginalidade e à ameaça de ruptura social.

Habitação e Guerra Fria na Guanabara

Em 1962, quase dois anos depois de seu mandato como primeiro governador da Guanabara, Carlos Lacerda deu uma guinada mais agressiva em sua política em relação às favelas. Até aquele momento, a relação entre o Estado e a favela estava centrada na política definida por José Arthur Rios por meio de programas de desenvolvimento comunitário (projeto mutirão) para projetos específicos de melhoria e saneamento básico.

Assim, buscou-se o empoderamento das associações de moradores, vinculando-as à autoridade estatal, que continuou a não reconhecer legalmente sua existência.

Com a renúncia de Rios, em maio de 1962, e a nomeação de Sandra Cavalcanti como chefe da Secretaria de Serviços Sociais (parte da reforma administrativa do governador), em dezembro do mesmo ano, Lacerda adotou uma política mais agressiva de reordenamento urbano. Isto se caracterizou pela remoção de favelas em locais com alto valor imobiliário e turístico ou onde a construção de infraestrutura urbana foi planejada. Também envolveu a urbanização de certas favelas em lugares menos cobiçados pelo mercado e o zoneamento de acordo com um critério que segregou o norte e oeste industrial e pobre do sul residencial e mais opulento. Uma peça-chave da sua agenda urbana foi o programa de construção em massa de moradias de baixo custo, originalmente destinado a abrigar a população deslocada pelas remoções.

Central para este projeto foi a negociação que Lacerda estabeleceu com o governo dos Estados Unidos, através da Usaid, para a construção de novos bairros de habitação social.[6] Para Lacerda, a ajuda financeira dos Estados Unidos lhe permitiu começar rapidamente com o plano habitacional e ter o capital inicial para que o programa pudesse crescer de forma autossustentável.[7] O resultado destas negociações foi a construção da Vila Aliança, Vila Kennedy (ambas em Bangu), Vila Esperança (Vigário Geral) e as primeiras glebas da Cidade de Deus, nomes que carregam um forte sentido simbólico do acordo entre a Guanabara e os Estados Unidos.[8] O acordo foi assinado, e devidamente coberto pela imprensa pró-governamental do governador, pelo próprio embaixador americano Lincoln Gordon (membro do grupo de quadros tecnocráticos que cercaram Kennedy) e pelo governador Lacerda. A Usaid financiou sua ajuda disponibilizando fundos do

[6] Desde o início de sua gestão, Lacerda buscou financiamento externo para o capital necessário para suas obras de infraestrutura. O Banco Interamericano de Desenvolvimento, por exemplo, financiou a extensão das redes de abastecimento de água embora tenha desistido, após longas conversas, de financiar o projeto habitacional.

[7] Uma literatura revisionista que interpreta o governo Lacerda como modernizador e eficiente, em que os programas de infraestrutura são aliviados sem muita atenção ao seu custo social, minimizou o papel econômico da ajuda da Usaid no programa habitacional. Esta interpretação exclusivamente economicista ignora a importância que o próprio governo deu à negociação com as agências norte-americanas, fundamental para o lançamento do programa, como o valor simbólico da operação que tanto a Usaid quanto o governo da Guanabara lhe concedeu (PEREZ, 2007).

[8] Uma das muitas esculturas originais da Estátua da Liberdade do escultor francês Frédéric Auguste Bartholdi (AZEVEDO, 1999) foi colocada na praça central.

Acordo do Trigo (Wheat Agreement) (PL480), uma lei americana que permitiu que o dinheiro da compra de trigo nos Estados Unidos subsidiasse programas sociais em países no exterior em moeda local.

Este acordo foi o resultado do atendimento de duas necessidades: por um lado, o governador Lacerda estava confiante de que sua agenda urbana (com ênfase em escolas, obras públicas e habitação) se tornaria sua plataforma política em nível nacional, com vistas às eleições nacionais programadas para 1965. Assim, ele procurou se apresentar como um administrador modernizador e eficiente, cercado de quadros técnicos e profissionais e longe das paixões das políticas ligadas ao populismo (apesar de ser ele mesmo um animal político). A ideia de Lacerda de renovação urbana visava reorganizar o espaço urbano pelo zoneamento, desenvolvendo a área industrial para a Zona Norte e para a Zona Oeste. Para o sul, a ideia era valorizar a área, em meio ao crescimento imobiliário para os setores médio-alto, eliminando as favelas ao redor da área da Lagoa Rodrigo de Freitas e áreas de atração turística, como o caso da favela Pasmado. Lacerda respondeu assim aos interesses imobiliários especulativos e à indústria da construção civil. A erradicação do Morro do Pasmado, por exemplo, propôs a eliminação de um foco de pobreza em uma colina com uma vista panorâmica da enseada de Botafogo onde, além disso, estavam em andamento conversações para a construção de um hotel da cadeia Hilton, o que daria à cidade uma infraestrutura para o turismo internacional. A luta contra a favela foi também uma forma de remover os elementos considerados pouco atraentes e "anti-higiênicos". Ao mesmo tempo, Lacerda exigiu terrenos para a cidade onde foram propostos o saneamento básico e a incorporação de infraestrutura urbana para a classe média urbana, como foi o caso da erradicação da Favela do Esqueleto e da construção da Universidade do Estado da Guanabara (hoje Uerj).

Para os Estados Unidos, a ajuda ao governador Lacerda respondeu diretamente a seus interesses geopolíticos hegemônicos em um momento-chave da política brasileira e da Guerra Fria na região, imediatamente antes do golpe de 1964. Lacerda foi, para os americanos, um liberal modernizador, determinado anticomunista e antipopulista, um opositor histórico do varguismo e uma figura de clara oposição ao Presidente João Goulart e às suas políticas nacionalistas e pró-trabalhistas, vistas como pró-comunistas. Em um telegrama ao Secretário de Estado Adjunto para Assuntos Interamericanos, Thomas Mann, o embaixador Lincoln descreveu o governador da Guanabara como "um anticomunista *(anti-commie)*. Um dos mais capazes no país. Brilhante. Foi editor de jornais. Bom administrador. Seria bom presidente – sob ataque por ser pró-americano".[9] O fortalecimento da política de Lacerda na área de habitação foi uma forma, propomos, de escorar as tentativas imperialistas dos Estados Unidos na região.

Parte deste processo incluiu a promoção de uma imagem de simpatia, proximidade e assistência para "aqueles que querem se ajudar" com a mediação dos Estados Unidos.[10] O trabalho de bem-estar e os projetos de desenvolvimento comunitário nas favelas faziam parte desta mesma estratégia. Naqueles anos, o Estado americano estava tentando estabelecer mecanismos para garantir o investimento do capital privado de seu país na área da indústria da construção e do financiamento. Ao mesmo tempo, estava promovendo a formação de agências de crédito hipotecário que direcionaram a poupança doméstica para promover a construção e o consumo de moradias, incluindo agências nacionais de habitação (como o BNH no Brasil, criado em 1964) ou instituições de poupança e empréstimo (*savings and loans*). Como demonstrado por Nancy Kwak (2015) e pelo recente trabalho de Amy Offner (2019), o desenvolvimento do capitalismo e da propriedade privada individual foi visto como um antídoto para a dissolução e a desagregação social, e uma forma de integração social dos setores mais marginais.

A localização das Vilas Aliança e Kennedy, em uma área predominantemente rural, mas próxima à Avenida Brasil, teve a ver com a ideia de Lacerda de desenvolver um polo industrial na área de Santa Cruz.[11] A Usaid precisava maximizar o impacto social ao exigir a construção do maior número possível de novas unidades habitacionais com o menor custo total possível (incluindo o valor do terreno, da urbanização e dos custos de construção). A chave era a localização de grandes extensões de terra barata nas

---

[9] Telegrama 1773 desde Rio de Janeiro, 24 de fevereiro de 1964, Central Files 1964-66, POL 15 BRAZ, RG 59, National Archives, College Park (NACP).

[10] Rascunho do discurso do Embaixador Lincoln Gordon no momento da assinatura do acordo para um *prestamo* de Cr$4 bilhões para o Guanabara Housing Project, 28 Avril de 1965, corregido pela US Information Agency, National Housing Bank, Low Cost Housing – Guanabara FY 66, Brazil Subj/Proj 56–73, Acc # 75–0162, box 25, RG 286, NACP.

[11] Outros possíveis locais de construção incluíam Estação de Santíssimo; Méier (Sítio dos Pretos Forros); Loteamento Estrada do Guafá; Santa Cruz, Paciência, Campo Grande, Realengo, Senador Camará, todos perto da linha do trem. Aliás, havia terras públicas disponíveis em Jacarepaguá em uma grande área de 3 milhões m^2, entre a Avenida Niemeyer e a Baixada de Jacarepaguá (onde foi construída a Cidade de Deus). Estado da Guanabara, *Plano de recuperação de favelas e de habitação de interesse social* (Guanabara: Cohab), July 1962, p. 23/24 Entry 400, Brazil subj/proj 56-73; ACC # 75-0162, Box 25, RG 286, Nacp.

periferias norte e oeste, ligadas à cidade por ferrovia, como a Estrada de Ferro da Central, ou por estrada, como a Avenida Brasil.[12] O acordo também previa algumas obras de urbanização na favela da Vila da Penha, obras de melhoria em outras favelas, projetos de desenvolvimento comunitário e a construção de um hospital em Madureira. Nesse sentido, a Usaid não apostou apenas na erradicação sistemática, embora a maior parte dos recursos tenha sido destinada à construção dos complexos.

Embora o contrato inicial fosse com a FLXIII, que até então havia deixado de ser uma instituição ligada à Igreja católica e havia se tornado uma agência estatal, a escala do projeto habitacional exigia a criação de outro tipo de agência executora. A nova constituição do Estado da Guanabara (dezembro de 1962) reorganizou o aparelho administrativo e criou a Cohab,[13] como uma empresa de capital público e privado (o Estado da Guanabara subscreveu 51% das ações), o que deu à empresa relativa autonomia em relação ao Estado.[14] O Estado garantiu um investimento de 3% da receita tributária para financiar a Cohab. Suas funções centrais eram originalmente o estudo do problema habitacional, o planejamento e a execução de projetos habitacionais, a construção de casas temporárias para a realocação da população removida e a urbanização das favelas. Desde o início, ficou claro que a missão do Estado era a remoção das favelas. Como disse o vice-governador Raphael de Almeida Magalhães, a empresa deveria ser uma empresa imobiliária investida com flexibilidade para operar no mercado de habitação de baixa renda.[15]

O projeto foi visto como um plano piloto de experimentação na construção em massa de moradias de interesse social e na extensão da propriedade privada às famílias provenientes das favelas que tinham

[12] No caso da Vila Esperança, o programa previa apenas a construção de 464 casas. Por estar localizada em uma área urbana próxima a Vigário Geral, os custos da infraestrutura urbana foram menores, já que estavam ligados aos do subúrbio.

[13] Lei Estadual nº 263 de 24 de dezembro de 1962. A Assembleia Geral do Estado formalizou a Cohab no dia 13 de março de 1963. Para Leeds, a criação da Cohab foi a resposta local à criação do Conselho Federal da Habitação (25 de junho de 1962) pelo governo federal (LEEDS, 1971, p. 25).

[14] Audit Report in the Utilization of Public Law 480, Title I, Local Currency Sales Proceeds under Grant Project Number 512-11-803-107, Guanabara Housing, 12 de junho de 1962 – 29 fevereiro de 1964, 4, entry 400 Brazil Subj/Proj 56 73; ACC # 75-0162, box 25, RG 286, NACP.

[15] "Postulamos então a criação da 'Companhia de Habitação Popular', que, operando como empresa imobiliária, teria condições de flexibilidade muito maiores para atuar no campo de construções de casas populares; porque, ainda que recuperada a iniciativa privada para o campo da habitação, a casa para o *favela*do de baixo padrão de pagamento seria, evidentemente, a última faixa que a iniciativa privada cobriria, e pareceu-nos que a ação do Estado devia se fazer intensa e necessariamente nesse setor, porque não havia outra alternativa na linha de solução" (ALMEIDA MAGALHÃES, 1964, p. 12).

uma renda familiar mínima, mas suficiente para atender ao pagamento das dívidas. Da mesma forma, o Estado procurou incentivar uma indústria de construção mais interessada na alta renda oferecida pelo investimento em moradias de classe média e média alta. Para este fim, foram oferecidas condições de pagamento mais longas a taxas mais baratas do que as do mercado, para as quais os Estados Unidos forneceram parte do capital inicial.

Em 1962, os trabalhos já haviam começado nas Vilas, primeiro na Vila Aliança e depois na Vila Kennedy, executados em etapas e por glebas (três em cada caso), com desembolsos periódicos de dinheiro da Usaid à medida que os diferentes setores eram completados. As obras incluíram nivelamento do terreno, urbanização e instalação de infraestrutura básica (água, esgoto e eletricidade). À medida que o trabalho avançava e as casas eram concluídas, a ocupação começava pelos moradores que se qualificavam, de acordo com o número de habitantes e renda por núcleo familiar, segundo o censo realizado pelos assistentes sociais da FLXIII. Em 1965, a maioria dos moradores da Vila Aliança tinha vindo das favelas de Pasmado, Bom Jesus, Getúlio Vargas e daquelas famílias que optaram por deixar Brás de Pina depois de resistir à remoção obrigatória. Por volta de 1965, a Vila Kennedy recebeu moradores principalmente das mudanças da favela do Esqueleto e Pasmado e, em menor grau, Maria Angu, Ramos, Macedo Sobrinho, Marquês de São Vicente, Ladeira dos Funcionários e Av. 24 de Maio. A equipe da Usaid comentou entusiasticamente que:

> o povo do Rio e do Estado da Guanabara, que por profundo amor e respeito por um homem que achavam amigo pessoal [Kennedy], renomearam espontaneamente o projeto Vila Kennedy e ergueram em sua entrada uma miniatura da Estátua da Liberdade dos EUA.

O sistema de divisão do trabalho também era transnacional no projeto. Por exemplo, os arquitetos da Cohab desenvolveram os conjuntos enquanto os técnicos da Usaid monitoravam o plano e sugeriam revisões à medida que os projetos avançavam. Os planos resultantes seguiram as ideias em voga dentro do movimento modernista para desenvolver unidades de bairro, núcleos urbanos autônomos que idealmente permitiriam a reprodução da vida social dentro do bairro, promovendo o associacionismo e a produção comunitária.

O Guanabara Housing Program, como a Usaid chamou o projeto, foi o produto de um imaginário tecnocrático modernizador que viu na extensão da propriedade (privada) e da habitação funcional um agente de integração social e cidadã para a população da favela. Isto negou o fato de que este processo já estava acontecendo nas próprias favelas e comunidades. Nos anos 1960, a *teoria da modernização* tornou-se o senso comum de muitos cientistas sociais, quadros técnicos e profissionais que pensavam e intervinham no meio urbano. Para eles, as favelas representavam não apenas elementos pouco higiênicos e prejudiciais para o resto da sociedade – como a visão mais tradicional, criminalizadora e moralista, retratava – mas também agora como enclaves do tradicionalismo e dos hábitos rurais localizados em um contexto urbano e moderno. Elas eram, portanto, o local do perigo de desintegração social, da manipulação política dos senhores da guerra populistas, ou da ameaça comunista. A ciência, a tecnologia e o planejamento poderiam, pela aplicação dos conhecimentos apropriados, modificar esta situação.

O projeto urbano e o das casas materializavam estes imaginários. Os andares da Vila Aliança e Vila Kennedy (exceto na terceira gleba) e da Vila Esperança desenvolveram um projeto espacial em torno de grandes ruas corredores, sobre os quais as casas foram implantadas, criando um espaço seriado, monótono e repetitivo com um certo sentido de confinamento (como mostram os andares, fotos e plantas) que se diferenciava dos arranjos mais espontâneos e desordenados da favela. Como algo experimental, os arquitetos da Cohab transformaram este projeto ao longo do tempo, de acordo com as avaliações do projeto. Por exemplo, na terceira rua da Vila Kennedy e desde o início na Cidade de Deus, foi introduzido o projeto da "quadra-padrão", que quebrou o longo corredor para oferecer uma paisagem mais variada e em escala humana, melhorando o projeto das ruas, construindo caminhos para pedestres separados do tráfego de veículos e introduzindo espaços verdes dentro de cada quadra.

Formalmente, o projeto da casa girava em torno da ideia de *embrião*: a casa a ser vendida consistia de um núcleo de cozinha, banheiro e sala(s), de acordo com o tamanho. Embora a casa tenha sido entregue sem conclusão, o projeto previa, contudo, que os futuros proprietários aumentariam o seu tamanho. Para este fim, a imaginação tecnocrática prefigurou as possíveis construções e adições futuras em um plano que foi entregue aos novos proprietários especificando as configurações técnicas. Neste sentido, o plano buscava regular e ordenar o futuro crescimento espacial das casas individuais e do conjunto, tentando disciplinar a prática mais comum do *puxado*, típica da construção informal na favela.

Para o governo e para a Usaid, uma das vantagens deste projeto é que ele permitiu a construção em massa e em escala com ampla economia, transferindo os custos finais de conclusão para o ocupante, levando em conta que ele não exigia produção muito complexa ou grandes custos de supervisão. Ao mesmo tempo, também transferiu o custo de conclusão e expansão das novas unidades para o novo ocupante. Em outras palavras, enquanto o projeto dos complexos era relativamente esquemático, a ideia do *embrião* deu origem a alguma flexibilidade, com o proprietário sendo o responsável final. Isto reforçou uma das propostas evocadas pela Aliança para o Progresso: a ideia de autoajuda (HARRIS, 1998; ARKU E HARRIS, 2005; KWAK, 2015; OFFNER, 2019). Além disso, essa proposta estava ligada à ideia de formar um conjunto não apenas de proprietários e cidadãos responsáveis, mas também de consumidores que iriam investir gradualmente seus recursos na melhoria do espaço doméstico tanto interna quanto externamente.

Nesses imaginários tecnocráticos, a habitação e a propriedade privada tornaram-se agentes de transformação dos hábitos de vida e do comportamento típico da classe média tradicional. Os manuais dos usuários da Cohab distribuídos pelos assistentes sociais da FLXIII reproduziram cenas de domesticidade que reforçaram uma ideia de modernidade universal que não era outra senão estereótipos racializados e generizados das famílias de classe média branca, certamente longe das realidades dos moradores das favelas que, no entanto, compartilhavam o desejo de sua própria casa. O programa habitacional, portanto, retratou o futuro morador como alguém que desenvolveria valores burgueses de domesticidade e conforto, um consumidor de materiais de construção e decoração, um cidadão envolvido com questões comunitárias. Os técnicos da Usaid e da Cohab não pouparam esforços em mencionar em documentos internos, e em todas as ocasiões em que puderam mostrar o bairro, como as famílias tinham transformado as casas acrescentando plantas, cercas e telhas. Neste sentido, o programa habitacional do governo Lacerda não era um produto final rígido, mas permitia certa flexibilidade ao pensar em um ideal de comunidade que mudaria conforme seus ocupantes vivessem suas vidas – um modernismo diferente da rígida visão da Brasília modernista que pensava o espaço do doméstico e do público de uma maneira diferente.

Epílogo

O conservador *Wall Street Journal* dedicou um artigo à Vila Kennedy em sua capa de 20 de março de 1967.[16] "Esta comunidade de 30.000 [pessoas] é um lugar que os funcionários do serviço externo dos Estados Unidos logo esquecerão". O artigo também sugeria que, embora a Vila Kennedy fosse planejada como "uma vitrine para mostrar o esforço americano de ajudar o Brasil, e uma parada obrigatória de qualquer visitante VIP", não recomendava levar o presidente Lyndon B. Johnson em uma possível viagem diplomática. "O que deu errado aqui diz muito sobre o que pode dar – e muitas vezes dá – errado no programa massivo de ajuda externa dos Estados Unidos", criticou a revista, observando criticamente que "A lição básica da Vila Kennedy parece ser que é necessário um planejamento muito mais cuidadoso antes que os dólares dos contribuintes sejam desembolsados para qualquer novo projeto". Naquela época, os Estados Unidos já haviam abandonado a ideia da Aliança para o Progresso como uma ferramenta para promover o desenvolvimento social como parte da diplomacia da Guerra Fria. As ditaduras latino-americanas, como o caso brasileiro demonstrou naqueles anos, foram muito mais eficazes para garantir a ordem e os interesses dos EUA na região do que os programas sociais mais caros e menos lucrativos.

O artigo do *Wall Street Journal* desencadeou uma investigação interna do Senado dos Estados Unidos sobre o envolvimento do país na Vila Aliança e Vila Kennedy. A mesa da Usaid no Rio se envolveu em uma série de investigações e avaliações da situação dos novos complexos dentro de poucos anos após sua inauguração. O governo Negrão de Lima foi culpado pelo estado de negligência, falta de transporte e falta de limpeza e serviço de lixo, além da pobreza generalizada aos olhos das autoridades americanas. Pouco tempo depois, a Usaid financiou uma visita técnica para avaliar os programas de habitação e oferecer propostas para o futuro. O Wagner Report (1966), como o relatório final era conhecido, tomou uma posição contra a erradicação e a construção de complexos habitacionais e mais favorável à urbanização das favelas. Esta foi a linha desenvolvida no Rio de

[16] Foreign Aid Flop: "Showcase" Community in Brazil Deteriorates Due to Poor Planning. *Wall Street Journal*, 20 de março de 1967, p. 1. Minha tradução.

Janeiro pela Companhia de Desenvolvimento das Comunidades (Codesco), da qual participou Carlos Nelson Ferreira dos Santos, e que em outros países, como Lima, Peru, foi promovida pelo arquiteto John Turner, que recuperou o valor da autoconstrução como conhecimento, como forma de investimento e como política pública para resolver a crise habitacional, posição que depois seria assumida pelo próprio Banco Mundial.

Mas a ditadura militar continuou, em uma escala sem precedentes e com violência inédita, a política de erradicação e construção de moradias em massa iniciada por Lacerda. Embora as ideias de renovação urbana já estivessem sendo criticadas mundialmente com a crise do movimento modernista, a ditadura a empregou com força para tentar limpar a Zona Sul das favelas e continuar com o projeto de reorganização espacial da cidade. Apresentava várias continuidades com o projeto do governo Lacerda. A primeira presidente do Banco Nacional de Habitação (BNH), criado em 1964, foi Sandra Cavalcanti, Secretária de Serviços Sociais do Estado da Guanabara.[17] Cavalcanti, numa conhecida carta ao ditador-presidente Castelo Branco, na qual reconheceu as dívidas e problemas da Vila Aliança e Vila Kennedy, argumentou a importância de federalizar o programa habitacional de Lacerda. De fato, a experiência piloto da Cohab, criada como produto do acordo com os Estados Unidos, foi federalizada pela ditadura e replicada em outros estados do país.

Embora tanto o governo de Lacerda (ou o da ditadura mais tarde) quanto técnicos estrangeiros ligados à Usaid buscassem desenvolver uma linguagem sobre habitação e programas públicos que procurasse despolitizar o problema habitacional, definindo-o como uma questão técnica e financeira que, se resolvida, permitiria aos próprios moradores da favela mudar seus supostos hábitos associados à pobreza, isto não aconteceu como planejado.

Lacerda teve que enfrentar a resistência de muitos favelados organizados contra a remoção, como no caso de Brás de Pina e da formação da Federação de Favelados do Estado da Guanabara, que reivindicaram seus direitos tanto como favelados quanto como cidadãos (LIMA, 1989; GONÇALVES, 2013).

---

[17] A criação do BNH também fez parte de um fenômeno em nível transnacional, pois a criação de bancos de redesconto para direcionar a poupança doméstica para o crédito hipotecário foi parte das negociações com agências de crédito internacionais e parte da agenda em várias reuniões e organizações multinacionais.

Estas políticas urbanas estabeleceram uma linguagem que enfatizava a possibilidade de melhorar a moradia e associaram o bem-estar e o progresso individual do acesso à formalidade. Nesse sentido, a história da construção e ocupação de complexos habitacionais também deve ser entendida como prova da disputa de significados em torno de noções sobre a *rule of experts* e o próprio desenvolvimento. Como linguagem e como prática, a noção de desenvolvimento (individual ou comunitário), a partir da melhoria econômica e social proporcionada pela moradia, foi apropriada por setores populares e moradores de favelas, que usaram essa mesma linguagem, que levantou noções de melhoria econômica e social, e se mobilizaram politicamente reivindicando seu direito à cidade e à inclusão social. Foi em bairros como Vila Aliança e Vila Kennedy, por exemplo, que os próprios moradores aprenderam a se organizar a partir do trabalho pastoral dos padres do Terceiro Mundo ligados à Teologia da Libertação e à demanda pelo sistema de transporte público, pela posse de terras e casas e por melhorias concretas no bairro. Ao fazê-lo, eles também formaram as bases sociais do brizolismo e até mesmo do Partido dos Trabalhadores.[18]

Assim, essas políticas e imaginários tecnocrático-autoritários formados transnacionalmente não devem ser entendidos meramente como a imposição de modelos totalitários. Tais linguagens e práticas ajudaram a criar expectativas e desejos sobre a vida urbana que foram se estendendo por diferentes setores, incluindo os pobres urbanos. Entendendo a linguagem e as práticas associadas à modernização e ao desenvolvimento urbano também como um espaço para a batalha de significados e resultados concretos, propomos pensar nisso como um campo constante de disputa onde esses mesmos termos de modernidade e desenvolvimento foram redefinidos. Daí surgem dois aspectos que acreditamos serem importantes para continuar a pensar na historiografia do período removedor.

Em primeiro lugar, os historiadores têm problema em relatar as experiências dos moradores das favelas diante das remoções e como, em muitos casos, esses processos significaram uma melhoria em sua vida diária por meio do acesso à propriedade (para aqueles que realmente conseguiram fazer isso). Aceitar este fato nos confronta a registrar a colaboração de muitos moradores das favelas com aquelas políticas, que os estigmatizaram, reprimiram e erradicaram. Esta adesão, se houver, também poderá

[18] Entrevista oral, Luiz Severino (morador de Vila Kennedy, originalmente morador de Ramos), 25 de abril de 2019.

ser considerada como um aspecto contra-hegemônico no qual os próprios moradores se apropriaram dessas noções para melhorar suas vidas, para finalmente exigir que o Estado cumprisse suas promessas de promoção social e econômica. Em segundo lugar, e associado a isso, se o discurso tecnocrático levantou a questão da habitação para a população das favelas e estabeleceu a estrutura na qual as políticas urbanas foram desenvolvidas em nível latino-americano no âmbito da Guerra Fria, também contribuiu para a politização dos moradores das favelas e complexos habitacionais. Desta forma, as reivindicações sobre o direito à cidade devolveram o caráter político e social à moradia, que os técnicos brasileiros e norte-americanos procuraram eliminar com suas políticas públicas.

Referências

AMOROSO, Mauro. *Nunca é tarde para ser feliz:* a imagem das favelas pelas lentes do Correio da Manhã. Curitiba: CRV, 2011.

ARKU, Godwin; HARRIS, Richard. Housing as a Tool of Economic Development Since 1929. *International Journal of Urban and Regional Research,* v. 29, n. 4, p. 895-915, dez., 2005.

AZEVEDO, Cecília. *Em nome da América:* os corpos da paz no Brasil. São Paulo: Alameda, 2008.

AZEVEDO, Cecília. Essa pobre menina moça: a estátua da liberdade da Vila Kennedy. In: KNAUSS, Paulo; MAUAD, Ana Maria (orgs.). *Cidade vaidosa: imagens urbanas do Rio de Janeiro.* Rio de Janeiro: 7 Letras, 1999. p. 93-116.

BENMERGUI, Leandro. The Alliance for Progress and Housing Policy in Rio de Janeiro and Buenos Aires" in the 1960s. *Urban History,* v. 36, n. 2, p. 303-326, 2009.

BENMERGUI, Leandro. Building the Alliance for Progress: Local and Transnational Encounters in a Low-Income Housing Program in Rio de Janeiro, 1962-67. In: SANDOVAL-STRAUZ, Andrew e KWAK, Nancy (orgs.). *Making Cities Global:* The Transnational Turn in Urban History. Philadelphia: University of Pennsylvania Press, 2018.

BONILLA, Frank. Rio's Favelas: The Rural Slum Within The City. *American Universities Field Staff Report*, East Coast South America Series, v. 8, n. 3, ago., 1961.

BRUM, Mario Sergio. *Cidade Alta:* histórias e memórias da remoção e a construção do estigma de favela num conjunto habitacional. Rio de Janeiro: Ponteio, 2012.

CORTÉS, Alexis. *Favelados e pobladores nas ciências sociais:* a construção teórica de um movimento social. Rio de Janeiro: Eduerj, 2018.

FISCHER, Brodwyn. A Century in the Present Tense: Crisis, Politics, and Intellectual History of Brazil's Informal Cities. In: FISCHER. Brodwyn; MCCANN, Bryan McCann; AUYERO, Javier (orgs.). *Cities from Scratch:* Poverty and Informality in Urban Latin America. Durham: Duke University Press, 2014. p. 9-67.

FISCHER, Brodwyn. *A Poverty of Rights:* Citizenship and Inequality in Twentieth-Century Rio de Janeiro. Stanford: Stanford University Press, 2008.

GONÇALVES, Rafael Soares. *Favelas do Rio de Janeiro:* história e direito. Rio de Janeiro: PUC-Rio; Pallas, 2013.

GORELIK, Adrián. A produção da cidade latino-americana. *Tempo Social*. São Paulo, v. 17, n. 1, p. 112-133, 2005.

GORELIK, Adrián. La aldea en la ciudad: ecos urbanos de un debate antropológico. *Revista del Museo de Antropología*, v. 1, n. 1, p. 73-96, 2008.

HARRIS, Richard. The Silence of the Experts: 'Aided Self-help Housing', 1939-1954. *Habitat International*, v. 22, n. 2, p. 165-189, Jun., 1998.

JOSEPH, Gilbert M; LEGRAND, Catherine; SALVATORE, Ricardo D. (orgs.). *Close Encounters of Empire: Writing the Cultural History of U.S.-Latin American Relations*. Durham: Duke University Press, 1998.

JOSEPH, Gilbert M; SPENSER, Daniela (orgs.). *In from the Cold: Latin America's New Encounter with the Cold War*. Durham: Duke University Press, 2007.

KWAK, Nancy H. *A World of Homeowners: American Power and the Politics of Housing Aid*. Chicago: University of Chicago Press, 2015.

LEEDS, Anthony; LEEDS, Elizabeth. *A sociologia do Brasil urbano*. Rio de Janeiro: Zahar Editores, 1978.

LIMA, Nísia Verônica Trindade. O movimento de favelados do Rio de Janeiro: políticas do estado e lutas sociais (1954-1973). Dissertação de Mestrado, Iuperj, 1989.

MAGALHÃES, Rafael de Almeida. *O problema das favelas cariocas e sua solução*. Rio de Janeiro: Universidade do Estado da Guanabara, 1964.

MCCANN, Bryan. Carlos Lacerda. The Rise and Fall of a Middle-Class Populist in 1950s Brazil. *Hispanic American Historical Review*, v. 83, n. 4, p. 661-696, nov. de 2003.

MCCANN, Bryan. *Hard Times in the Marvelous City:* From Dictatorship to Democracy in the Favelas of Rio de Janeiro. Durham: Duke University Press, 2014.

RAMOS DE ANGELO, Michelly. *Louis-Joseph Lebret e a Sagmacs: A formação de um grupo de ação para o planejamento urbano no Brasil*. São Paulo: Alameda 2013.

OFFNER, Amy. *Sorting Out the Mixed Economy. The Rise and Fall of Welfare and Developmental States in the Americas*. Princeton: Princeton University Press, 2019.

PEREZ, Maurício Dominguez. *Lacerda na Guanabara:* a reconstrução do Rio de Janeiro nos anos 1960. Rio de Janeiro: Odisseia, 2007.

PERLMAN, Janice. *The Myth of Marginality: Urban Poverty and Politics in Rio de Janeiro*. Berkeley: University of California Press, 1976.

PRATT, Mary Louise. *Imperial Eyes:* Travel Writing and Transculturation. New York: Routledge, 1992.

SALMEN, Lawrence F. A Perspective on the Resettlement of Squatters in Brazil. *América Latina* (Rio de Janeiro), v. 12, n. 1, p. 73-95, mar., 1969.

SANTOS, Carlos Nelson Ferreira dos. *Movimentos urbanos no Rio de Janeiro*. Rio de Janeiro: Zahar, 1981.

VALLA, Victor Vincent. *Educação e favela:* políticas para as favelas do Rio de Janeiro, *1940-1985*. Petrópolis: Vozes, 1986.

VALLADARES, Licia do Prado. *Passa-se uma casa: análise do programa de remoção de favelas do Rio de Janeiro*. Rio de Janeiro: Zahar, 1978.

VALLADARES, Licia do Prado. *A invenção da favela: do mito de origem à favela.com*. Rio de Janeiro: FGV, 2005.

VIANA, Rachel de Almeida. Encontros etnográficos e antropologia em rede: a favela do Jacarezinho e a pesquisa de Anthony e Elizabeth Leeds na década de 1960. Tese de Doutorado em História das Ciências e da Saúde – Fundação Oswaldo Cruz. Casa de Oswaldo Cruz, 2019.

WAGNER, Bernard; MCVVOY, David; EDWARDS, Gordon. Programa para o desenvolvimento urbano e habitacional da Guanabara: relatório e recomendações da equipe de habitação e desenvolvimento urbano da A.I.D., 1 de julho de 1966. Mimeo., 1966.

WEINSTEIN, Barbara. Developing Inequality. *The American Historical Review,* v. 113, n. 1, p. 1-18, fev., 2008.

WEINSTEIN, Barbara. Pensando a história fora da nação: a historiografia da América Latina e o viés transnacional. *Revista Eletrônica da Anphlac*, n. 14, 2013.

ZALUAR, Alba. *A máquina e a revolta:* as organizações populares e o significado da pobreza. São Paulo: Brasiliense, 1985.

As favelas do Rio de Janeiro e a ditadura militar: remoções forçadas, repressão ao associativismo e controle social

Juliana Oakim
Lucas Pedretti
Marco M. Pestana

Introdução

Este texto pretende retomar um trabalho conjunto realizado pelos três autores no contexto de atuação da Comissão Estadual da Verdade do Rio de Janeiro (CEV-Rio), órgão criado pela lei estadual 6.335 de 2012 que trabalhou entre os anos de 2013 e 2015 com o objetivo de investigar as violações de direitos humanos na ditadura (1964-1985) no Estado. A Comissão atuou em um contexto no qual a violência estatal contra as favelas era uma realidade candente. Por um lado, vivia-se o esgotamento das Unidades de Polícia Pacificadora (UPP), e os indicadores de violência policial voltavam a crescer vertiginosamente. O ano de instalação da CEV-Rio ficou marcado pelo emblemático caso do desaparecimento forçado do pedreiro Amarildo, morador da Rocinha, por policiais da UPP.[1] Por outro, no quadro dos chamados Megaeventos, dezenas de milhares de pessoas foram atingidas por remoções forçadas, em um processo de caráter violento e autoritário.[2] O símbolo maior daquele momento foi a luta da Vila Autódromo.

Nesse quadro, desde o início de seus trabalhos, a CEV-Rio buscou, ainda que de maneira tímida, enfrentar o debate sobre a relação do Estado ditatorial com as favelas. A Comissão se articulou com atores locais e chegou a coletar testemunhos sobre a temática. No entanto, o fato é que, até seu último ano de atuação, essa agenda não foi central para o órgão.

[1] Amarildo de Souza era um ajudante de pedreiro da favela da Rocinha. No dia 14 de julho de 2013, foi preso por policiais da UPP da localidade, torturado, morto e teve seu cadáver ocultado pelos agentes do Estado. Como o crime ocorreu no contexto das mobilizações de 2013, o caso teve ampla repercussão, e os policiais envolvidos chegaram a ser julgados e presos. Ainda assim, seu corpo segue desaparecido até hoje.

[2] Segundo o Comitê Popular da Copa e das Olimpíadas do Rio, mais de 22 mil famílias foram removidas naquele contexto. Cf. Comitê Popular da Copa e Olimpíadas Rio de Janeiro (2015, p. 36).

O debate ganharia destaque apenas depois da publicação do Relatório Final da Comissão Nacional da Verdade (CNV) em dezembro de 2014.[3]

Isso se deu na medida em que a completa ausência de um olhar específico para a violência nas favelas e periferias durante a ditadura por parte da CNV foi objeto de contundentes críticas. Entre elas, o artigo "A ditadura empresarial-militar e as favelas do Rio de Janeiro", assinado por um dos autores deste texto, publicado no portal *Favela 247* (PESTANA, 2014). Logo em seguida, o militante da favela da Rocinha Antonio Ferreira de Mello, o Xaolin, escreveu outro artigo no mesmo portal, demonstrando concordância e aprofundando os apontamentos feitos por Pestana.

Tais críticas reverberaram dentro da própria CEV-Rio, que a partir daquele momento assumiu com maior vigor agendas de pesquisa até então laterais, notadamente aquelas que diziam respeito à violência nas favelas, contra a população negra e contra a população LGBTQ. No início de 2015, a comissão buscou pesquisadores que já se dedicavam a tais discussões, e nesse contexto se deu o encontro dos autores do presente artigo. Oakim e Pestana foram convidados para elaborar um relatório sobre as violações de direitos humanos da ditadura nas favelas do Rio de Janeiro e Pedretti, que integrava a CEV-Rio, ficou como um dos responsáveis pela temática dentro do órgão.

Assim, ao longo daquele ano, debruçamo-nos sobre acervos de órgãos da repressão política da ditadura[4] e coletamos três importantes testemunhos.[5] O texto final da pesquisa foi sintetizado no artigo "A ditadura nas

[3] No que diz respeito à experiência da Comissão Nacional da Verdade no Brasil, é importante destacar que vivenciamos aqui um fenômeno bastante particular: a criação de mais de uma centena de comissões da verdade estaduais, municipais e vinculadas a diferentes instâncias da sociedade civil. Tais comissões mantinham, com maior ou menor grau, uma relação de colaboração com a CNV, mas não eram a ela subordinadas. Desse modo, as agendas de pesquisa desses órgãos muitas vezes caminharam em direções distintas daquelas da CNV. Além disso, algumas comissões estaduais, como foi o caso da CEV-Rio, continuaram existindo mesmo após o fim dos trabalhos da CNV, de modo que para elas foi possível enfrentar algumas das críticas que apareceram em relação ao relatório da Comissão Nacional da Verdade. Vale notar, ainda, que a Comissão Estadual da Verdade de São Paulo – Rubens Paiva – também buscou dar conta do tema da violência da ditadura contra a população negra e periférica.

[4] A pesquisa documental foi realizada tanto no Fundo Polícias Políticas do Arquivo Público do Estado do Rio de Janeiro (Aperj), onde se encontra custodiada a documentação do Departamento de Ordem Política e Social da Guanabara (Dops/GB) e de seu sucessor, o Departamento Geral de Investigações Especiais (DGIE), quanto nos diversos fundos do Arquivo Nacional relacionados aos órgãos federais de informação e segurança, especialmente o Serviço Nacional de Informações (SNI). Os documentos reunidos e organizados no curso da pesquisa compõem hoje o acervo da Comissão Estadual da Verdade do Rio de Janeiro, que também se localiza no Aperj e já é acessível ao público.

[5] Foram coletados dois testemunhos: um com os moradores da Rocinha Antonio Ferreira de Mello (Xaolim) e José Fernandes (Xavante) em 20 de março de 2015, e outro com o morador da Vila Autódromo Altair Guimarães, em 5 de maio de 2015.

favelas do Rio de Janeiro" (OAKIM; PESTANA, 2015) entregue à comissão em agosto, cujo conteúdo subsidiou a escrita do capítulo "A ditadura nas favelas cariocas", constante do relatório final do órgão, publicado em dezembro de 2015 (RIO DE JANEIRO, 2015).

A proposta deste texto é retomar os principais argumentos desenvolvidos no curso da pesquisa realizada junto à CEV-Rio, enriquecidos pelo desenvolvimento de nossas pesquisas individuais e acrescentando um elemento que, em razão do caráter daquele trabalho coletivo, esteve ausente: uma discussão sobre a literatura acadêmica relativa ao tema das favelas na ditadura. Entretanto, em função da abrangência da temática e da limitação do espaço disponível, fez-se necessário partir de dois recortes.

O primeiro é de ordem cronológica, uma vez que optamos por limitar a maior parte de nossas observações ao período 1964-1974. Essa opção justifica-se não apenas na medida em que essa fase do regime ditatorial – a qual o historiador Renato Lemos (2014) denominou de período da "contrarrevolução terrorista" – foi dotada de características próprias e distintivas em relação ao momento posterior, mas também porque o mesmo período coincidiu com a vigência de uma política pública de amplo alcance especificamente voltada para as favelas cariocas, a política de remoções sistemáticas. No caso de alguns pontos específicos, entretanto, as cronologia das fontes disponíveis e a própria natureza das questões analisadas nos conduziu a ultrapassar esse recorte, adentrando o momento seguinte, conceituado por Lemos como "contrarrevolução democrática".

O segundo recorte é de natureza temática e se expressa pela decisão de concentrarmos nossa análise em torno de três eixos – as políticas de remoções, a resistência organizada dos favelados a elas e as formas de violência policial e controle social cotidiano – considerados de grande importância para a compreensão da história das favelas na ditadura e representativos da bibliografia disponível. Partindo dessas opções, o corpo central do presente texto é composto por seções devotadas a cada um dos três eixos temáticos, contendo um breve relato histórico e uma análise da bibliografia acadêmica – com ênfase na historiografia – pertinente em cada um deles. Tendo em vista esse panorama geral, ao fim do texto, apresentamos algumas considerações acerca das possibilidades de aprofundamento das pesquisas enfocando as favelas na ditadura.

A política de remoções de favelas

O programa de remoções de favelas foi iniciado ainda em 1962. Mas foi após o golpe de 1964 que ele conquistou enorme força; quando a centralização política e administrativa garantiu uma maior disponibilidade de recursos técnicos e financeiros a serem aplicados nas remoções (cf. BRUM, 2012). Em 11 anos de vigência, a política massiva de remoções implementada no Rio de Janeiro (à época, Estado da Guanabara) resultou no deslocamento forçado de 139.218 pessoas para conjuntos habitacionais localizados em subúrbios distantes dos seus locais de moradia.[6]

Esse período de política remocionista pode ser dividido em dois momentos: o primeiro entre 1962 e 1966, quando a execução do programa era liderada pelo governo estadual, e o segundo de 1967 a 1973, quando o governo federal assumiu a direção do programa, o que se refletiu em um aumento considerável da quantidade e da violência das remoções.[7]

O programa estadual de remoções de favelas começou a se estruturar ainda sob a liderança do então governador do Estado da Guanabara Carlos Lacerda com a criação da Companhia de Habitação Popular (Cohab-GB) e da Secretaria de Serviços Sociais, chefiada por Sandra Cavalcanti.[8] No nível internacional, a implementação do programa tinha relação direta com a proximidade entre Lacerda e os EUA, o que se refletia na expectativa de recebimento de recursos oriundos do Fundo do Trigo e a parceria com o programa Aliança para o Progresso, ambos norte-americanos. A intimidade com a política internacional aparece até mesmo no nome dos conjuntos habitacionais construídos então para abrigar os moradores removidos das favelas como, por exemplo, a Vila Aliança, construída em Bangu, e a Vila Kennedy, onde até mesmo uma réplica da Estátua da Liberdade foi instalada.

Entre 1962 e 1966, foram removidas 27 favelas em todo o Estado da Guanabara. Entre elas, três casos se destacam: a remoção da Favela do

[6] Os dados quantitativos das remoções são indicados por Valladares, 1978.

[7] Ainda segundo Valladares (1978), entre 1962 e 1966, foram removidas 48.643 pessoas de 27 favelas; já, entre 1967 e 1973, foram removidas 53 favelas, com 90.575 pessoas.

[8] A professora e parlamentar da UDN Sandra Cavalcanti foi árdua defensora da política de remoções de favelas. Afirmava publicamente que o morador da favela era inadequado à realidade urbana e, portanto, necessitado de educação e de orientação por indivíduos esclarecidos, que o preparariam para a vida na cidade. Para além do âmbito estadual, Sandra Cavalcanti teve papel importante no desenho dos rumos da política federal de habitação popular do governo militar: a criação do BNH foi sugestão sua enviada por meio de carta ao Marechal Castelo Branco.

Pasmado e da Favela do Esqueleto, além da tentativa de remoção da Favela de Brás de Pina.

Apesar de a remoção da Favela do Pasmado em Botafogo não ter sido, no sentido cronológico, a primeira a ser levada a cabo por Lacerda, ficou marcada como tal quando seus moradores foram levados para a recém-inaugurada Vila Aliança, em Bangu, sob forte dispositivo policial. Ao fim da remoção, um ato de grande dimensão simbólica: Lacerda mandaria que se incendiasse o material dos barracos demolidos.

A segunda grande ação remocionista ocorreu na Favela do Esqueleto, cujos moradores seriam transferidos para Vila Kennedy para dar lugar à construção da Universidade do Estado da Guanabara (hoje Uerj). Esta remoção foi anunciada em outubro de 1964, em meio ao I Congresso de Favelas realizado pela Federação das Associações de Favelas do Estado da Guanabara (Fafeg), o que motivou uma forte mobilização dos moradores contra a transferência forçada. No entanto, apesar de chegar a mobilizar milhares de pessoas, a resistência se viu desmantelada após a prisão de uma das lideranças do movimento por agentes do Dops em dezembro de 1964.

Por fim, a única mobilização de moradores que conseguiu interromper uma remoção, o caso de Brás de Pina, também de fins de 1964. Como contraproposta à extinção da favela, 10 mil moradores se propuseram a realizar a urbanização da área. Durante a luta pela permanência, destacaram-se as figuras do padre católico José Sanz Artola e de um ainda estudante de arquitetura, Carlos Nelson Ferreira dos Santos. A mobilização dos moradores rendeu frutos e, em janeiro de 1965, Lacerda desistiu de remover a Favela de Brás de Pina.[9]

Com o fim do mandato de Lacerda em 1965, esperava-se uma calmaria na política remocionista. Contudo, não foi isso que ocorreu. Em setembro de 1966, o BNH constituiu um grupo de trabalho para elaborar o Plano Habitacional Integrado da Guanabara.[10] A formação deste grupo de trabalho representou o início do período de acirramento da política remocionista, quando o governo federal assumiu a política de remoções.

Em maio de 1968, entrava em cena o último ator necessário à investida remocionista: a Coordenação de Habitação de Interesse Social da Área Metropolitana do Grande Rio (Chisam), órgão federal subordinado ao

[9] Em 1968, a favela foi urbanizada por um programa estadual coordenado pelo já arquiteto Carlos Nelson Ferreira dos Santos.

[10] Criado em 1964, o Banco Nacional de Habitação (BNH) era o agente executivo do Sistema Financeiro de Habitação, o principal agente do governo em uma área social fundamental: a habitação popular.

Ministério do Interior, que coordenou os esforços de combate às favelas da Guanabara e dos municípios limítrofes. A execução destas remoções coordenada pela Chisam foi marcada por grande violência, com prisões ilegais e pelo menos um grande incêndio criminoso.

As violações iniciaram-se já na primeira remoção implementada, na pequena favela da Ilha das Dragas, quando quatro dirigentes de associação de moradores foram sequestrados.

Grande violência também ocorreu durante a remoção dos nove mil moradores da Praia do Pinto em março de 1971. Para desmantelar a resistência à remoção, quatro militantes da Fafeg e um advogado foram presos por agentes do Dops. Contudo, a maior violência cometida foi o grande incêndio do dia 10 de maio que destruiu um terço da favela da Praia do Pinto, cerca de 800 barracos, deixando quatro mil pessoas desabrigadas. Bombeiros demoraram a ser chamados e alguns relatos falam que chegaram a ser impedidos de atender à emergência.

O governo federal tinha ambições ainda maiores. A criação da Chisam, em realidade, representava um primeiro passo na construção de uma política nacional para as favelas de todo o Brasil, um projeto piloto que tinha a Guanabara como palco.[11] Contudo, em 1972, a política habitacional militar começava a dar sinais de falência e a atuação do BNH tomou outros rumos. Ainda assim, para os setores da construção civil e do capital imobiliário, os resultados do programa foram satisfatórios, visto que o mercado, relativamente estagnado desde o fim da década de 1950, fora intensamente impulsionado não somente pelas obras de construção dos conjuntos habitacionais, mas também pela liberação de terrenos valiosos, outrora ocupados por favelas.

A remoção, segundo o discurso remocionista, *regeneraria socialmente* o favelado. Utilizando-se de uma lógica de determinismo ambiental, o programa de remoções partia do pressuposto de que o ambiente inadequado era o responsável pela *degeneração* de seu habitante. Desse modo, transformar o *invasor em proprietário* também era parte importante de um processo de incorporação desses indivíduos ao sistema capitalista.

Na realidade, porém, a remoção trazia uma série de dificuldades para os moradores. Deslocados para bairros distantes, sem infraestrutura de

[11] A bibliografia é escassa ao indicar outros estados em que iniciativas semelhantes tenham sido adotadas. Relativamente mais estudada é a experiência de Belo Horizonte, onde foi criada a Coordenadoria de Habitação de Interesse Social de Belo Horizonte (Chisbel). Cf. Libâneo, 2016.

transporte ou comércio, esses indivíduos tinham seu cotidiano transformado para pior: aumento no tempo de deslocamento aos locais de trabalho (e muitas vezes em meios de transporte precários), aumento no custo de vida e dificuldade no acesso a serviços e comércio. Ademais, os conjuntos habitacionais que, supostamente, representariam uma melhora nas condições de habitação em realidade não o eram: muitas vezes os moradores encontravam habitações com infraestrutura de elétrica, água ou esgoto precária e, em alguns casos, até inexistente.

Além disso, a política de remoções encobria uma dimensão de organização do espaço urbano. A proposta de separar territorialmente as áreas residenciais destinadas a diferentes classes sociais e colocar as classes populares próximas às áreas de uso industrial era legitimada pelas teorias de planejamento urbano referenciadas no paradigma modernista. Seguindo este entendimento, até 1966, as remoções foram implementadas principalmente no trecho inicial da Avenida Brasil e da atual Linha Vermelha, eixo industrial da cidade. Posteriormente, já no início da década de 1970, elas se concentraram na fronteira norte do Estado da Guanabara, eixo de expansão industrial com a Área Metropolitana. Ambas as escolhas, além de legitimadas pelo planejamento urbano, pretendiam reverter o suposto esvaziamento econômico da cidade, que perdia espaço enquanto polo industrial. No entanto, esta prática mascarava um planejamento urbano segregacionista, que buscava separar diferentes classes sociais no território da cidade.

Havia ainda a demanda do capital imobiliário pela liberação de terras ocupadas por favelas na Zona Sul do Rio de Janeiro. Esta demanda foi amplamente atendida pelo programa a partir de 1967, quando foram iniciadas as remoções das favelas do entorno da Lagoa Rodrigo de Freitas, liberando a área mais valorizada da cidade para expansão do capital imobiliário.

Algumas produções bibliográficas sobre o tema foram publicadas na própria década de 1970, enquanto ainda se implementava o programa de remoções. Esses estudos foram realizados, principalmente, no âmbito das ciências sociais. Destacam-se, neste contexto, os trabalhos de Licia Valladares, Janice Perlman e Anthony e Elizabeth Leeds.

Licia Valladares publicou em 1978 sua pesquisa intitulada *Passa-se uma casa: análise do programa de remoção de favelas do Rio de Janeiro*, uma das principais referências bibliográficas sobre o tema. Licia teve a oportunidade de realizar trabalho de campo em algumas das favelas removidas no entorno da Lagoa Rodrigo de Freitas. É também Valladares quem indica os dados quantitativos de favelas e população deslocada à força. Janice Perlman publica em 1977 seu *O mito da marginalidade. Favelas e política no Rio de Janeiro*, uma das principais referências sobre pobreza urbana. Seu estudo marcou uma análise que enxergou as favelas não como marginais à cidade formal (no sentido de à margem da cidade), mas sim como integradas, em posição subalterna. Ademais, a autora mostra como o *mito da marginalidade* justificou ações como a própria política remocionista. Por fim, registre-se o trabalho do casal Anthony e Elizabeth Leeds intitulado *A sociologia do Brasil Urbano* e publicado em 1978. Em seu estudo, os Leeds analisam as políticas de habitação desenvolvidas para diferentes assentamentos pobres urbanos da América Latina, inclusive as favelas cariocas.[12]

Na década de 1980, momento que começaram a ser publicados estudos críticos elaborados também por profissionais de outras áreas, destacam-se os trabalhos de Victor Valla e Carlos Nelson Ferreira dos Santos. O educador Victor Vicent Valla, em seu trabalho *Educação e favela. Políticas para as favelas do Rio de Janeiro, 1940-1985*, publicado em 1986, analisa as diferentes políticas implementadas nas favelas ao longo do século XX (inclusive o programa de remoções) sob a ótica da educação. Já o trabalho de Ferreira dos Santos será abordado no próximo tópico deste texto, uma vez que seu foco principal recaiu sobre o movimento de resistência às remoções.

Na última década, a historiografia se debruçou sobre a política de remoções de favelas. Neste cenário, destaca-se a produção de Mario Brum. Em sua tese defendida em 2011 e intitulada *De favelados a favelados: dos programas de remoção de favelas à favelização do conjunto habitacional da Cidade Alta - Rio de Janeiro (1969-2006)*, Brum estudou o conjunto habitacional Cidade Alta, localizado em Cordovil, para onde foram levados os moradores das favelas removidas no entorno da Lagoa Rodrigo de Freitas. O autor também tem publicações importantes sobre o incêndio da Favela

---

[12] A aproximação entre os pesquisadores norte-americanos (tanto Perlman quanto o casal Leeds são norte-americanos) com as favelas cariocas na décadas de 1960 e 1970 coincide com a atuação dos Peace Corps: uma organização de promoção de desenvolvimento comunitário que tinha laços com o governo do Estado da Guanabara, com a Usaid (a Agência dos Estados Unidos para o Desenvolvimento Internacional) e a Cohab-GB.
Na década de 1960, por meio deste programa de desenvolvimento comunitário, cerca de 30 voluntários norte-americanos atuaram nas favelas cariocas. Como grande parte destes voluntários era composta por estudantes de ciências sociais, os Leeds exploraram a oportunidade para constituí-los como observadores participantes, aprofundando nas favelas cariocas seu estudo sobre a pobreza na América Latina.

Praia do Pinto, onde buscou detalhes dos acontecimentos daquela tragédia. Por fim, os trabalhos já mencionados de dois dos autores deste artigo: a dissertação de mestrado de Juliana Oakim intitulada *Urbanização sim, remoção não! A atuação da Federação das Associações de Favelas do Estado da Guanabara nas décadas de 1960 e 1970*, defendida em 2014, e a tese de doutorado de Marco Pestana defendida em 2018, a ser publicada com o título *Remoções de favelas no Rio de Janeiro: empresários, Estado e movimento de favelados (1957-1973)*.

História e historiografia da resistência às remoções: a Fafeg

Como principal política pública para as favelas cariocas durante os dez primeiros anos do regime ditatorial (tendo se iniciado ainda em 1962, conforme já visto), as remoções sistemáticas se tornaram, também, o principal alvo da resistência organizada dos moradores daquelas áreas. Nesse processo de luta contra as remoções, desempenhou papel-chave a Fafeg, entidade que operava a partir da congregação das associações locais de cada favela em um organismo único. Fundada em julho de 1963, a Fafeg existiu enquanto tal até maio de 1975, quando metamorfoseou-se em Federação das Associações de Favelas do Estado do Rio de Janeiro (Faferj),[13] ampliando a sua abrangência territorial de forma a englobar a totalidade do estado que emergiu da fusão dos antigos estados da Guanabara e do Rio de Janeiro. Ao longo de sua história, a Fafeg singularizou-se pelo esforço para garantir o total controle da entidade pelos próprios favelados. Nos termos de seu estatuto:

> É condição essencial para concorrer às eleições da F.A.F. E.G. para a Diretoria, ou ser nomeado para os departamentos, que *o candidato resida efetivamente em uma favela do Estado da Guanabara*, sendo destituído do cargo todo o Diretor da F.A.F. E.G. que deixar de residir numa favela (FAFEG, 1963, p. 5) (grifo nosso).

Partindo desses princípios, a entidade chegou a congregar cerca de 80 associações de base, evidenciando sua grande capilaridade em um universo de 147 favelas recenseadas em 1960. Esses núcleos de base, e não indivíduos isoladamente considerados, eram os detentores de todas as responsabilidades, direitos e deveres no âmbito da Fafeg. Eram elas que se filiavam à

[13] Com essa denominação, a entidade mantém-se ativa até os dias de hoje.

federação, contribuíam financeiramente e votavam nas eleições e nas assembleias gerais. A despeito desse funcionamento cotidiano orientado pela representatividade por local, os momentos de maior ebulição da Fafeg foram aqueles em que a participação direta era aberta para um conjunto amplo de militantes provenientes dessas bases, ou seja, os congressos da entidade (1964, 1968 e 1972). Nesses conclaves, foi afirmada categoricamente a oposição à política remocionista e foi reivindicada a adoção, pelos variados níveis de governo, de iniciativas de urbanização local das favelas cariocas.

A partir dessas deliberações, as sucessivas direções da Fafeg capitanearam oposições a diversas iniciativas de remoções de favelas, com destaque para os casos do Pasmado (1963), do Esqueleto (1965), da Ilha das Dragas (1969), da Praia do Pinto (1969) e da Catacumba (1970). Enfrentando um grande aparato repressivo, presente tanto na viabilização das operações de remoção propriamente ditas – inclusive, prendendo dirigentes da federação e de entidades locais com o objetivo de arrefecer a resistência –, quanto na vigilância ao funcionamento cotidiano de seus organismos, a posição sustentada pela Fafeg foi derrotada em todas essas ocasiões, sendo consumadas as remoções forçadas. No caso de Brás de Pina, única favela a derrotar uma operação remocionista em todo o período 1962-1973, a federação atuou de maneira menos aberta, apoiando discretamente a mobilização dos moradores locais, que tinham o padre Artola como principal figura pública.

O amplo consenso alcançado em torno da rejeição ao remocionismo não significou que a Fafeg estivesse isenta de disputas internas. Pelo contrário, toda a sua trajetória foi atravessada por constantes tensões entre distintas maneiras de conceber o sujeito social favelado e sua luta, as quais resultavam em diferentes projetos para a federação. Tais embates manifestavam-se de forma mais clara nas eleições para a composição da diretoria da entidade, as quais foram marcadas por algumas alterações na correlação de forças ao longo de sua existência.

De forma bastante sintética, tomando por referências as orientações predominantes em sua diretoria, é possível identificar quatro períodos distintos de atuação da Fafeg. Da fundação da federação a março de 1964, operou uma diretoria provisória, cuja atuação legou escassas evidências, dentre as quais consta a participação, ainda em novembro de 1963, em iniciativa visando à construção da candidatura presidencial de Juscelino Kubitschek no pleito de 1965. Após o golpe de abril de 1964, o presidente da entidade, Amaro Júlio Martins, renunciou ao seu posto, o qual passou a ser ocupado pelo segundo vice-presidente, Etevaldo Justino de Oliveira, iniciando um segundo momento.

A gestão de Etevaldo foi marcada pelo alinhamento ideológico a entidades participantes da conspiração que resultou na instalação da ditadura, com destaque para o Movimento Rearmamento Moral.[14] A partir daí, delineou-se um discurso calcado na doutrina social cristã, que apresentava a luta dos favelados em termos morais, como um esforço pela conquista da "dignidade" e de um tratamento equivalente ao dispensado aos moradores das demais áreas da cidade. Afirmava-se, assim, uma identidade particularista (o favelado como humilhado pelo restante da sociedade) que gravitava em torno das especificidades das condições de moradia. Os fundamentos conservadores de tal posição não impediram, entretanto, que essa diretoria adotasse uma postura de combate intransigente às remoções, que resultou, inclusive, na detenção de Etevaldo pelas forças policiais no bojo da resistência dos moradores do Esqueleto.

O terceiro período inaugura-se com a eleição realizada em janeiro de 1965, que consagrou a liderança de um distinto grupo político. Vencendo também os pleitos de 1967 e 1969, esse grupamento, tendo o militante do Partido Comunista Brasileiro (PCB) Vicente Ferreira Mariano como figura mais destacada, empreendeu uma progressiva alteração no discurso hegemônico na federação. Sua concepção era baseada na ideia de que os favelados deveriam compreender-se como integrantes da classe trabalhadora, estabelecendo uma conexão entre a precariedade habitacional vivenciada e o baixo nível dos salários oferecidos. Dessa forma, a luta dos favelados assumia os contornos de um momento da luta de classes, enfrentando não apenas o empresariado beneficiado pelas políticas urbanas e trabalhistas da ditadura, mas, também, o próprio regime.

Em um pleito amplamente tutelado pelo aparato repressivo ditatorial, os militantes alinhados às posições de Mariano assistiram à vitória da chapa única de oposição à gestão anterior. Com a nova diretoria, iniciou-se um momento de retorno ao predomínio da concepção restritiva da identidade e da luta dos favelados, uma vez mais reduzida ao que dizia respeito mais diretamente às condições imediatas de moradia. Dessa feita, entretanto,

[14] Fundado em 1938, o MRM apresentava-se como um movimento em favor de uma profunda transformação espiritual, afastando as pessoas do egoísmo, do materialismo e do ateísmo. Com um corte doutrinário bastante flexível em termos de ritos e crenças, aceitando adeptos de todas as religiões, desempenhou papel de destaque nas mobilizações anticomunistas do pós-Segunda Guerra Mundial em numerosos países.

não se faziam presentes as referências à doutrina social cristã, que foram substituídas por uma progressiva aposta no estabelecimento de canais de diálogo com os poderes públicos. Substituindo a mobilização das bases pelo contato de dirigentes – com destaque para Jonas Rodrigues e Francisco Vicente de Souza – com a burocracia estatal, essa perspectiva se perpetuou à frente da entidade até anos após a sua transformação em Faferj, sendo questionada apenas a partir de 1978.

Embora bastante capilarizada e obtendo repercussão considerável na imprensa do período, especialmente em um contexto de ascensão e auge da força repressiva da ditadura, a resistência da Fafeg às remoções só se tornou objeto de análises acadêmicas, ainda de forma bastante esparsa, a partir do fim da década de 1970.[15] Nessa seara, o pioneirismo coube à dissertação de mestrado de Carlos Nelson Ferreira dos Santos (1981), que abordou a luta dos moradores de Brás de Pina em comparação com outras duas mobilizações em que a federação não se fez presente (Morro Azul e Catumbi). Baseando-se na sua própria experiência como assessor técnico das três associações locais, Santos propôs-se a averiguar a potencialidade desses movimentos sociais urbanos para desdobrarem-se em questionamentos gerais da ordem social capitalista, tendo concluído que tal potencial era bastante limitado (especialmente na ausência de um agente político explicitamente orientado para essa finalidade, como um partido).

Um segundo esforço de análise das lutas conduzidas pela Fafeg só viria a aparecer uma década mais tarde, com a publicação da dissertação de Nísia Trindade Lima (1989), que se valeu de entrevistas com lideranças faveladas e de pesquisa em acervos de jornais de grande circulação. Tal como no trabalho de Santos, a autora buscou compreender os mecanismos de eclosão e funcionamento dos movimentos sociais urbanos. Assim, ao analisar as trajetórias da Fafeg, da União dos Trabalhadores Favelados e da Coligação dos Trabalhadores Favelados, criticou a noção de espontaneidade como elemento explicativo para a dinâmica do

[15] Embora não tenham se dedicado especificamente à análise da Fafeg e/ou da luta contra as remoções, dois trabalhos merecem destaque como precursores dos textos que serão analisados na sequência, uma vez que inspiraram direta ou indiretamente grande parte dessa produção. De um lado, há o artigo de Machado da Silva (2016) originalmente publicado em 1967, que atentou para os efeitos da estratificação interna das populações faveladas sobre suas mobilizações políticas, com destaque para as relações com órgãos estatais. De outro, destacam-se as pesquisas de Leeds e Leeds (1978), que formularam um amplo quadro interpretativo para a história das favelas cariocas, além de publicizarem algumas informações e sínteses acerca da trajetória da federação.

movimento de favelas, asseverando a importância de "agentes externos" para a articulação de experiências isoladas.

O grande hiato entre as duas pesquisas mencionadas[16] e a ausência de trabalhos sobre a temática ao longo da década de 1990 podem, em parte, ser explicados pela disseminação da postura de desvalorização das mobilizações sociais anteriores ao fim da década de 1970, lastreada na atribuição de um caráter de novidade quase absoluta às lutas emergidas a partir daquele momento. No tocante às favelas cariocas, essa posição foi evidenciada, por exemplo, em artigo de Vânia Bambirra que sequer se baseou em pesquisa sobre o período de atuação da Fafeg:

> Até o final dos anos setenta a atuação das Associações de Moradores será marcada por uma tônica defensiva, ou seja, a de impedir as remoções e *orientadas* (sic) *por uma concepção paternalista de que sua sobrevivência dependia de protetores*, sejam eles os padres, os políticos, os bicheiros ou os bandidos... (grifo nosso) (BAMBIRRA, 1985, p. 247).

Essa barreira analítica só seria rompida já no século XXI, quando se verificou uma retomada dos estudos sobre a Fafeg, ampliando consideravelmente o conhecimento acumulado sobre o tema. Na raiz desse movimento, estiveram numerosos fatores que se combinaram para impulsionar os novos estudos. Entre eles, é possível citar o acesso de ex-militantes da Fafeg e/ou militantes oriundos de outras searas do movimento de favelas aos espaços universitários (tanto em nível de graduação quanto de pós-graduação), aos quais levaram as questões enfrentadas em suas experiências; a disponibilização de fontes anteriormente inacessíveis (com destaque para os acervos dos órgãos repressivos da ditadura), ampliando as possibilidades de investigação histórica; e as transformações no tecido urbano do Rio de Janeiro, notadamente durante os mandatos de Eduardo Paes como prefeito (2009-2016), que contribuíram para colocar em evidência o tema dos conflitos envolvendo o espaço da cidade.

Desse cenário, emergiu um amplo espectro de visões nem sempre convergentes, mas que resultou no aprofundamento do conhecimento acerca de variados elementos da experiência da Fafeg, bem como em novas

[16] Ainda em 1980, foi publicado o livro de Guida Nunes que também se debruçou sobre a Fafeg. Entretanto, por se tratar de uma obra de caráter jornalístico, com escassas preocupações em relação à documentação de suas fontes e à comprovação de suas afirmações, optamos por não inseri-la na síntese bibliográfica aqui elaborada.

avaliações do conjunto de sua trajetória. Nesse sentido, é possível destacar novas questões e novas respostas surgidas sobre a capacidade de mobilização autônoma dos favelados (SILVA, 2007); a construção sempre tensa das memórias de ex-militantes da federação (SANTOS, 2009); a efetividade das suas mobilizações para a permanência das favelas no espaço urbano carioca e as alianças entabuladas no bojo do movimento antirremoções (OAKIM, 2014); o impacto do aparato repressivo ditatorial sobre o cotidiano dos militantes, bem como as formas encontradas por esses para escaparem de seu alcance (PEDRETTI, 2015); e a conexão entre a vivência nas favelas e a totalidade da experiência proletária, além da articulação de mecanismos de produção de consenso e de coerção no trato estatal com as entidades de favelados (PESTANA, no prelo). Tais trabalhos, longe de exaurir as possibilidades de pesquisa e análise, apontam para a riqueza da trajetória da Fafeg, instalando as bases de um profícuo campo de debates, que contribui para ampliar a visibilidade específica da história das mobilizações dos favelados, mas, também, possibilita a discussão acerca de amplo arco de questões teóricas e empíricas a ela transversais.

O controle social das classes subalternizadas: prisões arbitrárias, tortura e execuções sumárias

Desde sua constituição, ainda durante a Primeira República, as favelas são alvos de diferentes formas de violência promovidas pelo aparato estatal. Não são escassos, na literatura acadêmica, exemplos e análises sobre como essas ações ganharam contornos distintos ao longo do século XX, a depender do contexto sociopolítico. Certo é que ao longo de toda sua história, as favelas e seus moradores vêm convivendo com práticas como invasões ilegais de barracos, prisões arbitrárias de moradores sob acusação de "vadiagem", extorsões, batidas policiais e constrangimentos dos mais diversos tipos.

A legitimação desses expedientes se dá por meio dos diversos estigmas que operam para caracterizar as favelas e os favelados como um perigo e uma ameaça. Tal suspeição, nas variadas roupagens que assumiu ao longo do tempo, foi continuamente construída de maneira a abranger as favelas e seus moradores de maneira indistinta – a favela como o local da insalubridade, da criminalidade, da violência. Dessa forma, justifica-se o desenvolvimento de mecanismos e aparatos de controle e vigilância de alcance generalizado. Resulta desse quadro um padrão de ação das forças de segurança estatais que é eminentemente antecipatório, isto é, busca incidir no cotidiano daquelas populações para prevenir a concretização das potenciais ameaças imaginadas.

Cabe destacar, porém, que as favelas e seus moradores não são vistos apenas como ameaças aos diferentes regimes políticos, mas também – e talvez principalmente – contra a própria ordem social. Nos tópicos anteriores ficou evidenciado de que maneiras o regime ditatorial iniciado com o golpe de 1964 agiu para reprimir a resistência organizada dos favelados contra as remoções e controlar suas formas associativas, em uma atuação que poderia ser caracterizada mais restritamente como uma forma de repressão política.

Nesta parte do artigo, pretende-se debater como durante a ditadura se desenvolveu aquilo que, de forma geral, não se supõe ser uma violência *política*. Isto é, quais foram os efeitos do golpe de 1964 para esse conjunto de práticas violentas que agentes estatais e paraestatais usualmente promoveram contra as favelas? Ressalta-se que não entraremos na seara de um debate teórico sobre como caracterizar essas práticas, sublinhando apenas que ao lado dessa violência política *strictu sensu* os agentes estatais operam também práticas voltadas para o controle social das classes subalternizadas.

Significativo, para iniciar a reflexão, é o depoimento de Riscala Corbage, um ex-agente do Destacamento de Operações de Informações do Centro de Operações de Defesa Interna (DOI-Codi). Durante as investigações sobre o assassinato do ex-deputado federal Rubens Paiva ocorrido em 1971, o Ministério Público Federal questionou Corbage sobre a razão pela qual ele havia sido convocado para atuar naquele organismo, que se notabilizou como o mais violento da repressão ditatorial. O ex-policial militar respondeu que o chamado havia se dado em fins dos anos 1960, em razão da sua prática de "interrogar presos em favelas".[17] Sua resposta indica que não apenas as práticas violentas contra a população favelada não cessaram após 1964, como elas na verdade estavam intimamente imbricadas com as violações que se voltaram contra os militantes da oposição organizada. Essa percepção contribui para aproximar essas duas dimensões que muitas vezes aparecem como apartadas: o controle social e a repressão política.

[17] Depoimento de Riscala Corbage para o Ministério Público Federal. O áudio da oitiva está disponível, na íntegra, em: http://bit.ly/2Fqb6Ya. Acesso em : 1º out. 2017.

Lançar mão dessa perspectiva é importante na medida em que a bibliografia mais consolidada sobre a ditadura carrega uma imagem limitada da relação entre esses dois aspectos. À luz dessa literatura, a violência estatal se teria voltado basicamente contra os setores politicamente organizados, de modo que o controle social das classes subalternizadas parece ter desaparecido do horizonte. A força dessa perspectiva pode ser atestada quando se observa a literatura acerca da relação entre ditadura e favelas já discutida neste texto: os importantes trabalhos relativos à temática que vêm sendo publicados ao longo dos últimos anos têm seu foco principal nas formas de repressão estatal contra a resistência organizada dos moradores de favelas, notadamente no curso dos processos de remoção. Permanece, contudo, uma significativa lacuna em torno da dimensão do controle social.

No curso das pesquisas que realizamos junto à CEV-Rio, esse aspecto apareceu com mais força a partir dos testemunhos ouvidos, como na seguinte fala de José Fernandes, morador da Rocinha:

> Naquela época as *blitzes* aqui na comunidade, você tava deitado na sua casa, os caras entravam, não tinha esse negócio de mandado, nada não. Eles batiam, se não abrisse eles metiam o pé na porta. Entravam, se tivesse deitado era: "levanta, malandro". Amarrava e levava embora, entendeu? Era dessa forma que eles agiam aí. Desciam com a gente amarrado lá de cima. Botava no "coração de mãe", que era aquele carro, um ônibus todo cheio de grade que você entrava ali e ia para a delegacia. (...) E quando dava dez horas da noite onde você estivesse, você tinha que correr da polícia, se você não corresse... depois de dez horas da noite os caras te prendiam e dependendo, se fosse preso na sexta-feira à noite, só saía na segunda-feira.[18]

As prisões arbitrárias, usualmente justificadas pela acusação de "vadiagem", aparecem de maneira recorrente em relatos de moradores de favelas que viveram o período da ditadura. Em muitas dessas falas, há menção a situações de maus-tratos e torturas, às vezes inclusive com a utilização de "técnicas" como o pau de arara, que se notabilizou como instrumento mobilizado nos porões das prisões políticas.

Outro caminho para a identificação dessas práticas está nos materiais de denúncia produzidos pelas associações de moradores, como no exemplo

[18] Testemunho de José Fernandes (Xavante) e Antonio Ferreira de Mello (Xaolin) para a CEV-Rio em 20/03/2015. Disponível no Acervo da CEV-Rio localizado no Aperj.

de um panfleto da União Pró-Melhoramentos dos Moradores da Rocinha (UPMMR) de 1981 localizado no acervo das polícias políticas estaduais:

> Nos últimos 3 anos, a UPMMR apresentou diversas queixas e denúncias sobre violências e arbitrariedades cometidas por policiais na Rocinha, tais como: cobertura sistemática dada a grileiros da favela (...); invasão de barracos; arrombamentos de residências; espancamentos de moradores e prisões ilegais; diversos tipos de extorsões cometidas contra trabalhadores ou marginais. (...) Nas "BLITZ" (sic) que estão sendo feitas na Rocinha, o fato de MUITOS MILHARES de moradores da Rocinha trabalham (sic) como autônomos, em biscates, inclusive na própria comunidade (existem mais de 2.000 biroscas na favela, supermercados, lojas de todos os tipos, pequenas indústrias, CENTENAS DE OBRAS EM ANDAMENTO). QUASE NENHUMA DAS PESSOAS ACIMA TEM CARTEIRA DE TRABALHO ASSINADA, e nem todas tem documentação de autônomo legalizada. Já houve muitos casos destas pessoas serem levadas para as delegacias de polícia, ficando detidas, e até mesmo de serem acusadas de vadiagem...[19]

Tanto os relatos quanto os documentos das associações apontam para o fato de que esse tipo de prisão fazia parte da experiência cotidiana dos moradores de favelas no período. Não é tarefa fácil quantificar o contingente de atingidos por essa prática durante o regime iniciado em 1964, mas pode-se supor que se trata de cifra significativa. A título de exemplo, pode-se mencionar matéria de dezembro de 1975, do jornal *O Globo*, segundo a qual durante os seis primeiros meses posteriores à unificação dos estados do Rio de Janeiro e da Guanabara, haviam sido registrados cerca de 1.300 casos de vadiagem.[20]

Se é difícil estabelecer uma comparação quantitativa sobre práticas violentas voltadas para garantir o controle social, promover uma análise qualitativa delas é igualmente complexo. Afinal, como aqui se busca argumentar, trata-se precisamente de condutas existentes, em suas linhas gerais, desde que as favelas surgiram. No entanto, é sabido que no contexto da ditadura as forças de segurança foram profundamente militarizadas, ampliaram sua autonomia e atuaram com ampla garantia de impunidade.

[19] APERJ, Fundo Polícias Políticas, Setor DGIE, Notação 293A.
[20] Prisão por vadiagem: a falsa ideia da eficiência policial. *O Globo*, 15 de dezembro de 1975.

Essas mudanças são centrais para entendermos como, naquele período, houve uma mudança significativa na relação entre aparato estatal e moradores de favelas.

Analisando documentos produzidos por agências estadunidenses que forneceram suporte técnico e financeiro para essa militarização das polícias no Brasil ditatorial, a socióloga Martha Huggins identificou que, ainda em 1966, o agente do FBI Dan Mitrione, um conhecido "consultor" das ditaduras do Cone Sul, ajudou a "organizar e a selecionar homens para uma unidade de choque da Polícia Militar composta de '40 homens de mais de um metro e oitenta de altura' para entrar em ação principalmente à noite nas favelas", adotando uma "política de 'atire-para-matar'" (HUGGINS, 1998, p. 156-159).

Ainda segundo Huggins, esse tipo de força-tarefa das polícias estava intimamente ligado a outro elemento que, surgido naquele contexto, representou um recrudescimento radical da violência perpetrada em nome do controle social dos moradores de favelas e periferias urbanas em geral. Eram os esquadrões da morte e grupos de extermínio – ou seja, grupos compostos por agentes estatais que atuavam à margem da lei, chancelados por um discurso segundo o qual era necessário agir com maior "firmeza" contra sujeitos que ameaçavam a ordem. O surgimento desses grupos data de fins dos anos 1950, mas foi precisamente ao longo da ditadura que tais grupos se multiplicaram e ampliaram seus tentáculos por sobre vastas áreas do território do Rio de Janeiro. Ancorados no tripé de militarização, autonomia e impunidade os agentes que compunham tais organizações encontraram terreno fértil para desenvolver suas práticas criminosas, espalhando medo e terror entre os moradores de favelas e periferias. Afinal, se no discurso desses grupos seu objetivo era eliminar os "delinquentes" e "bandidos", na realidade todo e qualquer integrante das "classes perigosas" era um potencial alvo.

Evidentemente é também muito difícil chegar a cifras precisas de vítimas dessas organizações. Mas uma tabela publicada pelo *Jornal do Brasil* e reproduzida por José Cláudio Alves coloca alguns parâmetros para analisarmos o crescimento dessa prática. Em toda a Baixada Fluminense, o ano de 1964 ficou marcado por oito execuções sumárias de esquadrões da morte. Em 1974, foram 199 vítimas (ALVES, 2003, p. 136). Portanto, em dez anos houve um crescimento de 2.500% nos registros de assassinatos praticados por tais grupos somente na Baixada. Em sua coluna na *Folha de*

São Paulo, o cientista político Paulo Sérgio Pinheiro afirmou que em 1980 teriam ocorrido 2 mil execuções (PINHEIRO, 1982).

Os dados aqui elencados, ainda que muito parciais, apontam para um universo de milhares de pessoas vítimas de prisões arbitrárias pelas polícias e execuções sumárias pelas mãos de grupos paralegais como os esquadrões da morte e grupos de extermínio. Fica claro, no entanto, que o conhecimento acumulado sobre tais práticas ainda é deveras limitado, especialmente quando confrontado com a gravidade dessas violências. Com efeito, não se pode dizer que exista um robusto debate acadêmico aprofundado em relação a esses temas, ainda que haja importantes obras de referência que oferecem importantes elementos.

A primeira obra que se propôs a descrever mais sistematicamente essa realidade não veio da literatura acadêmica. Ainda em 1976, a Comissão de Justiça e Paz de São Paulo publicou um longo depoimento do procurador Hélio Bicudo, que se dedicara a tentar enfrentar os esquadrões da morte em São Paulo (BICUDO, 1976). O livro tinha o objetivo de registrar esse processo na visão do próprio Bicudo, e não trazia exatamente uma análise do fenômeno enquanto uma questão social e política, tanto que em sua conclusão os esquadrões da morte aparecem como obra de "elementos" que "conspurcaram" a polícia ao praticar atos de violência e corrupção.

Três anos depois, Paulo Sérgio Pinheiro publicou o artigo "Violência do Estado e classes populares" (PINHEIRO, 1979, p. 5), que buscava oferecer uma perspectiva oposta à de Bicudo: a violência estatal não era vista como objeto de "despreparo" ou "desvio" de agentes individuais, e passava a ser interpretada como instrumento das classes dominantes. No entanto, se a preocupação de Pinheiro surgia, evidentemente, a partir do contexto no qual ele estava inserido – o das discussões sobre a anistia e a necessidade de se construir um enquadramento para a relação entre a repressão política e ao chamado crime comum – o fato é que os dados empíricos trabalhados pelo autor neste texto diziam respeito à Primeira República. Especialmente no início dos anos 1980, Pinheiro sistematizou e analisou diferentes conjuntos de dados empíricos sobre "a violência do aparelho de Estado em relação às classes populares" (PINHEIRO, 1984, p. 9) durante o regime ditatorial. No entanto, tais dados foram mobilizados principalmente no quadro de suas colunas na *Folha de S.Paulo*, que possuíam um marcado caráter de intervenção no debate público.

Na esteira de Pinheiro, ampliou-se o espaço para o desenvolvimento de uma historiografia sobre a história das polícias, em que a dimensão do controle social do aparato estatal contra as classes populares passou a ser tematizada no quadro de um rico debate. Essa profícua produção, assim como no caso do artigo de Pinheiro de 1979, tinha como objeto de análise experiências históricas que não a da ditadura iniciada em 1964. De fato, em um balanço historiográfico sobre a história da polícia no Brasil, Marcos Bretas e André Rosemberg identificaram que a partir dos anos 1930 "a atividade de polícia política ganha enorme destaque", de modo que a "historiografia como um todo passa a privilegiar as questões políticas" (BRETAS; ROSEMBERG, 2013).

Nos anos 1990, a obra que recolocou em tela a discussão da violência estatal contra as chamadas "classes perigosas" durante a ditadura veio, mais uma vez, de fora dos bancos da academia. Em 1992, o jornalista Caco Barcellos publicou seu livro-reportagem *Rota 66* (BARCELLOS, 1992), no qual analisava mais de duas décadas de atuação da Rota – força especial da polícia militar paulistana –, e chegava a cifras impressionantes de milhares de pessoas mortas por esses agentes, a maioria das quais eram comprovadamente inocentes.[21]

O problema específico dos esquadrões da morte continuou sendo objeto de algumas análises, especialmente no âmbito da sociologia. Martha Huggins dedicou parte significativa de sua trajetória a esse tema, e contribuiu para a consolidação de uma história da evolução institucional das forças de repressão durante a ditadura, a qual esteve intimamente ligada ao desenvolvimento desses grupos (HUGGINS, 2002). Por sua vez, José Cláudio Souza Alves observou a evolução dos grupos de extermínio à luz das dinâmicas e conflitos políticos da Baixada Fluminense (ALVES, 2003).[22]

---

[21] Ainda que escrito quase uma década após, é relevante destacar o trabalho de Cecília Coimbra, *Operação Rio, o mito das classes perigosas: um estudo sobre a violência urbana, a mídia impressa e os discursos de segurança pública* (COIMBRA, 2001). Nessa pesquisa, a autora explora a violência das Operações Rio I e II, ocorridas em 1994 e 1995, quando, em uma operação conjunta, as Forças Armadas e as polícias realizaram uma série de intervenções violentas em favelas no Rio de Janeiro e em Niterói.
A autora explora no livro a contribuição da imprensa na construção de uma opinião pública não somente de apoio às operações, mas também de criminalização dos moradores de favelas e de banalização da violência das ações, ambas baseadas no argumento de que, diante da "situação de guerra civil vivida na cidade", ações duras faziam-se necessárias. Na ocasião, destacou-se uma operação realizada na Favela Santa Marta em novembro de 1994 em que crianças tiveram suas mochilas revistadas em busca de armas.

[22] Uma apreciação mais detida sobre a trajetória histórica das favelas da Baixada Fluminense durante o período ditatorial ultrapassaria o escopo da proposta do presente artigo. Ressaltamos, entretanto, que se trata de uma temática fundamental, tanto em termos de suas especificidades, quanto da articula-

Mais recentemente, as discussões sobre os legados da ditadura para as forças de segurança pública e a necessidade de desmilitarização de tais forças parecem ter alavancado um interesse que se volta mais propriamente para a evolução institucional das polícias durante o período. Nessa chave, dois importantes trabalhos sobre a realidade do estado de São Paulo foram publicados recentemente: *A polícia em guerra: a ditadura e a Polícia Militar em São Paulo (1964-1982)*, dissertação de mestrado de Gabriel Nascimento (2016), e *Polícia e ditadura: a arquitetura institucional da segurança pública de 1964 a 1988*, de Maria Pia Guerra (2016).

Dois elementos parecem ser centrais para a dificuldade de se fazer essa agenda de pesquisas avançar. O primeiro trata da manutenção da ideia segundo a qual a violência que caracteriza o regime ditatorial – e portanto a violência que deve ser objeto de análises acadêmicas – é aquela que pode ser restritamente identificada como a violência *política*. Trata-se, portanto, de um problema de ordem teórica. O segundo diz respeito à dificuldade de acesso a fontes que versem sobre a questão. Ainda que haja amplo espaço para se obter informações a partir da história oral, de fontes da imprensa escrita e de materiais custodiados nos acervos da repressão política, é fato que um avanço qualitativo poderia ser dado a partir de um mergulho nos acervos das polícias militar e civil e de órgãos relacionados a sua prática cotidiana, como os Institutos Médico-legais, os quais continuam pouco acessíveis.[23] Aqui, há um aspecto propriamente metodológico, mas há também uma inegável dimensão política em torno do acesso a essas informações.

Considerações finais

Neste artigo, buscamos traçar um panorama das principais formas de violência praticadas nas favelas pelo regime ditatorial a partir de três eixos principais: as remoções forçadas, a repressão ao associativismo e o controle social. Evidenciamos, ademais, algumas das formas encontradas pelos próprios favelados para resistirem a tais violências e garantirem certa margem de atuação política. Ainda que essas práticas não tenham sido uma

---

ção com o centro da região metropolitana. Infelizmente, se trata de um objeto ainda pouco explorado pela bibliografia disponível, havendo ampla necessidade de desenvolvimento de novas pesquisas. Vale destacar, no entanto, a pioneira obra organizada por Jean Sales e Alexandre Fortes sobre a ditadura na Baixada Fluminense (SALES & FORTES, 2016).

[23] A despeito das dificuldades antepostas pelas próprias instituições policiais ao exame de seus arquivos, alguns poucos pesquisadores conseguiram acessar parcelas da documentação existente. Ver, por exemplo, Amoroso (2019).

criação do regime ditatorial, como mostramos ao longo do texto, durante aquele período elas adquiriram contornos que apontam para a necessidade de conceber a ditadura iniciada em 1964 como um momento-chave dentro da longa temporalidade das formas de violência contra a favela e os seus moradores.

Analisamos também a produção bibliográfica relativa a esses temas produzida desde a década de 1970. Nesta análise, ficou evidente que a disponibilização de novas fontes documentais, associada a questionamentos emersos de conjunturas mais recentes, ocorrida principalmente no contexto de atuação das Comissões da Verdade, possibilitou uma nova produção acadêmica, que aprofundou a reflexão sobre as favelas, trazendo à tona histórias que até então permaneceram submersas.

A localização de novas fontes pode fazer avançar a agenda de pesquisa acerca da temática aqui tratada. No curso do trabalho junto à CEV-Rio, conseguimos identificar e analisar quantidade significativa de documentos produzidos pelos órgãos da repressão política. Pelas suas próprias características, tais fontes versam especialmente sobre duas das dimensões abordadas por este artigo: o controle sobre o associativismo e a mobilização do aparato repressivo ditatorial para viabilizar as remoções forçadas. É evidente que a análise realizada por nós não esgota as possibilidades de construção de conhecimento histórico a partir desses acervos – pelo contrário, é fundamental que mais pesquisadores se voltem para essa documentação.

A abertura de novos acervos documentais permitiria um aprofundamento importante. Dois conjuntos de arquivos nos parecem particularmente interessantes. O primeiro diz respeito aos diferentes organismos que ao longo do tempo estiveram à frente das políticas de remoção, tais como a Chisam, o BNH, a Cehab ou a Secretaria de Serviços Sociais. O segundo trata da documentação produzida pelas forças de segurança responsáveis pela violência "comum" que historicamente se voltou contra as favelas, notadamente as polícias civil e militar.

Para além do aprofundamento das temáticas aqui elencadas a partir de novas fontes, alguns aspectos que não abordamos também parecem profícuos caminhos de pesquisa. Um deles é o estabelecimento de perspectivas comparativas, seja da experiência das favelas no Rio de Janeiro com a de outros estados, seja entre distintas experiências nacionais, notadamente com o que ocorreu com as classes subalternizadas e seus espaços de moradia no quadro de outras ditaduras do Cone Sul. Importa notar que há uma crescente bibliografia que vem sendo produzida nos países vizinhos sobre essa temática, que, incorporada aos nossos debates, pode trazer interessantes contribuições.[24]

Outro aspecto importante que deve ser cada vez mais colocado no centro da análise são os marcadores sociais específicos, notadamente o de raça. Ao abordar a experiência dos moradores de favelas e periferias urbanas no Rio de Janeiro em particular e no Brasil em geral, é central que se dê a devida atenção à dimensão do racismo, na medida em que ele é elemento fundamental de estruturação e legitimação da violência estatal na nossa experiência histórica. A interseção das pesquisas entre o racismo institucional no contexto da ditadura – agenda também incipiente – e as temáticas aqui discutidas permitirá importante salto de qualidade nas análises.

Em suma, nosso objetivo foi apresentar uma síntese histórica da experiência dos moradores de favelas no quadro do regime ditatorial, bem como um panorama das discussões acadêmicas acerca da temática. Mais que conclusões definitivas, este artigo espera ter apresentado um mapa que auxilie o surgimento de novas análises e pesquisas. Avançar neste debate é urgente, na medida em que os estigmas que criminalizam as favelas e seus moradores têm ampliado sua força de maneira impressionante no período recente. Compreender a origem de tais discursos e práticas é essencial para criar instrumentos que permitam enfrentar o extermínio da população jovem, negra e favelada que está em curso neste exato momento.

Referências

ALVES, José Cláudio Souza. *Dos barões ao extermínio:* uma história da violência na Baixada Fluminense. Duque de Caxias; Rio de Janeiro: APPH/Clio, 2003.

AMOROSO, Mauro. A tropa e a cidade: a Polícia Militar no Rio de Janeiro durante a abertura e seus impactos negativos futuros para a consolidação de um universo de direitos para as favelas. *Tempo e Argumento*, v. 11, p. 129-157, 2019.

BAMBIRRA, Vânia. Favelas e movimentos de favelados no estado do Rio de Janeiro. *Política e Administração,* Rio de Janeiro, Fundação Escola de Serviço Público RJ, v. 2, p. 240-253, jul./set., 1985.

BARCELLOS, Caco. *Rota 66*. São Paulo: Globo, 1992.

BICUDO, Hélio. *Meu depoimento sobre o esquadrão da morte*. São Paulo: Pontifícia Comissão de Justiça e Paz, 1976.

[24] Ver, por exemplo, os números 9 e 10 do ano de 2018 da publicação argentina *Clepsidra – Revista Interdisciplinaria de Estudios sobre Memoria*. Ambos tratam da temática, sendo nomeados, respectivamente *Dossier Regimenes autoritarios, nuevas geografías y espacios de vida en América Latina* e *Dossier Erradicación de villas, resistencia popular y regímenes autoritarios en América Latina.*

BRETAS, Marcos; ROSEMBERG, André. A história da polícia no Brasil: balanço e perspectivas. *Topoi*, v. 14, n. 26, p. 162-173, 2013.

BRUM, Mario Sérgio Inácio. *Cidade alta:* história, memórias e estigma de favela num conjunto habitacional do Rio de Janeiro. Rio de Janeiro: Ponteio, 2012.

BRUM, Mario Sérgio Inácio. Memórias da remoção: o incêndio da Praia do Pinto e a "culpa" do governo. *XI Encontro nacional de História Oral - Memória, democracia e justiça.* Julho de 2012. Disponível em: www.encontro2012.historiaoral.org.br. Acesso em: 1º jan.

BRUM, Mario Sérgio Inácio. "O povo acredita na gente": rupturas e continuidades no movimento comunitário das favelas cariocas nas décadas de 1980 e 1990. Dissertação de Mestrado. Niterói: UFF, 2006.

COIMBRA, Cecília. *Operação Rio, o mito das classes perigosas:* um estudo sobre a violência urbana, a mídia impressa e os discursos de segurança pública. Rio de Janeiro: Oficina do Autor e Intertexto, 2001.

COMITÊ POPULAR DA COPA E OLIMPÍADAS RIO DE JANEIRO. *Olimpíadas Rio 2016, os jogos da exclusão: Megaeventos e violações dos direitos humanos no Rio de Janeiro.* Novembro de 2015. Disponível em: https://bit.ly/24ApDrz. Acesso em: 1º set. 2019.

FAFEG. *Estatuto da Federação de Associações de Favelas do Estado da Guanabara.* Registro Civil de Pessoas Jurídicas do Estado do Rio de Janeiro, 1963.

GUERRA, Maria Pia. *Polícia e ditadura: a arquitetura institucional da segurança pública de 1964 a 1988.* Brasília: Ministério da Justiça, 2016.

HUGGINS, Martha. *Polícia e política:* relações Estados Unidos/América Latina. São Paulo: Cortez, 1998.

HUGGINS, Martha. Modernity and Devolution: the Making of Police Death Squads in Modern Brazil. In: CAMPBELL, Bruce; BRENNER, Arthur (orgs.). *Death Squads in Global Perspective:* Murder with Deniability. New York: Palgrave Macmillan, 2002.

LEEDS, Anthony; LEEDS, Elizabeth. *A sociologia do Brasil urbano.* Trad. de Maria Laura Viveiros de Castro. Rio de Janeiro: Zahar, 1978.

LEMOS, Renato. Contrarrevolução e ditadura: ensaio sobre o processo político brasileiro pós-1964. *Marx e o marxismo*, v. 2, p. 111-138, 2014.

LIBÂNIO, Clarice de Assis. O fim das favelas? Planejamento, participação e remoção de famílias em Belo Horizonte. *Cadernos Metrópole*, v. 18, n. 37, p. 765-784, set./ dez., 2016.

LIMA, Nísia Verônica Trindade. O movimento de favelados do Rio de Janeiro – políticas do Estado e lutas sociais *(1954-1973).* Dissertação de Mestrado em Ciência Política - Instituto Universitário de Pesquisas do Rio de Janeiro. Rio de Janeiro, 1989.

MACHADO DA SILVA, Luiz Antonio. A política na favela. *Dilemas*, v. 4, n. 4, p. 669-716, 2011.

MACHADO DA SILVA, Luiz Antonio. *Fazendo a cidade:* trabalho, moradia e vida local entre as camadas populares urbanas. Rio de Janeiro: Mórula, 2016.

MATTOS, Romulo Costa. As "classes perigosas" habitam as favelas: um passeio pela crônica policial no período das reformas urbanas. *Desigualdade & Diversidade*, PUC-RJ, v. 5, p. 149-170, 2009.

NASCIMENTO, Gabriel dos Santos. A polícia em guerra: a ditadura e a Polícia Militar em São Paulo (1964-1982). Dissertação de Mestrado apresentada ao Departamento de História da Escola de Filosofia, Letras e Ciências Humanas da Universidade Federal de São Paulo, 2016.

NUNES, Guida. *Favela - resistência pelo direito de viver.* Petrópolis: Vozes, 1980.

OAKIM, Juliana. "Urbanização sim, remoção não". A atuação da Federação das Associações de Favelas do Estado da Guanabara nas décadas de 1960 e 1970. Dissertação de Mestrado em História - Universidade Federal Fluminense, Niterói, 2014.

OAKIM, Juliana; PESTANA, Marco Marques. *A ditadura nas favelas do Rio de Janeiro*. Relatório de pesquisa apresentado à CEV-Rio, 2015.

PEDRETTI, Lucas. *A polícia política sobe o morro:* as favelas cariocas no arquivo do Dops (1964-1983). Monografia de Graduação em História – Pontifícia Universidade Católica do Rio de Janeiro, Rio de Janeiro, 2015.

PERLMAN, Janice. *O mito da marginalidade. Favelas e política no Rio de Janeiro*. São Paulo: Paz e Terra, 1977.

PESTANA, Marco Marques. A ditadura empresarial-militar e as favelas do Rio de Janeiro. *Portal Favela 247,* 2014. Disponível em: www.geledes.org.br/os-efeitos-da-ditadura-nas-favelas-rio/. Acesso em:1° jan. 2021.

PESTANA, Marco Marques. *Remoções de favelas no Rio de Janeiro:* empresários, Estado e movimento de favelados (1957-1973). Rio de Janeiro: Arquivo Nacional, no prelo.

PINHEIRO, Paulo Sérgio. *Escritos indignados*. São Paulo: Brasiliense, 1984.

PINHEIRO, Paulo Sérgio. Linchamento à brasileira. *Folha de S.Paulo*, 27 de janeiro de 1982.

PINHEIRO, Paulo Sérgio. Violência do Estado e classes populares. *Dados – Revista de Ciências Sociais*, Rio de Janeiro: n. 22, 1979.

RIO DE JANEIRO. *Relatório – Comissão da Verdade do Rio*. Rio de Janeiro: CEV-Rio, 2015.

SALES, Jean; FORTES, Alexandre (orgs.). *A Baixada Fluminense e a ditadura militar:* movimentos sociais, repressão e poder local. Curitiba: Prismas, 2016.

SANTOS, Carlos Nelson Ferreira dos. *Movimentos urbanos no Rio de Janeiro*. Rio de Janeiro: Zahar, 1981.

SANTOS, Eladir Fátima N. E por falar em Faferj... Federação das Associações de Favelas do Estado do Rio de Janeiro (1963-1993) – memória e história oral. Dissertação de Mestrado em Memória Social – Universidade Federal do Estado do Rio de Janeiro, Rio de Janeiro, 2009.

SILVA, Humberto Salustriano da. Organização e resistência popular em torno das políticas públicas de remoção: a experiência da Fafeg (Federação de Favelas do Estado da Guanabara) – 1963-1975. Monografia em Bacharelado em História. Universidade Federal do Rio de Janeiro, Rio de Janeiro, 2007.

VALLA, Victor Vincent (org.). *Educação e favela. Políticas para as favelas do Rio de Janeiro, 1940-1985*. Petrópolis: Vozes, 1986.

VALLADARES, Licia. *Passa-se uma casa:* análise do programa de remoção de favelas do Rio de Janeiro. Rio de Janeiro: Zahar, 1978.

Da redemocratização ao Rio pós-2016: o "entulho autoritário" da ditadura foi jogado nas favelas?

Gizele Martins
Mario Brum

Introdução

Foi no contexto da ditadura militar, instaurada em 1964, com a respectiva centralização política, administrativa e econômica que a remoção das favelas, demandada por parte da sociedade, tornou-se uma política sistematizada entre os anos de 1969 a 1973. Diferentemente das tentativas anteriores, houve uma política realizada com planejamento, prazos, órgãos e recursos para se efetivar. Assim, a conjuntura de fechamento ao diálogo e intensa repressão sobre a sociedade recaiu logo, e com mais força, sobre as favelas.

Em que pese todo o aparato e a conjuntura favorável, o programa de remoções que previa a extinção de todas as favelas até 1976 acabou não logrando êxito, sendo encerrado em poucos anos, não chegando a atingir mais de 1/6 do total.

No fim da década de 1970, o mesmo regime que promoveu, junto com o governo da Guanabara, o maior programa de remoção da história, já na redemocratização passou a implementar uma política de urbanização e implantação de infraestrutura e serviços em grandes favelas cariocas, como Rocinha e Maré, entre outras.

A redemocratização significou também a reorganização do movimento comunitário das favelas cariocas, a liberdade de suas organizações, o poder do voto e a consolidação da urbanização como política de Estado. Além disso, moradores de favela passaram a frequentar cada vez mais corredores e gabinetes dos poderes executivo e legislativo, alguns inclusive se tornando agentes desses poderes.[1]

[1] Entre secretários municipais e estaduais, deputados, vereadores, e agentes comunitários dos mais diferentes órgãos. Vale destacar ainda que Benedita da Silva, liderança comunitária do Chapéu Mangueira, tornou-se governadora em 2002, num mandato "tampão" após a desincompatibilização de Anthony Garotinho, eleito governador em 1998 tendo Benedita como vice.

Num espectro mais amplo, a sociedade brasileira experimenta um aprofundamento da experiência democrática inédito, que culmina nas Constituição de 1988, com liberdade de expressão, reunião e organização, direitos políticos, civis e sociais garantidos na lei, com todo cidadão tendo proteção contra possíveis arbítrios do Estado.

Num espectro mais amplo, a sociedade mobilizada vê o regresso dos exilados e a libertação dos presos políticos. A reorganização partidária, sindical e de diversos outros movimentos é acompanhada por uma participação maior da sociedade em processos políticos. Com eleições livres para governador, em 1982, diversos governadores de oposição são eleitos. Se em 1984 a mobilização pelo direito de votar para presidente, as *Diretas Já*, fracassou, o presidente eleito pelo voto indireto, Tancredo Neves, fez uma campanha prometendo eliminar o "entulho autoritário", ou seja, as instituições herdadas do período ditatorial que continuavam a guiar o regime político e jurídico do país (COUTO, 1998).

Com a morte de Tancredo, seu vice, José Sarney, recém-rompido com a ditadura, pôs em prática ao longo do seu mandato (que foi estendido para mais um ano) uma série de medidas que caminharam na direção da consolidação da Democracia, dentre elas, a convocação de uma Assembleia Constituinte, que foi promulgada em 1988.

Nas palavras de Ulysses Guimarães, presidente da Assembleia Nacional Constituinte, ao promulgar a nova Constituição:

> Conhecemos o caminho maldito: rasgar a Constituição, trancar as portas do Parlamento, garrotear a liberdade, mandar os patriotas para a cadeia, o exílio, o cemitério (...) Quando, após tantos anos de lutas e sacrifícios, promulgamos o estatuto do homem, da liberdade e da democracia, bradamos por imposição de sua honra: temos ódio à ditadura. Ódio e nojo.[2]

Por outro lado, ao longo desse período, os moradores das favelas do Rio, e de modo geral de todo o Brasil, viram a construção da Democracia no país significar meras promessas de avanços, principalmente quanto ao respeito aos seus direitos políticos e civis.

---

[2] Discurso proferido na sessão de 5 de outubro de 1988, publicado no Danc de 5 de outubro de 1988, p. 14.380-14.382. Disponível em: https://www2.camara.leg.br/atividade-legislativa/plenario/discursos/escrevendohistoria/25-anos-da-constituicao-de-1988/constituinte-1987-1988/pdf/Ulysses%20Guimaraes%20-%20DISCURSO%20%20REVISADO.pdf. Acesso em: 1º nov. 2019.

Se, por um lado, conquistaram uma série de reconhecimentos quanto aos marcos legais de existência das favelas como integrante do território urbano e no direito à moradia, que garantiu a implantação de equipamentos e serviços públicos, por outro, o "entulho autoritário" parece nunca ter sido retirado da vida das favelas. E mais, parece que a sociedade como um todo jogou esse entulho justamente nas favelas.

Em 2018, por exemplo, ano em que a Constituição de 1988 completou 30 anos, a Intervenção Militar na Segurança Pública, estabelecida por Decreto de Garantia da Lei e da Ordem, de 28 de julho de 2017, causou graves violações de direitos humanos, segundo o Relatório Final 2018 *Circuito Favelas por Direitos*, das defensorias públicas da União e do Estado do Rio de Janeiro. São casos como o que aconteceu na primeira grande operação militar da intervenção, em fevereiro de 2018, na Vila Kennedy, quando moradores tiveram seus documentos e rostos fotografados por militares ao saírem da favela para seus afazeres. Ou, ainda, o episódio em que jovens moradores de favelas foram torturados na "sala vermelha", nas dependências de um quartel do Exército em Deodoro em agosto de 2018. Ambos os casos divulgados pela imprensa.[3]

Assim, o objetivo deste artigo é demonstrar, sem pretensão de encerrar o debate, as permanências e rupturas entre o período da ditadura e a redemocratização nas favelas a partir de uma provocação de lideranças comunitárias que representa um profundo questionamento: a ditadura acabou nas favelas?

Ditadura a favelas

Foi na ditadura militar, através dos programas Chisam (Coordenadoria de Habitação de Interesse Social da Área Metropolitana), do Governo Federal, e 7 de Setembro, do Governo Estadual, que a remoção de favelas passou a ser uma política sistematizada, com planejamento (ainda que raramente cumprido), órgãos, recursos e agentes específicos. De modo que, entre 1969 e 1973, período de duração dos programas, foram removidas cerca de 35 mil famílias, aproximadamente 170 mil pessoas, considerando que os dados são vagos, pois os órgãos não tinham controle

---

[3] Entre a cobertura pelos jornais, temos "Presos acusam militares de tortura no Rio, mas Exército nega", *O Estado de S. Paulo*, 27/10/2018, e "Mais presos denunciam à Justiça tortura na 'sala vermelha' de quartel no Rio", *Extra*, 06/02/2019.

sobre todo o processo, processo descrito com detalhes em Valladares (1979) e Brum (2012).

Embora o debate sobre o fim das favelas estivesse presente desde o surgimento delas, tomando mais consistência na década de 1930 (Plano Agache, Código de Obras de 1937) na medida em que já ocupavam um espaço considerável na paisagem carioca, foi apenas em 1962, com Carlos Lacerda no Governo da Guanabara, que surgiu um programa de grande monta visando a transferir moradores de favelas das áreas centrais da cidade para conjuntos na periferia. Mesmo assim, o programa de Lacerda encontrou forte resistência dos favelados para ser executado.

Com resistências ativas dos moradores de Brás de Pina, Esqueleto e Praia do Pinto, conforme o regime iniciado com o Golpe de 1964 foi se tornando cada vez mais ditatorial, a margem de manobra dos moradores para resistir à remoção foi cada vez menor.[4] Em dezembro de 1964, moradores e padres conseguiram, após forte mobilização, sustar a remoção da favela de Brás de Pina (NUNES, 1980). No Esqueleto, a resistência à remoção iniciada ainda no fim de 1964 foi quebrada pela ação da polícia e pelo Departamento de Ordem Política e Social (Dops) "para não permitir a repetição dos acontecimentos de Brás de Pina",[5] tendo a favela sido removida no meio de 1965.

Por fim, em maio de 1969, a Praia do Pinto, favela que resistiu às tentativas anteriores de remoção,[6] foi incendiada em circunstâncias, ao que tudo indica, criminosas, dois meses após o início da remoção, já em plena vigência do Ato Institucional nº 5 e sob a forte repressão que se abateu sobre a sociedade. Pelo simbolismo da favela: antiga, com cerca de 30 mil moradores, na Zona Sul da cidade, a remoção da Praia do Pinto foi um aviso, para moradores de favela e para a sociedade em geral, ainda que com os sinais trocados, do quanto as autoridades estavam dispostas a levar o programa de remoção a cabo e de fato extinguir definitivamente as favelas do Rio.

Assim, gradativamente, a centralização política e a administrativa possibilitadas pela ditadura, somadas ao cerceamento do debate sobre a remoção e a repressão que se abateu sobre as lideranças comunitárias e

---

[4] Processo descrito mais profundamente em Pestana (2018, p. 172-174).

[5] "Dops garante fim da favela para amanhã", *Correio da Manhã*, 29/06/1965.

[6] Como no episódio da expulsão da favela, a pedradas, da secretária de Serviço Social da Guanabara, Sandra Cavalcanti, em março de 1964. Sandra foi à favela para convencer os moradores da remoção. Dias antes, ela já tinha coordenado a remoção da vizinha Getúlio Vargas. Ver "Sandra apedrejada na Praia do Pinto", *Correio da Manhã*, 24/03/1964.

sobre os moradores em geral, possibilitou a execução das remoções com força nunca vista antes. Na esfera cultural, nesse período, os estigmas que pairavam sobre os "favelados" eram mobilizados pelas autoridades como justificativa para dar fim às favelas de modo a beneficiar, em última instância, seus moradores.

No entanto, se a previsão que constava nos documentos da Chisam de acabar com todas as favelas até 1976 ficou longe de se realizar, os efeitos para os moradores de 62 favelas removidas total ou parcialmente foi danoso. Nos conjuntos habitacionais, a transformação em "proprietários incorporados" não se realizou, pelas dificuldades com a prestação da casa, novas despesas (com transporte inclusive) e menor acesso a fontes de renda (bicos) que a vizinhança nos bairros de maior poder aquisitivo permitia. Além disso, a falta de infraestrutura somada muitas vezes à má qualidade da construção e à difícil adaptação do removido aos conjuntos fez com que esses logo fossem considerados "novas favelas".

Em 1973, o programa Chisam foi interrompido. Mas a remoção permaneceu como uma ameaça às favelas, como podemos ver em duas ocasiões. A primeira foi em 1976, quando o Governo Estadual anunciou a remoção da favela do Vidigal, episódio que gerou intensa mobilização de moradores, padres e advogados (como Sobral Pinto e Bento Rubião) e deu origem à Pastoral de Favelas (BRUM, 2018). A outra foi com o Projeto Rio, promovido pelo Governo Federal no âmbito do Promorar (Programa de Erradicação da Sub-habitação), que foi anunciado como uma total remoção das favelas da Maré.

Após intensa mobilização dos moradores na criação da Comissão de Defesa das Favelas da Maré (Codefam), que contou inclusive com reuniões com o Ministro do Interior, Mario Andreazza, responsável pelo projeto, o Projeto Rio mudou suas feições. Da total erradicação das favelas, ele se transformou num programa de urbanização e realocação de moradores das palafitas para conjuntos construídos nas áreas contíguas (como a Vila do João, batizada em homenagem ao então presidente João Figueiredo).

O Projeto Rio marcou, então, uma inflexão na postura do Estado com as favelas. O Estado, em seus três níveis, criou uma série de órgãos e programas direcionados às favelas, que passaram a ser a tônica nas décadas seguintes, gerando um acúmulo de obras que modificaram a face das favelas cariocas, tornando-as mais heterogêneas e rompendo com o binômio *favela-precariedade*.

E ainda, na conjuntura de redemocratização (de 1977 a 1985), a mediação política (embora nunca tenha estado totalmente ausente) passou a ter mais força, um exemplo disso foi o próprio Andreazza, com pretensões de ser o candidato civil do regime à presidência, ter assinado uma ficha de filiação da Codefam durante um evento público de entrega de títulos de propriedade (na época principal reivindicação dos moradores de favelas do Rio, segundo pesquisa da Prefeitura[7]) de uma das favelas contempladas pelo Projeto Rio.[8]

A redemocratização: avanços e permanências da "marginalidade"

Ao longo da década de 1980, o país avançou na ampliação da democracia na esfera institucional e na aplicação das políticas públicas. São acúmulos dos movimentos sociais em geral, e particularmente dos movimentos urbanos, dentre eles, os de favelas que garantiram conquistas significativas, como a presença de moradores de favelas no parlamento e no governo; a urbanização de favelas como política pública; o reconhecimento dessas como parte constitutiva do território da cidade; além de obstáculos à remoção, entre outros avanços na lei.

Foi na esteira desses avanços que os governos de diferentes matizes, como o último governo da ditadura militar, o governo Brizola à frente do Estado do Rio de Janeiro, ou a gestão de Cesar Maia na prefeitura do Rio, realizaram, respectivamente, programas de urbanização como o Projeto Rio, Programa Mutirão ou Favela Bairro ao longo das décadas de 1980 e 1990. A garantia da permanência também causou um efeito em microescala que levou os moradores a se sentirem seguros para investir na melhoria das moradias, transformando os "barracos" em construções com os mesmos parâmetros da cidade formal, modificando também a face das favelas cariocas numa escala macro.

Assim, a conjuntura pós-ditadura marca um avanço na afirmação dos direitos dos moradores de favela de habitarem a cidade e de a favela ser considerada um território dessa, como a frase *Favela é cidade*, comumente usada por ativistas comunitários e apoiadores externos, ilustra. Se essa frase pode ser pronunciada como bandeira de luta, paradoxalmente o fato de ela ser uma bandeira que precisou ter sido enunciada ao longo das décadas pós-ditadura serve para mostrar que a visão da favela como um

---

[7] "Prefeitura vai terminar o cadastramento de 377 favelas para urbanização", *Jornal do Brasil*, 20/11/1982.
[8] "Moradores do Timbau recebem seus títulos de propriedade", *O Dia*, 11/06/1981.

território não integrante da cidade permaneceu com força na sociedade. A não desconstrução da visão do favelado como um *marginal*, mobilizada com força durante o programa de remoções por autoridades, imprensa e defensores do "fim das favelas", possibilitou na nova conjuntura democrática diversas permanências da ditadura militar e dos estigmas seculares que viam a favela como um enclave na cidade, passível, e necessário até, de ser dominado pela força.

Assim, os moradores das favelas passaram a contar com um *status* dúbio. Em artigo produzido no começo do século XXI, tendo observado alguns dos avanços descritos anteriormente, Silva apontava a contradição entre o fato de a favela ter passado a gozar de um reconhecimento legal como território em oposição ao modo como os moradores são vistos e tratados:

> a "vitória da favela" ocorreu à custa da constituição de uma categoria social subalterna, cuja intervenção na cena pública, duramente conquistada, não mexeu no padrão básico de sociabilidade urbana, pouco alterando sua posição relativa na estratificação social e seu papel como força social (SILVA, 2002, p. 224).

A extensão dos direitos civis e políticos aos moradores de favela, que implicava o limite à atuação da polícia acostumada a desconsiderar a moradia em favela como domicílio e o morador como cidadão, esbarrou no crescimento da presença de quadrilhas de traficantes nas favelas e da violência derivada de sua atuação. Qualquer discurso de controle e limites à atuação da polícia passou a ser bloqueado por uma visão de parte da sociedade em que *direitos humanos* seriam um impedimento determinante para o combate ao crime por parte do Estado, como apontou Caldeira (2000).

Assim, apesar das conquistas quanto ao reconhecimento e direito à existência como locais existentes e do fato de serem contemplados pelas políticas públicas, a presença de quadrilhas ligadas ao tráfico de drogas que vão se consolidando gradativamente ao longo das décadas de 1980 e 1990 ressignifica os estigmas e mantém na agenda pública os clamores por intervenções drásticas das forças de segurança nas favelas cariocas.

Passam a ser corriqueiros tanto os episódios de disputas entre quadrilhas e facções, que envolvem tiroteios e mortes, alterando a rotina das favelas e também dos bairros no entorno, quanto a ação da polícia em operações que vão se tornando rotineiras e que muitas vezes consistem em "invadir favela e deixar corpo no chão", versos de canção utilizada, conforme mencionam Soares, Pimentel e Batista (2006), em treinamentos do Batalhão de Operações Especiais, tropa de elite da Polícia Militar que a partir dos anos 2000 passou a ser presença constante no roteiro carioca da "guerra às drogas".

E, ainda, as quadrilhas de traficantes, transformadas em facções, passaram a exercer total controle sobre o território em muitas favelas, passando a guiar a vida social, política e, mais recentemente, cultural das favelas (abrangendo até mesmo as manifestações religiosas de matriz africana).

De modo que, de um lado, os moradores de favela viram seu cotidiano e suas organizações comunitárias submetidos às novas tiranias impostas pelos traficantes; de outro, o combate ao tráfico em operações "de guerra" criou a justificativa para que a polícia mantivesse nas favelas a mesma forma de atuar de antes da redemocratização, ou até mesmo pior: desconsiderando os direitos civis dos moradores e, não raro, até mesmo o direito à vida, como foi emblematicamente demonstrado no episódio da Chacina de Vigário Geral, em 1993, quando cerca de 50 homens fortemente armados entraram na favela matando moradores aleatoriamente horas depois de quatro policiais militares terem sido mortos nas redondezas da favela.[9]

Ao relatar o episódio e alguns de seus desdobramentos, o jornalista Zuenir Ventura escreveu o livro *Cidade partida* (Companhia das Letras, 1994) formando vigorosa metáfora do Rio de Janeiro e das representações duais que opõem *Zona Sul* x *subúrbio*; *morro* x *asfalto*, *cidade* x *favela*, e por fim, *cidadão* x *marginal*. O primeiro, morador da cidade formal, pleno de direitos e guiado pela racionalidade; o segundo, morador da "outra cidade", carente de cidadania e guiado pela necessidade e pelo desespero...

Ao longo dos anos seguintes, o poder dessa metáfora foi extremamente forte, como podemos ver em dois momentos em que governantes defendiam o papel das políticas públicas para moradores de favelas como forma de redução da violência. O primeiro é de Sérgio Cabral, governador do Rio de Janeiro entre 2007 e 2014, ao se pronunciar sobre o aborto como uma das formas de se reduzir a violência:

---

[9] "Massacre de 21 pessoas provoca revolta em favela e choca o Rio", *Jornal do Brasil*, 31/08/1993.

> Tem tudo a ver com violência. Você pega o número de filhos por mãe na Lagoa Rodrigo de Freitas, Tijuca, Méier e Copacabana, é padrão sueco. Agora, pega na Rocinha. É padrão Zâmbia, Gabão. Isso é uma fábrica de produzir marginal.[10]

A outra é de Lula, presidente do Brasil, entre 2003 e 2010, ao inaugurar o Programa de Aceleração do Crescimento – Favelas no Complexo de Manguinhos:

> É preciso acabar com essa história de vender a imagem de que todo mundo é bandido, de que tudo não presta, é preciso acabar com essa história. Em um pé de laranja, quando tem uma podre a gente não corta o pé, a gente arranca a podre. Se tem bandido, eles têm que pagar o preço, mas não podemos levar violência para os homens e mulheres honestos deste País, que ficam amedrontados.(...) Quando eles [policiais] vierem para cá e virem um de vocês na rua, que eles não vejam em primeiro lugar um bandido, que em primeiro lugar eles vejam um carioca, um brasileiro, um homem ou uma mulher que quer o bem, quer trabalhar, quer estudar, quer educar seus filhos, quer ter acesso ao lazer e quer viver condignamente.[11]

Com trajetórias políticas distintas, Sérgio Cabral e Lula, e ainda Eduardo Paes na prefeitura do Rio de Janeiro (2009-2016) encarnaram em seus governos o discurso da inclusão e da extensão da cidadania aos moradores das favelas cariocas, reconhecendo o enorme passivo existente que a Democracia pós-1985 não conseguiu resolver, demonstrado de modo categórico na fala de Lula ao reconhecer o modo de atuação policial nas favelas cariocas que não considerava os moradores como portadores de direitos.

Assim, nos anos 2010, grandes eventos os que a cidade sediaria foram apresentados pelas autoridades como uma maneira de o Rio retomar o

[10] Cabral defende aborto contra violência no Rio de Janeiro", *G1*: Política – Rio de Janeiro. Disponível em: http://g1.globo.com/Noticias/Politica/0,,MUL155710-5601,00-CABRAL+DEFENDE+ABORTO+CONTRA+VIOLENCIA+NO+RIO+DE+JANEIRO.html, Acesso em: 1º abr. 2019.

[11] Discurso do Presidente da República, Luiz Inácio Lula da Silva, na cerimônia de assinatura de ordem de início das obras do PAC na comunidade de Manguinhos Rio de Janeiro – RJ, 7 de março de 2008. Disponível em:
http://www.biblioteca.presidencia.gov.br/presidencia/ex-presidentes/luiz-inacio-lula-da-silva/discursos/2o-mandato/2008/07-03-2008-discurso-do-presidente-da-republica-luiz-inacio-lula-da-silva-na-cerimonia-de-assinatura-de-ordem-de-inicio-das-obras-do-pac-na-comunidade-de-manguinhos/view. Acesso em: 1º out. 2019.

caminho do crescimento econômico com oportunidade para todos, principalmente os mais pobres, que seriam contemplados por esse novo ciclo de prosperidade, bem como beneficiários diretos das ações, como as Unidades de Polícia Pacificadora (UPPs). Segundo José Mariano Beltrame, Secretário de Segurança Pública e principal nome ligado às UPPs, disse em entrevista na ocasião em que as UPPs completaram um ano, em dezembro de 2009, a iniciativa consistiria na retomada do território e numa etapa para o "resgate da cidadania" dos moradores:

> Não temos a pretensão e não podemos prometer acabar com o tráfico ou com a violência. Mas estamos acabando com a lógica da territorialidade imposta pelo fuzil. Isso, sim, acabou nas comunidades pacificadas (...) Os moradores não tinham seu direito de ir e vir garantido. Os caminhões das lojas não podiam fazer entregas em favelas. Agora, é a hora de resgatar a cidadania, com projetos sociais.[12]

À espera desse "resgate" que ocorreria em função dos grandes eventos, os moradores de favela tiveram de dar sua cota de sacrifício também cedendo espaço para as obras de mobilidade, dos equipamentos utilizados nos jogos ou no ordenamento do espaço urbano, inclusive das favelas que teriam de ser "desadensadas" em 5% (BRUM, 2013). Assim, a remoção de favelas, expressão máxima da ditadura militar, em que uma política de Estado levou ao máximo a ideia do favelado como *marginal* e, portanto, sem direitos garantidos, voltou a ser utilizada pelo Estado com alguma força, removendo por volta de 22 mil famílias no período 2009-2016 (o total é difícil quantificação pela falta de transparência da Prefeitura).[13]

A "volta" das remoções

Embora nunca tenha estado totalmente ausente, a partir da Redemocratização a remoção foi utilizada apenas esporadicamente e em casos muito específicos, como em áreas imediatamente próximas de vias urbanas (túneis, viadutos e vias expressas), ou em áreas de risco e/ou preservação ambiental (BRUM, 2013; GONÇALVES, 2018). Vale considerar ainda que

---

[12] "UPPs vão beneficiar 300 mil pessoas em favelas do Rio até fim de 2010". *O Globo*, 01/12/2009.

[13] Dossiê *Olímpiadas 2016, Os jogos da Exclusão*, produzido pelo Comitê Popular da Copa e da Olimpíada. Por outro lado, os dados apresentados pelo Comitê se baseiam, além dos apresentados pela prefeitura, em relatos de moradores, reportagens, levantamentos da Defensoria Pública, entre outras fontes. Não sendo possível apontar qual é o número mais próximo da realidade.

eram remoções que ocorriam sem que o governo fizesse da ação uma política pública, ou ainda, objeto de propaganda.

A partir da segunda metade da década de 2000, principalmente em 2009, no entanto, há uma inflexão, quando o jornal *O Globo* publica no dia 12 de abril de 2009 uma entrevista com o prefeito Eduardo Paes colocando na primeira página uma parte de sua fala: "Paes diz que remoção de favelas não pode ser tabu".[14] De modo que essa política voltou a ser amplamente mobilizada como forma de lidar com a favela no espaço urbano.

O processo brutal de remoção na Vila Autódromo, localizada na área do principal polo olímpico, às vésperas das Olimpíadas de 2016, tornou-se emblemático da nova vaga remocionista do Estado. Ao longo do processo, as autoridades apresentaram diferentes justificativas para a remoção: desde a falsa ilegalidade (já que os moradores tinham o título de posse), passando pela questão ambiental e até mesmo para ceder lugar a uma via expressa (Transolímpica), que sem nenhuma razão passaria por cima da Vila Autódromo.

A volta das remoções como política pública não se deu de forma fortuita. Antes, é um sinal de como o *status* do morador de favela na cidade não superou a condição de *marginalidade* atribuída a ele. Ao contrário, se antes o ambiente ditatorial era a razão pela qual se realizavam as restrições aos direitos dos moradores de favela, a Democracia não passou de uma promessa de alteração de *status*, que não se cumpriu plenamente.

De modo que, a cada tempestade de verão (1988, 1992, 1996, 2010, 2019) com deslizamentos em favelas (e também em outras partes da cidade), a remoção era defendida por alguns setores da sociedade (GONÇALVES, 2018) como em editoriais de jornais, por exemplo, apesar de as obras de infraestrutura e urbanização de favelas realizadas nas décadas de 1980 e 1990 terem reduzido significativamente os deslizamentos e as mortes (o que, vale considerar, não deixa de ser uma conquista da Democracia).

Vinculada à noção de "risco ambiental" dos deslizamentos nos morros, junta-se a acusação de que a favela degrada o ambiente. Um caso, dentre tantos outros que poderiam ser citados, é o da favela Trapicheiros, na Tijuca, bairro de classe média do Rio. Apesar de os moradores do Trapicheiros terem décadas de moradia no local, como pode ser comprovado por vários

---

[14] Vale dizer que, embora a manchete dê a entender que Paes teria feito uma defesa enfática da remoção, na entrevista em si o tom é consideravelmente mais ameno: "A remoção não é a melhor opção no caso de comunidades já consolidadas, mas o assunto não pode ser tratado como um tabu, nem descartado completamente".

documentos que embasam o processo de regularização da comunidade[15] em curso desde 2015, eles sofrem com as tentativas dos vizinhos de um condomínio de prédios de classe média recentemente construído (na primeira década do século XXI) que se empenham em remover a favela alegando dano ambiental, no que contam com apoio da mídia, como podemos ver na notícia que traz um depoimento de um morador não identificado:

> Da varanda da minha casa, observo o crescimento desordenado de mais uma favela na Tijuca. Todos os anos ocorrem novas queimadas e mais construções. Isso é crime ambiental e não vejo as autoridades fazendo absolutamente nada para evitar.[16]

O alegado "risco ambiental" se sobrepõe à noção de "risco" em outro viés. O de risco à vida, consagrando a transformação do termo "área de risco", que anteriormente traduzia o risco ambiental, ou seja, área sujeita a deslizamentos, que passa a ser compreendida como uma área em que ocorrem tiroteios e que tiros podem atingir a área ao redor, conforme ilustra o título de uma reportagem do portal de notícias *G1*: "RJ: criança que mora em *área de risco* tem notas mais baixas."[17]

Nas décadas de 2000 e 2010, as remoções foram retomadas apesar de o arcabouço institucional garantir a permanência da favela na cidade e as remoções somente em casos de extrema necessidade por risco ao morador. Não foi o que ocorreu.

Na Vila Autódromo, se por um lado, diferentemente do que ocorreu com as remoções da ditadura, os moradores tiveram uma série de direitos garantidos (indenização pelas casas, permuta sem custos para um apartamento, compra assistida), por outro, sofreram forte pressão da prefeitura e do setor imobiliário na área sob alta valorização: ofertas em dinheiro, convivência com escombros nas casas para as quais os moradores aceitaram se mudar, ações na justiça, repressão da guarda municipal, entre outras.

As 20 famílias remanescentes, entre elas a de dona Penha, símbolo da luta dos moradores, utilizaram todos os meios disponíveis (manifestações, articulação com representantes do poder legislativo, universidades,

---

[15] Processo E-19/014/427/15 disponível para consulta no Instituto de Terras e Cartografia do Estado do Rio de Janeiro (Iterj).

[16] "Favelização na Favela dos Trapicheiros e no Morro da Formiga preocupa moradores da Tijuca". *O Globo*, 03/07/2015.

[17] Ver http://g1.globo.com/Noticias/Vestibular/0,,MUL1070233-5604,00-RJ+CRIANCA+QUE+MORA+EM+AREA+DE+RISCO+TEM+NOTAS+MAIS+BAIXAS.html. Acesso em: 1º nov. 2019.

defensoria pública, mídia – a internacional em grau muito maior que a local) para permanecer no local. Conseguiram, mas em casas diferentes das que possuíam, menores e com mais restrições para se modificar a estrutura no futuro.

Por toda a cidade, vimos esse jogo de ganhadores e perdedores. Houve favelas que conseguiram resistir, ao menos por enquanto, como a Indiana, na Tijuca e a Providência (que teria 2/3 dos moradores removidos). Em outras, a batalha foi perdida, como nas favelas localizadas na área mais valorizada dos jogos, na região da Barra da Tijuca, em que muitas foram removidas para darem lugar a um terreno vazio, à espera de tempos melhores para o mercado imobiliário. Caso da própria Vila Autódromo, onde grande parte do terreno continua vazia enquanto estas linhas são escritas.

De qualquer modo, a remoção da Vila Autódromo, batalha travada com todas as forças pela gestão Eduardo Paes, enviou uma mensagem aos moradores das favelas em toda a cidade de que a permanência não é mais algo garantido. O "tabu" foi quebrado.

Conclusão: o "entulho" jogado nas favelas

O principal pilar sobre o qual se mantém o estatuto de segregação de direitos do morador de favela desde a Redemocratização é o da segurança pública,[18] em que as forças de segurança, sob respaldo do governo e de parte da sociedade, consideram os moradores das favelas como criminosos em potencial e intensificam tentativas de ampliar o controle do território da favela por parte do Estado.

Longe de isso significar a reivindicada (por parte dos moradores) presença em equipamentos, políticas públicas e até mesmo na garantia do cumprimento de formas de controle urbano, na segunda década do século XXI, a ação do Estado nas favelas se pautou mais pela permanência da face repressiva do que pela relação dialógica entre morador e Estado sob

[18] Elencamos alguns pesquisadores que têm tratado do tema, dentre muitos, e seus respectivos estudos: MACHADO DA SILVA, Luiz Antonio. *Vida sob cerco:* violência e rotina nas favelas do Rio de Janeiro. Rio de Janeiro: Nova Fronteira, 2008; CANO, Ignácio. *Letalidade da ação policial no Rio de Janeiro:* a atuação da Justiça Militar. Rio de Janeiro: Iser, 1999; MISSE, Michel. As ligações perigosas: mercado informal ilegal, narcotráfico e violência no Rio de Janeiro. *Contemporaneidade e Educação*, Rio de Janeiro, v. 1, 1997; RAMOS, Silvia. Violência e polícia: três décadas de políticas de segurança no Rio de Janeiro. *Boletim Segurança e Cidadania*, n. 21, março de 2016; ALVES, Maria Helena; EVANSON, Philip. *Vivendo no fogo cruzado*, 2012; MCCAN, Bryan. *Hard Times in the Marvelous City.* Durham: Duke University Press, 2013; SOARES, Luiz Eduardo. *Rio de Janeiro:* histórias de vida e morte. Rio de Janeiro: Companhia das Letras, 2015; BARBASSA, Juliana. *Dancing with the Devil in the City of God:* Rio de Janeiro and the Olympic Dream. New York: Touchstone, 2016.

uma nova dinâmica em que a cidadania fosse o eixo estruturante. Segundo Amoroso (2019, p. 153):

> É de fundamental importância que se percebam e compreendam as raízes históricas da abordagem violenta das favelas, bem como sua caracterização como "problema de polícia", ao mesmo tempo em que se deve estar atento às roupagens que ganham em diferentes períodos históricos. No caso aqui discutido, deve-se ter em mente a imensa contradição entre um debate nacional, ampliado de luta por direitos e participação política, e uma situação prática que mostra o embrião de uma forma de combate militarizado às favelas na virada dos anos 1970 para 1980. Desse modo, a partir desse entendimento, devem-se buscar as bases para a crítica e reversão da situação atual e como a "guerra às drogas" afeta esses espaços com resultados brutais e, infelizmente, apoiados por uma parcela longe de não ser considerável da sociedade carioca.

No já citado Relatório da Defensoria Pública do Rio de Janeiro, encontram-se muitas histórias de abusos cometidos pelas forças de segurança contra moradores de favelas. Com casos semelhantes ao que foi registrado nos relatórios *"Você matou meu filho!": Homicídios cometidos pela Polícia Militar na cidade do Rio de Janeiro* produzido em 2015 pela Anistia Internacional, e *Relatório da Sociedade Civil para o Relator Especial das Nações Unidas para Execuções Sumárias, Arbitrárias e Extrajudiciais,* de autoria do Grupo Tortura Nunca Mais, Justiça Global, Rede de Comunidades e Movimentos Contra a Violência, entre outros.[19]

Mudam-se as vítimas, os locais pouco mudam (favelas e periferias da região metropolitana do Rio de Janeiro, mas o padrão nada muda: como se fosse um roteiro ao qual as forças de segurança seguem numa forma de afirmar sua autoridade através de uma atmosfera de medo e reforço do poder discricionário dos agentes do Estado. Muitos dos relatos mostrados nesses documentos foram basicamente histórias de pessoas consideradas "matáveis". Afinal, nas palavras de Beltrame, o mais longevo Secretário de Segurança do Estado do Rio de Janeiro (que ficou 10 anos no cargo), ao se referir a uma operação policial na favela da Coreia, no bairro de Senador

---

[19] Disponível em: http://www.global.org.br/wp-content/uploads/2007/09/Relatorio_Relator_ONU_2007.pdf

Camará (Zona Oeste do Rio) em que 13 pessoas morreram, entre elas uma criança: "Um tiro em Copacabana é uma coisa. Um tiro na Coréia é outra".[20]

Assim, apesar de no pós-ditadura os moradores de favela terem obtido avanços significativos na melhoria em obras e serviços públicos nas favelas, bem como na melhoria das casas, no acesso a bens de consumo, no aumento expressivo da escolaridade – fatores que construíram uma autopercepção de pessoa plena de direitos entre os moradores de favela –, cabe ressaltar que o modo de atuar da polícia ainda é marcado pelo tratamento violento (conhecido como "escracho") a partir do não reconhecimento dos direitos dos moradores numa sociedade que normaliza o fato de haver locais na cidade em que tais práticas são toleradas e até mesmo incentivadas, inclusive pelas autoridades eleitas na esteira da derrota do projeto petista de poder, em 2018.

Somando-se a isso a submissão forçada dos moradores aos agentes (todos, inclusive os traficantes) e os efeitos da guerra às drogas, conclui-se que a cidadania se torna algo difícil de se efetivar na vida do morador de favela do Rio de Janeiro.

Um exemplo disso foi a ocupação das favelas pelas Unidades de Polícia Pacificadora (que vigoraram, *grosso modo*, enquanto a cidade se preparou para os grandes eventos, ou seja, entre 2009 e 2016). Apresentadas, principalmente a partir do anúncio da cidade do Rio como sede olímpica como a retomada de territórios da cidade por parte do Estado, gradativamente foram se tornando um elemento de opressão aos moradores, mesmo que à margem da legalidade.

O período das UPPs e o subsequente são marcados por uma sequência de vítimas da violência policial e/ou da "guerra às drogas" que tem atingido acima de tudo negros, pobres, jovens e moradores de favelas. Nesse sentido, a incompletude do processo de transição democrática, sem alterar em praticamente nada o modo como o Estado operacionaliza a segurança – mantendo instituições, pessoas e modo de agir da ditadura militar –, nos leva a afirmar que a limpeza do "entulho autoritário" em outras instituições se deu à custa de ser mantido nas camadas mais pobres da sociedade e em seus territórios o local onde as forças autoritárias e repressivas da ditadura têm liberdade para ação.

[20] "Beltrame: 'Um tiro em Copacabana é uma coisa. Na Favela da Coréia é outra'. OAB critica diferenciamento" (*Extra*, 24/10/2007).

Em 2013, o pedreiro Amarildo foi sequestrado por policiais da UPP na Rocinha e seu corpo nunca foi encontrado; em 2014, a emprega doméstica Claudia Ferreira, após ser baleada na favela em que morava, foi arrastada pelas ruas do subúrbio de Madureira por uma viatura da PM, vindo a falecer; em 2015, cinco jovens moradores do complexo da Pedreira voltavam de carro de uma comemoração quando foram atingidos por 111 tiros disparados por policiais no subúrbio de Costa Barros; em 2017, Maria Eduarda foi morta dentro da escola em Acari, atingida por um tiro de fuzil da PM; em 2018, a vereadora Marielle, ex-moradora da Maré, foi morta em um atentado cometido por milicianos; em 2019, o músico Evaldo dos Santos foi atingido no seu carro com a família, por mais de 80 tiros disparados por uma patrulha do Exército, em Guadalupe… em comum: nenhuma dessas pessoas tinha ficha policial, nem portava armas, nem reagiu; todas eram negras.

Recorremos à filósofa Hannah Arendt no livro *Eichmann em Jerusalém*, que nos serve como parâmetro para compreender a sociedade em que o agente que, estando na ponta, ao fim e ao cabo, dá o tiro fatal, mas opera sob a consciência de que faz o que a sociedade espera dele ou, ao menos, em grande parte dá respaldo. Nesse livro, Arendt analisa o julgamento de Adolf Eichmann, que operacionalizou o extermínio de centenas de milhares ou milhões de judeus e pessoas de outras etnias. Longe de ser um nazista entusiasmado ou um antissemita radical, Eichmann era um burocrata de carreira do Estado Alemão que, sob o regime nazista, passou a se guiar sob a nova "lei". A citação é longa, mas necessária para compreendermos o Brasil desde a redemocratização incompleta ao pós-2016.

> Eichmann (...) percebeu pelo menos vagamente que não era uma ordem, mas a própria lei que os havia transformado a todos em criminosos. E assim como a lei de países civilizados pressupõe que a voz da consciência de todo mundo dita "Não matarás", mesmo que o desejo e os pendores do homem natural sejam às vezes assassinos, assim a lei da terra de Hitler ditava à consciência de todos: "Matarás", embora os organizadores dos massacres soubessem muito bem que o assassinato era contra os desejos e os pendores normais da maioria das pessoas. No Terceiro Reich, o Mal perdera a qualidade pela qual a maior parte das pessoas o reconhecem — a qualidade da tentação. Muitos alemães e muitos nazistas, provavelmente a esmagadora maioria deles, deve ter sido tentada a não matar, a não roubar, a não deixar seus vizinhos

> partirem para a destruição (pois eles sabiam que os judeus estavam sendo transportados para a destruição, é claro, embora muitos possam não ter sabido dos detalhes terríveis), e a não se tornarem cúmplices de todos esses crimes tirando proveito deles. Mas Deus sabe como eles tinham aprendido a resistir à tentação.

Uma das premissas dos que na Alemanha Nazista tinham aprendido a resistir à tentação era o fato de os judeus, principalmente, serem vistos como cidadãos de segunda categoria inicialmente, e depois, como não cidadãos. Pessoas sem direitos, marginalizadas da sociedade.

No Rio e no Brasil, nossa sociedade tem se guiado pela naturalização de que existem pessoas matáveis e locais da cidade onde isso ocorre de um modo inevitável. A *guerra às drogas* que tomou corpo no período pós-ditadura embargou aos moradores de favelas, e aos negros, a extensão e o reconhecimento de direitos plenos dentro de uma sociedade que tenha a igualdade jurídica, conquista das revoluções modernas guiadas pelo ideal iluminista. Há aqueles que estão "à margem" dos direitos e da cidadania.

A *marginalidade*, que nos anos 1960/70 era uma categoria construída a partir de uma série de características atribuídas aos moradores de favelas (PERLMAN, 1977), todas marcadas por premissas falsas ou meias-verdades,[21] em anos recentes tornou-se uma ação praticada cotidianamente pelo Estado e pela sociedade que, na contramão dos processos institucionais que ampliaram a cidadania para a sociedade, na prática a restringiu para os moradores de favela.

A descrição dos moradores de favelas como *marginais* e o constante esforço da sociedade e de agentes do governo em colocá-los nessa condição acabam produzindo um efeito de realidade. A *marginalidade*, assim, não se tornou mero discurso ou descrição, mas uma "verdade" que está ancorada em relações de poder que legitimam ações (ou inações) que têm produzido efeitos perversos e negado aos moradores de favela direitos sociais, civis e políticos e, muitas vezes, o próprio direito à vida.

[21] Um exemplo de "meia-verdade" era a "origem rural" dos moradores. Em primeiro lugar, pelo fato de que muitos moradores de favelas, embora não a maioria desde ao menos o registro do *Censo de Favelas de 1948* da Prefeitura do Distrito Federal, apesar de serem migrantes rurais, não se poderia inferir disso que não estavam afeitos à vida urbana, se era justamente o que buscavam ao migrar para a cidade.

Referências

AMOROSO, Mauro. A tropa e a cidade: a Polícia Militar no Rio de Janeiro durante a abertura e seus impactos negativos futuros para a consolidação de um universo de direitos para as favelas. *Tempo e Argumento*, Florianópolis, v. 11, n. 27, p. 129-157, maio/ago. 2019.

ARENDT, Hannah. *Eichmann em Jerusalém:* um relato sobre a banalidade do mal. São Paulo: Companhia das Letras, 1999.

BRUM, Mario. *Cidade Alta:* história, memórias e estigma de favela num conjunto habitacional. Rio de Janeiro: Ponteio, 2012.

BRUM, Mario. Favelas e remocionismo ontem e hoje: da Ditadura de 1964 aos. *O Social em Questão*, v. 29, p. 179-207, 2013.

CALDEIRA Teresa Pires do Rio. *Cidade de muros:* crime, segregação e cidadania em São Paulo. São Paulo: Editora 34/Edusp, 2000.

COUTO, Ronaldo Costa. *História indiscreta da ditadura e da abertura:* Brasil 1964-1985. Rio de Janeiro: Record, 1998.

GONÇALVES, Rafael Soares. Desastres e favelas cariocas: a cobertura midiática das chuvas de 2010. In: MAIA, Rosemere (org.). *Rio revisto de suas margens.* Rio de Janeiro: Letra Capital, 2018.

GONÇALVES, Rafael Soares; AMOROSO, Mauro; BRUM, Mario. A ditadura e suas persistências: favelas e transição política no Rio de Janeiro. In: STAMPA, Inez; RODRIGUES, Vicente (orgs). *Ditadura e transição democrática no Brasil:* o golpe de estado de 1964 e a (re) construção democrática. Rio de Janeiro: Arquivo Nacional, 2016.

LEITE, Márcia. *Para além da metáfora da guerra:* percepções sobre cidadania, violência e paz no Grajaú, um bairro carioca. Tese de Doutorado em Sociologia e Antropologia. Rio de Janeiro: PPGAS/UFRJ, 2001.

MACHADO DA SILVA, Luiz Antonio. A continuidade do "problema da favela". In: OLIVEIRA, Lúcia Lippi (org.) *Cidade:* história e desafios. Rio de Janeiro: FGV, 2002.

MARTINS, Gizele. *Militarização e censura:* A luta por liberdade de expressão na Favela da Maré. Rio de Janeiro: Núcleo Piratininga de Comunicação, 2019.

NUNES, Guida. *Favela:* resistência pelo direito de viver. Petrópolis: Vozes, 1980.

PERALVA, Angelina. *Violência e democracia:* o paradoxo brasileiro. São Paulo: Paz e Terra, 2000.

PERLMAN, Janice. *O mito da marginalidade:* favelas e política no Rio de Janeiro. Rio de Janeiro: Paz e Terra, 1977.

PESTANA, Marco Marques. Ampliação seletiva do Estado e remoções de favelas no Rio de Janeiro: embates entre empresariado do setor imobiliário e movimento de favelados (1957-1973). Tese de Doutorado em História. Niterói: PPGH/UFF, 2018.

SOARES, Luiz Eduardo; BATISTA, André; PIMENTEL, Rodrigo. *Elite da tropa.* Rio de Janeiro: Objetiva, 2006.

VALLADARES, Lícia do Prado. *Passa-se uma casa:* análise do programa de remoção de favelas do Rio de Janeiro. Rio de Janeiro: Zahar, 1978.

Qual o lugar das favelas no Rio dos megaeventos?[1]

Leticia de Luna Freire

Este capítulo tem como objetivo refletir sobre o lugar das favelas no contexto recente do Rio de Janeiro, marcado por um ciclo de megaeventos esportivos e um processo de empresariamento urbano que, mais do que gerar o propagado desenvolvimento da cidade, acentuou, de modo dramático, as desigualdades socioespaciais. Após caracterizar esse contexto (com ênfase no período de 2007 a 2016), tomamos como objeto de análise os casos de duas localidades[2] diretamente afetadas pelo processo de preparação da cidade para a Copa do Mundo de 2014 e os Jogos Olímpicos de 2016 – Metrô Mangueira, na Zona Norte, e Vila Autódromo, na Zona Oeste – a fim de analisar como o discurso e a prática da remoção ganharam novo fôlego com a realização dos megaeventos esportivos, revelando novas facetas da relação do Estado com estas populações, dos regimes de justificação para a ação estatal e dos movimentos de resistência social e defesa do direito à moradia.

O Rio de Janeiro e os megaeventos esportivos

Nos últimos anos, o Rio de Janeiro tornou-se foco da atenção mundial diante da quantidade e da diversidade de megaeventos internacionais que sediou: Jogos Pan-americanos em 2007, Jogos Mundiais Militares em 2011, Conferência das Nações Unidas para o Desenvolvimento Sustentável em 2012, Jornada Mundial da Juventude Católica e Copa das Confederações de Futebol em 2013, Copa do Mundo da Fifa em 2014, e Jogos Olímpicos e Paralímpicos de Verão em 2016.

[1] Este trabalho é dedicado a Gilmar Mascarenhas (1962-2019), um dos maiores pesquisadores brasileiros sobre megaeventos esportivos e cujo legado em minha vida ultrapassou todas as expectativas, transformando casa, cidade e universidade em jardins de nosso amor.

[2] Priorizamos aqui o termo "localidade" no sentido proposto por Leeds e Leeds (1978, p. 32), ou seja, como *locus* de organização visivelmente distinto, caracterizado como um agregado de pessoas e/ou de casas mais ou menos permanente, constituindo pontos nodais de interação. Para além dos desafios de se definir "favela", buscamos escapar de certos dogmas ligados a estes espaços populares, como já destacou Valladares (2000), assim como de uma representação homogeneizadora sugerida pelo uso do termo "comunidade", que camuflaria sua diversidade interna (FREIRE, 2008). No título e em diversos momentos do texto, utilizamos o termo "favela" para aludir às formas como tais assentamentos populares são genericamente representados e tratados pelo poder público.

Em termos de reflexos na morfologia social da cidade, os dois megaeventos esportivos mais recentes foram, sem dúvida, os mais significativos. Ao analisar a profunda transformação ocorrida no modo de produzir a *cidade olímpica* no transcurso do século XX, Mascarenhas (2016) aponta que, a partir de 2004, houve uma potencialização dos princípios neoliberais e mercadófilos, com elevação das exigências do Comitê Olímpico Internacional (beneficiado pelo volume crescente de candidaturas), aumentando os gastos e acirrando o gigantismo dos Jogos. Como grandes projetos de desenvolvimento que buscam legitimação ao construir um legado, eles podem representar uma boa oportunidade para enfrentar crônicos problemas da cidade, ainda que as experiências anteriores, baseadas em um modelo de urbanismo monumental, tenham revelado não ser este o padrão (idem, 2014). Como esse processo se passou no Rio de Janeiro, mais especificamente em relação às favelas?

O projeto de construir uma "cidade olímpica" teve início por aqui ainda nos anos 1990, durante a primeira gestão de Cesar Maia (1993-1996), quando a prefeitura passou a se empenhar para sediar megaeventos esportivos, inserindo-os na agenda pública como uma alavanca para se alcançar o desenvolvimento urbano, econômico e social da cidade.

Sendo a primeira metrópole no hemisfério sul a utilizar o planejamento estratégico urbano como ferramenta para a construção do seu futuro, o Rio de Janeiro impulsionou a tendência, na América Latina, a adotar o modelo do "empresariamento" como forma de conceber e administrar as cidades (HARVEY, 1996). De acordo com Vainer (2012a), se antes o debate sobre a *questão urbana* remetia a temas como crescimento desordenado, reprodução da força de trabalho e racionalização do solo, a *nova questão urbana* passou a se concentrar na problemática da competitividade urbana. Entre os defensores desse modelo, a cidade é vista como uma *mercadoria* a ser vendida, como uma *empresa* a ser gerida através da cooperação público-privada, e como uma *pátria*, pressupondo a criação de um consenso e o encolhimento do espaço público para o sucesso das estratégias traçadas.

É nesse contexto que o primeiro Plano Estratégico da Cidade do Rio de Janeiro (PECRJ) – lançado ao final de 1995 mediante acordo da Prefeitura com a Associação Comercial e a Federação das Indústrias – já apontava os esforços de ampliar seu poder de competição com outras cidades, atraindo investimentos para o seu desenvolvimento. Um dos propósitos do plano era justamente torná-la "uma metrópole empreendedora e competitiva com capacidade para ser um centro de pensamento, de geração de negócios para o país e sua conexão privilegiada com o exterior"[3] (PECRJ, 1996, p. 21).

Uma das apostas para alcançar esse objetivo era a realização de megaeventos internacionais. Já no dossiê da candidatura apresentada em 1995 para sediar os Jogos Olímpicos de 2004 o megaevento esportivo era apontado como um agente catalisador que permitiria realizar em um período relativamente curto "um conjunto de intervenções indispensáveis para o desenvolvimento econômico e o estímulo funcional da cidade" (BENEDICTO, 2008, p. 59). Apesar de ter sido eliminado da disputa em 1997, o Rio de Janeiro foi convidado em seguida pelo Comitê Olímpico Brasileiro (COB) para representar o país na disputa pelos XV Jogos Pan-americanos, acreditando que esta seria uma oportunidade única para recuperar sua imagem de Cidade Maravilhosa, afastando a representação negativa então vigente de desordem e violência urbanas, *grosso modo* associadas às suas centenas de favelas.

Apesar de ter realizado inicialmente ações significativas no âmbito habitacional, como o Programa Favela-Bairro, consolidando a perspectiva da integração e da urbanização das favelas – fruto do processo de redemocratização do país e das conquistas sociais consolidadas pela Constituição Federal de 1988 e pela Lei Orgânica do Município de 1990 – Cesar Maia foi aos poucos assumindo uma identificação com o ideário neoliberal e relegando as potencialidades destes instrumentos jurídicos e do próprio Plano Diretor de 1992 - o primeiro também da cidade – que preconizava, entre outros, a garantia do direito social da moradia.

A partir de 2000, durante a segunda das três gestões do prefeito,[4] a política urbana municipal concentrou-se na produção, a todo custo, de um cenário para abrigar os Jogos Pan-americanos de 2007. Em 2001, o segundo PECRJ, intitulado "As cidades da cidade", definiu como objetivo para a região de Jacarepaguá, na Zona Oeste, ser o grande centro de eventos nacionais e internacionais. Não à toa, os investimentos relacionados aos Jogos

[3] Segundo Vainer (2012b), em fevereiro de 1994, 46 empresas e associações empresariais, entre elas cinco bancos e quatro empresas imobiliárias, instauraram o Consórcio Mantenedor do PECRJ, garantindo recursos para o financiamento das atividades e, particularmente, para a contratação de uma empresa consultora catalã, de profissionais que assumiriam a Direção Executiva do Plano, e de outros consultores privados. Ao analisar os debates e os embates travados enquanto membro do Conselho da Cidade, o autor, sem desconsiderar o caráter inovador do PECRJ, qualifica-o de "uma bem orquestrada farsa", cujo objetivo teria sido o de legitimar orientações e projetos caros aos grupos dominantes da cidade.

[4] Entre 1997 e 2000, a prefeitura esteve sob a gestão do arquiteto Luiz Paulo Conde, que havia sido secretário municipal de urbanismo na gestão de Cesar Maia, que, por sua vez, se reelegeria como prefeito em 2000 e 2004.

Pan-americanos se concentrariam na Barra da Tijuca, bairro nobre da empobrecida Zona Oeste, reforçando a sua constituição como área de expansão da cidade e sua representação como um "eldorado urbano" (LEITÃO, 1999). Muitos dos projetos que foram apresentados no dossiê de candidatura, como a ampliação do metrô, não foram, todavia, efetivados, e muitos conflitos eclodiram por conta de ameaças de remoção e desapropriações truculentas ocorridas nas proximidades das áreas investidas, fazendo com que o megaevento deixasse mais ônus do que bônus, como apontam as análises desenvolvidas por Benedicto (2008), Mascarenhas, Bienenstein e Sánchez (2011) e Omena (2011). Destaca-se a tentativa de remoção e demolição de centenas de residências nas favelas Arroio Pavuna e Canal do Anil, próximas ao local onde seria construída a "Vila do Pan", na qual a prefeitura utilizou a conveniente alegação da tutela do risco ambiental – já que a Lei Orgânica do Município autoriza o reassentamento apenas quando há risco à vida – para justificar a remoção em função da valorização imobiliária da região.[5]

Antes dos Jogos Pan-americanos, porém, o Rio de Janeiro já havia postulado sua candidatura para sediar os Jogos Olímpicos de 2012, perdendo novamente o páreo. Persistente, conseguiu eleger-se, em 2007, como uma das sedes da Copa do Mundo de 2014, e, dois anos depois, como sede dos Jogos Olímpicos e Paralímpicos de 2016 – eleição que, segundo admitiu o ex-governador do Estado Sérgio Cabral, hoje preso por corrupção, teria sido "comprada" por US$ 2 milhões (ALVES; GOMES; ABREU, 2019).

Então sob a primeira das duas gestões do prefeito Eduardo Paes (2009-2012 e 2013-2016), a cidade passou a ter uma nova rotina, marcada pelos esforços dos governos municipal, estadual e federal – à época alinhados politicamente – de "prepará-la" para a realização dos megaeventos esportivos, sobretudo a Olimpíada, devido à sua maior difusão e impacto na reestruturação do tecido urbano.[6] Ainda que não seja objeto de nosso enfoque, cabe citar como efeito dessa articulação política a implantação,

---

[5] Com a mobilização dos moradores e um laudo do Instituto de Terras e Cartografia do Estado do Rio de Janeiro (Iterj) que negava a existência de risco ambiental, a remoção foi suspensa e essa experiência acabou conduzindo à própria reestruturação do Núcleo de Terras e Habitação (Nuth) da Defensoria Pública, que, nos anos seguintes, assumiria um papel crucial na defesa do direito à moradia destas populações. Para uma análise sobre a atuação do Nuth neste e em outros casos, entre 2007 e 2011, ver a coletânea organizada por Mendes e Cocco (2016).

[6] Em relação à Copa do Mundo, as intervenções urbanas no Rio de Janeiro, que dividia com outras 11 cidades do país a responsabilidade de sediar o evento, seriam concentradas na área do Estádio do Maracanã, onde ocorreria o maior número de partidas, e nas suas vias de acesso.

pela Secretaria de Estado de Segurança Pública, do polêmico Programa das Unidades de Polícia Pacificadora (UPPs) nas favelas da capital a partir de 2008, garantindo a criação de uma espécie de "cinturão" de segurança nas regiões-alvo dos investimentos turísticos.

Reforçando o modelo de empresariamento urbano, o primeiro governo de Paes foi aquele no qual as remoções de favelas atingiram o seu auge. De acordo com Magalhães (2019), a retomada do discurso e das práticas de remoção nesse período somente pode ser compreendida ao se considerar os contextos específicos que oferecem as condições de possibilidade para a sua efetivação. Ao abordar a "reatualização" da remoção como um problema público, o autor ressalta que, embora a problemática seja a mesma dos anos 1960 e 1970 – período conhecido como a era das remoções em massa, o contexto ao qual ela esteve indexada recentemente se modificou consideravelmente.

Entre os principais aspectos que caracterizam essa nova conjuntura está o retorno do tema da erradicação das favelas mediante a crítica formulada por alguns atores ao que se teria transformado em um pensamento dominante acerca do que se fazer com esses assentamentos populares. Se o dilema urbanização *versus* remoção parecia ter sido superado na década de 1980, no fim da década de 2000 ele ressurgiu com força no Rio de Janeiro, associado ao discurso de defesa da ordem pública e, em seguida, ao discurso do legado dos megaeventos.

Um fator que favoreceu esse movimento foi a campanha promovida, desde 2005, pelo jornal *O Globo* contra o que chamou de "tabu" da remoção – iniciativa semelhante, em alguma medida, à campanha contra as favelas encabeçada por Carlos Lacerda no jornal *Correio da Manhã*, em 1948. Essa campanha iniciou, como aborda Gonçalves (2013), com a série de artigos "Ilegal, e daí?", no qual a política de urbanização de favelas do governo Cesar Maia, por exemplo, era criticada por ter sido excessivamente tolerante com o crescimento desses aglomerados. Ao longo de 2009, essa campanha reacendeu com força. A partir do artigo do diretor de jornalismo Ali Kamel, publicado em abril de 2009, no qual aponta a urbanização das favelas como um erro e defende a transferência dos favelados para conjuntos habitacionais em locais distantes e ligados ao centro por um sistema de transporte eficaz, o jornal passou a publicar uma série de matérias reforçando tal posicionamento. Dias após o mencionado artigo, o jornal publicou, por exemplo, uma reportagem, com chamada na primeira capa, na qual o prefeito Eduardo Paes dizia que "a remoção não é a melhor opção em caso de comunidades já consolidadas. Mas o assunto não pode ser tratado como tabu, nem descartado completamente" (COSTA; MAGALHÃES; SCHMIDT, 2009). Cinco meses depois, publicou uma lista de 119 favelas que deveriam ser removidas total ou parcialmente, conforme disposto no Plano Plurianual de Ação da prefeitura, estipulando a meta de redução de 5% da área ocupada pelas favelas da cidade até 2013, posteriormente modificada para 3,5% até 2012 (VASCONCELOS, 2009).

Paralelo a isso, havia o aprofundamento do controle sobre novas ocupações e a expansão das moradias existentes nas favelas a partir do discurso do "choque de ordem", reificado pela recém-criada Secretaria Especial de Ordem Pública. A despeito do princípio jurídico da não remoção, assegurado na Constituição do Estado do Rio de Janeiro e na Lei Orgânica do Município – ambas resultantes da mobilização social contra as remoções ocorridas durante a ditadura civil-militar – criaram-se, assim, brechas para restabelecer a legitimidade das práticas de remoção (MENDES, 2016).

Outro fator que contribuiu para essa retomada das remoções foram as enchentes de abril de 2010, que castigaram as cidades de Rio de Janeiro e Niterói, ocasionando deslizamentos de encostas e mortes. Oportunista, o jornal *O Globo* aproveitou para impulsionar a sua campanha, publicando, três dias após a tragédia, um editorial intitulado "Fim do preconceito contra remoções" (GONÇALVES, 2015). Na véspera, o prefeito anunciou que removeria 13 mil domicílios no Rio de Janeiro, alegando que todas as áreas de encosta seriam de risco. Sem desconsiderar a existência de situações reais de risco geotécnico, Gonçalves (2015) analisa, a partir de sua pesquisa na Rocinha, como o uso indiscriminado da noção de risco ambiental está fora do âmbito da prevenção, servindo, na verdade, para justificar a retomada das políticas de remoção e a expulsão dos moradores de uma extensa área da favela, não havendo o mesmo tratamento quando se trata de moradias das classes mais abastadas na mesma região. Podemos acrescentar a isso a crescente valorização imobiliária identificada na cidade entre 2001 e 2010, quando os preços dos imóveis residenciais e comerciais chegaram a subir 400% e 700% (SECOVRIO, 2012 apud FALHABER; AZEVEDO, 2015, p. 15).

Como podemos notar, Eduardo Paes foi um dos protagonistas desse processo. Apadrinhado por Cesar Maia no início de sua carreira política, durante a campanha eleitoral ele chegou a se comparar ao ex-prefeito Francisco

Pereira Passos, conhecido pela política do "Bota-abaixo" no início do século XX. Embora Paes tenha anunciado, em 2010, contemplar, entre suas metas, a urbanização de todas as favelas da cidade até 2020, segundo dados da própria prefeitura, entre 2009 e 2015, 22.059 famílias foram "reassentadas" (termo comumente utilizado pelos órgãos oficiais), a "esmagadora maioria - 15.937 famílias, ou 72,2% – saiu de casa por estar submetida a algum tipo de risco",[7] o que foi questionado por várias organizações civis e movimentos sociais, como o atuante Comitê Popular da Copa e da Olimpíada do Rio.[8] Ainda que o contexto e as formas de intervenção do Estado nas favelas se distingam daqueles dos anos 1960, o número de pessoas removidas durante o governo de Paes superou o dos governos de Pereira Passos e Carlos Lacerda, como indica o estudo de Falhaber e Azevedo (2015). Entre as favelas citadas no plano de ação da prefeitura, ainda em 2009, estavam Metrô Mangueira, na Zona Norte, e Vila Autódromo, na Zona Oeste.

A partir desse horizonte, analisaremos esses dois casos, que nos parecem bastante expressivos, dos conflitos suscitados nesse contexto recente do Rio de Janeiro à luz das reflexões que vimos realizando sobre os impactos dos megaeventos esportivos nestas localidades entre 2011 e 2016, em diálogo com outros pesquisadores que vêm se dedicando a temas afins.

A Copa do Mundo de 2014 e a Metrô Mangueira

A favela Metrô Mangueira, também conhecida como "favela do Metrô", surgiu a partir da construção da estação do metrô Maracanã, inaugurada em 1981, no bairro homônimo, na Zona Norte do Rio. Como ocorre em muitos casos semelhantes, os alojamentos provisórios dos operários que trabalharam na obra, erguidos à margem da linha férrea, foram depois ocupados por conta das dificuldades de acesso à moradia pela classe trabalhadora e das vantagens propiciadas pela localização privilegiada, uma vez que estavam a menos de 7 km do centro e em uma região com grande variedade de serviços e oportunidades de trabalho. Segundo relato de uma moradora coletado por Meireles (2016, p. 227), "eram casas do pessoal que trabalhava na linha do trem e aí quando saíram invadiram. E aí foi crescendo".

[7] Fonte: https://medium.com/explicando-a-política-de-habitação-da-prefeitura. Acesso em: 1º set. 2019.

[8] A análise do papel do Comitê Popular da Copa e da Olimpíada do Rio na luta pelo direito à moradia nas favelas à luz de um contexto de grande efervescência social e crise política – dos protestos que se espalharam pelo país em junho de 2013 até o golpe de 2016, que impediu a presidenta Dilma Rousseff de terminar seu segundo mandato – foi objeto de trabalhos anteriores, sobretudo em Freire (2016a).

Comparada com a vizinha Mangueira - ocupação que teve início no fim do século XIX, no Morro do Telégrafo, e hoje é considerada um bairro e sede de uma das maiores escolas de samba da cidade - Metrô Mangueira era, antes da remoção parcial, uma favela recente e pequena, com cerca de 700 famílias e poucas instituições sociais. Como se pode ver no mapa a seguir, ela está situada na Avenida Radial Oeste, incrustrada entre a Mangueira, as linhas de trem metropolitano e de metrô (ambas as estações chamadas Maracanã), o famoso Estádio Jornalista Mário Filho (vulgo Maracanã) e a Universidade do Estado do Rio de Janeiro, além de próxima à Quinta da Boa Vista, sendo, portanto, um local de fácil acesso ao sistema modal de transporte da cidade e a bens e serviços.

A favela Metrô Mangueira e seu entorno.
Fonte: Google Earth, com inserções feitas por Vinícius Vasconcelos e Lívia Araújo (2019)

A remoção da favela Metrô Mangueira perdurou alguns anos e foi bastante violenta, podendo ser dividida em três fases. A primeira ocorreu em 2010, quando, em julho, uma equipe da Secretaria Municipal de Habitação chegou à favela acompanhada de integrantes da Defesa Civil que começaram a marcar as residências com a sigla SMH, seguida de um número. Em seguida, mediram e tiraram fotografias das residências, iniciando o cadastramento dos moradores para que pudessem receber o benefício

Bolsa Família. Surpreendidos com toda aquela movimentação dos agentes e desconfiados daqueles procedimentos, um morador conseguiu levar à favela o subprefeito da região para explicar a eles o que realmente estava acontecendo. Sem delongas, informou que o terreno era da prefeitura e que ela queria "limpar a área", restando às famílias três opções: "Cosmos, abrigo ou rua". Aqueles que não aceitassem teriam de lidar com "aquela mãozona" que iria demolir suas casas e colocar seus pertences na rua (MAGALHÃES, 2019, p.184). Encurraladas, 107 famílias foram removidas naquele ano para o Condomínio Varese, do programa federal Minha Casa Minha Vida, em Cosmos, na Zona Oeste, um bairro distante 70 km da favela.

Isso se deu justamente no momento em que o "tabu" das remoções era colocado em xeque, e a cidade já havia sido eleita para sediar a Copa do Mundo e a Olimpíada. A ação era baseada na genérica alegação de se tratar de "área de risco", mas, segundo moradores, a prefeitura já almejava construir um estacionamento para os visitantes do estádio durante a Copa do Mundo. Em seu estudo, Falhaber e Azevedo (2015, p. 98) apresentam o relato dramático de uma moradora sobre o ocorrido:

> A prefeitura chegou na nossa comunidade com muitos carros, assistentes sociais entrando nas casas, filmando e pichando as residências com aquele SMH. Eu estava trabalhando – na época, em Copacabana – e minha filha me ligou, pedindo que eu viesse. Quando cheguei, as pessoas não estavam entendendo o que estava acontecendo. Porque eles faziam tudo isso, mas não diziam para o que era. A gente já imaginava, quando teve a comemoração da Copa do Mundo, que o Brasil tinha sido escolhido, que isso podia acontecer. A gente perguntava se era por causa da Copa e eles negavam e falavam que era programa social. Depois de duas semanas é que viemos saber que era para remoção.

Como evidencia o relato acima, o processo de remoção aconteceu de maneira autoritária, sem qualquer diálogo com as famílias diretamente afetadas pelas ações, ou seja, as que residiam mais precariamente na favela, próximo ao viaduto da Mangueira. Os técnicos da prefeitura apareciam em diferentes horários do dia, marcavam as casas com a sigla SMH (Secretaria Municipal de Habitação), sem aviso prévio e sem maiores explicações, e utilizavam um linguajar técnico de difícil compreensão. Conforme ressalta Magalhães (2019), que acompanhou *in loco* muitas dessas situações, o discurso oficial apontava as intervenções públicas na área como "solução" para suprimir o risco, deixando evidente a necessidade do legado dos megaeventos. Para os habitantes, "era Cosmos ou nada", como nos relatou uma antiga moradora. Algumas famílias foram surpreendidas com a demolição brusca de suas residências e quase não tiveram tempo de recuperar seus pertences, fora as diversas dificuldades, após a remoção, de manter o emprego e os estudos no novo endereço.

Abalados com a truculência dos agentes da prefeitura, sempre acompanhados de força policial para realizar as demolições, os moradores começaram a protestar e ganhar apoio de vários movimentos sociais, além de contarem com a fundamental assessoria jurídica do Nuth. Nessa segunda fase (de 2011 a 2013), a remoção continuou, ainda que de modo mais lento, mas as famílias ampliaram sua resistência e conseguiram permanecer nos arredores.

Em 2011, membros da Relatoria do Direito à Cidade da Plataforma Dhesca (Direitos Humanos Econômicos Sociais e Ambientais), vinculada à Organização das Nações Unidas (ONU), fizeram uma visita oficial à favela com o objetivo de elaborar um relatório dos impactos das obras da Copa de 2014 e da Olimpíada de 2016 no Rio de Janeiro, com a cobertura de vários veículos da imprensa nacional e internacional. Sob pressão, a prefeitura assentou, no mesmo ano, 240 famílias no condomínio Mangueira I, construído com recursos do programa federal Minha Casa, Minha Vida, próximo à favela. Depois de mais de um ano aguardando e convivendo com os escombros demolidos das antigas residências, cerca de 200 famílias foram para o condomínio Mangueira II, também perto da favela, em dezembro de 2012. Outras famílias foram reassentadas no Bairro Carioca, criado pela prefeitura em Triagem, também na Zona Norte. Com a maioria das famílias removidas, restaram dezenas de estabelecimentos comerciais e oficinas mecânicas às margens da Avenida Radial Oeste.

Sem abandonar o argumento do risco, a justificativa para a remoção das construções restantes passaria a ser a transformação da área em um polo automotivo, projeto orçado inicialmente em R$ 30,5 milhões. Segundo o decreto municipal nº 37.753 de setembro de 2013, o projeto geraria empregos e renda na região, além de reordenar o espaço urbano.

Ainda que não tenha evitado a remoção, a resistência dos moradores obteve importantes resultados, como o anúncio de Eduardo Paes de que os moradores receberiam "aluguel social" (um valor mensal para custear um aluguel provisório) até que os imóveis do programa MCMV ficassem prontos. Os moradores, contudo, reclamavam que o prefeito teria descumprido o acordo, inclusive de comunicar as demolições com maior antecedência. Segundo a Secretaria Municipal de Habitação, 685 famílias da favela Metrô Mangueira teriam sido reassentadas até 2014.

A terceira fase (de 2014 a 2016) da remoção é marcada pela transição entre os últimos conflitos e a ação de defesa dos moradores, que conseguiu suspender o processo. O ano de 2014 iniciou com novas manifestações contra a prefeitura, com os moradores sendo covardemente atacados com gás de pimenta e bombas de efeito moral. Não à toa, as crianças descrevem o processo de remoção como "a guerra".

Em julho, porém, a Copa do Mundo ocorreu no estádio do Maracanã sem grandes contratempos, sem o polo automotivo, com oficinas ainda na avenida e algumas famílias ainda residindo na favela. Diante do enfraquecimento da Associação de Moradores, integrantes do Nuth e da Pastoral de Favelas, entre outros, formaram uma comissão de apoio, impedindo, inclusive, a entrada de novos tratores na favela.

Em maio de 2015, a Defensoria Pública conseguiu a aprovação de uma liminar que suspendia as demolições de moradias e oficinas, após uma série de protestos dos moradores, inclusive com apoio de estudantes da Uerj. Num deles, os manifestantes bloquearam a Avenida Radial Oeste – uma das principais vias de ligação entre o Centro e a Zona Norte da cidade – e o tumulto se estendeu até a entrada da universidade, onde houve confronto entre estudantes e policiais.[9] Três meses depois, o Tribunal de Justiça do Estado do Rio de Janeiro reificou a decisão, determinando a suspensão imediata das demolições de moradias com crianças e adolescentes. Alegando existirem ainda na favela 34 crianças e 9 adolescentes, o juiz titular da 1ª Vara da Infância, da Juventude e do Idoso estabeleceu multa de R$ 100 mil por residência destruída, argumentando ser "inconcebível permitir que famílias compostas por crianças e adolescentes, vulneráveis, sejam desalojadas de suas residências, sem ter para onde ir" (Vieira, 2015: s/p). Além disso, exigiu que a prefeitura apresentasse, em cinco dias, um plano detalhado sobre o reassentamento das famílias, informando o local para onde iriam após a demolição das residências, a escola que frequentariam, dando continuidade aos estudos, e a previsão

[9] Fonte: http://g1.globo.com/rio-de-janeiro/noticia/2015/05/remocao-em-favela-do-rio-termina-em-tumulto-na-uerj.html. Acesso em: 1º set. 2019.

de pagamento do aluguel social. Sem sabermos se a prefeitura apresentou ou não tal plano, a ação judicial estancou, pelo menos provisoriamente, o processo de remoção.

Em início de 2016, com a favela repleta de escombros dos imóveis desapropriados e sem qualquer indício das obras do polo automotivo, os comerciantes locais sentiam os prejuízos e algumas residências vazias que não foram demolidas passaram a ser ocupadas por outras famílias sem-teto. Nesse momento, a prefeitura anunciou readequações no projeto, que teve o orçamento reduzido para R$ 18 milhões e previa agora a construção de 94 boxes, estacionamento, área de serviço e urbanização da área (RIBEIRO, 2016). Em agosto, abertura e encerramento dos Jogos Olímpicos, no estádio do Maracanã, ocorreram de maneira exitosa, segundo os organizadores. Com vista para o estonteante e tantas vezes reformado templo do futebol, a situação da favela em nada se alterou desde então, permanecendo as famílias entre escombros, muito lixo e nenhuma urbanização. No pouco que restou da antiga sede da Associação de Moradores, na área conhecida como "campinho", uma frase evoca a memória da violência da remoção, demandando o seu reconhecimento como seres humanos.

Vestígios da sede da Associação de Moradores, com a inscrição "Somos seres humanos". Foto: Leticia de Luna (2017)

Os Jogos Olímpicos de 2016 e a Vila Autódromo

Vila Autódromo situa-se na Barra da Tijuca, na Zona Oeste, entre duas importantes avenidas (Salvador Allende e Embaixador Abelardo Bueno), às margens da Lagoa de Jacarepaguá, tendo como vizinhos diversos condomínios residenciais de luxo e o extinto Autódromo Internacional Nelson Piquet, demolido em 2012 com o objetivo de abrigar as instalações do principal centro das competições dos Jogos Olímpicos.[10]

A Vila Autódromo e seu entorno. Em sentido horário: à direita, o antigo autódromo; abaixo, a Lagoa de Jacarepaguá; à esquerda, contornando a localidade, as avenidas Salvador Allende e Embaixador Abelardo Bueno. Fonte: Google Earth (2013)

As primeiras famílias que se estabeleceram na área, por volta dos anos 1970, eram compostas por pescadores artesanais e operários da construção civil, que migraram para a região em busca de trabalho. A presença do poder público na garantia dos serviços urbanos básicos na localidade, porém, sempre se mostrou deficiente. Foi por meio da Associação de Moradores, Pescadores e Amigos da Vila Autódromo (Ampava), criada em 1987, e da utilização de mão de obra local, que os moradores obtiveram, por exemplo, acesso a água canalizada e redes de esgoto, tornando-se uma ocupação consolidada, com 11 ruas e quase todas as edificações (residenciais e comerciais) em alvenaria.

[10] O novo autódromo do Rio de Janeiro seria construído no bairro de Deodoro, na Zona Norte, onde também ocorreram algumas modalidades olímpicas.

Em 1989, o Governo do Estado – proprietário do terreno – assentou na área famílias oriundas da favela Cardoso Fontes, removida para dar lugar à construção de um hospital federal no bairro vizinho de Jacarepaguá. Em 1994, o então governador Leonel Brizola outorgou, por meio da Secretaria da Habitação e Assuntos Fundiários do Rio de Janeiro, 77 termos de Concessão de Direito Real de Uso (CDRU) pelo prazo de 30 anos, contribuindo para consolidar o direito das famílias à moradia na área. Em 1998, o então governador Marcello Alencar renovou as primeiras concessões e outorgou mais 162 termos – todos, a partir daí, pelo prazo de 99 anos – alcançando o total de 247 famílias beneficiadas. Em janeiro de 2005, dez anos após o primeiro requerimento feito pelo Governo do Estado, a prefeitura decretou o terreno do autódromo e seu entorno, excluindo apenas a faixa marginal da lagoa, como Área de Especial Interesse Social (Aeis),[11] possibilitando o projeto de parcelamento e registro dos contratos administrativos conferidos aos moradores.

Segundo dados do último Censo (IBGE), em 2010 a Vila Autódromo possuía 1.252 habitantes, distribuídos por 356 domicílios. Com um perfil heterogêneo no que se refere à origem, à escolaridade, à ocupação e à renda, sua população possuía, assim como a da favela Metrô Mangueira, seu cotidiano escolar e laboral bastante integrado à região. Diferentemente, porém, da favela da Zona Norte, Vila Autódromo não havia histórico de controle territorial por tráfico de drogas ou milícia, sendo orgulhosamente referida pelos habitantes como "uma comunidade ordeira e pacífica".

Apesar das condições físicas e jurídicas da localidade, muitas foram as tentativas do poder público municipal de removê-la, assim como muitas foram as justificativas utilizadas para legitimar a ação. Conforme analisamos em trabalhos anteriores (FREIRE, 2013; FREIRE; TAFAKGI, 2016; FREIRE, 2016b), as primeiras tentativas (sem êxito) ocorreram ainda nos anos 1990, quando Eduardo Paes era subprefeito da Barra da Tijuca, sob a justificativa de causar "dano urbano, estético e ambiental", e, depois, por ser "área de risco", ainda que desprovido de um laudo que comprovasse tecnicamente. Vamos nos deter, contudo, às tentativas de remoção no contexto

[11] Dispositivo jurídico previsto na Constituição Federal de 1988, que dispõe sobre políticas habitacionais e regularização fundiária urbana, cuja elaboração compete ao município. No caso do Rio de Janeiro, as Aeis foram regulamentadas pela Lei Orgânica de 1990, pelo Plano Diretor de 1992 e posteriormente alteradas pelo Plano Diretor de 2011. Sobre a Aeis da Vila Autódromo, conferir Lei Complementar nº–4/2005 disponível em: http://mail.camara.rj.gov.br/APL/Legislativos/contlei.nsf/1dd40aed4fced2c5032564ff0062e425/6ac956bdce1be32d032577220075c824?OpenDocument. Acesso em: 31 maio 2021.

mais recente, uma vez que foi a partir de 2009 que as ameaças se intensificaram sobre a Vila Autódromo, justamente por estar localizada no "coração dos Jogos Olímpicos", na região para a qual seriam destinados grandes investimentos, reforçando a constituição de uma nova centralidade da cidade (COSENTINO, 2016). Não à toa, outras favelas dessa região mais nobre da Zona Oeste também foram removidas no período, como Vila Harmonia, Restinga e Vila Recreio II.

No dossiê de candidatura aos Jogos Olímpicos de 2016, a região da Barra da Tijuca receberia a maior parte das instalações, investimentos e infraestrutura de transportes, aumento da oferta habitacional privada e social, além da recuperação ambiental de lagoas e parques (BRASIL, 2009). De acordo com o Plano de Legado Urbano e Ambiental Rio 2016, a alegada oferta habitacional não previa, entretanto, a permanência dos moradores da Vila Autódromo, cuja área seria destinada para a ampliação das avenidas do entorno (TANAKA et al., 2018).

Embora a remoção fosse, quase sempre, justificada em função das obras de construção do Parque Olímpico, o projeto que venceu o concurso internacional para se definir o seu plano urbanístico contemplava a permanência da Vila Autódromo. Mesmo assim, em outubro de 2011, o então Secretário Municipal de Habitação Jorge Bittar apresentou em uma reunião com os moradores a proposta de reassentamento das famílias no condomínio Parque Carioca, na Estrada dos Bandeirantes, distante cerca de 1km da localidade.[12] Em março de 2012, o consórcio formado pelas construtoras Norberto Odebrecht, Andrade Gutierrez e Carvalho Hosken disputou sozinho a licitação organizada pela prefeitura para a construção do Parque Olímpico. Como pagamento, receberia o repasse de uma área de cerca de 800 mil m^2 do antigo autódromo que não seria aproveitada nas competições, o que representava 75% da área pública destinada à incorporação de empreendimentos imobiliários. Nesse momento, a remoção da Vila Autódromo passou a ser justificada pela construção de uma alça viária, até então não prevista, ligando duas das vias expressas que seriam construídas como parte do legado (Transolímpica e Transcarioca).

[12] Apesar de ser propositadamente referido pelos agentes públicos como condomínio nos moldes do *habitat* típico da classe média alta do bairro, o projeto foi alvo de muitas críticas, envolvendo desde a polêmica aquisição do terreno – pertencente a duas empresas que apoiaram financeiramente a campanha eleitoral do prefeito – à qualificação de parte do terreno, pelo órgão público responsável, como de alto e médio risco ambiental, por se tratar de antiga área de mineração. Sobre isso, ver, por exemplo, a matéria: http://oglobo.globo.com/rio/prefeito-cancela-compra-de-terreno-para-onde-serao-removidos-moradores-da-vila-autodromo-2863957. Acesso em: 31 maio 2021.

Diante desse quadro ameaçador, um grupo de moradores se mobilizou em torno da proposta de elaboração de um plano de urbanização da Vila Autódromo como uma alternativa ao projeto de reassentamento total da população. Realizado pela Ampava, com a assessoria técnica de pesquisadores da Universidade Federal do Rio de Janeiro e da Universidade Federal Fluminense, este plano se tornou um instrumento político importante da luta dos moradores, reunindo propostas técnicas que considerassem suas demandas reais e garantissem o acesso regular a serviços públicos que foram negligenciados durante a sua existência.[13]

Paralelamente, os moradores continuavam a atuar em outras esferas, buscando dar visibilidade à sua causa e angariar o apoio da sociedade. Entre os diversos protestos contra as ações da prefeitura, um grande ato realizado na localidade, em junho de 2012, durante a realização da Conferência da ONU para o Desenvolvimento Sustentável, com a participação de centenas de ativistas ligados a vários movimentos sociais (indígenas, feministas, trabalhadores rurais etc.) propiciou considerável repercussão internacional ao caso.[14]

Parte do ato unificado na Vila Autódromo, durante a Cúpula dos Povos.
Foto: Leticia de Luna (2012)

[13] Sobre a experiência do Plano Popular e outras formas de resistência contra a remoção, ver Tanaka et al. (2018).

[14] O ato foi organizado pela "Cúpula dos Povos", evento que ocorreu em paralelo à conferência da ONU, reunindo entidades da sociedade civil e movimentos sociais de vários países. A escolha de se realizar esse ato unificado na Vila Autódromo se deu tanto pela gravidade da situação enfrentada pelos moradores quanto pela localização estratégica da localidade, distante cerca de 2 km do local onde ocorria a reunião dos chefes de Estado (Riocentro).

Em agosto de 2012, o Plano Popular da Vila Autódromo foi apresentado numa audiência ao prefeito, que, na ocasião, prometeu encaminhá-lo para avaliação de uma equipe técnica e emitir uma resposta no prazo de 45 dias. Sem obter o prometido retorno, a própria Ampava tratou de convidar representantes de várias entidades profissionais comprometidas com o desenvolvimento urbano e social da cidade para formar um grupo de trabalho multidisciplinar a fim de emitir um parecer sobre a proposta de urbanização e a proposta de reassentamento da prefeitura. Após três meses de trabalho, do qual também participamos, o parecer concluiu não haver justificativa jurídica, urbanística ou ambiental procedente para se remover todos os moradores, mas se tratar, na verdade, de motivações de ordem econômica, atendendo às exigências das grandes construtoras no processo de acelerada valorização imobiliária para "eliminar as vizinhanças indesejáveis, reorientar o padrão de moradia local e redefinir a estética habitacional e urbanística da região" (GTAPM, 2013 apud TANAKA et al., 2018: 227). Além disso, os custos sociais e econômicos da remoção são apontados como consideravelmente mais elevados do que os da proposta de urbanização da área. Além de viável e mais barato, o projeto de urbanização indicaria a compatibilização da realização dos Jogos Olímpicos com a garantia do direito constitucional à moradia adequada.

A despeito do esforço de divulgação do plano de urbanização e do parecer multidisciplinar, tais documentos não surtiram o efeito político esperado. Ainda que o prefeito afirmasse, em entrevista a um canal televisivo, em agosto de 2013, e num debate público, em abril de 2014, que os moradores teriam a opção de ser reassentados na própria localidade, comprometendo-se a urbanizar a área, as ações dos agentes públicos na Vila Autódromo resumiam-se a persuadir os moradores a aceitarem o reassentamento no Parque Carioca. A contradição entre o discurso do prefeito e a prática dos agentes públicos foi amplamente denunciada pelos movimentos sociais por meio de uma campanha designada "Paes Mente".

Desconsiderado pela prefeitura, o Plano Popular da Vila Autódromo obteve, porém, outras formas de reconhecimento, ao conquistar, logo depois, o prêmio *Urban Age Award Rio 2013* no valor de U$ 80 mil[15] e inspirar a criação de planos alternativos em outros assentamentos populares

[15] Prêmio concedido em evento promovido e organizado pelo Deutsche Bank, em dezembro de 2013, no Instituto de Arquitetos do Brasil, no Rio de Janeiro. Segundo os moradores, o valor do prêmio seria utilizado, para a construção de uma creche na localidade.

também ameaçados de remoção, como o pico da favela Santa Marta, na Zona Sul do Rio de Janeiro, e a Favela da Paz, em São Paulo. Cabe destacar que o Plano Popular foi apenas um dos vários instrumentos de resistência da Vila Autódromo e que a atuação da Defensoria Pública foi, como no caso da favela Metrô Mangueira, crucial nos desdobramentos do conflito.

Apesar da grande visibilidade alcançada pelo caso, a intimidação e a violência sobre os moradores também foram ingredientes do processo de remoção da Vila Autódromo, principalmente ao longo de 2014, com a publicação de sucessivos decretos de desapropriação conforme as obras do Parque Olímpico avançavam. Tal situação revelava, como destaca Magalhães (2019), um padrão de atuação estatal cujos procedimentos vão desde a difusão de rumores ao confronto físico. Por mais agressivas que fossem algumas das ações exercidas pelos agentes públicos na localidade, fato é que a estratégia de "dividir a comunidade" foi surtindo efeito e, aos poucos, muitos dos moradores que não desejavam sair acabaram cedendo às pressões e às indenizações cada vez mais sedutoras. A percepção de que foram "enganados", porém, alimentava sentimentos de humilhação e revolta. Como desabafou uma moradora: "parece que a gente é saquinho de lixo que eles podem pegar, enrolar e jogar onde eles querem". Nos escombros e ruínas deixados na localidade, a denúncia da falta de respeito e diálogo era prática frequente de os moradores exporem sua indignação.

Uma das diversas pichações nos escombros. Foto: Leticia de Luna (2015)

Em março de 2016, quando menos de 10% das construções permaneciam na área, os acontecimentos de uma semana foram particularmente significativos no desdobramento do conflito. Na manhã do dia 8 de março, dona Penha, moradora que então havia se tornado uma das principais lideranças da luta contra a remoção, teve sua moradia demolida em menos de 48 horas sob a vigilância de agentes da Guarda Municipal e da Polícia Militar, sendo provisoriamente abrigada na igreja católica local (RODRIGUES, 2016).

Horas depois, o prefeito surpreenderia a todos, anunciando uma coletiva de imprensa, no Palácio da Cidade, para apresentar o "Plano de Urbanização da Vila Autódromo". Instigada por grupos de apoio, dona Penha seguiu para a porta do Palácio da Cidade, na Zona Sul, onde concedeu entrevistas para jornalistas, denunciando os abusos cometidos durante anos na localidade. Pouco antes, o prefeito transferiu sua coletiva para a sede da prefeitura, no centro, onde apresentou um projeto de urbanização que contemplava apenas 20 famílias. Questionado sobre o plano elaborado pelos moradores e a tardia apresentação do plano oficial, o prefeito alegou que não se sabia quantas famílias realmente desejavam permanecer, deixando jornalistas, moradores e apoiadores perplexos. No fim do dia, dona Penha foi homenageada na Assembleia Legislativa do Estado do Rio de Janeiro, em cerimônia comemorativa pelo Dia Internacional da Mulher. Mesmo abalada com a perda de sua casa, ela não escondeu sua emoção com a homenagem, diante de um público majoritariamente feminino (RODRIGUES, 2016).

Às vésperas da abertura da Olímpiada, a prefeitura entregou as chaves das residências das famílias restantes, sem a conclusão de todos os equipamentos urbanos previstos na área. Para muitos, a permanência dessas famílias constituiu uma conquista da luta social pelo direito à moradia. Para outros, o fato de apenas um número ínfimo de famílias ter permanecido na área não significou exatamente uma vitória, embora também reconheçam que o caso da Vila Autódromo se tornou um símbolo de resistência às remoções.

À guisa de conclusão

Compartilhamos, neste trabalho, da ideia defendida por Magalhães (2019) de que o fenômeno da "remoção" é uma questão boa para pensar a continuidade e as transformações do debate sobre o "problema favela", cujas raízes se assentam na segmentação da produção e do acesso à moradia. A partir do contexto do Rio de Janeiro entre 2010 e 2016, em que o "fantasma da remoção" retornou com força, gostaríamos de concluir com algumas considerações a respeito da relação do Estado com esses assentamentos populares, dos regimes de justificação da ação estatal nesses casos de remoção, e dos movimentos de resistência social que emergem como (re)ação diante da intervenção estatal.

Quanto ao primeiro aspecto, nossas pesquisas nos levam a reforçar que a relação do Estado com essas populações nos processos de remoção das primeiras décadas do século XXI segue, como diz Magalhães (2019), um padrão marcado por rotineiras práticas de exceção, interrompendo o fluxo regular de suas rotinas e colocando-as em situações de incerteza. Ainda que as favelas sejam hoje reconhecidas juridicamente como parte integrante da cidade, muitas vezes adquirindo o *status* de bairro, não foram poucas as violações de direitos cometidas pela prefeitura nos dois casos analisados, fomentando um tratamento desigual em relação a outras áreas da cidade. Para além dos danos físicos e sociais que caracterizaram ambos os processos, a violência institucional também se efetivou com mecanismos de humilhação daqueles cujos "endereços na cidade" remete não só a uma localização no espaço físico, mas também a uma designação no espaço social (MELLO; SIMÕES, 2013).

Em contraste com os avanços sociais obtidos com a redemocratização do país, houve, como procuramos mostrar, um significativo retrocesso da ação estatal no contexto mais recente do Rio de Janeiro, marcado pela retomada do discurso e da prática de remoção de favelas. Qual seria, porém, a diferença entre os processos remocionistas de antes e os de agora? Sem a pretensão de reproduzirmos a análise histórica já realizada por Brum (2013), queremos apenas destacar o surgimento, na cena carioca recente, de um novo e forte argumento utilizado para legitimar as remoções: o legado dos megaeventos esportivos.

Se a favela continua a ser vista como um "problema", argumentos morais, estéticos e sanitários, que denunciavam publicamente esses assentamentos como "lepras" e "cancros" da cidade em décadas anteriores, já não possuem a legitimidade de outrora. Ainda assim, as tentativas de erradicá-la precisam ser justificadas perante a sociedade para adquirirem alguma aceitação social. A nosso ver, os megaeventos esportivos apareceram como elementos-chave que permitiram construir um regime de justificação (BOLTANSKI; THÉVENOT, 1991) das remoções pela narrativa do legado. Desse modo, as remoções passaram a ser justificadas pela urgência das intervenções urbanas que deviam viabilizar, a todo custo, o projeto olímpico na cidade, de acordo com as exigências dos organizadores e a articulação local de interesses do poder público, do setor imobiliário e das grandes empreiteiras. Os custos sociais, porém, foram elevados, agravando ainda mais as desigualdades socioespaciais (MASCARENHAS; DIAS, 2018).

A retórica propagada pela grande mídia e pelo Estado para sustentar essas ações nas favelas sugeria falaciosamente a ideia de que tais obras representavam um interesse comum que deveria estar acima dos direitos individuais das famílias afetadas, ao mesmo tempo que negava a violação dos direitos constitucionais. Um exemplo desse artifício foi o uso da expressão "remoções democráticas" por Adilson Pires – do Partido dos Trabalhadores (PT) e líder à época do governo municipal na Câmara dos Vereadores – em texto publicado no jornal *O Globo* em junho de 2010, expressão que seria depois adotada pelo próprio Secretário de Habitação, também filiado ao PT, como forma de apaziguar a polêmica participação do seu partido, historicamente ligado às lutas populares, no governo de Eduardo Paes, do centrista PMDB (MENDES, 2016).

Conforme buscamos descrever, a existência de mecanismos legais que definam os direitos da população das favelas não é suficiente para que tais direitos sejam garantidos na prática. Num país com uma democracia ainda frágil e uma crescente crise de representação política, quase tudo se conquista na luta organizada e, por vezes, "no grito". Quanto mais vozes juntas, maior a chance de esse grito ser ouvido. Se as condições sociais e políticas não são mais as mesmas que legitimaram as remoções em massa de favelas durante a ditadura civil-militar, resistir ainda é preciso.

Nesse sentido, consideramos que ambos os casos abordados evidenciam os conflitos e as contradições que viveu (e ainda vive) a cidade do Rio de Janeiro, mas também a potência da resistência dos moradores, sua capacidade de produzir dissensos e reposicionar as peças do jogo. Não se trata, certamente, de um jogo que se resuma a um duelo entre vencedores e perdedores, pois acreditamos não ser adequado opor as favelas ao Estado, mas de pensá-las como parte de uma cidade que deve ser democraticamente gerida e cuidada pelo poder público a fim de preservar a sua dimensão de experiência coletiva. É esta inclusão que nos parece ser a reivindicação mais básica dos moradores em todos os processos de remoção.

Há, sem dúvida, mudanças na forma de se construir as mobilizações coletivas nas favelas. Enquanto nos anos 1960 estas mobilizações eram centradas nas associações de moradores, nos partidos de esquerda e em organizações políticas como a antiga Federação das Associações de Favelas do Estado da Guanabara (Fafeg), hoje os movimentos de resistência contemplam a articulação de um número e uma diversidade cada vez maior de atores, reunindo associações de moradores, organizações não governamentais, partidos políticos, organizações da sociedade civil, pesquisadores, organismos institucionais, ligados à ONU e à Defensoria Pública, e até movimentos sociais de outros países que também sediaram megaeventos esportivos, evocando um processo que sugerimos chamar de "globalização da resistência". Como analisei anteriormente (FREIRE, 2016a), esta forma atual de ação coletiva também implica a criação de novas estratégias de luta, em que às práticas tradicionais de protesto no espaço público se somam ao poder mobilizador das redes sociais e ao uso de outras tecnologias capazes de conectar pessoas e grupos produzindo "redes de indignação e esperança" (CASTELLS, 2013) e contribuindo para transformar a remoção de favelas em problema público (GUSFIELD, 2009).

No caso do Rio de Janeiro, embora a intensidade dos movimentos contestatórios tenha contribuído, de maneira geral, para endossar a propagação de uma "consciência antiolímpica" (MASCARENHAS, 2016), as remoções não se encerraram com o término dos Jogos Olímpicos de 2016. A gestão municipal de Marcelo Crivella, iniciada em 2017, além de não ter apresentado uma clara política habitacional, manteve práticas semelhantes às do governo anterior em relação às favelas. Mesmo sem o tom de "espetacularização" propiciado pelos megaeventos, Crivella prosseguia sustentando o processo de mercantilização da cidade, com foco na remoção de favelas e projetos de grande impacto promovidos por parcerias público-privadas. Do mesmo modo, prosseguiram os movimentos de resistência, com as mulheres assumindo um protagonismo (ARAUJO, 2019).

Finalmente, se as novas disposições jurídicas e as intervenções urbanísticas nas favelas nas últimas décadas conseguiram melhorar, em parte, as condições de vida da população, elas não conseguiram, como sublinha Gonçalves (2013), romper o estigma que ainda pesa sobre esses espaços e seus moradores. Machado da Silva (2016 [2002], p. 163), em um texto sobre as práticas coletivas dos favelados, anterior ao ciclo dos megaeventos, também destaca que se a favela "venceu", sobrevivendo a todas as tentativas de erradicá-la, essa "vitória" ocorreu à custa da constituição de uma "categoria social subalterna cuja intervenção na cena pública, duramente conquistada, não mexeu no padrão de sociabilidade urbana, pouco alterando sua posição relativa na estratificação social e seu papel como força social". Em sua origem como representação coletiva, segundo o autor, a favela era um "problema" que precisava ser superado, mas essa superação não envolvia nenhuma negociação com os moradores.

Nos termos de Magalhães (2019), as táticas e as técnicas mobilizadas pelas diferentes agências estatais nos recentes processos de remoção produzem uma "desqualificação moral" dos moradores, que atinge profundamente sua dignidade pessoal, o seu auto(re)conhecimento como humano. Mudar a organização desse cenário, tirando a favela e seus moradores desse lugar de subalternidade e reconhecendo-os como atores fundamentais na construção de uma cidade mais justa e democrática parece-nos ser um dos desafios ainda a ser enfrentados.

Referências

ALVES, Raoni; GOMES, Marcelo; ABREU, Ricardo. Sérgio Cabral admite que comprou, por US$ 2 milhões, votos para trazer a Olimpíada para o Rio. *G1*, 04/07/19. Disponível em: https://g1.globo.com/rj/rio-de-janeiro/noticia/2019/07/04/sergio-cabral-depoe-sobre--compra-de-votos-para-o-rio-sediar-a-olimpiada-de-2016.ghtml. Acesso em: 1º out. 2019.

ARAUJO, Márcia Bastos de. A resistência é feminina: o protagonismo das mulheres no controle social da política urbana destinada às favelas cariocas. A experiência do Conselho Popular. Dissertação de Mestrado em Serviço Social, PUC-Rio, 2019.

BENEDICTO, Danielle Barros de Moura. Desafiando o coro dos contentes: vozes dissonantes no processo de implementação dos Jogos Pan-americanos de 2007. Dissertação de Mestrado em Planejamento Urbano e Regional, UFRJ, 2008.

BOLTANSKI, Luc; THEVENOT, Laurent. *De la justification. Les Economies de la grandeur.* Paris: Gallimard, 1991.

BRASIL. *Dossiê de candidatura do Rio de Janeiro à sede dos Jogos Olímpicos e Paralímpicos de 2016*, jan. 2009.

BRUM, Mario. Favelas e remocionismo ontem e hoje: da ditadura de 1964 aos grandes eventos. *O Social em Questão*, ano XVI, n. 29, p. 179-208, 2013.

CASTELLS, Manuel. *Redes e indignação e esperança. Movimentos sociais na era da internet.* Rio de Janeiro: Zahar, 2013.

COSENTINO, Renato. Olimpíadas da Barra da Tijuca 2016: a construção de uma nova centralidade no Rio de Janeiro. In: VAINER et al. (orgs.). *Os megaeventos e a cidade:* perspectivas críticas. Rio de Janeiro: Letra Capital, p. 389-432, 2016.

COSTA, Jacqueline; MAGALHÃES, Luiz Ernesto; SCHMIDT, Selma. A palavra proibida: Tabu ideológico e semântico cerca debate sobre a remoção de favelas. *O Globo*, Rio de Janeiro, p. 14, 12/04/2009.

FALHABER, Lucas; AZEVEDO, Lena. *SMH 2016:* Remoções no Rio de Janeiro olímpico. 1. ed. Rio de Janeiro: Mórula Editorial, 2015.

FREIRE, Leticia de Luna. Favela, bairro ou comunidade? Quando uma política urbana torna-se uma política de significados. *Dilemas: Revista de Estudos de Conflito e Controle Social*, v. 1, out./nov./dez. 2008, p. 95-114.

FREIRE, Leticia de Luna. Mobilizações coletivas em contexto de megaeventos esportivos no Rio de Janeiro. *O Social em Questão*, ano XVI, n. 29, p. 101-128, 2013.

FREIRE, Leticia de Luna. Les Jeux Olympique pour qui? Les actions du Comité populaire de la Coupe du monde et des Jeux Olympiques de Rio de Janeiro contre um modele urbain d'exclusion. *Problèmes d'Amérique Latine*, n. 103 (4/16), p. 95-117, 2016a.

FREIRE, Leticia de Luna. Quando a 'cidade olímpica' não é para todos: o caso da Vila Autódromo. *Revista Advir*, Dossiê Cidades Olímpicas. Rio de Janeiro, n. 35 (jul), p.74-83, 2016b.

FREIRE, Leticia de Luna; TAFAKGI, Mariana. O que está em jogo na "cidade olímpica"? Conflitos e resistências acerca da remoção de assentamentos populares no Rio de Janeiro. In: CUNHA, Neiva Vieira da; FREIRE, Leticia de Luna; MACHADO-MARTINS, Maíra; VEIGA, Felipe Berocan (orgs.). *Antropologia do conflito urbano:* conexões Rio-Barcelona. Rio de Janeiro: Lamparina, p. 51-74, 2016.

GONÇALVES, Rafael Soares. *Favelas do Rio de Janeiro:* história e direito. Rio de Janeiro: Pallas; PUC-Rio, 2013.

GONÇALVES, Rafael Soares. Políticas públicas e o retorno das remoções de favelas por ocasião das chuvas de abril de 2010 no Rio de Janeiro. In: KANT DE LIMA, Roberto; MELLO, Marco Antonio da Silva; FREIRE, Leticia de Luna (orgs.). *Pensando o Rio:* políticas públicas, conflitos urbanos e modos de habitar. Niterói: Intertexto, 2015. p. 11-33.

GUSFIELD, Joseph. *La culture des problèmes publics. L'alcool au volant: la production d'un ordre symbolique*. Paris: Economica, 2009.

HARVEY, David. Do gerenciamento ao empresariamento: a transformação da administração urbana no capitalismo tardio. *Espaço e Debates*, n. 39, p. 48-64, 1996.

LEEDS, Anthony; LEEDS, Elizabeth. *A sociologia do Brasil urbano*. Rio de Janeiro: Zahar, 1978.

LEITÃO, Gerônimo Emílio Almeida. *A construção do Eldorado urbano:* o plano piloto da Barra da Tijuca e Baixada de Jacarepaguá – *1970-1988*. Niterói: EdUFF, 1999.

MACHADO DA SILVA, Luiz Antonio. A continuidade do "problema favela". In: MACHADO DA SILVA, Luiz Antonio. *Fazendo a cidade:* trabalho, moradia e vida local entre as camadas populares urbanas. Rio de Janeiro: Mórula, p. 161-175, 2016 [2002].

MAGALHÃES, Alexandre de Almeida. *Remoções de favelas no Rio de Janeiro:* entre formas de controle e resistências. Curitiba: Appris, 2019.

MASCARENHAS, Gilmar. A produção da cidade olímpica e os sinais da crise do modelo globalitário. *Geousp – Espaço e Tempo*, vol. 20, n. 1, p. 52-68, 2016.

MASCARENHAS, Gilmar. *Entradas e bandeiras:* a conquista do Brasil pelo futebol. Rio de Janeiro: Eduerj, 2014.

MASCARENHAS, Gilmar; BIENENSTEIN, Glauco; SÁNCHEZ, Fernanda (orgs.). *O jogo continua:* megaeventos esportivos e cidades. Rio de Janeiro: Faperj; Eduerj, 2011.

MASCARENHAS, Gilmar; DIAS, Andréa. O desafio de morar na Cidade Olímpica: segregação socioespacial e políticas habitacionais no Rio de Janeiro. In: GIGLIO, Sérgio Settani et al. (orgs.). *Múltiplos olhares sobre os Jogos Olímpicos*. São Paulo: Intermeios; Fapesp, p. 61-80, 2018.

MELLO, Marco Antonio da Silva; SIMÕES, Soraya Silveira. "Onde você mora?": propósitos e implicações do endereço. In: DUARTE, Cristiane; VILLANOVA, Roselyne de (orgs.).

Novos olhares sobre o lugar: ferramentas e métodos da arquitetura à antropologia. Rio de Janeiro: Contracapa; Faperj, p. 65-80, 2013.

MENDES, Alexandre. O Núcleo de Terras e Habitação no enfrentamento de um novo ciclo de remoções no Rio de Janeiro: o ano de 2009. In: MENDES, Alexandre; COCCO, Giuseppe (orgs). *A resistência à remoção de favelas no Rio de Janeiro. Instituições do comum e resistências urbanas: a história do Núcleo de Terras e Habitação e a luta contra a remoção de favelas no Rio de Janeiro (2007-2011).* Rio de Janeiro: Revan, p. 147-163, 2016.

MENDES, Alexandre; COCCO, Giuseppe (orgs.). *A resistência à remoção de favelas no Rio de Janeiro. Instituições do comum e resistências urbanas:* a história do Núcleo de Terras e Habitação e a luta contra a remoção de favelas no Rio de Janeiro (2007-2011). Rio de Janeiro: Revan, 2016.

MEIRELES, Manuela de Carvalho; FALBO, Ricardo. Cidade do Rio de Janeiro, Comunidade Metrô Mangueira e Defensoria Pública. In: MENDES, Alexandre; COCCO, Giuseppe (orgs.). *A resistência à remoção de favelas no Rio de Janeiro. Instituições do comum e resistências urbanas: a história do Núcleo de Terras e Habitação e a luta contra a remoção de favelas no Rio de Janeiro (2007-2011).* Rio de Janeiro: Revan, p. 223-240, 2016.

OMENA, Erick. Desafios no caminho para o "Rio 2016": o que nos dizem as experiências anteriores?. *E-metropolis. Revista Eletrônica de Estudos Urbanos e Regionais,* ano 2, p. 14-24, março 2011.

PREFEITURA DA CIDADE DO RIO DE JANEIRO. *Plano Estratégico da Cidade do Rio de Janeiro,* Rio sempre Rio /Imprensa da Cidade. Rio de Janeiro: PCRJ. ACRJ/Firjan, 1996.

RIBEIRO, Geraldo. Metrô Mangueira: dois anos depois de remoções, escombros permanecem. *Extra,* 03/01/16. Disponível em: https://extra.globo.com/noticias/rio/metro-mangueira-dois-anos-depois-de-remocoes-escombros-permanecem-18397034.html. Acesso em: 1º out. 2019.

RODRIGUES, Matheus. No dia em que recebe homenagem, mulher tem casa demolida no Rio. *G1,* 08/03/16. Disponível em: http://g1.globo.com/rio-de-janeiro/noticia/2016/03/no-dia-em-que-recebe-homenagem-mulher-tem-casa-demolida-no-rio.html. Acesso em: 1º jan. 2018.

TANAKA, Gisele et al. (orgs.). *Viva a Vila Autódromo:* o plano popular e a luta contra a remoção. Rio de Janeiro: Letra Capital, 2018.

VAINER, Carlos. Os liberais também fazem planejamento urbano? Glosas ao "Plano Estratégico da Cidade do Rio de Janeiro". In: ARANTES, Otília; VAINER, Carlos; MARICATO, Ermínia (orgs.). *A cidade do pensamento único:* desmanchando consensos. Petrópolis: Vozes, p. 105-119, 2012b.

VAINER, Carlos. Pátria, empresa e mercadoria. Notas sobre a estratégia discursiva do Planejamento Estratégico Urbano. In: ARANTES, Otília; VAINER, Carlos; MARICATO, Ermínia (orgs.). *A cidade do pensamento único:* desmanchando consensos. Petrópolis: Vozes, p. 75-103, 2012a.

VALLADARES, Licia do Prado. Qu'est-ce qu'une favela?. *Cahiers de Amériques Latines,* n. 34, p. 61-72, 2000.

VASCONCELLOS, Fábio. Quase três Rocinhas a menos: Plano da prefeitura prevê, até 2013, redução de 5% da área ocupada hoje por favelas. *O Globo,* Rio de Janeiro, p. 10, 15/09/09.

VIEIRA, Isabela. Vara da Infância proíbe demolição na favela Metrô Mangueira. *Brasil 247,* 26/08/15. Disponível em: https://www.brasil247.com/regionais/sudeste/vara-da-infancia-proibe-demolicao-na-favela-metro-mangueira. Acesso em: 1º nov. 2018.

Favelas, direitos e experiências coletivas: olhares sobre o PAC Manguinhos (2008-2016)[1]

Tania Maria Fernandes
André Luiz da Silva Lima

Introdução

Ao longo do século XX e no século XXI, ainda em seu começo, a condução da política econômica e social brasileira não alterou de forma substancial os níveis de pobreza e o profundo acirramento das desigualdades sociais, agudizadas nos últimos anos. Nos contextos delimitados nesses períodos, marcados por ausência ou ineficiência de ações de planejamento urbano, ocorreram processos de ocupação habitacional de espaços do território urbano situados às "margens" das cidades, não necessariamente pelo aspecto geográfico, mas, principalmente, pelo social e simbólico, consolidando um desenho com marcas profundas de uma sociedade dividida e desigual com traduções regionais específicas.

Na cidade do Rio de Janeiro, os espaços que emergiram, então, na cartografia oficial se fizeram como "manchas brancas" (ou cinzas), representando alegoricamente o que para os grupos dominantes da sociedade fluminense não deveria existir, ou, ainda, sinalizando simbolicamente a inexistência da vida humana. Os usos desses locais para habitação na montagem da cidade capitalista surgiram, no plano discursivo, como uma patologia a ser erradicada, mas que ao ser mantida resolveria - ainda que não em definitivo e com eficiência - a questão da habitação para significativa parte dos trabalhadores, e para o próprio Estado, cujas ações se mostravam inadequadas e ineficientes para planejar a cidade incorporando essas massas de famílias (BRITO, 2006; CARVALHO FILHO, 2010; MARTINS, 2002; VALLADARES, 1999).

Essas áreas foram denominadas como favelas,[2] disputando, posteriormente, com outras nomenclaturas ditadas por órgãos oficiais como

[1] Texto produzido como produto dos projetos: "Memória das comunidades de Manguinhos, subprojeto - O processo de implantação do PAC na história das comunidades" - financiado pela Fiocruz e "Participação Social e Trabalho Social: possibilidades e limites no PAC Manguinhos (2007-2012)" - com financiamento Faperj/Edital Humanidades.

[2] Como é amplamente difundido na bibliografia corrente sobre o tema, o termo favela seria atribuído como referente a um arbusto do sertão brasileiro, muito comum aos veteranos da Guerra de Canudos,

Assentamentos Precários e Aglomerados Subnormais. Todos estes termos carregam uma forte carga simbólica de atribuição a partir do que lhe falta dentro de uma normatividade capitalista que, inevitavelmente, impacta o entendimento acerca das pessoas que ali vivem. O uso do termo "comunidade" foi incorporado, ao fim do século XX, por moradores de várias localidades e técnicos de agências de Estado, como um termo que já se tornou nativo, cuja aplicabilidade, em geral, relaciona-se a usos de interesses diversos tanto por parte de políticos, governantes, quanto dos próprios moradores, quando lhes interessa tentar retirar das narrativas a relação com a pobreza e a marginalidade. Apesar de amplamente utilizado, inclusive em Manguinhos, local de nossas reflexões, essa terminologia se depara com críticas sinalizadas em alguns circuitos das ciências sociais (LEEDS; LEEDS, 2015; VALLADARES, 2005), o que não deve ser subtraído, diante do amplo uso pela população constatado em nossa investigação acerca da configuração histórica das comunidades de Manguinhos (FERNANDES; COSTA, 2009).

A proximidade física e a provisoriedade das construções, o enfrentamento dos problemas de infraestrutura (fornecimento de água, energia elétrica e coleta de lixo, por exemplo), com soluções em geral improvisadas, a relação com diversas formas de vulnerabilização e a sociabilidade construída diante destas questões configuram a tipologia estabelecida historicamente para esses conjuntos, independentemente da nomenclatura a eles apregoada. Esse processo de construção dá sustentação ao pressuposto, defendido por alguns segmentos sociais, de maneira questionável, de que a favela se constitui um espaço à margem da cidade, em contraponto ao entendimento da *urbes* enquanto espaço de diversidade.

A definição de favela, como denominação mais difundida, aciona na atualidade debates relevantes em nosso país, onde parte significativa da população vive nos espaços urbanos e, em particular, nesses aglomerados populacionais. As políticas públicas, independentemente do questionamento em relação à sua adequação, buscam atualmente em suas referências retratar uma perspectiva de aproximação da favela com os demais espaços da cidade, apesar do deslocamento produzido que os separa em dois universos. O aumento de serviços públicos, cuja oferta, na realidade, apresenta-se como

que ocuparam, no início do século XX, terrenos no Rio de Janeiro na localidade, hoje conhecida como Morro da Providência, sob a promessa governamental de construção de moradias para suas famílias. Passou a ser utilizado para várias localidades populares assemelhadas na origem e no estilo.

ineficaz, sobreposta e irregular, também sugere que a definição de favela não deva, hoje, configurar-se a partir da ausência desses serviços (BRUM, 2006).

Várias pesquisas vêm sendo desenvolvidas sobre as favelas brasileiras com abordagens e questões diferenciadas, muitas apontando para a dualidade entre as favelas e os outros espaços da cidade, e outras compreendendo-as como pertencentes a um único universo dinâmico, contraditório e, sobretudo, complementar.

Os estudos que subsidiam a narrativa aqui construída a título de análise rumam no caminho da compreensão do processo de construção da cidade compondo o espaço e as suas múltiplas territorialidades diante de sua complexidade historicamente definida e do universo que se complementa pela diversidade. As favelas de Manguinhos, espaços de nossas reflexões, se complexificam neste grande universo diante de profundas mudanças com as quais se depararam a partir de políticas públicas dispersas, e mesmo inadequadas, que marcaram a segunda década do século XXI.

O tempo presente e a narrativa oral

Investigar um processo contemporâneo cujos sujeitos da pesquisa estão imbricados em diversas teias que envolvem o objeto analítico em questão, remete a problematizações teórico-metodológicas específicas. Apesar de não ser factível o aprofundamento neste espaço de debate, tornam-se relevantes algumas apreciações que consideram a possibilidade de se construir uma narrativa histórica na temporalidade em que se vive e se processa uma análise, valendo-se, inclusive, das narrativas dos atores envolvidos para a construção do objeto e do processo analítico. Para tal, torna-se relevante estabelecer aproximação com a demanda epistemológica de análise do tempo histórico experimentado, deparando-se com o tempo presente e suas fronteiras, tanto no passado como no futuro. Para Fraçois Hartog o "tempo tornou-se tão habitual para o historiador, que ele o naturalizou ou instrumentalizou" (HARTOG, 2006, p. 262). Essa reflexão se coloca como relevante na medida em que alguns autores e, neste caso, também Hartog, identificam um certo alargamento do presente, com o horizonte de expectativa (KOSELLECK, 1990) deslocando-se num movimento já visualizado na emergência da modernidade com o andamento deste horizonte que possibilita um alargamento do tempo a ser considerado na análise que pode transitar do passado ao futuro, iluminando os fenômenos que deslocam-se nesse tempo alargado e que se configuram como tema para a análise.

Ainda que apresente uma perspectiva do tempo[3] com diferenças relevantes em relação a Hartog, Pierre Nora (1984) sinaliza uma aceleração da história e, para tal, concebeu a noção de lugares de memória, que podem ser habitados pela contemporaneidade. Essas perspectivas são relevantes, na medida em que a história produzida com a incorporação de atores/sujeitos contemporâneos se conformaria impactada por esta percepção, tanto na construção dos problemas e questões a serem investigados como, também, diante das discursividades emergentes postas sob análise, que vagueiam nesta temporalidade ampla.

Nesta direção, Eric Hobsbawm afirma que

> quando se escreve não sobre a Antiguidade Clássica, nem sobre o século XIX, mas sobre seu próprio tempo, a vivência pessoal deste tempo molda inevitavelmente a forma como o vemos, e até mesmo o modo como determinamos a evidência à qual todos nós devemos apelar e nos submeter, independentemente de nossos pontos de vista (HOBSBAWM, 1995, p. 105).

Na linha das possibilidades de pesquisa que contempla investigações que envolvem atores e eventos contemporâneos ao investigador, uma questão reflexiva básica se assenta na assertiva de que toda narrativa profissional da história, em nosso tempo, remete-se a um conjunto de indagações e questões, constituídas como "problemas" para a investigação com relevância na constituição da pesquisa e na construção do objeto de estudo. A relação estabelecida com o *corpus* documental escolhido se coloca como indissociável, no contexto da operação histórica, diante da qual resquícios do passado, como uma revista, um bilhete e um depoimento oral, por exemplo, são considerados fontes, que remetem a um tempo ampliado, quando observados pela lente do tempo presente. Henry Rousso destaca, neste sentido, que "um testemunho colhido ou um documento conservado só deixam de ser vestígios do passado para se tornarem *fontes históricas* quando um observador decide erigi-los como tais" (ROUSSO, 1996, p. 3). No caso do depoimento oral coletado no processo da investigação, esse assume, para além do reconhecimento como fonte histórica, o *status* de fonte construída que precisa ser observada diante de suas peculiaridades, entre

[3] Em relação às perspectivas sobre o tempo histórico ver: Glezer (1991); Bauman (2001); Locker e Haddad (2006); Hannoum (2008); Zawdzki (2008); Pimenta (2015); Pereira e Araujo (2017).

as quais, ressalta-se o deslocamento temporal que a narrativa oral se permite no convívio entre passado, presente e futuro.

Além disso, a fonte oral traz, em seu processo de construção, orientações analíticas advindas das reflexões estabelecidas pelo depoente no momento da construção da narrativa oral, diante da configuração de sua memória individualizada, elaborada à luz dos diversos tempos por ele apreendidos e vivenciados no processo de construção identitário. Esse documento, para além de uma fonte, passa a participar do processo de configuração do objeto e a se conformar como um elemento analítico da narrativa do pesquisador do tempo presente que igualmente convive com o tempo alargado, como ponto de análise.

O argumento, apresentado nas observações anteriores acerca das fontes consideradas históricas, é acrescido da apreciação de que o *corpus* documental emerge erigido em relação direta com o momento de definição das perguntas, da delimitação das abordagens e do recorte temporal, incluindo os atores/sujeitos, suas lembranças e narrativas nesse *corpus*. Caberá ao historiador estabelecer percursos metodológicos que minimizem omissões, ou mesmo as incorpore, e respeite referências inverídicas, como elementos da investigação, o que valeria reforçar com a afirmativa de que "nenhum documento jamais falou por si só: este é sem dúvida o clichê mais difícil de combater e o mais difundido" (ROUSSO, 1996, p. 6).

Outro argumento que se pode incorporar à narrativa do historiador diz respeito à contemporaneidade do objeto em relação ao pesquisador, que, como ressalta Chartier, "divide com os que fazem a história, seus atores, as mesmas categorias e referências" (apud FERREIRA; AMADO, 2000, p. 10). Neste sentido, Chartier acrescenta que

> a falta de distância, ao invés de um inconveniente, pode ser um instrumento de auxílio importante para um maior entendimento da realidade estudada, de maneira a superar a descontinuidade fundamental, que ordinariamente separa o instrumental intelectual, afetivo e psíquico do historiador e aqueles que fazem a história (apud FERREIRA; AMADO, 2000, p. 10).

Acrescenta-se a estas questões o debate em torno dos limites éticos, morais e operacionais atribuídos ao uso de depoimentos orais como fontes históricas concernentes à História Oral. Enquanto metodologia, ganha força entre historiadores e cientistas sociais na segunda metade do século XX, com a revitalização historiográfica, a valorização de atores individuais e coletivos, o destaque da relação entre história e memória, em contraposição a ideias totalizantes e narrativas que as retratem, e a ampliação do tempo a ser considerado e incorporado.

A história oral aqui referenciada como o uso de depoimentos orais enquanto fontes para uma pesquisa histórica, regida por um problema, datado e localizado espacialmente, coloca-se enquanto uma operação dialógica, ou seja, a história oral é

> criada não somente pelo que os entrevistados dizem, mas também pelo que nós fazemos como historiadores – por nossa presença no campo e por nossa apresentação do material.[...] Refere-se simultaneamente ao que os historiadores ouvem (fontes orais) e ao que dizem ou escrevem. Num plano mais convincente remete ao que a fonte e o historiador fazem juntos no momento de seu encontro na entrevista (PORTELLI, 2001, p. 10).

A História Oral na pesquisa histórica em Manguinhos

Para o desenvolvimento do estudo em questão, que assumiu como objeto de análise a localidade de Manguinhos, composta por várias comunidades/favelas, na Zona Norte do Rio de Janeiro, vizinha à Fundação Oswaldo Cruz, à qual estamos profissionalmente vinculados, fontes impressas como jornais, revistas, documentos oficiais e legislação, entre outras, conformaram-se relevantes. As fontes orais, incluídas nesse leque, ampliaram as possibilidades analíticas e o próprio objeto da análise, exponencialmente. Os entrevistados, escolhidos a partir dos debates estabelecidos com o grupo de pesquisa, quando possível, eram submetidos a uma breve pesquisa sobre sua vida pessoal e profissional. Vale destacar que, quando foi possível estabelecer a pesquisa biográfica do depoente, esta não foi para obtenção da validação testemunhal ou discordância em torno dos assuntos e fatos enunciados na pesquisa – ainda que referenciais de confrontação possam ocorrer. A investigação biográfica deu-se, principalmente, na perspectiva de localizar interações sociais, motivações subjetivas e questões *não ditas* em outros documentos acerca da presença do depoente em movimentos de favelas, nos espaços de participação social, e da sua relação com o curso das obras do PAC Manguinhos.[4]

---

[4] Projeto governamental, criado em 2007, com a denominação de Programa de Aceleração do Crescimento (PAC) que incidiu em várias localidades, inclusive em Manguinhos, espaço de atuação de nosso projeto de pesquisa. Ver Fernandes e Costa (2013) Fernandes e Lima (2013)

Um princípio norteador no processo dialógico da produção de narrativas orais se apresenta no fato de que a matéria-prima do depoimento é a memória que, por ser seletiva, constrói uma narrativa igualmente seletiva e, por isso mesmo, como ressalta Garrido, é "parcial e interessada" (GARRIDO, 1993, p. 38). A absorção dessas narrativas orais à narrativa textual, construída pelo investigador como um dos produtos da investigação histórica, corporifica-se, não só como uma fonte da qual se extrai conteúdo, mas também como algo que pode ser incorporado como um texto analítico em si, na medida em que o narrador constrói a memória de sua vida em um processo de análise dela. A narrativa do depoente é embebida nesse processo de construção analítica que é, sobretudo, subjetiva, intencional e socialmente contextualizada. Dessa forma, os entrevistados[5] que nos concederam seus depoimentos nos conduziram a um processo analítico na absorção dos conteúdos textuais de cada narrativa, que não necessariamente foram explicitados na narrativa histórica aqui construída.

PAC Favelas em Manguinhos

Manguinhos, tem seu mosaico cartográfico configurado por diversas sublocalidades que possuem histórias de ocupação e uso do solo distintas entre si. Algumas dessas sublocalidades foram constituídas enquanto "conjuntos habitacionais provisórios"; outras, como fruto de movimentos por moradias em terrenos desocupados; e um terceiro agrupamento, por meio de intervenções governamentais com a construção de "conjuntos habitacionais" em caráter permanente.

As considerações a seguir estão balizadas pelas reflexões enunciadas por moradores, que nos concederam depoimentos orais coletados em algumas comunidades localizadas na área de Manguinhos e em seu entorno.

Em 2008, o então Presidente da República Luiz Inácio Lula da Silva, em uma cerimônia pública na Rua Leopoldo Bulhões, apresentou o projeto, que ficou denominado como PAC Manguinhos, em parceria com o governo estadual no programa conhecido como PAC Favelas. Houve, naquele momento, a explicitação de compromissos, tanto por parte do governo federal, como do estadual, que incluíam: construção de novas habitações,

[5] Depoimentos mobilizados por ano da entrevista e local de referência: Alex Luís Barros Vargas (2013 – Fiocruz/Cooperação Social); Ana Paula Gomes de Oliveira (2013 – Parque J. Goulart); Cândida Privado (2011 – CCPL); Orozino de Oliveira (2015 – V. União); Francisco de Assis T. de Oliveira (2012 Nelson Mandela); Nezilda da Silva Lima (2011 – Vila União); Patrícia Gomes de Oliveira (2013 – Parque J. Goulart).

urbanização de vias e becos, e construção de equipamentos públicos. O então prefeito da cidade do Rio de Janeiro, Cesar Maia, não compareceu à solenidade, ainda que o Governo Municipal, formalmente, já estivesse alinhado burocraticamente com o projeto.

Durante o período de divulgação das intervenções urbanísticas que ocorreriam em Manguinhos, algumas lideranças comunitárias de associações de moradores das localidades como CCPL, Vila União, Vila São Pedro e Comunidade Agrícola de Higienópolis, não situadas dentro da delimitação legal do Bairro de Manguinhos, empreenderam uma série de reuniões entre si e com o poder público com vistas a uma possível integração no projeto. A pactuação gerou um novo entendimento territorial de Manguinhos, no que diz respeito às modalidades de intervenção do PAC Favelas, com nova delimitação para o espaço, incorporando um termo já antes utilizado – Complexo de Manguinhos – não estando mais associado à limitação de bairro adotada pela Prefeitura da Cidade do Rio de Janeiro para a região original de Manguinhos. O Complexo de Manguinhos passou a abarcar, então, além das comunidades originais, algumas de seu entorno, com referência a bairros vizinhos (LIMA, 2020). A absorção dessas comunidades ao PAC gerou alguns questionamentos quanto ao custo do projeto e à partilha com novas localidades, como ressaltou Cândida Maria Privado, que atuou como liderança social na organização do PAC na CCPL, e afirmou que era comum ouvir que "a CCPL era uma 'furada', porque ia pegar dinheiro de Manguinhos pra botar na CCPL" (2011). Negociações entre lideranças, instâncias governamentais e políticos geraram a incorporação dessas localidades, cada uma com sua experiência específica.

Diferentemente do Projeto Favela Bairro, intervenção pública importante na história urbana recente da cidade do Rio de Janeiro (MARTINS, 1999; PEREIRA, 2008), o PAC Favelas[6] contou com um financiamento, prioritariamente da Caixa Econômica Federal, com aporte também de recursos dos municípios e dos estados onde ocorreu a implantação do programa. Com os investimentos advindos dos três níveis de governo e a vislumbrada articulação entre os projetos, a implementação do PAC nas favelas do Rio de Janeiro se descortinava como possível.

As intervenções do PAC promovidas em favelas no Rio de Janeiro foram objeto de vários estudos, produzindo importantes reflexões em vários espaços do conhecimento. No âmbito do PAC Manguinhos, a

[6] Sobre o PAC Favelas, ver: Brasil (2007); Brasil (2007a); Brasil (2010); Brasil (2010a); Brasil (2010)

Fundação Oswaldo Cruz, instituição vizinha dessas comunidades, também empreendeu várias investigações. Fátima Pivetta e Marcelo Firpo Porto elaboraram, como fruto de suas pesquisas, um artigo intitulado "PAC Manguinhos: como promessa, como desconfiança e como esperança", onde apresentam os compromissos governamentais acerca das novas habitações, de novas escolas, da criação de espaços de convivência, de oportunidades de emprego, da geração de renda, entre outras, e assinalam a desconfiança de muitos moradores, em especial daqueles envolvidos nos movimentos sociais, e "uma esperança", para outros (PIVETTA; PORTO, 2008). Este grupo produziu vários questionamentos sobre o PAC em vários formatos, como fotos, exposição e texto analítico, fomentando debates intra e extrainstitucionais.

As expectativas frente às intervenções do PAC suscitaram pesquisas, também, formuladas por organizações do Terceiro Setor interessadas no tema, como, por exemplo, a do Instituto Brasileiro de Análises Sociais e Econômicas (Ibase), que, no fim de 2008 e 2009, em parceria com a Fundação Getúlio Vargas (FGV), conduziu um estudo com moradores de Manguinhos e também de outros bairros, constituindo uma análise acerca das dimensões da cidade: favela e "asfalto". Ficou evidenciado nesse estudo que, entre os moradores de Manguinhos entrevistados em 2009, 72% consideravam alta a chance do PAC em cumprir seus objetivos. Vale mencionar que nos meses em que se desenvolveu a referida pesquisa, cerca de 1.200 moradores das Comunidades de Manguinhos trabalhavam nas obras do programa ou nas iniciativas promovidas pelo Trabalho Social[7] do PAC,[8] que se configurava como exigência regulamentar. O outro público analisado (por meio de entrevistas), ou seja, os moradores do "asfalto", em direção oposta, num percentual de 59%, afirmaram ser baixa a chance de o PAC favelas cumprir seus objetivos (Ibase e Cepdoc-FGV, 2009).

Em Manguinhos, as intervenções do PAC foram divididas em subprojetos, alguns sob a parceria entre Governo Federal e Estadual, outros regidos pelos Governo Federal e Municipal. Sendo assim, algumas sublocalidades, como Vila Turismo, CHPII, Conjunto Nelson Mandela e Conjunto Samora Machel, receberam intervenções apenas do PAC Favelas,

[7] O Trabalho Social era norteado pelo Caderno de Orientação Técnico Social. Ver Caixa Econômica Federal (2010).

[8] Por exigência do Ministério das Cidades, as intervenções urbanísticas deveriam ser acompanhadas de um Trabalho Social, cujas ações foram estruturadas sob os eixos de I. Gestão dos Impactos das Obras e de II. Desenvolvimento Sustentável (Desenvolvimento Territorial).

empreendidas no contexto da parceria Município/União, enquanto outras, como Parque João Goulart, Embratel e Vila União, estavam subordinadas à parceria entre Governo Federal e Governo do Estado. Existiram ainda sublocalidades que receberam intervenções de ambos os governos, como é o caso do Mandela de Pedra, e de outras que não receberam nenhuma intervenção, como o Parque Carlos Chagas (Varginha) e Parque Oswaldo Cruz (Amorim). Esta divisão de projetos propiciou uma atuação fragmentada no território e por vezes resultou em sobreposição de ações entre as distintas equipes do Trabalho Social. Em Mandela de Pedra, por exemplo, a atuação de dois projetos, que apresentavam discordância quanto às delimitações espaciais de sua atuação resultou na incerteza de um grupo de moradores acerca de sua possível realocação. Esse grupo encontrava-se situado à beira do Canal do Cunha, com ausência de saneamento básico e com edificações, em sua maioria, de madeira, o que justificava pelo projeto seu remanejamento. O Governo do Estado iniciou seu trabalho a partir de um logradouro principal, no que seria considerado pelos moradores como o "início da comunidade" na Rua Leopoldo Bulhões, avançando em direção ao interior da favela. A prefeitura, por sua vez, tomou um caminho inverso, iniciando sua atuação a partir dos limites do Conjunto Nelson Mandela, seguindo em direção à Rua Leopoldo Bulhões. Em certo momento, os projetos se encontraram fisicamente, e os técnicos não chegaram a um entendimento quanto às suas áreas de intervenções, paralisando as obras ao longo de meses.

Ao contrário do que ocorreu em outras áreas da cidade do Rio de Janeiro, a ideia do remanejamento habitacional, com a promessa de uma nova casa, foi bem acolhida por muitos moradores das localidades do Mandela de Pedra,[9] Embratel e CCPL, já que essas eram indicadas por eles como localidades insalubres, sem saneamento, com a presença marcante de roedores e mosquitos. As habitações eram, em sua maioria, adaptadas utilizando-se "esqueletos" de edificações anteriormente pertencentes a empresas que ocupavam os terrenos. Esses prédios eram, então, divididos internamente como pequenas moradias a serem ocupadas por grupos, em geral, de familiares. Cada localidade apresenta histórias e experiências bastante diferentes, com atuação de lideranças também diferenciadas.

---

[9] A população do Mandela de Pedra já se articulava na Esfera Pública por novas habitações pelo menos desde o DLIS-Manguinhos, instituído no fim dos anos 1990 e início de 2000.

A expectativa dos moradores por melhores condições habitacionais não correspondeu à realidade, na medida em que o processo de remanejamento não garantiu para todos o que consideravam relevante, que era a permanência das famílias nos locais de origem,[10] com exceção das que ocupavam originalmente o prédio e o entorno da empresa Embratel. Com isso, a esperança inicial de que suas vidas seriam mudadas para melhor foi substituída pela incerteza dos destinos de remanejamento, tão presente nos projetos governamentais anteriores. Na Vila União e no Parque João Goulart, parte significativa das famílias abordadas, ao longo da pesquisa desenvolvida por este projeto, demonstrou insatisfação em ter de sair de suas casas, por incerteza com a proposta, ou mesmo, no caso dos mais idosos, por já residirem ali há mais de 30/40 anos e terem consolidado suas referências. Localizamos vizinhos em vielas das quais, de um lado, os moradores seriam deslocados e, do outro, não seriam submetidos à realocação, o que provocaria a interrupção de uma convivência de muitos anos e uma incerteza com relação ao fato de a vizinha ser deslocada, como era o caso da sra. Nezilda da Silva Lima (2011). Em outra viela encontramos o sr. Orozino de Oliveira (2015), um senhor muito satisfeito com o acordo que conseguira negociar com o governo, de indenização para aquisição de um imóvel, pois sua casa, apesar de ser para ele de grande significado, estava situada em um local muito insalubre e apresentava-se em condições bastante precárias. O sr. Orozino nos narrou seu medo inicial de sair de onde morava, mas fez questão de ressaltar que "aqui dentro é um lugar muito bom de morar. Quem mora aqui dentro pode levantar a mão pra o céu, que tá bem seguro..." (OROZINO, 2015). A satisfação de ter conseguido uma casa em Higienópolis, que contemplava suas expectativas, contrasta com seu medo de não ter segurança e de morar em um apartamento, pois ele achava que "apartamento assim, uma coisa muito 'apertado', muito... parece que a gente tá dentro de uma gaiola de passarinho, (...) Numa casa não. Na casa a gente fica à vontade, entendeu, tem quintal..." (OROZINO, 2015). A expressão de insegurança com o futuro imposto por um projeto desconhecido foi revelada em várias narrativas das experiências individuais, porém semelhantes.

No Parque João Goulart, emergiria uma outra questão. Enquanto nos demais projetos do PAC Favelas, conduzidos pelo Governo do Estado e pela

[10] Muitos destes foram remanejados para Conjuntos Habitacionais construídos nos arredores do Complexo do Alemão.

União, os moradores remanejados[11] tinham opção por "indenização" ou "compra assistida", nessas comunidades, os realocados não tiveram acesso[12] à opção pela nova unidade habitacional, deixando muitos desses insatisfeitos.

Algumas áreas cujos moradores foram desalojados pelo referido programa, sem a construção imediata de outras moradias, encontram-se desde 2018 em processo de reocupação. Em 2020, o valor do auxílio aluguel permaneceu em R$ 400, inviabilizando o custeio de uma nova habitação, ainda que em área de menor valor imobiliário. Os moradores, que tiveram suas habitações incluídas no projeto de realocação nessas áreas, revelaram que o processo de indenização alcançava em média 12 meses entre a aceitação da oferta e o recebimento da indenização a ser paga pelo Estado, o que ocasionava apreensão pela desvalorização do valor da própria indenização diante da especulação imobiliária enfrentada a partir de 2007. Como os valores das indenizações não consideravam a localização física dos imóveis, mas apenas a área construída, estes eram, regularmente, apontados pelos moradores como abaixo do praticado em áreas semelhantes, como ressaltou Patrícia Gomes de Oliveira (2013).

No ano de 2012, o Governo Estadual alterou a forma de negociação com os moradores e estendeu o benefício do auxílio aluguel[13] também aos que receberiam indenização ou compra assistida. Inicialmente pago aos que optavam pela nova unidade habitacional, o auxílio aluguel visava ressarcir os custos com uma moradia provisória até que fosse finalizada a construção das novas casas. Com essa mudança, os que optavam por indenização e passavam a receber auxílio aluguel, enquanto aguardavam o ressarcimento pelo antigo imóvel, perdiam sua casa, que era demolida, o que, para alguns, não significava uma negociação positiva. Diante desta nova conformação e a incerteza que elas conferiam, alguns moradores por nós entrevistados não aceitaram esta forma de auxílio aluguel, preferindo residir entre os escombros das moradias demolidas no entorno de suas casas. O fato de o

[11] A realocação tinha início com a identificação das casas, cuja mediação era estabelecida pela Equipe do Trabalho Social, passando pela avaliação do imóvel seguindo as diretrizes contidas nos diplomas legais (Decreto Estadual nº 41.148, de 24 de janeiro de 2008). Ao titular da benfeitoria a ser realocada cabia a escolha entre três opções de ressarcimento: 1. Nova Unidade Habitacional; 2. Indenização; 3. Indenização com Compra Assistida, que nem sempre fora cumprido. Nossos estudos permitem afirmar que em determinadas localidades a realocação fora conduzida sem a opção, por exemplo, de Nova Unidade Habitacional.

[12] Com exceção dos que residiam nas proximidades da adutora da Cedae, e de alguns casos pontuais subsidiados por pareceres sociais do Trabalho Social.

[13] O auxílio aluguel era uma compensação paga ao titular da benfeitoria a ser demolida até o recebimento de sua Nova Unidade Habitacional ou no pagamento do Estado do valor devido.

Estado não proceder à retirada dos escombros das antigas casas favoreceu, inclusive, a instalação de novas ocupações por ex-moradores ou não.

Uma das moradoras da Comunidade Parque João Goulart, Patrícia de Oliveira (2013), apresentava uma situação que chamou de exceção e tentou uma negociação justificada por essa característica, afirmando para os negociadores do governo que "eu não sou o público-alvo do PAC. Então eu espero que vocês ponham a mão na consciência e resolvam da melhor forma. Eu não vou me opor à obra, nada disso. Eu só quero o justo" (OLIVEIRA, 2013). Patrícia tinha uma casa de construção recente, com um padrão diferenciado da maioria, e toda a família morava ao redor. Várias casas foram demolidas e na época de nossa entrevista o quadro era de um entorno em ruínas. Em sua narrativa nos disse "Eu estou vivendo no meio dos escombros, numa situação que está cada vez pior, porque o que mais tem agora é foco de dengue nas casas quebradas, porque eles só quebram as casas e deixam ali: encanamento jorrando água dia e noite, fazendo poça e acumulando mosquito da dengue" (OLIVEIRA, 2013). A previsão de que o PAC não seria finalizado de fato ocorreu. Essa comunidade foi removida, mas se reestruturou, com outras ocupações, nos locais onde havia as casas que foram derrubadas, já que a avenida não foi devidamente concluída.

Esse processo foi permeado por disputas entre os diversos atores sociais constituídos localmente, onde alguns se posicionavam de maneira alinhada com as proposições dos governos, outros se colocavam de maneira contrária, coexistindo, ainda, aqueles que se posicionavam, conforme oportunidades oferecidas, entre os apoiadores ou os opositores às propostas governamentais. Entre os movimentos contrários à implementação do PAC, verifica-se, ainda, aquele encaminhado por moradores da localidade conhecida como Beira Rio, que compõe a Comunidade Parque João Goulart, que recorreram a instâncias judiciais contra as negociações apresentadas pelo Estado. Em Vila Turismo, moradores cujas casas estavam situadas ao fim da Rua Gil Grafée, diante dos baixos valores de indenização das moradias oferecidos pela Secretaria Municipal de Habitação, não acataram o processo de realocação indicado e, como o PAC não foi continuado, permaneceram no local. Os enunciados de políticos na Imprensa[14] e diversos

[14] *G1*. Edição Rio de Janeiro. Clima é de muita expectativa para chegada de Lula a Manguinhos. Disponível em: http://g1.globo.com/Noticias/Rio/0,,MUL341217-5606,00-CLIMA+E+DE+MUITA+EXPECTATIVA+PARA+CHEGADA+DE+LULA+A+MANGUINHOS.html. Acesso em: junho de 2020. PAC privilegiou obras faraônicas em lugar de infraestrutura básica nas favelas do Rio. Disponível em: http://www.jb.com.br/_conteudo/rio/2018/08/775-pac-privilegiou-obras-faraonicas-em-lugar-de-infraestrutura-basica-nas-favelas-do-rio.html. Acesso em: 1º junho 2020.

documentos produzidos[15] pelo Estado quanto ao PAC traziam informações de que as intervenções urbanísticas promoveriam o bem-estar das famílias em Manguinhos, diminuindo a precariedade absoluta vivenciada por muitos residentes ignorando, porém, as relações existentes entre os moradores e a própria localidade, que se configuram como parte da identidade construída por cada um. Esta prerrogativa, presente em vários projetos governamentais, ignora os laços de parentesco, de vizinhança e de amizade, as redes de solidariedade e as relações econômicas – incluindo a subsistência de muitas famílias –, impingindo àqueles envolvidos o estabelecimento de novos laços e redes com necessidade de processo de reconfiguração social. Essas redes que se fragilizam diante do afastamento do convívio cotidiano envolvem, também, a desvinculação social que se opera entre os enfermos crônicos, incluindo os dependentes químicos de drogas ilícitas ou de álcool, os mais idosos e os desempregados há muito tempo. Essas propostas de realocação, como no caso de Manguinhos, além de compelirem à reinvenção e reconfiguração das redes sociais existentes, produzem, certamente, problemas e desestabilização social.

O aspecto econômico, incluindo aí a situação de sobrevivência dos moradores desenvolve-se, nesses panoramas, entre duas situações que se contrapõem. Por um lado, tem-se o trabalho assalariado e com proteção tipicamente encontrada em países centrais do capitalismo e, por outro lado, uma situação caracterizada pelo desemprego crônico, pelo trabalho informal e por vínculos empregatícios frágeis (CASTEL, 1995; 1997). Em Manguinhos, observa-se um importante contingente que atua de maneira informal em atividades que compreendem atendentes ou proprietários de "tendinhas e biroscas", catadores de materiais recicláveis, ajudantes de serviços diversos, vendedores sem local estabelecido que atendem na porta dos moradores, entre outros. Este quadro acirra-se com a baixa escolaridade da população e a pouca qualificação profissional que os coloca, também, em estado de vulnerabilidade. A atuação do Trabalho Social do PAC junto ao desenvolvimento econômico destes indivíduos se deu de forma precária, pela oferta de cursos profissionalizantes e da organização de feiras de empregabilidade, mostrando-se incapaz de organizar redes sustentáveis de geração de trabalho e renda.

[15] Ver Apresentação do PAC no site do Governo do Estado (http://arquivos.proderj.rj.gov.br/egprio_imagens/Uploads/TTS_Alemao.pdf). Acesso em: 31 maio 2021.

Um trabalho apresentado pela área social do PAC em Manguinhos, que vale assinalar, foi a construção de um Plano de Desenvolvimento Territorial (EGP-Rio, 2012), com participação de lideranças sociais, dirigentes de associações de moradores, ativistas sociais e técnicos do Governo. Sua implementação, entretanto, não correspondeu plenamente às expectativas, visto que a ação das instâncias de governo necessária ao avanço das propostas ali construídas na prática não avançou.

O Governo do Estado não só atuou de forma tímida na Geração de Trabalho e Renda em geral, como também não planejou ações que contemplassem os comerciantes realocados. Desta maneira, verifica-se que muitos moradores transformaram seus imóveis em estabelecimentos comerciais, vendendo alimentos e bebidas. A narrativa dos moradores reflete que eles, na condição de "empreendedores", não receberam o devido tratamento por parte governamental. Também se identifica a existência de moradores, que não eram comerciantes na sua antiga moradia, mas que se estabeleceram como tal nas novas unidades habitacionais, aproveitando um dos cômodos da casa ou construindo pequenas áreas para a exploração de algum comércio de subsistência.

Muitas irregularidades potencializadas pela inadequação das orientações governamentais podem ser detectadas, diante, principalmente, do profundo nível de informalidade, da desigualdade social e da diversidade das relações presentes nesses locais, advindas das várias instâncias envolvidas. Os moradores que possuíam, antes da implementação do PAC, mais de um imóvel na comunidade a ser realocada tiveram a possibilidade de negociar somente um destes imóveis pela nova unidade habitacional, e poderiam usufruir de uma indenização para os demais imóveis, conforme legislação em vigor. Foi comum a indicação de parentes e amigos, como "proprietários" de alguns imóveis, conhecidos como "laranjas", para fazer jus à titularidade, ainda que informal de mais de um imóvel entre os entregues pelo governo.

Verificou-se, também, que após este processo de rearranjo dos moradores, e de suas habitações, não finalizado, foram comuns o aluguel e a venda dos apartamentos ofertados para realocação. Este procedimento não oficializado e autorizado pelo Governo do Estado, provocou uma "expulsão branca", identificada em projetos habitacionais anteriores, onde se verifica a ascensão de negócios imobiliários, oportunistas e rentáveis no interior das comunidades.

A presença de grupos armados, ligados ao comércio de drogas ilícitas, incide diretamente na vida comunitária e política dos moradores da maior parte do Complexo de Manguinhos, estabelecendo controle territorial, o que contribuiu para a permanência de uma "cultura de não participação" de grande parte da população no processo de atuação e acompanhamento do PAC. A implementação da política oficial da UPP (Unidade de Polícia Pacificadora) em 2012, contribuiu, durante um determinado tempo, para a diminuição da circulação de indivíduos armados ligados ao tráfico; porém, constata-se que a rede de poder estabelecida por esses grupos permaneceu enredada nas relações sociais no nível local. Em vários encontros com moradores, a equipe de pesquisa ouviu relatos de que a "UPP iria acabar depois das Olimpíadas e Copa do Mundo", e que os grupos armados voltariam a atuar de forma maciça, explicando assim o receio de certos moradores em mencionar as relações de poder estabelecidas pelos grupos que controlam o narcotráfico na localidade (LEITE, 2012; MACHADO DA SILVA; LEITE, 2007).

Também se verificou uma maximização do poder local do presidente das Associações de Moradores, na maioria das sublocalidades de Manguinhos, não legitimado (sequer eleito ou, mesmo eleito, mas mantendo-se no cargo por seguidos mandatos sem reeleição[16]) pela população local. As redes de influência construídas com os gestores das intervenções, de um lado, e, do outro, as articulações promovidas frente aos grupos armados, ainda que submetidas a constantes tensionamentos e disputas internas, conferiam aos presidentes das associações um certo *status político* no território. Em alguns casos observa-se uma relação de simbiose entre o narcotráfico e a entidade que supostamente representaria os moradores em instâncias políticas. Pesquisas, ainda que não aprofundadas sobre Manguinhos, mencionam que há coincidência entre a ampliação do poder dos narcotraficantes locais e o enfraquecimento participativo das Associações de Moradores (LIMA, 2018).

No âmbito cívico-político, os processos de integração, vulnerabilidade e desvinculação sociais incluiriam, além da participação da população nos processos decisórios oficiais, sua capacidade de organização em prol da luta de seus direitos. Ainda que, eleitoralmente falando, os moradores de Manguinhos se incluam como cidadãos, a participação política ainda é

[16] Por vezes identifica-se que diante do Cartório de Pessoas Jurídicas a entidade está regularizada com estatutos e atas, elaboradas de forma protocolar, mesmo que não tenham existido assembleias livres.

insipiente e não estimulada por muitos dos projetos/ações governamentais existentes no território.[17] O Fórum de Manguinhos, o Conselho Comunitário de Manguinhos e o Conselho Gestor Intersetorial do Teias Escola Manguinhos formam um *corpus* de experiências participativas emergentes na Esfera Pública não regulados pelos técnicos do PAC Manguinhos. O controle territorial por parte dos grupos armados, com alinhamento a certas denominações religiosas e algumas associações de moradores, contribuiria para que certos temas e reivindicações não ecoassem na esfera pública. Para Alex Vargas, que atuou no PAC Manguinhos,

> o projeto e as obras também geraram uma disputa muito grande interna aqui na comunidade, e eu posso te garantir que dos dois lados, tanto da parte de quem estava do lado dos moradores, quanto de quem estava na parte do Governo, (...) ninguém defende. Todo mundo reconhece que houve excesso, que foi um erro, que não foi bem conversado, que as coisas podiam ter outro encaminhamento. Então, a partir daí, eu posso concluir que foi uma coisa que não foi boa, não foi um processo bom (Vargas, 2013).

Conclusão

A partir da pesquisa desenvolvida e das entrevistas gravadas no âmbito dos projetos que balizaram estas reflexões, conclui-se que o volumoso investimento financeiro e as intervenções dos últimos anos, por parte das três esferas de governo em Manguinhos, não alteraram, substancialmente, o patamar subalternizado, frente à cidade, do acesso a emprego, moradia, participação política e educação. A descontinuidade das ações e a ausência de participação efetiva da população se constituíram como dimensões substanciais e negativas da intervenção em questão, o que na realidade se constituem como questões estruturais da sociedade brasileira, que não seriam, obviamente, transformadas apenas por intervenções urbanísticas no nível local.

Apesar da constatação da melhoria das edificações construídas nos grupos habitacionais que analisamos, inúmeros problemas estruturais já são apontados desde 2012, com a desativação do PAC e a consequente desmobilização de recursos no território. A desorganização quanto ao uso

[17] Uma série de iniciativas tem surgido para agregar lideranças e fomentar a participação comunitária; entretanto, há muito descrédito entre os moradores, reafirmada por alguns entrevistados de que estas ações só sirvam para validar decisões previamente seladas.

público do solo, a ineficaz coleta de lixo, a não titulação de propriedade, o não acesso aos serviços plenos dos correios, a permanência dos limites de acesso às empresas de telecomunicações, entre outros, se mantiveram. Os que aguardam a construção de Novas Unidades Habitacionais deparam-se com o distanciamento entre o valor do auxílio aluguel e o padrão de reajuste das moradias que acompanha a inflação e o mercado local. Por todo o território, são encontradas obras inacabadas sendo substituídas por novas construções, inclusive em áreas geologicamente inadequadas, com ocupação não planejada pelo poder público, mas autorizada pelos grupos armados e seus agentes, com permissividade de técnicos do Estado submetidos às teias de poder e de clientela que se estabelecem. Além disso, equipamentos públicos construídos como a Casa da Mulher, o Colégio Estadual Compositor Luís Carlos da Vila, a Biblioteca Parque de Manguinhos Marielle Franco, a ciclovia, os quiosques destinados aos moradores, entre outros, estão sucateados, sob abandono em muitos casos.

Estas questões são assinaladas pelos moradores, e ao final alguns desabafam durante o depoimento entoando uma narrativa analítica que contém a certeza de que ficará "tudo do mesmo jeito", ou seja, no mesmo *status quo* de vulnerabilidade social.

Referências

BAUMAN, Zygmunt. *Modernidade líquida*. Tradução Plínio Dentzien. Rio de Janeiro: Zahar, 2001.

BRASIL. Ministério das Cidades. Secretaria Nacional de Habitação. Manual de Instruções. Projetos Prioritários de Investimentos-PPI – Intervenções em favelas. Período 2007-2010. Governo Federal, 2007.

BRASIL. Ministério das Cidades. Secretaria Nacional de Habitação. Instruções Específicas para Desenvolvimento de Trabalho Social em Intervenções de Provisão Habitacional. Anexo 1. Governo Federal, 2007a.

BRASIL. Ministério das Cidades. Secretaria Nacional de Habitação. Urbanização de Favelas: a experiência do PAC. Brasília: Ministério das Cidades, Secretaria Nacional de Habitação, 2010.

BRASIL. Ministério das Cidades. *Plano Nacional de Habitação. Versão para debates*. Brasília: Ministério das Cidades/Secretaria Nacional de Habitação, 2010b.

BRASIL. Ministério das Cidades. *Urbanização de favelas*: a experiência do PAC. Brasília: MCidades, 2010a.

BRASIL. Relatório da VIII Conferência Nacional de Saúde. Brasília, 1987.

BRITO, Fausto. O deslocamento da população brasileira para as metrópoles. *Estud. Av.*, São Paulo, v. 20, n. 57, ago. 2006.

BRUM, Mario. "O povo acredita na gente": rupturas e continuidades no movimento comunitário das favelas cariocas nas décadas de 1980 e 1990. Dissertação de Mestrado. Niterói: PPGH-UFF, 2006.

CAIXA ECONÔMICA FEDERAL. COTS – Caderno de Orientação Técnica Social, 2010.

CARVALHO FILHO, Silvio de Almeida. *Fragmentos de memórias:* a vida e o trabalho na favela da Rocinha. Apresentação de Comunicação. Rio de Janeiro: Anpuh-RJ, 2010.

CASTEL, Robert. A dinâmica dos processos de marginalização: da vulnerabilidade à "desfiliação". *Cadernos CRH*, n. 26/27, p. 19-40, 1997.

CASTEL, Robert. *As metamorfoses da questão social:* uma crônica do salário. Petrópolis: Vozes, 1995.

CHARTIER, R. A visão do historiador modernista. In: FERREIRA, M.; AMADO, J. (orgs.) *Usos & abusos da História Oral*. Rio de Janeiro: FGV, 2000.

EGP-RIO. *Plano de Desenvolvimento Sustentável de Manguinhos*. Rio de Janeiro: EGP-RIO, 2012.

FERNANDES, Tania Maria. Edição de entrevistas: da linguagem falada à escrita. In: MONTENEGRO, A. T.; FERNANDES, Tania Maria (orgs.). *História Oral:* um espaço plural. Recife: UFPE, 2001.

FERNANDES, Tania Maria; COSTA, Renato Gama-Rosa. As comunidades de Manguinhos na história das favelas do Rio de Janeiro. *Tempo*, 2013.

FERNANDES, Tania Maria; COSTA, Renato Gama-Rosa. *Histórias de pessoas e lugares:* memórias das comunidades de Manguinhos. Rio de Janeiro: Fiocruz, 2009.

FERNANDES, Tania Maria; LIMA, André Luiz da Silva. O "Trabalho Social" em projetos públicos de habitação: alguns pontos para a análise da atuação do PAC Favelas (2008-2012). In: *XXXVII Simpósio Nacional da Anpuh. Anais* [...] Natal: Anpuh, 2013.

FERREIRA, M.; AMADO, J. (orgs.) *Usos & abusos da História Oral*. Rio de Janeiro: FGV, 1996; 2000.

GARRIDO, Joan del Alcàzar i. As fontes orais na pesquisa histórica: uma contribuição ao debate. *Revista Brasileira de História*, São Paulo, v. 13, n. 25/26, set/92-ago/93, p. 33.

GLEZER, Raquel. Tempo e História: a variável inconstante. In: *Estudos sobre o Tempo*. Instituto de Estudos Avançados/USP, 1991, coleção documentos.

HANNOUM, Abdelmajid. What is an Order of Time? *History and Theory*, n. 47, p. 458-471, 2008.

HARTOG, François. *Regimes de historicidade:* presentismo e experiências do tempo. Tradução Andréa S. de Menezes, Bruna Breffart, Camila R. Moraes, Maria Cristina de A. Silva e Maria Helena Martins. Belo Horizonte: Autêntica, 2006.

HOBSBAWM, Eric J. O presente como história: escrever a história de seu próprio tempo. *Revista Novos Estudos*, São Paulo. Cebrap, n. 43, novembro, 1995.

IBASE/CEPDOC-FGV. *Dimensões da cidade: favela e "asfalto"*. 2009. Disponível em: www.pactopelacidadania.org.br. Acesso em: abril de 2012.

KOSELLECK, Reinhart. *Le Futur passé*. Paris: Ehess, 1990.

LEEDS, Anthony; LEEDS, Elizabeth. *A sociologia do Brasil Urbano* (2. ed. org. por Elizabeth Leeds e Nísia Trindade Lima). Rio de Janeiro: Fiocruz, 2015.

LEITE, M. Da "Metáfora da Guerra" ao Projeto de "Pacificação": favelas e políticas de segurança pública no Rio de Janeiro. *Revista de Segurança Pública*, São Paulo, 6(2), 2012.

LIMA, André Luiz da Silva. O Código de Endereçamento Postal, Favelas e Políticas Públicas: pontos para o debate público. In: *Leituras sobre territórios vulnerabilizados em centros urbanos:* reflexões para a promoção da saúde, 2020 (no prelo).

LIMA, André Luiz da Silva. O Estado que produz a informalidade: o caso dos Conjuntos Habitacionais de Manguinhos no âmbito do PAC-Favelas. *O Social em Questão,* ano XXI, n. 42, set/dez, 2018.

LIMA, Nezilda da Silva. *Entrevista*. Rio de Janeiro, 2011. Projeto Memória das comunidades de Manguinhos, subprojeto – O processo de implantação do PAC na história das comunidades e Participação Social e Trabalho Social: possibilidades e limites no PAC Manguinhos (2007-2012). Casa de Oswaldo Cruz/Fiocruz, Acervo DAD/COC.

LOCKER, Déborah; HADDAD, Elie. Le présent comme inquiétude: temporalités, écritures du temps et actions historiographiques, *Revue d'Histoire Moderne et Contemporaine*, n. 53, p. 160-169, 2006.

MACHADO DA SILVA, L. A.; LEITE, M. Violência, crime e política: o que os favelados dizem quando falam desses temas? *Sociedade e Estado*, , Brasília, 22(3), p. 545-591, 2007.

MARTINS, José de Souza. *A sociedade vista do abismo:* novos estudos sobre exclusão, pobreza, classes sociais. Petrópolis: Vozes, 2002.

MARTINS, Sônia. Um olhar. Favela bairro: Política de Integração Social. Dissertação de Mestrado, UFRJ, 1999.

NORA, Pierre. *Les lieux de mémoire.* Paris: Gallimard, 1984.

OLIVEIRA, Orozino de. *Entrevista.* Rio de Janeiro, 2012. Projeto Memória das comunidades de Manguinhos, subprojeto – O processo de implantação do PAC na história das comunidades e Participação Social e Trabalho Social: possibilidades e limites no PAC Manguinhos (2007-2012). Casa de Oswaldo Cruz/Fiocruz, Acervo DAD/COC.

OLIVEIRA, Patrícia Gomes de. *Entrevista.* Rio de Janeiro, 2013. Participação Social e Trabalho Social: possibilidades e limites no PAC Manguinhos (2007-2012). Casa de Oswaldo Cruz/Fiocruz, Acervo DAD/COC.

PEREIRA, Luiz Antonio. O Programa Favela-Bairro: dois estudos de caso. Dissertação de Mestrado, UFRJ, 2008.

PEREIRA, M. H. F.; ARAUJO, V. L. de. Reconfigurações do tempo histórico. *Revista da Universidade Federal de Minas Gerais*, , Minas Gerais, v. 23, n. 1 e 2, p. 270-297, 5 jun., 2017.

PIMENTA, João Paulo. História do presentismo, história presentista? A propósito de Regimes de historicidade, de François Hartog. *Rev. Hist.*, São Paulo, n. 172, p. 399-404, 2015.

PIVETTA, Fátima; PORTO, Marcelo Firpo. PAC-Manguinhos: como promessa, como desconfiança, como esperança. Texto escrito como contribuição ao GTPAC/ENSP-Fiocruz, Rio de Janeiro, 2008.

PORTELLI, Alessandro. A filosofia e os fatos: narração, interpretação e significado nas memórias e nas fontes orais. *Tempo*, Rio de Janeiro, v. 1, n. 2, p. 59-72, 1996.

PORTELLI, Alessandro. História Oral como gênero, *Projeto História*, São Paulo, n. 22, jun., 2001.

PRIVADO, Cândida Maria. *Entrevista.* Rio de Janeiro, 2011. Projeto Memória das comunidades de Manguinhos, subprojeto – O processo de implantação do PAC na história das comunidades e Participação Social e Trabalho Social: possibilidades e limites no PAC Manguinhos (2007-2012). Casa de Oswaldo Cruz/Fiocruz, Acervo DAD/COC.

ROUSSO, Henry. A história do tempo presente: vinte anos depois. In: PÔRTO Jr., G. (org.). *História do tempo presente.* Bauru: Edusc, 2007.

ROUSSO, Henry. O arquivo ou o indício de uma falta. *Estudos Históricos*, v. 9, n. 17, 1996.

VALLADARES, Licia do Prado. *A invenção da favela:* do mito de origem à favela.com. Rio de Janeiro: FGV, 2005.

VALLADARES, Licia do Prado. Que favelas são essas?, *Insight Inteligência*, n. 8, p. 63-68, ago/out, 1999.

VARGAS, Alex. *Entrevista.* Rio de Janeiro, 2013. Participação Social e Trabalho Social: possibilidades e limites no PAC Manguinhos (2007-2012). Casa de Oswaldo Cruz/Fiocruz, Acervo DAD/COC.

ZAWDZKI, Paul. Les equivoques du présentisme. *Esprit*, , Paris, n. 345, 2008.

Uma luta de muitas mulheres: a centralidade da resistência feminina às remoções das favelas do Rio de Janeiro

Márcia Bastos de Araujo
Anne-Marie Veillette

Introdução

Os inúmeros eventos abrigados na cidade do Rio de Janeiro, em menos de uma década, trouxeram o retorno das remoções de favelas como justificativa para a necessidade de preparação da cidade. Essas remoções deram origem a uma rica literatura acadêmica sobre as lutas dos moradores das favelas.[1]

Embora as mulheres tenham sido protagonistas proeminentes nas várias lutas contra remoções na última década, as análises feministas (interseccionais, quanto mais decoloniais) de suas lutas por uma moradia digna raramente são encontradas. De um modo geral, a ênfase está no direito à cidade que, embora fundamental para compreender essas lutas e sua inserção na dinâmica espacial e neoliberal do espaço urbano, não lança nenhuma luz sobre o papel das relações de poder enraizadas na colonialidade de gênero (LUGONES, 2014). Ao fazer isso, "esquecemos" que o espaço urbano também é estruturado pela raça e pelo gênero. No mínimo, é isso que revela a forte participação das mulheres nas diversas resistências contra a violência do Estado (VEILLETTE, 2020), pela moradia e, mais especificamente, contra as remoções de favelas.

Nossa contribuição visa, a partir de um marco conceitual feminista decolonial, compreender as razões do forte protagonismo das mulheres na luta contra as remoções nas favelas do Rio de Janeiro, a fim de preencher essa lacuna na literatura científica. Com base em observações participantes, analisadas no período de dois anos, entre 2017 e 2019, em dois projetos de pesquisa separados, foi possível observar a centralidade da ação das mulheres nos espaços de resistência contra as remoções. As observações participantes foram feitas nas reuniões.

[1] Nota dos organizadores: sobre essa questão ver o artigo de Leticia de Luna Freire na presente coletânea.

Um dos coletivos mais relevantes em nossa pesquisa foi o Conselho Popular, que se insere na luta contra as remoções a partir da participação significativa de muitas mulheres faveladas. Criado no contexto dos Jogos Panamericanos (2007), no ano de 2006 (com uma interrupção entre 2012 e 2015), sob a égide da Pastoral de Favelas,[2] vinculada à Arquidiocese do Rio de Janeiro, o Conselho Popular realiza reuniões mensais, e os encontros reúnem vários representantes e moradores de favelas ameaçadas de remoções em toda a cidade, além da participação ocasional (mas frequente) de defensores públicos, advogados e especialistas de todos os tipos (incluindo pesquisadores). Geralmente discutem as ameaças mais urgentes, mas também organizam ações políticas, sessões de treinamento jurídico e político, além de servir como espaço de partilha, apoio mútuo, solidariedade e acesso a serviços jurídicos (pela presença da defensoria pública).

Nessas reuniões, não só as mulheres representam a esmagadora maioria[3] dos presentes, mas muitas delas são verdadeiras líderes a quem se recorre para obter conselhos e discutir estratégias de resistência. Algumas delas são, em nível nacional e internacional, bastante conhecidas por todo o envolvimento empreendido na resistência às remoções, como: Maria da Penha (Vila Autódromo), Emília (Horto), Di Cunha (Rádio Sonda), Simone Rodrigues (Rocinha) e Jaqueline (Barrinha), pessoas de localidades de diversas partes da cidade que enfrentam ou enfrentaram algum processo de remoção.

Os dados analisados em relação às observações participantes também provêm dos encontros mensais do grupo Rocinha Sem Fronteiras (realizado entre agosto e dezembro de 2019), cujas reuniões na véspera do anúncio oficial do projeto Comunidade Cidade[4] focaram principalmente nas ameaças de remoções na Rocinha. Todo o escopo de análise foi realizado por meio do acompanhamento de mobilizações políticas e realização de entrevistas com nove mulheres protagonistas na luta contra as remoções. Assim, os resultados aqui apresentados reúnem quatro entrevistas semiestruturadas realizadas entre dezembro de 2017 e junho de 2019, conduzidas como parte de um projeto de pesquisa de mestrado sobre o protagonismo

---

[2] Sobre a Pastoral de Favelas, ver Brum (2018).

[3] Para dar um exemplo, a reunião de agosto de 2019 teve 23 mulheres e 2 homens, a de outubro teve 14 mulheres e 4 homens, e a de novembro de 2019 teve 24 mulheres e 6 homens.

[4] Disponível em: http://www.rj.gov.br/secretaria/NoticiaDetalhe.aspx?id_noticia=4943&pl=governo-do-estado-lan%C3%A7ou-nesta-quintafeira-o-programa-comunidade-cidade-na-rocinha. Acesso em: 1º maio 2020.

feminino no controle social da política urbana destinada às favelas cariocas a partir da experiência do Conselho Popular (ARAUJO, 2019), e cinco entrevistas realizadas como parte de um projeto de pesquisa de doutorado sobre a resistência política das mulheres nas favelas do Rio de Janeiro, realizada de julho a dezembro de 2019 (VEILLETTE, s/d.). Nossa preocupação neste texto é apresentar uma explicação sobre a forte presença das mulheres nesses espaços de resistência às remoções das favelas no Rio de Janeiro. A análise dos dados mostra-nos que existem duas razões principais para este fenômeno: (1) uma divisão sexual e racial do trabalho que associa as mulheres das periferias à última escala da hierarquia de cuidado, e (2) a falta de espaço político acessível, eficaz e aberto para mulheres localizadas na intersecção das relações de poder enraizadas na colonialidade de gênero e na marginalização urbana. Discutiremos em primeiro lugar nosso quadro conceitual para depois apresentar o contexto da pesquisa e, assim, apresentar nossas considerações sobre os resultados previamente obtidos nos dois projetos mencionados anteriormente.

Luta urbana e feminismo decolonial

No Rio de Janeiro, como em outras cidades do "sul global", o conceito de "direito à cidade" é particularmente popular entre os cientistas sociais para designar uma grande variedade de ações e políticas relacionadas à ocupação do espaço urbano, à sua reapropriação e à democratização. Sem diminuir o alcance e a força do conceito, que ecoa fortemente na luta dos favelados, como no Rio de Janeiro, gostaríamos aqui, seguindo a proposta de Susan Parnell e Jennifer Robinson (2012), de nos desligar do conceito (sem abandoná-lo completamente) porque ele é limitado pela centralidade que dá ao neoliberalismo, como se manifesta nas grandes cidades do Norte, invisibilizando ou subalternizando outras formas de marginalização (CORTÉS, 2017). Ao olhar para cidades como o Rio de Janeiro, é impensável perder dinâmicas herdadas da modernidade colonial e que têm um forte impacto no espaço urbano, como as relações de poder baseadas na "raça" e no "gênero". Esta estruturação tem necessariamente um forte impacto nas lutas pelo "direito à cidade", definido aqui de forma ampla como "o direito de acesso à centralidade urbana, à vida urbana, aos lugares de encontro, de intercâmbio, de reunião, de 'ludicidade'. A implementação deste direito deveria permitir o advento de uma sociedade urbana que merece o nome de 'civilização', em vez de ser a negação dela" (COSTES, 2010, p. 181).

Nosso objetivo aqui é descentralizar a análise do neoliberalismo (de novo, sem ignorá-lo), já que usado sozinho não nos permite enfrentar os obstáculos epistemológicos na raiz da invisibilidade (através do não reconhecimento da importância dessas estruturas de poder) do protagonismo feminino, e em particular das mulheres marginalizadas, seja pela classe social, raça ou lugar de moradia. Conforme Ánibal Quijano (2000) explica, a imposição brutal do sistema colonial se constituiu a partir de tensões criadas em torno de dicotomias e hierarquias; uma lógica que buscou estabelecer como processo central a diferença entre o humano e o não humano. Os conhecimentos, as relações, os valores e as práticas ecológicas, econômicas e espirituais dos "não-humanos" são considerados, segundo essa lógica, como pré-modernos. Essa classificação, com base na diferença colonial, tornou-se a marca do humano e a marca da civilização moderna, tendo em vista que nessa perspectiva somente os "civilizados" foram considerados aptos para decidir e ser sujeitos agentes na vida pública.

O conceito de colonialidade de gênero – proposto por Lugones (2014) e construído sobre a colonialidade de poder de Quijano (2000) – refere-se precisamente à imposição de categorias binárias na América Latina (masculino/feminino, colonizador/colonizado, branco/não branco etc.), criticando a sua dicotomia homogeneizante. Ao fazê-lo, para Lugones, a "mulher colonizada" não existe, pois não corresponde a nenhuma destas categorias: a mulher colonizada não é uma mulher (pois não corresponde ao modelo dominante de mulher como branca) nem simplesmente colonizada (pois o colonizado é necessariamente racializado, e o negro necessariamente "homem"). Um dos muitos problemas criados por estas categorias dicotômicas é a associação dos primeiros elementos (o masculino, o colonizador e o branco) como os fundadores e representantes da modernidade (colonial) – e, portanto, da civilização – enquanto os segundos elementos destas dicotomias (o feminino, o colonizado e o não branco) estão associados ao que é percebido como o oposto da modernidade, ou seja, com a "natureza" e a barbárie. Em outras palavras, a colonialidade de poder desumaniza os colonizados (caso contrário, a exploração dos povos colonizados seria difícil de justificar "moralmente") e, numa perspectiva de gênero, bestializa os membros desse mesmo grupo, cuja sexualidade é aproximada aos dos animais (LUGONES, 2014, p. 937). É nesse sentido que as mulheres colonizadas (uma apelação de uma realidade extremamente fluida e variada) são percebidas como vítimas unilaterais e nunca como sujeitos políticos.

A redução ativa das mulheres, especialmente das mulheres mestiças, negras, indígenas e das periferias urbanas, ao longo da história guarda relação com um projeto de poder colonial silenciador, que está determinado a impor a sua racionalidade moderna e assim garantir o seu domínio. Pensando na conjuntura pesquisada, podemos dizer que essa lógica despossui as mulheres de qualquer agenciamento invisibilizando as resistências das mulheres faveladas. Incita também, de forma muitas vezes sutil, a banalização do direito à moradia, produzindo a negação da própria existência.

O processo explicitado de sujeição demanda a superação da colonialidade de gênero, ou seja, a desobediência e transgressão das categorias da modernidade colonial, que limitam de forma simbólica e material a emancipação das mulheres colonizadas e marginalizadas. Assim, o feminismo decolonial (como teoria crítica da colonialidade de gênero) fornece elementos necessários para questionarmos intencionalmente, como Piedade (2017), a razão de determinados grupos estarem mais expostos a trabalhos mais pesados e a doenças, residirem em espaços militarizados, de risco social, em condições precárias, sem acesso a serviços, receberem salários menores, possuírem pouca escolaridade, ou às vezes nenhuma etc. Ainda que a colonialidade do gênero tenha criado distinções normativas opressoras sobre as mulheres, a resistência feminista decolonial se estabelece como um processo cotidiano de poder concreto, pois a lógica que segue não é consentida. São esses modos de ser, que Lugones (2014) considera como valorar, acreditar e persistir. Estes representam a resistência cotidiana, diante de dilemas particulares, ou de "dores particulares" que, especificamente para Vilma Piedade (2017), se traduz em uma maneira mais objetiva de evidenciar tudo que se instaura e percorre no curso da trajetória das mulheres faveladas. Esses aspectos comuns da vida cotidiana sintetizam o conceito de *dororidade* situado nesse contexto como forma de resistência.

Parte desta resistência é que procuramos tornar visível e analisar neste artigo, a partir do caso da luta contra as remoções de favelas. Consideramos que, assim como a colonialidade de gênero, a marginalização urbana conforma relações de poder designadas e legitimadas pelo esteio de um urbanismo racional e funcional, responsável por inferências objetivas para as mulheres que lutam nas favelas cariocas.

Remoções: uma ameaça com mais de um século de idade

A história das favelas, especificamente no Rio de Janeiro, tem se pautado pela permanente tensão entre duas forças sociais. Marcelo Burgos (2012) vem dizer que, de um lado, existe um movimento voltado para a expulsão dos pobres por meio das remoções como frente privilegiada de ação da política urbana na cidade e, de outro lado, a resistência dos moradores de favela, ao longo do tempo, diante das recorrentes ameaças de remoção. Em fins da década de 1920, a favela, como modo de se habitar na cidade, já estava consolidada na capital da República. A consolidação das favelas na cidade estruturou por meio das ações das pessoas, como respostas, possibilidades e alternativas de morar na cidade e acessar as vantagens dela (BARBOSA, 2013). Assim, para Alexandre A. de Magalhães (2013), não seria possível definir a "favela" em termos substantivos, pois, como assunto, ela varia muito ao longo do tempo.

Com a formação do Morro da Favela ("primeira" favela do Rio de Janeiro, hoje chamada Providência), assistimos à primeira tentativa de identificar a favela como indesejável no contexto urbano. No entanto, o historiador Mario Brum (2018) aponta que, embora já houvesse despejos periódicos dos moradores do Morro da Favela, somente em 1937 o "projeto de acabar com as favelas" ganhou mais força e notoriedade. O autor evidencia que, sob a forma do Decreto 6.000, o Código de Obras do Distrito Federal dedicou bastante importância ao tema das remoções. Em seu artigo 349, é possível identificar a expressa proibição das favelas, em parágrafos claros e diretos, que afirmavam ser proibido, por exemplo, conglomerados de dois ou mais casebres regularmente dispostos em desordem, construídos com materiais improvisados e em desacordo com as disposições do decreto.

As políticas voltadas para as favelas passaram a constar nas agendas de todos os governos a partir do Estado Novo. Essa questão se deu devido ao peso que o "problema favela" ganhou pela intensa e crescente urbanização do Brasil nessa época, fruto da industrialização acelerada a partir das décadas de 1930 e 1940. De acordo com Rafael Soares Gonçalves (2013), muitas medidas e vários órgãos voltados para a discussão das favelas foram criados em um curto intervalo de tempo entre 1946 e 1960, período em que a política urbana foi profundamente alterada. Nesse contexto, já após o golpe militar, foram criados o Banco Nacional de Habitação (BNH) e o Sistema Financeiro de Habitação (SFH), a partir dos quais seria inaugurada uma nova intervenção estatal, que deliberaria um volume considerável de recursos. Isso permitiu a realização de grandes investimentos na área da habitação popular, além da instauração da política de erradicação das favelas de forma expressiva.

Para as autoridades e certos setores da sociedade, as favelas continuavam a ser reconhecidas como marginais (PERLMAN, 1977) e infestações que cresciam sem controle, e que clamavam por uma solução urgente. O período de maior guinada nos processos de remoção ocorreu em 1969, conforme explicita Brum (2018). O autor esclarece que as remoções nesse período foram inspiradas na experiência do período do governo Lacerda; porém, mais sintetizadas, em função das condições ditatoriais na administração pública. Já na virada da década de 1970 para 1980, a redemocratização afastou as ações em grande proporção de erradicação das favelas, sendo algo mais esporádico no cenário da cidade.

O debate público dos anos 1980, visando a uma ruptura radical com a ditadura, optou pela perspectiva da urbanização para pensar o "problema favela", reconfigurando o termo remoção. Nestes termos, a mudança semântica baseava-se na necessidade de equalizar e equilibrar o espaço urbano, para oferecer melhores condições de vida aos moradores que estivessem habitando em áreas classificadas como impróprias. Brum (2018) chamou essa fase de fantasma discreto, mas não eliminado.

A cidade do Rio de Janeiro abrigou em menos de uma década uma série de eventos internacionais, desde os Jogos pan-americanos de 2007, passando, dentre outros, ao encontro dos Jovens com o Papa em 2013, à Copa do Mundo, de 2014 e aos Jogos Olímpicos de 2016. Nesse ponto, o ideal de legado social, de desenvolvimento econômico (com os PAC I e II) e de progresso justificou um processo intenso de mudanças na cidade, que reacendeu o debate em torno da remoção de favelas, e, por isso, a reatualização da remoção possui legitimidade social e mobiliza interesses políticos e econômicos. Constatamos que a remoção de favelas representa historicamente uma das principais estratégias, sobretudo no Rio de Janeiro, de efetivação do modelo urbano funcional que ordena a vida das pessoas, limitando o espontâneo, e tudo que possa compor os elementos de sociabilidade.

Lutas e política nas favelas do Rio de Janeiro

Apesar de a remoção de favela representar uma constante e histórica ameaça, os moradores (homens e mulheres) diretamente afetados, não viveram/experimentaram essa ação/intervenção do Estado com passividade. Se for possível pensar que houve certa mudança de perspectiva em relação à solução atribuída ao "problema favela" durante muitas décadas, é, sem dúvida, explicada pelas pressões de moradores/as que se articularam em espaços de fala, ainda que tomados à força.

De acordo com Gonçalves e Amoroso (2012), a mobilização política no interior das favelas é tão antiga quanto as próprias favelas. Gonçalves (2012) indica que, no fim do século XX, moradores do Morro Santo Antônio já se articulavam coletivamente para fazer valer seus interesses. Já Danielle L. Bittencourt (2012) destaca que existem registros, de 1930, que mostram a formação de comissões de moradores no Rio de Janeiro, envolvidos na defesa de suas moradias, contra a erradicação por parte do Estado, bem como contra a exploração frequente advinda das práticas dos grileiros.

Durante os anos 1940 (e nas duas décadas seguintes), o comunismo encontrou um terreno fértil para suas ideias nas favelas e, segundo a historiadora Brodwyn Fischer (2014), contribuiu fortemente para a luta contra as remoções. Especificamente em 1945, houve a atuação dos comitês populares democráticos em favelas como Vila Vintém, Parque Arará, Morro do Santo Antônio, Morro dos Prazeres, Santa Teresa e alguns morros da região da Tijuca. Nesse mesmo período, e partindo do mesmo pressuposto dos comitês, as primeiras Uniões Femininas[5] foram formadas em bairros de classe média e em bairros populares, com maior grau de organização no Rio de Janeiro. Franklin D. Coelho (1996) sintetiza que a formação das Uniões Femininas possibilitou a construção de uma consciência política para as mulheres, ao incluir ao cenário de luta tópicos inerentes ao cotidiano da mulher diante do seu papel na divisão sexual do trabalho.

É interessante destacar que, por ocasião da atuação das Uniões Femininas, a identidade do bairro foi trabalhada como uma identidade feminina, anunciando a crescente participação das mulheres na luta urbana nos anos seguintes. Durante a ditadura, as mulheres foram as mais ativas nas associações de base nas várias periferias urbanas do país, enquanto

[5] As Uniões Femininas foi um movimento nacional que existiu até 1956, quando Juscelino Kubitschek decretou o fechamento de algumas associações populares, com o intuito de coibir as ações de direita contrárias ao seu governo (COELHO, 1996).

os processos de remoções de favelas se intensificaram assim como as necessidades gritantes em termos de serviços e infraestruturas. Outro ponto fundamental corresponde à formação do movimento feminista no Brasil (SARTI, 2004) e à articulação das mulheres nas periferias a partir da relação com as instituições católicas nos anos seguintes à ditadura, em que o compromisso de deter a difusão das ideias comunistas não era tão central, como no período de formação da Fundação Leão XIII.

Foi na Igreja que muitas jovens se alfabetizaram, e onde elas aprenderam a mobilizar-se, antes de tudo, para a organização de círculos de oração ou de costura, para citar apenas alguns exemplos. Muitas vezes é a partir desses grupos que as mulheres da periferia se organizam para articular demandas políticas dirigidas ao Estado, seja em termos de infraestrutura ou de programas sociais. Como o exemplo da luta das mulheres periféricas contra a carestia (PINTO, 2003), também no período da ditadura militar.

Mesmo considerando possíveis lacunas, nesses exemplos entende-se que nenhuma mobilização política nas favelas, sobretudo nas favelas cariocas, está desconexa de uma história anterior. Em nossa perspectiva, independentemente da característica e da circunstância temporal, a luta contra as remoções de favelas ambiciona resgatar a ideia da cidade como espaço que privilegia as vivências e as práticas coletivas. E a luta das mulheres sempre foi fundamental, como vamos abordar agora, nos resultados.

Ser mulher e favelada: o sentido do cuidado pela luta política

O primeiro elemento a ser destacado em relação ao protagonismo das mulheres na luta contra as remoções é obviamente a questão da divisão sexual do trabalho, na qual cabe às mulheres cuidar do lar. Durante a segunda série de entrevistas, perguntamos: "Por que há mais mulheres envolvidas na luta contra remoções?", e as mulheres foram surpreendidas por esta pergunta. A resposta, que ouvimos repetidamente, era óbvia para elas: "as mulheres são responsáveis pelo lar e pelo cuidado da família". Salvar as suas casas faz assim sentido e parece natural, como explica essa mulher de Rio das Pedras (Zona Oeste), quando perguntamos sobre a questão para ela:

> Cara, vou te dizer, é difícil né? Saber exatamente. Eu acho que assim. Acho que é coragem mesmo, a mulher ela é muito assim de verdade da questão do amor né? A gente é muito mais assim, puxa mais pro lado sentimental, o lado da emoção. E isso, quando é muito verdadeiro, isso

> explode. Eu acho que isso é o impulso que leva a gente. O homem é um pouco mais frio, ele pensa muito, ele coloca na balança, e a mulher não, não coloca muito na balança, é aquilo que ela tá sentindo e pronto. Eu acho que talvez seja isso. Pensando assim agora, eu nunca parei pra pensar, mas eu acho também que essa questão de moradia, ela também tem a ver com lar, com família, coisas que envolvem mais a mulher. Eu acho que agride mais a mulher, né? (...) A dor é maior pra mulher de perder a sua casa, seu lar, sua identidade. (Andreia Ferreira. Entrevista concedida em 9 de agosto de 2019/Rio das Pedras – RJ)

Assim, se as mulheres responderam majoritariamente que a tarefa de cuidar da casa, e assim salvá-la, era de fato sua, é geralmente porque a consideram como sendo sua tarefa natural. Em realidade, há várias décadas, as feministas, especialmente as marxistas (FEDERICI, 2012; SAFFIOTI, 2013 [1969]) e materialistas (DELPHY, 2013; GUILLAUMIN, 1978a, 1978b), procuram desconstruir esta associação "natural" de mulheres com trabalho de cuidado e espaço privado, em oposição à dos homens com trabalho remunerado no espaço público.

A divisão sexual do trabalho se refere à alocação do trabalho (incluindo o trabalho reprodutivo) diferenciada de acordo com o gênero. Em ambos os casos, esta divisão requer uma forma de hierarquia e é baseada numa relação de poder (KERGOAT, 2000). No *patriarcado* (que é o nome dado ao sistema de opressão dos homens sobre mulheres), a exploração se dá (nomeadamente) ao nível da exploração e da apropriação do trabalho reprodutivo das mulheres, trabalho realizado gratuitamente para assegurar a reprodução da força de trabalho dos homens, do lar (geralmente do marido) e dos seus corpos, para assegurar a descendência para os homens e a realização dos seus desejos sexuais. São os homens que retiram "valor acrescentado" deste trabalho, uma vez que lhes permite (entre muitas outras coisas) trabalhar longas horas fora de casa, participar em atividades de lazer, envolver-se em política etc.

Por outro lado, a escala da tarefa para as mulheres (lembre-se de que as mulheres não têm horário para o trabalho reprodutivo) é mais como um dia de trabalho duplo ou mesmo triplo. Além disso, enquanto os homens são socialmente valorizados pelo seu papel de "provedores da família" e pelas suas "realizações" na esfera pública, o trabalho realizado pelas mulheres na esfera privada permanece invisível ou mesmo desvalorizado, uma vez que é socialmente considerado "natural" que as mulheres cuidem dos outros (GUILLAUMIN, 1978a). É claro que isto não impede de modo algum que as mulheres *amem* e *queiram cuidar*, mas neste argumento queremos destacar que este amor e devoção ao próximo, esta socialização enraizada no cuidado, tem o efeito de atribuir às mulheres a responsabilidade de salvar o lar ou a comunidade, incluindo a circunstância de ameaça de remoção. Isto é um fator explicativo da sobrerrepresentação das mulheres em grupos como o conselho popular.

Porém, esta análise deve ser qualificada, porque não necessariamente corresponde plenamente à realidade das mulheres brasileiras (BIROLI, 2017), especialmente as mulheres da periferia urbana, afrodescendentes ou pobres (CARNEIRO, 1995; GONZALEZ, 2008 [1986]). A este respeito, há três pontos a considerar.

Em primeiro lugar, cuidar do outro não é sempre realizado no espaço privado do lar (o que as feministas marxistas ou materialistas também não negam). Neste sentido, não devemos esquecer o grande número de mulheres residentes em favelas que trabalham como empregadas domésticas, donas de casa e cozinheiras em casas de classe média e alta no Rio de Janeiro. Não esqueçamos também que essa "tradição" faz parte de uma história violenta de escravização de africanos e afrodescendentes no Brasil, e que as mulheres negras já eram usadas como empregadas domésticas nas casas-grandes, onde elas sofreram muitos abusos e violências (CARNEIRO, 1995; GIACOMINI, 2016; SAFFIOTI, 2013 [1969]). Deste ponto de vista, para as mulheres afrodescendentes e faveladas, o lugar do cuidado na divisão sexual do trabalho não é apenas um produtor de "gênero", mas também um produtor de "raça". Quem trava a luta contra a remoção no Rio não é a mulher branca da Zona Sul: é a mulher da periferia, muitas vezes pobre e muitas vezes negra ou nordestina.

O segundo ponto a ser esclarecido é que nem todas as mulheres representam um bloco homogêneo de "exploradas" dentro do patriarcado. Algumas mulheres (classe alta e geralmente brancas) aproveitam o trabalho de cuidado de mulheres negras, ou são/eram até cúmplices da violência vivida por elas. Assim, pelo termo "hierarquia de cuidados" procuramos destacar o fato de que, ao contrário das mulheres das classes dominantes no Brasil, as mulheres da periferia, em que a maioria é afrodescendente, muitas vezes não têm ninguém para cuidar delas. Elas são o último pilar de apoio: trata-se sempre de cuidar dos outros (a família com quem trabalha, os clientes no local de trabalho, a comunidade, a família alargada, a família restrita) e nunca dos seus próprios. Ao perguntarmos "quem cuida de você?", as mulheres que encontramos responderam "ninguém", "eu mesma" ou se referiram a Deus e a Jesus.

É impossível não se referir aqui à desumanização provocada pela colonialidade de gênero: as mulheres negras ficam em um "não lugar" (LUGONES, 2014): elas não existem e, neste sentido, ninguém tem que cuidar delas. Assim, elas, em muitos casos, sabem que ninguém vai salvar a casa. Só podem contar consigo mesmas.

O terceiro ponto de discussão está relacionado ao mito da "super mulher negra" (WALLACE, 2015 [1978]) que analisamos aqui em relação ao lugar das mulheres de favelas na hierarquia do cuidado. Também decretado nos escritos das afro-feministas do Estados Unidos bell hooks (1981) e Patricia Hill Collins (2009), este mito refere-se à ideia de que as mulheres negras são particularmente tenazes e fortes perante a adversidade. Porém, como explica essa participante do Rocinha sem Fronteiras (que é uma mulher negra), não há nada "natural" no fato de resistir e não fica "mais tolerável" para as mulheres negras:

> Até quando eu preciso ser resistência? Não é legal ser resistência. Quem falou que é legal ser resistência? Quem falou que é maneiro ficar gritando pelos meus direitos? Quem falou que é maneiro falar assim, eu preciso dos meus direitos, eu tenho direito de andar na rua. Quem falou que isso é confortável? Não é confortável ser resistência, não é bonito. Ai que desbravadora. Utópico, lendário e romântico. Na prática quando você tá ali, na frente da batalha é medo, é caos e é força (Magda Gomes. Entrevista concedida em 21 de agosto de 2019/Rocinha – RJ).

Nas favelas, é comum a sobrevivência econômica da família depender das mulheres. Além disso, não é raro que as mulheres encontradas sejam chefes de famílias monoparentais. Existe, portanto, um descompasso entre a ideia de que as mulheres são muito fortes, trabalhadoras e os pilares (matriarcas) do lar, por um lado, e o fato de os homens continuarem a ser vistos como provedores financeiros essenciais, por outro. Isto tem duas consequências muito concretas.

Primeiro como discutimos acima, o bem-estar da família é uma pesada responsabilidade para as mulheres (que devem não só alimentar, cuidar e educar, mas também proteger e lutar pela sua segurança e pela dos seus filhos). Esse fato foi muito presente nas conversas antes e depois das reuniões, tanto do Conselho Popular como do Rocinha sem Fronteiras. Especificamente, muitas mulheres falaram da dificuldade de conseguir organizar o horário em função do trabalho, da família, dos estudos (quando era o caso) e da luta política.

Entretanto, se elas conseguem atender às expectativas sociais de cuidadora, educadora, protetora e militante, são celebradas como mulheres fortes. Se falharem em algumas áreas (mesmo que parcialmente), então são más mães, más militantes etc. Isso ficou muito claro na fala da militante do Rio das Pedras, quando ela relacionou a perda da casa à perda da identidade de mãe: "A dor é maior pra mulher de perder a sua casa, seu lar, sua identidade."

Acontece, portanto, como Sonia E. Alvarez (1990) já assinalou, que as lutas políticas das mulheres na periferia urbana são uma forma de corresponder às expectativas sociais de gênero (o que não as impede de desenvolver uma subjetividade política mais crítica, como veremos na próxima seção). No entanto, por viverem em uma favela, atender a essas expectativas confirma o estereótipo de que as mulheres negras e periféricas são tão fortes, que não precisam de cuidados. Acima de tudo, ser forte não é necessariamente bom, porque na combinação de estereótipos racistas e sexistas, a força das mulheres negras é muitas vezes percebida como castração dos homens de sua comunidade, reforçando assim a reprodução dos "problemas sociais" (COLLINS, 2009; HOOKS, 1981) nas favelas (ROCHA, 2012).

A segunda consequência é, portanto, a não ação dos homens que sentem que falharam no seu papel de provedores (o que, devemos lembrar, é em si mesma uma imagem masculina também herdada da modernidade colonial). Embora nossos resultados não nos permitam aprofundar este último ponto, as mulheres mencionam regularmente este aspecto para explicar a ausência de seus cônjuges (quando tinham algum) nas atividades dos movimentos, sua falta de liderança e sua menor participação em ações políticas. Embora alguns cientistas políticos já tenham identificado a vergonha como uma emoção mais suscetível de levar à inação (GOULD, 2010, p. 32), é importante notar que a vergonha é muitas vezes inicialmente partilhada tanto por homens como por mulheres, mas são ainda as mulheres que a superam para o bem das suas famílias e comunidades, transformando-a ativamente em orgulho. Este é, a nosso ver, um bom exemplo de uma das formas pelas quais as mulheres resistem ativamente à colonialidade de gênero na luta contra as remoções.

Baixa representatividade política e a questão da "dor" comum

A Organização das Nações Unidas e a União Interparlamentar[6] divulgaram em março de 2019 o Mapa Mulheres na Política[7] que elege um *ranking* de representatividade feminina no Parlamento no mundo todo. O Brasil ocupa a posição 134 em relação a 193 países pesquisados, com 15% de participação de mulheres. Essa lacuna é muito mais profunda quando pensamos na concepção moderna colonial, pois é constitutivo desse quadro estrutural o espaço político como não lugar daqueles que em função da diferença colonial são marginalizados na cidade. Luis F. Miguel (2014) verifica, inclusive, que não se pode perder de vista que, mesmo com a presença de grupos marginalizados nos espaços de poder, a desigualdade política não é reduzida de maneira substantiva, tendo em vista que esse espaço se organiza de forma hierarquizada.

Considerando essa questão, uma das lideranças femininas entrevistada na ocasião da pesquisa de campo, moradora de Rio das Pedras, conta que no momento de maior necessidade da luta em sua comunidade buscou apoio político, e afirmou ter se sentido inibida em muitos gabinetes de vereadores homens que expressaram desinteresse em relação à sua demanda. Explicitou, ainda, que a desvalorização da sua luta enquanto mulher sempre foi muito evidente por todos os setores do Estado.

> O sexo é a última coisa importante, nesse tipo de situação. Mas infelizmente a sociedade como um todo reage estranho. Por exemplo, teve uma vez, a gente reunida na manifestação e a polícia chegou perguntando quem eram os líderes. Quando falamos que eram as mulheres que estavam ali, eles perguntaram: Ué, mas vocês? Só vocês? (Andreia Ferreira. Entrevista concedida em 19 junho de 2019/Rio das Pedras – RJ).

O que estamos propondo, a partir desses apontamentos, é que a baixa representatividade nos espaços políticos tradicionais tem demandado a elaboração de formas políticas alternativas para as mulheres, diante das ameaças de remoção rotineiras sofridas nos últimos anos pelas favelas cariocas. Como Lugones (2014) explicita, o legado direto da modernidade colonial reduz as subjetividades e complexidades dos indivíduos colonizados e não os reconhece como sujeitos políticos. Nesse contexto, as remoções de favelas se configuram

---

[6] A União Interparlamentar é uma organização internacional dos parlamentos dos Estados soberanos, cujo objetivo é mediar os contatos multilaterais dos parlamentares. Disponível em: https://news.un.org/pt/tags/uniao-interparlamentar. Acesso em: 1º mar. 2020.

[7] Mapa Mulheres na Política. Disponível em: https://www.ipu.org/resources/publications/infographics/2019-03/women-in-politics-2019. Acesso em: 1º mar. 2020.

como expressão da imposição colonial, na medida em que marginaliza, e desumaniza. O que faz da resistência uma questão de sobrevivência.

As estruturas que analisamos como formas alternativas de representação e de luta política (Conselho Popular e Rocinha sem Fronteira em menor escala) conciliam novos sentidos políticos, ressignificam a dualidade colonial, validam narrativas e permitem aos integrantes a liberdade de existir e projetar a si mesmo, e suas demandas, em termos de produção da cidade.

Na primeira reunião a que assistimos do Conselho Popular do ano de 2019, realizada na Rocinha, foi possível observar que a luta contra a remoção é a liga de cada encontro, na medida em que as respostas coletivas são formadas a partir das narrativas mais comuns, fomentando representação, identificação e construção de vínculos. Como de costume, as mulheres representaram a maioria e empreenderam um debate sobre a importância de alinhar a resistência em um momento de avanço constante de retiradas de direitos.

> O Conselho Popular dá voz aos moradores. Precisamos valorizar esse espaço. Temos muito que lutar, porque o poder público planta dificuldade para colher facilidade, com o interesse de desorganizar a luta. A prefeitura quer dividir para enfraquecer. Eles criam estratégias para desgastar a relação das pessoas com o território. Discutir coletivamente os nossos problemas, é a nossa saída (Emília, moradora do Horto. Fala colhida em reunião do Conselho Popular. Rio de Janeiro. 1º de janeiro de 2019).

Reunião Conselho Popular na Rocinha

Fonte: Foto de Márcia de Araujo (janeiro/2019).

Em outro momento o Conselho Popular realizou uma reunião no Horto, mais precisamente em dezembro de 2017, reunindo moradores de diferentes favelas, que estavam vivenciando processo de ameaça de remoção. Na ocasião, uma das principais lideranças femininas da Vila Autódromo compartilhou sua experiência de mobilização política e incentivou a participação de todas as mulheres na luta por suas casas.

> O morador precisa ter consciência do que ele quer. O poder está em nossas mãos, e temos que acreditar na luta sim! Eu fiz essa pergunta: – Por que eu tenho que sair da minha casa? E é por isso, que estou lá até hoje. Não foi o governo que construiu minha casa, então ele não pode tirar (Maria da Penha, moradora da Vila Autódromo. Fala colhida na Reunião do Conselho Popular. Rio de Janeiro. 1º de janeiro de 2019.).

Acompanhar a circulação dessas mulheres na cidade, articuladas em uma estrutura de resistência política, capaz de construir uma identidade coletiva para elas enquanto moradoras de favelas, permitiu reconhecer que a ameaça de uma favela passa a ser uma ameaça para todas. O agrupamento de perdas e violações vivenciadas por mulheres marcadas por uma escala inferior da sociedade em função da modernidade colonial permitiu que o conceito de dororidade fosse definido por Piedade (2017) e utilizado como episteme mais justa para significar o cotidiano de mulheres pretas e periféricas, unidas na resistência a partir do que é comum a todas elas. Esse traço foi bastante presente na trajetória descrita por algumas mulheres, incluindo uma moradora da Barrinha que explicou:

> Tinha gente (na favela) que estava entrando em depressão, que chorava dia e noite com medo de qualquer momento a máquina chegar para remover a comunidade. Aí, a gente ficou bastante, a gente acabou se unindo mais e entrando no movimento foi quando a gente conheceu o conselho popular, que eles (os participantes do conselho) ajudaram muito assim, me dando força e a gente começou a fazer esse monte de ações juntas com o conselho. (Jaqueline Andrade. Entrevista concedida em 9 de setembro de 2019/Barrinha – RJ)

As mulheres a que nos referimos, vivenciam condições cruéis de acirramento de um silenciamento estrutural provocado pela modernidade colonial. Tal implicação repercute como “dor comum” inclusive no *script* de atuação do Estado nas favelas ameaçadas e/ou removidas gradativamente.

De locais distintos, muitas moradoras contam que se sentiam humilhadas e enganadas. Uma das moradoras de Rio das Pedras considerou como desesperadora a ofensiva da prefeitura durante a tentativa de remoção da localidade.

> Aqui as pessoas são simples, sem muito estudo, quando eu vi agentes da prefeitura entrando nas casas das pessoas pra fazer um cadastro, sem oferecer nenhum tipo de informação, sem perguntar a nossa opinião, entrei em desespero. Foi assim que comecei a usar a informação como estratégia de mobilização. Eu e todos da comissão, íamos de casa em casa, inclusive dos moradores que são inquilinos. Nós levamos informações que os moradores não tinham, com ajuda das orientações que fomos adquirindo com nossa inserção no Conselho Popular. Hoje eu não passo um dia sem ser procurada na minha comunidade, e por isso eu uso esse alcance para o bem (Lorena Carvalho. Andreia Ferreira. Entrevista concedida em 19 junho de 2019/Rio das Pedras – RJ).

A partir da conjuntura instaurada para as favelas, observamos que a dororidade une as mulheres que lutam por suas casas, e evidencia que o que está em jogo é muito mais que uma casa, é na verdade a forma de sobrevivência de suas famílias, adaptadas ao fluxo regular vivido nos espaços que ocupam. Nas experiências de resistência as mulheres se fortalecem mutuamente;

> Ao longo desse caminho a gente aprendeu muito, e uma das coisas que a gente mais aprendeu foi em relação à união das comunidades. Tudo que a gente pensa em fazer, a gente pensa em todos juntos. Quando recebemos a ameaça a primeira [coisa] que fizemos foi colocar a palavra remoção no google, lá conhecemos a experiência da Vila Autódromo. Decidimos, depois disso, visitar eles, e fomos muito bem recebidos pela dona Penha, que instruiu a Comissão formada em Rio das Pedras. Ela nos deu uma aula, sobre força, garra e mobilização política (Lorena Carvalho, Moradora de Rio das Pedras. Fala colhida na Reunião do Conselho Popular. Rio de Janeiro. 27 abril de 2019).

Na luta provocada pelo *não lugar*, pelas ausências, e pela invisibilização, as mulheres faveladas encontram conexões e anseios similares. Todos os obstáculos comuns pavimentam a luta no interior de cada favela. E as mulheres em questão demonstram ter encontrado nos espaços não tradicionais de luta uma maneira de se reconhecer como protagonistas que lutam há muito tempo.

> Eu não vejo a participação das mulheres como novidade. Isso tem 100 anos. Se a gente pegar a arte, as fotografias antigas, as imagens de jornal de

mulheres lutando pelo direito à creche, porque elas precisavam trabalhar (...) no dado oficial as mulheres são chefes de família. A maior formação de famílias no Brasil é formada por mães e seus filhos. Por isso a luta das mulheres não é uma coisa nova. Mesmo sendo uma resistência ser mulher, que quer construir junto política pública para a cidade (Simone Rodrigues. Entrevista concedida em 4 de maio de 2019/Rocinha – RJ).

Quando o Estado munido de planejadores urbanos, arquitetos, urbanistas, assistentes sociais e outros tantos profissionais acessa as favelas, a partir da conveniência do mito da marginalidade (PERLMAN, 1977) também incentivada pela opinião pública, os/as moradores/as não se sentem ouvidos, tampouco têm suas necessidades objetivas e subjetivas respeitadas. Para as mulheres, há um componente ainda mais delicado no que tange à fixação e imobilização da conotação simbólica do que é "ser mulher" e do que é "feminino" diante das estruturas institucionais de poder (OLIVEIRA, 2018). Daí a necessidade do engajamento das mulheres nessas formas alternativas de fazer e acessar a política.

> As pessoas estão percebendo que as mulheres têm vez, são inteligentes, são competentes. Até então as pessoas eram acostumadas em uma estrutura de sociedade patriarcal e machista, onde o homem sabe mais, onde ele que fala e ponto final. A gente ainda vive isso, mas acho que mudou um pouco em função da participação da mulher em disputar esses espaços, aí dá força, dá maior legitimidade para outras mulheres avançarem na luta (Simone Rodrigues. Entrevista concedida em 4 de maio de 2019/Rocinha – RJ).

Reunião do Conselho Popular na Barrinha

Fonte: Foto de Márcia de Araujo (abril/2019).

Esse caminho atravessa os domínios da vida cotidiana e se encontra presente nas relações variadas. Deste modo, concebemos que o protagonismo das mulheres faveladas na luta contra a remoção, entre outros fatores, guarda relação com a necessidade de lutar, diante das ausências funcionais experienciadas na realidade convencionada como exclusiva para as não mulheres, ou seja, que estão à margem a partir de uma concepção racializada e colonial predominante na cidade.

Conclusão

Não há uma resposta simples para a pergunta "Por que as mulheres são as principais figuras na atual e crescente luta contra as remoções nas favelas cariocas?". A complexidade da questão reside em primeiro lugar no fato de que as mulheres encontradas são de diferentes cores, diferentes favelas e diferentes condições familiares. Também reside no fato de as suas trajetórias militantes e pessoais variarem enormemente, levando à construção de subjetividades políticas por vezes contraditórias (por exemplo, em termos de ideologia política).

O que elas realmente têm em comum, porém, é a recusa de assistir passivamente à destruição de suas casas e bairros e sua recolocação (quando existe) para um lugar que é estranho e distante para elas. Esta recusa de serem despojadas não só do lugar físico da sua residência, mas também do seu direito à cidade e à sua autonomia, é realmente o que é central para a nossa reflexão. Esta reflexão é assim articulada em duas partes.

Em primeiro lugar, o protagonismo das mulheres na luta contra as remoções de favelas é também, e talvez até antes de tudo, uma resistência às forças sociais contraditórias que, embora as confinem ao mais baixo da hierarquia do cuidado, esperam que elas cuidem cada vez mais de pessoas com cada vez menos recursos e infraestruturas adequadas.

Em segundo lugar, reflete a dificuldade específica das mulheres marginalizadas (seja por local de residência, raça, gênero, classe ou vários desses elementos) de serem ouvidas dentro dos canais mais tradicionais de ação política. Uma vez que ninguém as ouve, elas não têm outra escolha senão acionar a luta a partir de si mesmas. Forma-se então um vínculo, a *dororidade*, que é realmente a experiência comum delas da colonialidade de gênero.

Outros fatores além daqueles aqui discutidos poderiam, no entanto, influenciar a participação de homens e mulheres na luta contra as remoções, mas não puderam ser discutidos aqui devido à falta de dados suficientes. Pensamos, por exemplo, que seria interessante ver quais relações de trabalho os participantes das reuniões a que assistimos têm, além de seus cônjuges, para ver se isso tem influência na participação delas, inclusive como protagonistas. Além disso, também seria interessante olhar para os papéis de gênero no Conselho Popular e na Rocinha sem Fronteiras. Por exemplo, o número de mulheres participantes não é suficiente para afirmar que elas detêm mais poder ali, tendo em conta que também pode haver uma divisão sexual do trabalho no ativismo (FILLIEULE; ROUX, 2009). Se nossas próprias experiências nesses espaços sugerem que as mulheres estão assumindo papéis de liderança (NUNES, 2018), é necessário um estudo mais aprofundado sobre esta questão.

Apesar destas limitações, é importante para nós reforçarmos aqui a ideia de que as mulheres estão definitivamente na linha da frente das lutas contra as remoções das favelas e que a sua forte participação e envolvimento na Rocinha Sem Fronteiras, e *a fortiori* no Conselho Popular, é um bom exemplo disso mesmo. No entanto, a opção de uma postura epistemológica crítica das relações de gênero, de raça, de classe e de espacialidade na modernidade colonial permitiu-nos demonstrar que este envolvimento está longe de ser "natural", ou seja, que não se limita para estas mulheres a obtenção de "ganhos práticos" relacionados com o trabalho reprodutivo que lhes é atribuído na divisão sexual do trabalho (MOLYNEUX, 1985). Pelo contrário, exige a navegação, ou mesmo a transgressão, das várias categorias essencialistas criadas e mantidas na modernidade colonial, para conseguir abrir espaços de expressão, de partilha e de resistência. Este processo transforma ativamente a subjetividade das mulheres, cujo envolvimento político se torna uma fonte de orgulho e fortalecimento de identidade política, apesar dos muitos obstáculos que se deparam (que sequer começamos a listar aqui). Além disso, a ligação emocional que partilham com outros ativistas – a *dororidade* – envolve necessariamente a coletivização de temas e a criação de redes de solidariedade em várias favelas de toda a cidade. Assim, a sua luta é definitivamente política: ela desafia uma configuração de poder complexa e extremamente fluida – a colonialidade do poder e do gênero – rejeitando qualquer análise simplista e categórica da sua resistência.

Referências

ALVAREZ, Sonia E. *Engendering Democracy in Brazil:* Women's Movements in Transition Politics. Princeton: Princeton University Press, 1990.

ARAUJO, Márcia Bastos de. Resistência é feminina: O protagonismo das mulheres no controle social da Política Urbana destinada às favelas cariocas a partir da experiência do Conselho Popular. Dissertação de Mestrado em Serviço Social. PUC-Rio, Rio de Janeiro, 2019.

BARBOSA, Jorge Luiz. Habitação popular, território e regularização fundiária na cidade do Rio de Janeiro. In: GOMES, Maria de Fatima Cabral Marques; MAIA, Rosemere Santos; CARDOSO, Isabel Cristina da Costa; DE FRANÇA, Bruno Alves (orgs.). *Renovação urbana, mercantilização de cidade e desigualdades socioespaciais.* Rio de Janeiro: Mauad X, 2013. p. 73-84.

BIROLI, Flávia. *Gênero e desigualdades:* limites da democracia no Brasil. São Paulo: Boitempo. 2017.

BITTENCOURT, Danielle Lopez. "O morro é do povo": memórias experiências de mobilização em favelas cariocas. Dissertação de Mestrado em História Social. Universidade Federal Fluminense - Niterói, 2012.

BRUM, Mario. Breve história das favelas cariocas: das origens aos grandes eventos. In: MAIA, Rosemere (org.). *Rio revisto de suas margens.* Rio de Janeiro: Letra Capital, 2018. p. 108-135.

BURGOS, Marcelo Baumann. Favela: uma forma de luta pelo direito à cidade. In: MELLO, Marco Antonio da Silva; DA SILVA, Luiz Antonio Machado; FREIRE, Leticia de Luna; SIMÕES, Soraya, Silveira (orgs.). *Favelas cariocas:* ontem e hoje. Rio de Janeiro: Garamond, 2012. p. 373 -389.

CARNEIRO, Sueli. Gênero, raça e ascensão social. *Estudos feministas,* v. 3, n. 2, p. 544-552, 1995.

COELHO, Franklin Dias. História urbana e movimentos sociais: o movimento de reforma urbana (1950-1990). Tese de Doutorado em História. Universidade Federal Fluminense, Niterói, 1996.

COLLINS, Patricia Hill. *Black Feminist Thought.* 2nd ed. New York: Routledge, 2009.

CORTÉS, Alexis. Aníbal Quijano. Marginalidad y urbanización dependiente en América Latina. *Polis,* v. 46, p.1-14, 2017.

COSTES, Laurence. Le droit à la ville de Henri Lefebvre: quel héritage politique et scientifique?. *Espaces et sociétés,* v. 1, n. 140-141, p.177-191, 2010.

DELPHY, Christine. *L'ennemi principal: 1. Économie politique du patriarcat.* Paris: Syllepse, 2013.

FEDERICI, Silvia. *Revolution at Point Zero: Housework, Reproduction, and Feminist Struggle.* Oakland: PM Press, 2012.

FILLIEULE, Olivier; ROUX Patricia (org.). *Le sexe du militantisme.* Paris: Les Presses de Science Po, 2009.

FISCHER, Brodwyn. The Red Menace Reconsidered: A forgotten History of Communist Mobilization in Rio de Janeiro's Favelas, 1945-1964. *Hispanic American Historical Review,* v. 94, n. 1, p.1-33, 2014.

GIACOMINI, Sonia Maria. *Femmes et esclaves:* l'expérience brésilienne. Donnemarie-Dontilly: Éditions IXE, 2016.

GONÇALVES, Rafael Soares. Da política da "contenção" à remoção: aspectos jurídicos das favelas cariocas. In: MELLO, Marco Antonio da Silva; DA SILVA, Luiz Antonio Machado; FREIRE, Leticia de Luna; SIMÕES, Soraya, Silveira (orgs.). *Favelas cariocas:* ontem e hoje. Rio de Janeiro: Garamond, 2012. p. 253-277.

GONÇALVES, Rafael Soares. *Favelas do Rio de Janeiro:* história e direito. Rio de Janeiro: Pallas; PUC-Rio, 2013.

GONÇALVES, Rafael Soares; AMOROSO, Mauro. A centralidade da UTF na reconstrução da memória dos movimentos associativos de moradores nas favelas cariocas. *XIV Encontro Nacional de História Oral,* Rio de Janeiro, 2012.

GONZALEZ, Lélia. Mulher negra. In: NASCIMENTO, Elisa Larkin Nascimento (org.). *Guerreiras de natureza:* mulher negra, religiosidade e ambiente. São Paulo: Selo Negro, 2008 [1986]. p. 29-48.

GOULD, Deborah. On Affect and Protest. In: STAIGER, Janet; CVETKOVICH, Ann; REYNOLDS, Ann Reynolds (org.). *Political Emotions.* New York: Routledge, 2010. p. 1-27.

GUILLAUMIN, Colette. Pratiques du pouvoir et idée de Nature. (1). L'appropriation des femmes. *Questions Féministes,* n. 2, p. 5-30, 1978b.

GUILLAUMIN, Colette. Pratique du pouvoir et idée de Nature (2). Le discours de la Nature, *Questions Féministes,* n. 3, p. 5-28, 1978a.

HOOKS, bell. *Ain't I a Woman? Black Women and Feminism.* Boston: South End Press, 1981.

KERGOAT, Danièle. Division sexuelle du travail et rapports sociaux de sexe. In: HIRATA, Helena; LABORIE, Françoise; LE DOARÉ, Hélène e SENOTIER, Danièle (orgs.). *Dictionnaire critique du féminisme.* Paris: Presses Universitaires de France, 2000. p. 35-44.

LUGONES, María. Rumo a um feminismo descolonial. *Estudos Feministas,* v. 22, n. 3, p. 935-952, 2014.

MAGALHÃES, Alexandre Almeida de. Transformações no "problema favela" e a reatualização da "remoção" no Rio de Janeiro. Tese de Doutorado em Sociologia. Universidade Estadual do Rio de Janeiro, Rio de Janeiro, 2013.

MOLYNEUX, Maxine. Mobilization without Emancipation? Women's Interests, the State, and Revolution in Nicaragua. *Feminist Studies,* v. 11, n. 2, p. 227-254, 1985

MIGUEL, Luis Felipe. Gênero e representação política. In: BIROLI, Flávia; MIGUEL, Luis Felipe (orgs.). *Feminismo e política:* uma introdução. São Paulo: Boitempo, 2014. p. 93-107.

NUNES, Nilza Rogéria. *Mulher de favela:* o poder feminino em territórios populares. Rio de Janeiro: Gramma, 2018.

OLIVEIRA, Anita Loureiro de. Mulheres e ação política: lutas feministas pelo direito à cidade.*Revista PerCursos,* v. 19, n. 40, p.111-140, 2018.

PARNELL, Susan; ROBINSON, Jennifer. (Re)theorizing Cities from the Global South: Looking Beyond Neoliberalism.*Urban Geography,* v. 33, n. 4, p.593-617, 2012.

PERLMAN, Janice E. *O mito da marginalidade:* favelas e política no Rio de Janeiro. Rio de Janeiro: Paz e Terra, 1977.

PIEDADE, Vilma. *Dororidade.* São Paulo: Nós, 2017.

PINTO, Céli Regina Jardim. *Uma história do feminismo no Brasil.* São Paulo: Perseu Abramo, 2003.

QUIJANO, Aníbal. Coloniality of Power and Eurocentrism in Latin America. *International Sociology,* v. 15, n. 2, p. 215-232, 2000.

ROCHA, Luciane de Oliveira. Black Mothers' Experiences of Violence in Rio de Janeiro. *Cultural Dynamics,* v. 24, n. 1, p. 59-73, 2012.

SAFFIOTI, Heleieth. *A mulher na sociedade de classe:* mito e realidade. São Paulo: Expressão Popular, 2013 [1969].

SARTI, Cynthia Andersen. O feminismo brasileiro desde os anos 1970: revisitando uma trajetória. *Estudos Feministas,* v. 12, n. 2, 2004, p. 35-50.

VEILLETTE, Anne-Marie. Proteger-se em contexto de violência urbana: o caso das moradoras de favelas do Rio de Janeiro. Tese de doutorado (em curso). Centro urbanização, cultura e sociedade do Instituto Nacional de Pesquisa Científica: Montreal, Canadá.

VEILLETTE, Anne-Marie. Femmes et violence policière: réflexions féministes sur le pluralisme violent dans les favelas de Rio de Janeiro au Brésil. *Lien Social et Politiques,* n. 84, 2020.

WALLACE, Michele. *Black Macho and the Myth of the Super Woman.* Londres: Verso, 2015 [1978].

Sobre os autores

Alexis Cortés

Professor do Departamento de Sociologia da Universidad Alberto Hurtado (Chile), onde dirige o programa de mestrado em Sociologia (desde 2016). Sua agenda de pesquisa e docência intersecta o pensamento social latino-americano, a sociologia dos movimentos sociais (especialmente urbanos) e a sociologia das ciências sociais. Já na sua tese de doutorado, defendida em fevereiro de 2014 no Iesp-Uerj, pesquisou como as ciências sociais compreenderam o movimento de *pobladores* em Santiago do Chile e o movimento de favelados no Rio de Janeiro, trabalho que foi publicado como livro sob o título: *Favelados e pobladores nas ciências sociais: a construção teórica de um movimento social.* Rio de Janeiro: Eduerj, 2018.

André Luiz da Silva Lima

Bacharel (2009) e licenciado (2010) em História pela Universidade Federal do Rio de Janeiro (UFRJ), mestre (2012) e doutor (2017) em História das Ciências e da Saúde pela Fundação Oswaldo Cruz. Tem experiência em atividades de coordenação de campo em projetos de intervenção socioeconômica, bem como em pesquisa sócio-histórica, em territórios em situação de vulnerabilização (favelas). Tem interesse pelo estudo histórico da conformação da Saúde Coletiva no Brasil, em especial no seu diálogo com a Medicina Social Latino-americana.

Anne-Marie Veillette

Está concluindo seu doutorado em Estudos Urbanos no Institut national de la recherche scientifique e é mestre em Ciência Política e Estudos Feministas pela Université du Québec à Montréal onde também concluiu sua graduação em Relações Internacionais e Direito Internacional (Canadá). É membro do Laboratório de Estudos Urbanos e Socioambientais (Leus) e pesquisadora do Núcleo de Estudos em Saúde e Gênero (Negas). Estuda a ação política das mulheres numa perspectiva urbana, feminista e descolonial.

Gizele Martins

Jornalista (PUC-Rio), mestre em Educação, Cultura e Comunicação em Periferias Urbanas (Uerj-Febf). Por mais de dez anos foi repórter e jornalista responsável do jornal *O Cidadão*, meio comunitário que circula há 20 anos no Conjunto de Favelas da Maré. Em 2019, lançou o livro: *Militarização e censura – a luta por liberdade de expressão na Favela da Maré*. Organiza há alguns anos cursos de formação sobre a comunicação comunitária e o histórico de resistência das favelas do Rio de Janeiro.

Juliana Oakim

Possui graduação em Arquitetura e Urbanismo pela Universidade Federal do Rio de Janeiro (2003), graduação em História pela Universidade do Estado do Rio de Janeiro (2008), especialização em Sociologia Urbana pela Universidade do Estado do Rio de Janeiro (2012), mestrado em História Social pela Universidade Federal Fluminense (2014) e doutorado em História Social pela Universidade Federal Fluminense (2019). Tem experiência na área de Patrimônio Cultural e História, com ênfase em História do Rio de Janeiro, seus planos urbanos e suas favelas.

Leandro Benmergui

Historiador pela Universidade de Buenos Aires (Argentina), doutor em História pela University of Maryland (Estados Unidos) com pós-doutorado em Serviço Social pela PUC-RJ. Assistant Professor de História em Purchase College, State University of New York, no qual dirige o Latin American, Caribbean, and Latinx Studies. Também dirige a Casa Purchase, An Outreach Center for Latin American Studies, trabalhando com as comunidades latinas das periferias de Nova York. Sua pesquisa trabalha aspectos transnacionais da política habitacional na América Latina.

Leticia de Luna Freire

Doutora em Antropologia, professora adjunta do Departamento de Ciências Sociais e Educação e docente do Programa de Pós-graduação em Educação, Cultura e Comunicação em Periferias Urbanas da Uerj, onde coordena o Núcleo de Pesquisa Educação e Cidade (Nupec). Pesquisadora associada ao Laboratório de Etnografia Metropolitana (LeMetro/IFCS-UFRJ) e ao Instituto Nacional de Estudos Comparados em Administração Institucional de Conflitos (InEAC/UFF). Tem experiência de ensino e pesquisa sobretudo nas áreas de antropologia e sociologia urbana e no seu diálogo com a educação.

Lucas Pedretti Lima

Graduado e mestre em História pela PUC-Rio e doutorando em Sociologia pelo Iesp/Uerj, onde estuda as disputas políticas entre vítimas, militares e instituições estatais na construção das políticas de memória e reparação sobre a ditadura brasileira. Foi pesquisador da Comissão Estadual da Verdade do Rio de Janeiro. É professor de História do ensino básico na rede pública.

Márcia Bastos de Araujo

Assistente social na área da Educação Superior/Instituição Filantrópica. Participante da Comissão de Gênero, Etnia e Diversidade Sexual do Conselho Regional de Serviço Social. Pesquisadora integrante do Laboratório de Estudos Urbanos e Socioambientais (Leus) desde 2013, com trabalhos desenvolvidos na área, com ênfase nos processos de resistência, remoção de favelas, controle social e protagonismo feminino. Mestre em Serviço Social pela PUC-Rio. Pós-graduanda em Políticas Públicas e Justiça de Gênero pelo Conselho Latino americano de Ciências Sociais-Clacso.

Marco Marques Pestana

Bacharel e licenciado em História pela Universidade Federal Fluminense, sendo mestre e doutor em História Social pela mesma instituição. Autor dos livros *A União dos Trabalhadores Favelados e a luta contra o controle negociado das favelas cariocas, 1954-1964* (Eduff, 2016) e *Remoções de favelas no Rio de Janeiro: empresários, Estado e movimento de favelados, 1957-1973* (Arquivo Nacional, no prelo). Atualmente, leciona no Instituto Nacional de Educação de Surdos (Ines).

Mario Brum

Professor de Teoria e Ensino de História da Uerj, possuindo Mestrado e Doutorado em História pela UFF. Realizou Estágio de Pós-Doutorado em Planejamento Urbano pelo Ippur/UFRJ e em Educação pela Uerj. Autor do livro *Cidade Alta* (Ponteio, 2012) e de artigos e capítulos sobre questões urbanas, memória e Ensino de História. É pesquisador associado ao INCT/Proprietas, ao Imam/UFRJ e ao Leddes/Uerj.

Mauro Amoroso

Licenciado, bacharel e mestre em História pela UFF, doutor em História, Política e Bens Culturais pelo Cpdoc/FGV com estágio de pós-doutorado no Programa de Pós-graduação em Sociologia da USP. Professor adjunto da FEBF/Uerj, do mestrado profissional em Ensino de História (profhistoria/Uerj) e do Programa de Pós-graduação em Cultura e Territorialidades (PPCULT/UFF). Pesquisador do INCT Proprietas, Jovem Cientista do Nosso Estado (JCNE/Faperj) e Procientista (Uerj/Faperj). Coordenador do Programa de Estudos sobre Cultura Urbana, Arte e Audiovisual na Periferia (PROCURA na Periferia).

Rafael Soares Gonçalves

Advogado e historiador. Doutor em História pela Universidade de Paris VII e pós-doutor em Antropologia pela Ehess. Professor associado do Departamento de Serviço Social da PUC-Rio e coordenador do Laboratório de Estudos Urbanos e Socioambientais (Leus). É Cientista do Nosso Estado pela Faperj e Pesquisador de Produtividade do CNPq. Autor do livro *Favelas do Rio de Janeiro. História e Direito* (Editoras PUC-Rio e Pallas, 2013) e de artigos sobre história urbana com ênfase sobre a informalidade urbana e as favelas cariocas.

Romulo Costa Mattos

Doutor em História pela Universidade Federal Fluminense (UFF) e professor do Departamento de História da PUC-Rio. No mestrado, desenvolvido na primeira instituição, pesquisou o discurso sobre o Morro da Favela na Primeira República na grande imprensa carioca, ao passo que no doutorado investigou as movimentações em torno da criação de leis habitacionais no mesmo período histórico, como foco nas interações estabelecidas entre as sociedades civil e política. Atualmente se dedica ao estudo da música popular brasileira.

Samuel Silva Rodrigues de Oliveira

Atua no Programa de Pós-graduação em Relações Étnico-raciais e no Centro Federal de Educação Tecnológica Celso Suckow da Fonseca (PPRER-RJ). Investiga a história social dos espaços urbanos, da política e das relações raciais no Brasil Republicano e publicou *O movimento de favelas de Belo Horizonte (1959-1964)*, os artigos "Associativismo dos trabalhadores favelados do Rio de Janeiro e Belo Horizonte (1954-1964)" e "O Golpe de 1964 e a repressão ao movimento de 'trabalhadores favelados'", entre outros.

Tania Maria Fernandes

Doutora em História Social pela USP e pesquisadora da Casa de Oswaldo Cruz/Fiocruz, vinculada ao PPGHCS/COC. Desenvolve pesquisas na área de História, com temas voltados para saúde, ciências, moradias e favelas, com aporte metodológico acerca da memória, história oral, história social e o tempo presente. Sobre favelas, publicou textos e os livros *História de pessoas e lugares: memórias das Comunidades de Manguinhos* e, em coautoria, *Cidades saudáveis?: alguns olhares sobre o tema*, que recebeu Prêmio Abeu-2015.